语言学及应用语言学名著译丛

信息结构与句子形式

话题、焦点和语篇所指对象的心理表征

〔美〕克努德·兰布雷希特　著

邵军航　译

INFORMATION STRUCTURE AND SENTENCE FORM

Topic, focus, and the mental representations
of discourse referents

商务印书馆
The Commercial Press

—— 作 者 简 介 ——

克努德·兰布雷希特（Knud Lambrecht, 1939—2019）

美国得克萨斯大学奥斯汀分校荣誉退休教授，法语语言学专家，
出版了两部极具影响力的专著，发表了三十多篇论文，主要研究
语法、语义和语用及其相互之间的接口。作为加州大学伯克利分
校查尔斯·菲尔莫尔（Charles Fillmore）教授的学生，他对构式
语法做出了重大贡献。兰布雷希特教授的课程包括法语语言学导
论、比较文体学、法语语法和语义学、翻译方法、罗曼语言中的
语序和法语口语语法。1996年，他获得校长卓越教学奖；2004年，
他被授予杰出研究生教学奖。

译者简介

邵军航 上海立信会计金融学院外国语学院教授，现任学院党总支副书记、院长，上海外文学会常务理事，上海外文学会商务英语专业委员会副会长，中国英汉语比较研究会教育语言学专业委员会副会长，上海海事大学和上海师范大学硕士生导师。主要研究领域为认知语义学和认知句法。出版专著《委婉语研究》，翻译《认知语言学基础》《认知语言学》；主编《新编英语词汇学教程》及多套大学英语教材和研究丛书；参与《汉英大词典》（第三版）修订，审订《世纪汉英大辞典》《译文版牛津英汉双解词典》和《上海百科全书》（英文版）；发表论文四十余篇。

总　序

　　商务印书馆出版的"汉译世界学术名著丛书"在国内外久享盛名，其中语言学著作已有 10 种。考虑到语言学名著翻译有很大提升空间，商务印书馆英语编辑室在社领导支持下，于 2017 年 2 月 14 日召开"语言学名著译丛"研讨会，引介国外语言学名著的想法当即受到与会专家和老师的热烈支持。经过一年多的积极筹备和周密组织，在各校专家和教师的大力配合下，第一批已立项选题三十余种，且部分译稿已完成。现正式定名为"语言学及应用语言学名著译丛"，明年起将陆续出书。在此，谨向商务印书馆和各位编译专家及教师表示衷心祝贺。

　　从这套丛书的命名"语言学及应用语言学名著译丛"，不难看出，这是一项工程浩大的项目。这不是由出版社引进国外语言学名著、在国内进行原样翻印，而是需要译者和编辑做大量的工作。作为译丛，它要求将每部名著逐字逐句精心翻译。书中除正文外，尚有前言、鸣谢、目录、注释、图表、索引等都需要翻译。译者不仅仅承担翻译工作，而且要完成撰写译者前言、编写译者脚注，有条件者还要联系国外原作者为中文版写序。此外，为了确保同一专门译名全书译法一致，译者应另行准备一个译名对照表，并记下其在书中出现时的页码，等等。

　　本译丛对国内读者，特别是语言学专业的学生、教师和研究者，以及与语言学相融合的其他学科的师生，具有极高的学术价值。第一批遴选的三十余部专著已包括理论与方法、语音与音系、词法与句法、语义与语用、教育与学习、认知与大脑、话语与社会七大板块。这些都是国内外语言学科当前研究的基本内容，它涉及理论语言学、应用语言学、语音学、音系学、词汇学、句法学、语义学、语用学、教育语言学、认知语言学、心理语言学、社会语言学、话语语言学等。

尽管我本人所知有限，对丛书中的不少作者，我的第一反应还是如雷贯耳，如 Noam Chomsky、Philip Lieberman、Diane Larsen-Freeman、Otto Jespersen、Geoffrey Leech、John Lyons、Jack C. Richards、Norman Fairclough、Teun A. van Dijk、Paul Grice、Jan Blommaert、Joan Bybee 等著名语言学家。我深信，当他们的著作翻译成汉语后，将大大推进国内语言学科的研究和教学，特别是帮助国内非英语的外语专业和汉语专业的研究者、教师和学生理解和掌握国外的先进理论和研究动向，启发和促进国内语言学研究，推动和加强中外语言学界的学术交流。

第一批名著的编译者大都是国内有关学科的专家或权威。就我所知，有的已在生成语言学、布拉格学派、语义学、语音学、语用学、社会语言学、教育语言学、语言史、语言与文化等领域取得重大成就。显然，也只有他们才能挑起这一重担，胜任如此繁重任务。我谨向他们致以出自内心的敬意。

这些名著的原版出版者，在国际上素享盛誉，如 Mouton de Gruyter、Springer、Routledge、John Benjamins 等。更有不少是著名大学的出版社，如剑桥大学出版社、哈佛大学出版社、牛津大学出版社、MIT 出版社等。商务印书馆能昂首挺胸，与这些出版社策划洽谈出版此套丛书，令人钦佩。

万事开头难。我相信商务印书馆会不忘初心，坚持把"语言学及应用语言学名著译丛"的出版事业进行下去。除上述内容外，会将选题逐步扩大至比较语言学、计算语言学、机器翻译、生态语言学、语言政策和语言战略、翻译理论，以至法律语言学、商务语言学、外交语言学，等等。我也相信，该"名著译丛"的内涵，将从"英译汉"扩展至"外译汉"。我更期待，译丛将进一步包括"汉译英""汉译外"，真正实现语言学的中外交流，相互观察和学习。商务印书馆将永远走在出版界的前列！

胡壮麟

北京大学蓝旗营寓所

2018 年 9 月

译者前言

　　商务印书馆是"中国现代文化史上的奇迹、当今中国民族出版的品牌标杆"，能够再次承接商务印书馆的翻译项目是译者的莫大荣幸。在翻译实践过程中，译者可以提高英汉双语的运用能力、加深对原著内容的理解、丰富自身的语言学知识。再者，只有通过翻译实践才能检验译者对翻译理论、翻译策略、翻译技巧的应用能力；如果不从事翻译实践，任何翻译理论研究、翻译实践研究都是坐而论道、纸上谈兵。对于尚不能直接阅读英文原著的语言学研究者和学习者，如果汉译版本能让其感到省力，译者将会感到莫大的欣慰。

　　《信息结构与句子形式》分析了预设和断言、可识别性和激活、话题、焦点这四个独立却相互关联的范畴，论证了每个范畴都与句子的结构属性直接相关，探讨了句子结构与句子语言内语境和语言外语境之间的关系，从而解答了为什么所有语言的使用者都能在不同的交际环境下使用不同的语法结构来表达相同想法的问题。在这项全面研究中，兰布雷希特教授将"信息结构"看作一个语法成分，认为句子结构反映的是言者在说话之时对听者知识状态和意识状态的假定，而言者的假定与句子形式结构之间的关系受信息结构中的规则和惯例支配。该项研究将形态句法结构与韵律结构有机地结合起来，从而向我们展现了一幅由语义、语用、句法、韵律构成的多维度、立体式迷人画卷，具有重要的理论意义和实践意义。这也是汉译这部专著的意义所在。

　　翻译是一项系统工程。翻译系统的要素包括译者、源文、翻译标准、翻译策略、翻译原则和翻译技巧。要想保证翻译的质量，译者必须有深厚的源语和译入语功底、扎实的语言学理论知识、丰富的翻译实践经验，能熟练地运用翻译标准、翻译策略、翻译原则和翻译技巧，还要准确把握源文本的类型。而读者在阅读译著的时候，往往会带着挑剔的眼光对译文质量进行评判。从这个意义上讲，翻译工作是一项出力不讨好的事情。但正因为如此，好的译著才更有意义，译者也能得到更大的收获。

《信息结构与句子形式》属于语言学专著，而语言学专著属于学术文本，以传播和交流学术观点为目的。因此，在对语言学专著翻译质量进行衡量时，有两个主要的标准：信息量的传递要恰如其分、信息点的数量要不增不减；要以译入语读者的阅读体验为目标，采用译入语的行文特点和表达习惯。此即严复在《天演论》译例言中提到的"信、达、雅"三标准中的前两个。严复的"雅"所追求的是译文选词得体、行文优雅，属于译文读者阅读体验中更高层级标准，如译文能做到这一点则是锦上添花的事情。但第三个标准更适合诗词等艺术性的文体。下面这个例子是译者教学时常用的材料之一，而汉译是几个翻译版本中的一个：

> What as delicious as a just and firm encounter of two, in a thought, in a feeling?
> How beautiful, on their approach to this beating heart, the steps and forms of the gifted and the true.
> 心有灵犀一点通，天设地造喜相逢，爱意何其浓？
> 彼此靠近心怦然，脚步欢快身轻盈。郎才俊，妾真情。

上例源文第一句有三个信息点：两人的相遇是必然的；两人的相遇是彼此都期待的；两人的相遇是美好的。第二句也有三个信息点：两人中一个是有才华的、一个是真心爱慕的；两人在靠近彼此之时都很激动；因为彼此倾慕，两人的步态和身形都透着美。译文不仅将这些信息点都呈现出来，还按照译入语的文化特点，运用汉语古诗词的表达方式，将源文的意蕴传递给译入语读者。该译文第一句中的"心有灵犀一点通"出自唐·李商隐的《无题·昨夜星辰昨夜风》，第二句中的"郎才俊，妾真情"套用的是宋·林逋的《长相思·吴山青》。我们再以拜伦诗歌（When We Two Parted）中的一节为例进行说明：

> If I should meet thee
> After long years,
> How should I greet thee?
> With silence and tears.
> 多年以后若相遇，
> 君是否，还记起？
> 执手相认应无言，
> 泪飞顿作倾盆雨！

译文第三句中的"执手相认"属于增译，主要是补充意境中缺失的部分，从而使译文的意境符合逻辑；译文第三句是对宋·柳永《雨霖铃·寒蝉凄切》中"执手相看泪眼，竟无语凝噎"的改编，第四句直接套用毛泽东《蝶恋花·答李淑一》中的诗句。因此，以上两例的译文既把源文中的信息点翻译出来，又把源文的意蕴通过译入语即汉语的特点翻译出来，使译文读者在阅读时具有阅读母语作品时的心理体验。

以上两例在翻译时所采取的策略属于归化策略。译者在对本专著进行翻译时采取的也是归化翻译策略，以期让译文读者获得母语阅读时的心理体验，从而保证对科学知识进行理解的质量和吸收的效果。

在翻译原则方面，主要涉及术语。每个理论都有术语。术语的翻译尤其是关键术语的翻译非常重要。离开标准无以辨优劣，不讲策略则意图不明确，没有原则就没有方向。我们在翻译术语时主要采用三个原则，即理据性原则、专用性原则和系统性原则。

术语翻译所遵循的理据性原则主要涉及形态-语义理据。术语的形态涉及大形态和小形态两种。大形态指由两个及两个以上单词构成的术语的句法结构，如偏正结构、并列结构、动宾结构等；小形态指术语的派生形式或屈折变化形式。如对 anchored discourse entities（得到锚定的语篇实体）、anchorless anchoring（无锚点锚定）、antecedent-anaphor relation（前情-回指关系）、antitopic construction（逆话题构式）等的汉译依据的是大形态理据，对 accent（重音）、accentable（可重音突显的）、accentability（可重音突显性）、accented（重音突显的）、accentuation（重音强调）的汉译依据的是其小形态方面的区别。

术语是理论体系的核心成分，辨识度很高。而术语的辨识度主要体现在其专用性上。在翻译术语时，应遵循专用性原则。原文中的术语有时未必具有专用性，即该术语原本是具有多个义项的普通词。在翻译时，我们也应遵循专用性原则，将其翻译为专用的单义词。如 aboutness（关涉性）、articulation（音显）、coextensive（同延的）就具有专用性；其透明性相应而言也比较高。

术语的系统性表现在对术语的翻译要考虑相关、相对、类似术语之间的区分，以及术语相关变体之间的区分。如 structure、construction、configuration 是三个不同含义的术语，前者的汉译"结构"已广为汉语读者接受，第二个术语是 Construction Grammar 理论中的核心概念，是任何音义结合的形式-意义配对体，一般翻译为"构式"，第三个术语一般翻译为"构型"。denotatum（指称对象）、designatum（标示对象）、referent（所指对象）是另一组相关又相异的术语。源文作者在原著的第 37 页最后一段对这三个术语进行了说明：

> 与意义有关的第二种区分是语言表达的意义与这些表达在特定话语中**所指对象**之间的区分。在具体话语中，语言表达所指涉的实体和状态是它们的**所指对象**。对于 *small*、*in*、*go home* 等不表示实体或情势而表示属性或关系的表达，我将用**标示对象**（DESIGNATUM）或**指称对象**（DENOTATUM）来代替"所指对象"。

也就是说，denotatum 和 designatum 是相同的，表示的是属性或关系，可以相互替换，而 referent 表示的是实体或状态；前两个术语之间是可替换关系，与第三个术语之间存在并列关系。但为了使这些术语的汉译具有透明性，我们在翻译时始终与其在源文中的形态保持一致。

在翻译的过程中常常要运用一定的技巧，如拆句法、合句法、主被动互换法、比较级和最高级互换法、肯定和否定互换法、增译法与减译法等。在翻译本专著的过程中，我们用到最多的翻译技巧是拆句法，其次是将英语的显性被动形式翻译为汉语的隐性被动形式；增译法和省译法也有使用，但数量不多。概括而言，我们在翻译长句的时候，会将主语从句、宾语从句、同位语从句、定语从句、插入语、状语从句等翻译为单独的句子，从主句中独立出来。下面略示几例，以供读者见斑窥豹：

（1）The two sets of expressions refer to the same entity, namely the person called "Pat," *who is the topic of both propositions.*（见源文第 128 页）
这两组表达所指的是同一个实体，也就是名叫 *Pat* 的人；**她是两个命题的话题。**

将 who 引导的非限定性定语从句翻译为一个分句。

（2）A conceptual and terminological distinction must be drawn between *"topic" as the entity or referent which stands in a topic relation with a proposition* and *"topic" as the linguistic expression which designates such an entity or referent in a sentence.*（见源文第 130 页）
有一类"话题"是与命题存在话题关系的实体或所指对象，另一类"话题"是在句中对该实体或所指对象进行标示的语言表达。我们必须在概念和术语上对这两类"话题"进行区分。

先将 between A and B 这一构式中的 A 和 B 部分即两个宾语及其定语从句分别独立出来翻译成句子，然后再将主句翻译出来；而且，源文中的被动语态翻译为主动语态。

（3）The distinction between topic referents and topic expressions is particularly important in the analysis of clause-level or sentence-level constructions *in which one and the same referent appears both as a focus expression and as a topic expression.*（见源文第 130 页）

在有些小句层面或句子构式中，同一个所指对象既是焦点表达，又是话题表达。在对这些构式进行的分析中，将话题所指对象与话题表达区分开来尤为重要。

将 in which 引导的定语从句作为独立的句子翻译出来，然后再以前置信息的形式调到主句的前面。

（4） The somewhat vague formulation of the topic constituent being "associated" with a clause is necessary in order to account for *topic constituents which bear no grammatical relation to a predicate and whose semantic relation to the proposition is determined by principles of pragmatic construal only.*（见源文第 131 页）

有些话题成分与谓语没有语法关系，其与命题之间的语义关系只取决于语用识解原则。对于这些与小句"相关的"话题成分，我们有必要作一些模糊的阐述。

将目的状语中的宾语短语即 topic constituents 及其限定性定语从句独立出来，作为背景信息放在主句的前面。

（5） Strong empirical evidence in favor of this assumption can be found in the fact *that in coherent discourse the overwhelming majority of subjects are unaccented pronouns, i.e. expressions which indicate topic continuity across sentences.*（见源文第 132 页）

在连贯的语篇中，绝大多数的主语，即对句子之间话题连续性进行标示的表达，都是非重音突显词；这一事实可以为上面的假定提供有力的证据。

将 that 引导的同位语从句单独翻译成句子，作为先设信息放在主句前面；译文主句的主语用"这一事实"与之形成照应；以分号与下面的主句分开，表示这个句子内容是主句内容中的有机组成部分，又能照顾到文内引所管辖的范围要求。

（6） But unlike in the case of the highly anomalous (4.7), *in which topic-focus indeterminacy led to severely diminished interpretability*, the topic-focus reversal in (4.8) may be seen as a (*more or less conventional*) violation of an information-structure principle for rhetorical purposes.（见源文第 135 页）

例 4.7 在话题与焦点身份上存在模糊性，从而导致可理解性大幅下降。**但例 4.8 与高度反常的 4.7 不同，其话题–焦点倒置可被视为出于修辞目的而对信息结构原则的偏离，且这种偏离或多或少具有约定俗成性。**

将 in which 引导的非限制性定语从句翻译为一个独立的句子，放在主句的前面，作为主句的背景信息。将该定语从句翻译为汉语时，又将其翻译为因果关系结构：将从句的主语 topic-focus indeterminacy 翻译为存现句，然后将谓语部分翻译为结果句。源文括号中的内容在句法形式上为 violation 的限定词，但在功能上相当于插入语，翻译成汉语时用"且"引导，翻译为并列内容，并将括号去掉。

（7） This possibility of expressing a thetic judgment with a structure which is normally reserved for categorical judgments is possible because of the earlier-mentioned fact that the topic-comment structure is UNMARKED. （见源文第 141 页）

我们在前面提到过，话题–评述结构是无标记的。**所以，**通常用于范畴型判断的结构用来表达整体判断的可能性是存在的。

将原因状语从句单独翻译成一个句子，将结果主句翻译为一个句子，放在原因句后面，两者之间用"所以"这一因果连词进行衔接。

长句较多是这部专著的一个显著特点。有些句子特别长，在翻译的时候不但要运用拆句技巧，还要结合其他的一些翻译技巧。下面是源文第 320 页第二段的第一个句子。我们将句子的主干内容编码为⓪；主语短语中包含两个 which 引导的定语从句，且①为一级从句，②为二级从句；在宾语短语中包含三个 which 引导的从句，其中③为一级从句，④为二级从句，⑤为三级从句。在翻译的时候，我们不仅使用了拆句法，还按照汉语的表达习惯调整了信息的顺序：

⓪ The above analysis of the interpretive mechanism

　① which determines the interpretation of pairs of expressions

　　② which are perceived as related

⓪ is based on the intuition

　③ which traditional grammarians tried to capture with the notion of "inversion,"

　　④ which was applied to various phenomena involving the reversal of sequences

　　　⑤ which were perceived to be "normal".

⑤人们认为语言中的许多语序是"正常的"，④将这些语序颠倒过来就是"倒装"结构。②在对我们所认为的成对表达进行解读时，①要依据一定的解释机制；⓪而以上对这种解释机制的分析，就是以③传统语法学家试图对"倒装"概念进行描述的直觉为基础的。

我们仅就英语长句汉译的翻译技巧进行了例示，因为长句、难句较多是这部专著的显著特点。如果将英汉两个版本进行对照，细心的读者会发现，我们在翻译时运用了所有的常用翻译技巧。

尽管译者能透彻领悟翻译标准的内涵，能充分考虑读者的体验而自始至终采取归化翻译策略，能严格遵守术语的翻译原则，也采取了各种翻译技巧，但译者主体性具有程度上的差异，会受源文风格和内容的制约，也会受译者自身知识储备的影响。因此，译文可能会存在错漏之处，译文质量也会与读者心目中的理想状态存在差距。如学界同仁在阅读过程中发现译文存在错误或不妥，请不吝赐教。

最后，我要向相关学者表示感谢。首先感谢的是源文作者克努德·兰布雷希特教授，是他为我们提供了精神食粮，是他为我们指出了探索语言世界的另一条路。其次，我要向上海外国语大学博导金立鑫教授、南京师范大学博导张辉教授、山东大学博导王峰教授、上海立信会计金融学院鲁进博士表示衷心感谢；他们在不同的方面给译者提供了帮助和支持。最后但并不是最不重要，我要向本译著的责编向程先生表示特别的感谢，感谢他对本人的信任，感谢他在审校过程中付出大量的时间和精力，感谢他一贯的耐心和细致。

邵军航

2023 年 5 月于上海

谨以此书献给我已故的父母：
安妮·兰布雷希特和汉斯·兰布雷希特

目　　录

前言 ··· 1

第一章　导论 ·· 1

1.1　信息结构 ·· 1

1.2　信息结构在语法中的位置 ···································· 6

1.3　信息结构与句子形式：实例分析 ····························· 13

　1.3.1　三个例子 ··· 13

　1.3.2　信息结构中的标记性 ··································· 15

　1.3.3　分析 ··· 19

　1.3.4　总结 ··· 24

1.4　信息结构和句法 ·· 26

　1.4.1　语法中的自主性和理据性 ······························ 26

　1.4.2　句法结构功能描述的不足 ······························ 30

　1.4.3　句子类型与语法结构概念 ······························ 32

第二章　信息 ·· 36

2.1　论域 ··· 36

2.2　信息 ··· 44

2.3　预设与断言 ··· 51

2.4　预设性结构的语用顺应 ······································ 66

第三章　语篇所指对象的心理表征 ···································· 75

3.1　语篇所指对象 ·· 75

3.2　可识别性 ·· 78

　3.2.1　可识别性和预设 ··· 79

　3.2.2　可识别性和定指性 ·· 80

　3.2.3　可识别性在语篇中的确立 ······································ 90

3.3　激活 ··· 97

　3.3.1　所指对象的激活状态 ·· 98

　3.3.2　语用识解的原则 ·· 106

3.4　总结和例释 ··· 110

3.5　可识别性、激活和话题-焦点参数 ·································· 119

第四章　语用关系：话题 ·· 123

4.1　话题的定义 ··· 123

　4.1.1　话题和关涉性 ·· 123

　4.1.2　话题所指对象和话题表达 ···································· 134

4.2　话题和主语 ··· 139

　4.2.1　作为无标记话题的主语 ·· 139

　4.2.2　非话题主语和整体判断型句子与范畴句的区分 ··· 145

　4.2.3　话题性非主语成分和多话题句 ···························· 156

4.3　话题、预设和语义解释 ·· 162

4.4　话题与所指对象的心理表征 ·· 172

　4.4.1　话题关系及激活状态 ·· 172

　4.4.2　话题可接受性度标 ·· 178

　4.4.3　作为首选话题表达的非重音代词 ························ 186

　4.4.4　话题提升 ·· 191

4.5　对句法理论的影响 ·· 200

　4.5.1　指称与角色分离原则 ·· 201

　4.5.2　PSRR 和典范句子模型 ··· 205

　4.5.3　分离成分的句法地位 ·· 208

4.6　话题和语用顺应 ⋯⋯⋯⋯⋯⋯⋯⋯⋯⋯⋯⋯⋯⋯ 213

4.7　话题和语序 ⋯⋯⋯⋯⋯⋯⋯⋯⋯⋯⋯⋯⋯⋯⋯⋯⋯ 217

第五章　语用关系：关注焦点 ⋯⋯⋯⋯⋯⋯⋯⋯⋯⋯⋯⋯ 224

5.1　焦点的定义 ⋯⋯⋯⋯⋯⋯⋯⋯⋯⋯⋯⋯⋯⋯⋯⋯⋯ 224

5.1.1　焦点、预设和断言 ⋯⋯⋯⋯⋯⋯⋯⋯⋯⋯⋯⋯ 224

5.1.2　焦点和句子重音 ⋯⋯⋯⋯⋯⋯⋯⋯⋯⋯⋯⋯⋯ 237

5.2　焦点结构和焦点标记 ⋯⋯⋯⋯⋯⋯⋯⋯⋯⋯⋯⋯⋯ 240

5.2.1　焦点结构的类型 ⋯⋯⋯⋯⋯⋯⋯⋯⋯⋯⋯⋯⋯ 240

5.2.2　谓语焦点型结构 ⋯⋯⋯⋯⋯⋯⋯⋯⋯⋯⋯⋯⋯ 246

5.2.3　论元焦点结构 ⋯⋯⋯⋯⋯⋯⋯⋯⋯⋯⋯⋯⋯⋯ 248

5.2.4　整句焦点型结构 ⋯⋯⋯⋯⋯⋯⋯⋯⋯⋯⋯⋯⋯ 254

5.2.5　总结 ⋯⋯⋯⋯⋯⋯⋯⋯⋯⋯⋯⋯⋯⋯⋯⋯⋯⋯ 256

5.3　韵律重音：象似性、规则、默认 ⋯⋯⋯⋯⋯⋯⋯⋯ 260

5.3.1　重音、语调、重读 ⋯⋯⋯⋯⋯⋯⋯⋯⋯⋯⋯⋯ 260

5.3.2　象似理据与语法规则 ⋯⋯⋯⋯⋯⋯⋯⋯⋯⋯⋯ 262

5.3.3　缺省重音强调 ⋯⋯⋯⋯⋯⋯⋯⋯⋯⋯⋯⋯⋯⋯ 270

5.4　焦点与指称对象的心理表征 ⋯⋯⋯⋯⋯⋯⋯⋯⋯⋯ 281

5.4.1　焦点关系与激活状态 ⋯⋯⋯⋯⋯⋯⋯⋯⋯⋯⋯ 281

5.4.2　谓词与论元 ⋯⋯⋯⋯⋯⋯⋯⋯⋯⋯⋯⋯⋯⋯⋯ 288

5.4.3　焦点关系、激活和预设 ⋯⋯⋯⋯⋯⋯⋯⋯⋯⋯ 294

5.4.4　焦点疑问句和信息疑问句 ⋯⋯⋯⋯⋯⋯⋯⋯⋯ 309

5.5　对比性 ⋯⋯⋯⋯⋯⋯⋯⋯⋯⋯⋯⋯⋯⋯⋯⋯⋯⋯⋯ 314

5.5.1　对比性焦点 ⋯⋯⋯⋯⋯⋯⋯⋯⋯⋯⋯⋯⋯⋯⋯ 314

5.5.2　对比性话题 ⋯⋯⋯⋯⋯⋯⋯⋯⋯⋯⋯⋯⋯⋯⋯ 319

5.6　有标记和无标记焦点结构 ⋯⋯⋯⋯⋯⋯⋯⋯⋯⋯⋯ 325

5.6.1　谓语焦点和论元焦点 ⋯⋯⋯⋯⋯⋯⋯⋯⋯⋯⋯ 326

5.6.2　整句焦点 ⋯⋯⋯⋯⋯⋯⋯⋯⋯⋯⋯⋯⋯⋯⋯⋯ 339

5.7 对句子重音强调的统一功能性描述 ┄┄┄┄┄┄┄ 358

   5.7.1 再论激活韵律 ┄┄┄┄┄┄┄┄┄┄┄┄┄┄┄ 358

   5.7.2 话题重音和焦点重音例析 ┄┄┄┄┄┄┄┄┄┄ 361

第六章 总结和结论 ┄┄┄┄┄┄┄┄┄┄┄┄┄┄┄┄┄ 371

注释 ┄┄┄┄┄┄┄┄┄┄┄┄┄┄┄┄┄┄┄┄┄┄┄┄┄ 378

参考文献 ┄┄┄┄┄┄┄┄┄┄┄┄┄┄┄┄┄┄┄┄┄┄┄ 401

索引 ┄┄┄┄┄┄┄┄┄┄┄┄┄┄┄┄┄┄┄┄┄┄┄┄┄ 415

前　　言

在这本专著中，我们提出一种理论，来阐释句子结构和语言内语境及语言外语境之间的关系。在这种理论中，句子是命题信息的单位。言者会在不断变化的语篇环境中，在语法框架内选择不同的语法形式表达特定的命题内容。这些选择会构成一个体系。我们提出这种观点，是因为我们在研究中发现，句子结构反映了言者在讲话时对听者知识水平和意识状态的判断，而句子结构与言者选择之间的系统关系具有重要的理论意义。我们认为，言者的假定与句子形式结构之间的关系，受一个语法成分中的句法规则和惯例支配。我们沿用韩礼德（Halliday 1967）的术语，将该语法成分叫作**信息结构**（Information Structure）。信息结构是语言的组成部分，而命题是情势（state of affairs）在信息结构中的概念表征；命题的建构会因交际语境的不同而发生语用变化。这种**通过语用建构**起来的命题就是具有形态句法结构和韵律结构的形式对象（formal objects）。

在对信息结构的描述中，我们对四组既相互独立又相互关联的范畴进行了分析。第一组范畴是由**语用预设**和**语用断言**构成的**命题信息**。这些范畴与言者讲话时对听者知识水平和意识状态的判断有关（第二章）。第二组范畴为**可识别性**（IDENTIFIABILITY）和**激活**（ACTIVATION）；言者在说话之时会对语言表达所指对象（referents）在听者头脑中的表征性质进行假定；而这些表征在会话的过程中会不断变化。这两个范畴与听者头脑中的表征性质有关，也与这些表征的不断变化有关（第三章）。第三个范畴是**话题**（TOPIC），它涉及特定语境中语篇所指对象与命题之间的关涉性语用关系（第四章）。第四个范畴是**焦点**（FOCUS）；**焦点**是按不同语用目的建构起来的，是命题的一个要素；通过焦点，我们可以将断言与预设区别开来，并通过它使句子的言语表达提供有用的信息（第五章）。研究表明，这些范畴集合或单个范畴都与句子的结构特征直接相关。

有些语言分析既对所观察的结构进行描述，又试图揭示某些结构不在语法中出现的原因。如果我们将这样的语言分析理解为"生成的"，那么本研究在理论取向上属于生成的。然而，在对信息结构事实进行分析时，我常常被引导到另一种非生成性语法分析路向上。根据这种分析方法，在解释某些词汇语法结构的功能时，不是按照组成成分的意义进行的，而是从整体上进行的，也就是将整个结构与符合语法的、语义上对等的替换结构在形式上进行对比。根据索绪尔的基本二分法，对信息结构的研究不仅要分析句子成分之间的**组合**（SYNTAGMATIC）关系，还要分析储存于言者和听者记忆中的不同句子结构之间的**联想**（ASSOCIATIVE）关系。在方法论上，这项研究试图将来自形式研究范式和功能研究范式的洞见与来自语法分析的深刻见解结合起来。

在这部著作中，我们的目标不是在已有的生成主义框架或功能主义框架中阐释信息结构的组成部分，而是为这种整合的可能性和合理性奠定理论基础。毫无疑问，在严格区分不同的语法成分并认为它们之间存在层级差序的理论框架内，阐释这种整合将更为容易。在整本书中，我们重点关注的都是自然语言信息结构理论的基本概念。因为学界对这部分语法理论的探讨者寥寥，所以我们特别重视对该理论基本概念和术语的阐释。具体而言，我们试图为"新信息"和"旧信息"提供定义，为它们提供替换标签，以防在使用这些概念进行分析时无意之中出现混淆。我们对"话题"和"焦点"进行解释也是出于类似目的。

本书对语言数据的分析相对较少，而且这些数据绝大多数来自英语。尽管如此，我们所讨论的原则对许多语言而言都是适用的。这本书也几乎不用形式主义方式展开描述。然而，我们相信，我们所提出的理论非常明确，足以进行形式化处理。我希望以我们的尝试来鼓励其他研究者继续从事这项工作，并指正我们的错谬或不当之处。

我原计划写一部专著，来论述法语口语中句法和语篇之间的关系，而本书内容是该专著的导论部分，可以作为对一些语用驱动的法语构式类型进行分析的理论基础。在后来的写作过程中，我越来越清楚地发现，这个理论太复杂了，在一部著作中根本无法阐释清楚，更不用说应用了。同时，在分析法语口语数据的过程中，我意识到，要想呈现该语言信息结构表现形式的全景图，是需要更大篇幅的。因此，我将把法语口语分析单独作为一册（Lambrecht，写作中）。

本书是在我博士论文研究基础上的深化和扩展。本人于 1986 年博士毕业于加州大学伯克利分校语言学系，博士论文的题目是"法语口语的话题、焦点和语法"。我的博士论文答辩委员会委员为查尔斯·菲尔莫尔（Charles Fillmore）、苏珊娜·弗莱什曼（Suzanne Fleischman）、保罗·凯（Paul Kay）、约翰娜·尼科尔斯（Johanna Nichols）和卡尔·齐默（Karl Zimmer），我想再次感谢他们对我的帮助和鼓励。我还想向我的博士论文导师查尔斯·菲尔莫尔教授表示特别感谢，在对我的语言观和语言学观塑造上，他的影响无人可比。这种影响体现在本书的许多方面。我也很感激华莱士·切夫（Wallace Chafe）。我在伯克利认知研究所（Institute of Cognitive Studies at Berkeley）做其研究助理的时候，他允许我继续从事自己的研究。本书第三章中的不少内容都与其观点相关或是对其观点做出的反应。我还要向以前的研究生同学法雷尔·阿克曼（Farrell Ackerman）、克劳迪娅·布鲁格曼（Claudia Brugmann）、朱利亚·森蒂尼奥（Giulia Centineo）、艾米·达尔斯特伦（Amy Dahlstrom）、帕梅拉·唐宁（Pamela Downing）、马克·加夫伦（Mark Gawron）、汤姆·拉森（Tom Larsen）、松本幸子（Yoshiko Matsumoto）、冈本茂子（Shigeko Okamoto）、戴维·索尔尼特（David Solnit）、特别是凯茜·奥康纳（Cathy O'Connor）表示感谢，就我本人的研究和他们的研究，我们进行过很多次讨论，让我深受启发。感谢鲁思·伯曼（Ruth Berman）、马丁·哈里斯（Martin Harris）、彼得·帕斯（Peter Pause）、保罗·博斯塔尔（Paul Postal）、阿明·施韦格勒（Armin Schwegler）和桑迪·汤普森（Sandy Thompson）对我论文各部分进行的评论，感谢我的朋友伦尼·莫斯（Lenny Moss）让我意识到我本人的研究和其他学科研究之间的联系。

在与李·贝克（Lee Baker）、查尔斯·菲尔莫尔（Charles Fillmore）、苏珊娜·弗莱什曼（Suzanne Fleishmann）、丹妮尔·弗尔热（Danielle Forget）、米尔贾姆·弗里德（Mirjam Fried）、保罗·凯（Paul Kay）、曼弗雷德·克里夫卡（Manfred Krifka）、让-皮埃尔·柯尼格（Jean-Pierre Koenig）、戴尔·小池（Dale Koike）、弗朗索瓦·拉加德（Francois Lagarde）、艾伦·普林斯（Ellen Prince）、卡洛塔·史密斯（Carlota Smith）和托尼·伍德伯里（Tony Woodbury）的讨论中，我也受益匪浅。我对罗伯特·范·瓦林（Robert Van Valin）心怀感激，感激他对我研究的关心，感激他在我遇到困难的时候给予我的鼓励；感谢劳拉·米凯利斯（Laura Michaelis）的爱心帮助，感谢她坚信我的研究是有意义的。我还要特别感谢马修·德莱尔（Matthew Dryer）和兰迪·拉波拉（Randy LaPolla）；前者对本书的某些章节提出了鞭辟入里的批评，后者仔细审读了书稿，给我很大帮助。感谢剑桥大学出版社的奈杰尔·文森特（Nigel Vincent）。他当时是我的匿名审稿人，对本书的部分稿件提出过评论。最重要的是，我要感谢苏·施梅林（Sue Schmerling）对本书不同版本的稿子所作的详细点评，感谢她温和却不留情面的批评，我和她在奥斯汀多个咖啡馆里进行过长时间的讨论，这些讨论让我深受启发。尽管排在后面，却并非最不重要，我要感谢我的朋友罗比·阿罗诺维茨（Robby Aronowitz），一个语言学家出身的医学博士，感谢他多年来给予我的爱和支持。最后，感谢得克萨斯大学奥斯汀分校为我提供了一项经费支持，在一个炎热的夏天我能待在空调房里进行研究，为本书的写作提供了便利条件。

第一章

导论

1.1　信息结构

本书的研究对象是作为语言组成部分之一的**信息结构**。但在语言学理论中，对于信息结构的性质，以及其在整个语法系统中的地位，一直存在分歧和困惑。在信息结构研究中，我们之所以会遇到困难，部分原因在于，在此层面上进行的语法分析涉及语言形式与言者及听者心理状态之间的关系，因而语言学家在分析信息结构时，还必须分析语言形式和语言交际。许多句法学家认为，语言形式是自治的，对其进行研究可以得到令人满意的结果；而社会语言学家认为，在研究语言的社会交际功能时，可以不用考虑形式结构问题。就信息结构研究而言，它既不能提供前者所寻求的令人满意的结果，也不存在社会语言学家在研究语言社会交际功能时将形式结构问题搁置起来的可能性。

因此，即便在强调语用研究重要性的语言学家之中，对信息结构研究持消极态度或失败主义观点者并不少见。如莱文森在谈到话题和焦点在语言学理论中的作用时说道："在相关文献中，术语众多且混乱，概念模糊不清，给人们造成了极大的困扰，对于这种情况几乎无计可施。"（Levinson 1983: X）这句话对以上观点提供了很好的佐证。在其《语用学》一书中，莱文森明确将语用学和句子形式之间关系的分析排除在外，尤其是将话题-评述结构（topic-comment structure）分析排除在外。然而，有趣的是，他后来在书中提出的表述又与该负面评价相矛盾：

> [在会话结构与句法相互作用的类型中]，也许最有趣的是"话题"这一相当
> 模糊的概念所涵盖的领域。因为许多被称为**移位规则**（movement rules）的句
> 法过程，似乎能够表明小句信息是如何与之前谈论过的内容相联系的……在
> 自然语言的句法中，也许大部分的派生机制（derivational machinery），可以
> 根据专门的会话任务，从功能上得到解释；许多句子结构似乎是为了完成这
> 些专门的会话任务而设计的。（Levinson 1983: 373）

我们认为，无论我们现有的知识水平多么令人沮丧，任何理论研究，只要
能对"大部分被称为'移位规则'的句法加工过程（syntactic processes）
做出最终解释"，尽管可能性微乎其微，也是值得尝试的。我们希望这本
书能够减少"困扰相关文献"的"混乱和模糊"，从而有助于缩小语言研
究"形式路向"和"功能路向"之间的分歧。[1]

在分析作为语法组成部分的信息结构时，我们所遇到的困难可由术语
中存在的问题反映出来。我们在此描述的一些问题，尤其是语序和语调
问题，在 19 世纪的时候，是放在语法与**心理**之间关系的语境中进行讨论
的，如"心理主语"和"语法主语"、"心理谓语"和"语法谓语"之间
的区别就是这种语境下的研究结果（见 Paul 1909，尤其是第 6 章和第 16
章）。在 20 世纪，语言学界使用了很多标签，其中包括布拉格学派（the
Prague School of linguistics）的**功能句子观**（FUNCTIONAL SENTENCE
PERSPECTIVE）、**信息结构**或**主题**（INFORMATION STRUCTURE or
THEME）（Halliday 1967）、**信息包装**（INFORMATION PACKAGING）
（Chafe 1976）、**语篇语用学**（DISCOURSE PRAGMATICS）以及最近的**信
息学**（INFORMATICS）（Vallduví 1990b）。人们之所以能把语言学研究归
并到这些标签之下，是因为人们认为，如果不研究句子所处的语言内语境
和语言外语境，我们就无法充分理解句子在这些语境中所携带的某些句法
形式特征。由于语篇涉及句子在交际环境中的**使用**，这种研究显然和**语用
学**的研究领域存在关联。因此，人们通常将语法和语篇之间关系的研究

称为"语篇语用学"。我们所采用的术语是韩礼德（Halliday）的"信息结构"。之所以如此，是因为本书特别强调语篇-语用分析中的**结构**含义。我们偶尔也会使用切夫（Chafe）的"信息包装"；尽管该术语较为生动形象，但因其具有部分非拉丁语特征，导致其不太适合在国际上使用。[2]

那么，是选择信息结构还是选择信息包装呢？根据普林斯（Prince）的观点，信息包装是指：

> 为满足预期受话者的某些假定需要，发话者对话语进行的裁适（tailoring）。[3]
> 也就是说，自然语言中的信息包装反映了发话者对受话者的设想、信念和策略的假设。（Prince 1981a: 224）

"裁适"一词表明，信息结构关注的是话语**形式**，而话语**形式**反映的是言者和听者的假定心理状态。"对受话者的假定之假设"有一个重要部分，即在话语说出之时，对语言表达的所指对象在受话者头脑中心理表征状态的假设。对于这些状态，切夫写道：

> 这里要讨论的状态与其说与内容本身有关，还不如说与内容如何传输有关。具体而言，它们都与言者的评估有关，即在特定的语境中，听者如何对言者所说的话进行处理。人脑不仅储存了大量知识，而且在某些临时状态下，大脑时刻都与该知识有关……只有当言者考虑到听者头脑中的这些状态时，语言才能有效地发挥作用。（Chafe 1976: 27）

此处有一点是至关重要的，即从理论上讲，信息结构研究关注的是词汇和命题内容的传输方式，而非这些内容本身。

我们在此想提醒大家，尽管信息结构与言者对听者心理状态的假定这样的心理现象有关，但只有当这些现象在**语法结构**（形态句法、韵律）中得到反映时，才与语言学家有关。这一点极其重要。我们将信息结构看作语法的一个组成部分，更具体地说是**句子语法**的一个组成部分。换言之，我们认为信息结构是句子形式结构化（formal structuring）的一个决定性因素。信息结构不关心在语法形式上没有关联的心理现象。对于信息结构研究所受的这一重要限制，普林斯是这样强调的：

4　　我们现在可以将该基本问题表述如下。从言者或作者的角度来看，在有关听者或读者的假定中，有哪些会对所生成文本的形式产生影响……？从听者或读者的角度来看，他们会根据文本的具体形式做出什么样的推断？因此，我们不关心一个人是否知道另一个人的信念状态，或对其信念状态如何判断，除非这些知识和判断对语言产出的形式和理解有影响。（Prince 1981a: 233）

就是因为这种限制，我们有必要对本书所理解的信息结构研究（或语篇语用学）领域与**语用学**的一般领域在理论上进行区分。后者通常被认为是语义学的一个分支。[3]事实上，在 20 世纪 70 年代初，奥斯汀（Austin）和格莱斯（Grice）等语言哲学家的研究渐渐融入了美国主流语言学，从此"语用学"一词就与**意义**研究密切联系起来了。更具体一点，句子意义的有些方面无法用真值条件语义学理论工具进行研究，而"语用学"就是对这些方面进行研究的语言学分支。[4]从这个意义上说，语用学或"会话语用学"（我们可以用这种称呼与"语篇语用学"进行区别），与其说关注的是语法结构，不如说关注的是句子在会话情景中的**解读**（INTERPRETATION）。就是为揭示话语解读与语境之间的关系，格莱斯才提出了**会话含义**（CONVERSATIONAL IMPLICATURE）理论（Grice 1975）。

在会话语用学中，对意义的关注不仅在会话含义研究中占主导地位，而且在对语言使用的某些方面的研究中占主导地位。按照较为传统的观点，语言的使用属于"语用"范畴，但语言的这些用法会清楚地反映在语言形式上。因为我们想要研究的是个别词项的语用结构，所以根据我们目前的讨论内容，我们称之为"词汇语用学"（lexical pragmatics）。指示语研究就是一个很好的例子。就是在这个研究领域，语言结构和语言使用相互紧密交织在一起。实质上，对指示语内在语用属性的研究，就是对指示语在句子**意义**的构成和**解读**上所发挥作用的研究，而不是对指示语所在句子的**结构**的研究。然而，词汇语用学与会话语用学不同的是，对指示语所在句子的解读不取决于会话推理，而是取决于词汇形式。在这个方面，词汇语义学与信息结构有关。

另一方面，研究信息结构的学者们所重点关注的，不是单词或句子在特定会话语境中的解读，而是只能用某种可能的形态句法形式或韵律形式 5 来表达特定命题信息的语篇环境。稍微简单一点讲，会话语用学和语篇语用学的区别是，前者关注的是为什么同一个句子可以表达两个或两个以上的意思，而后者关注的是为什么同一个意义可以用两个或两个以上的句子形式来表达。在会话语用学中，根据语境对命题进行的解读，与表达该命题的形态句法结构或韵律结构没有必然的联系；在语篇语用学中，句子形式与句子语篇功能之间的关系直接取决于**语法惯例**（GRAMMATICAL CONVENTION）。[5]

因此，"会话语用学"和"语篇语用学"之间存在重要区别。但这一区别有时比较模糊。在会话语用学中，正如格莱斯所强调的，听者基于句子形式与句子所在会话语境之间的关系所作出的推论，取决于目标导向行为的一般原则。这些一般原则既适用于语言，也适用于心理活动的其他领域。在语篇语用学中，由句子形式和语篇语境之间的关联所唤起的语用解读，取决于语法规则或原则。这些语法规则或原则既可以是某种语言特有的，也可以是不同语言所共有的。如果本书对会话语用学的参考相对较少，不是因为我们低估了格莱斯解读原则的重要性，或言语行为理论的解释力，而是因为我们认为信息结构与这些原则没有直接的关系。

因此，我们认为，本书所理解的"信息结构"应该定义如下：

> **信息结构**是句子语法的一个组成部分。在信息结构中，按照对话者的心理状态，作为情势概念表征的命题，与词汇语法结构进行配对；而对话者将命题和词汇语法结构结成的对子作为信息单位，放在特定的语篇语境中使用和解读。

句子的信息结构是命题在语篇中的形式表达，与命题的语用结构化

（pragmatic structuring）有关。我们将经过语用结构化的命题称为**通过语用建构的命题**（PRAGMATICALLY STRUCTURED PROPOSITION）。最
6 重要的信息结构有以下三类。(i)**预设**（PRESUPPOSITION）和**断言**（ASSERTION）；通过它们，言者可以根据自己的推测，将命题建构成听者已知部分或未知部分。(ii)**可识别性**和**激活**；在说话的时候，言者会对语篇的所指对象在受话者大脑中的心理表征状态进行假定，而**可识别性**和**激活**与言者的这些假定有关。 (iii) **话题**和**焦点**；言者会对语篇情境中命题及其要素之间关系是否可以预测进行评估，而**话题**和**焦点**与这种评估有关。

　　信息结构在形式上通过韵律、特殊的语法标记、句法成分（特别是名词性成分）形式、句法成分在句子中的位置和顺序、复杂的语法构式以及在相关词汇项之间进行的选择表现出来。因此，信息结构在语法系统所有的层面上对意义施加影响。信息结构分析的重点是对语义上等值但形式上和语用上不同的句对进行比较，如主动句与被动句、典范句与话题化句子、典范句与分裂句或偏置句（dislocated sentence）、主语重音句与谓语重音句等。我们沿用达纳希的术语（Daneš 1966），将这些成对的句子称为**句式变体**（ALLOSENTENCES）对子。句子信息结构的相异之处总是通过句式变体之间的对比进行理解，也就是通过可用却未使用的其他语法形式来表达某一命题，以此为背景来理解信息结构的相异之处。

1.2　信息结构在语法中的位置

　　一直关注信息结构及其在整个语法系统中地位的语言学家，常常将其看作语法三个组成部分或三个层面（LEVELS）中的一个。例如，在对布拉格学派语言学家（Mathesius、Firbas、Beneš、Vachek、Daneš 等）语法研究方法进行综述的论文中，弗兰提瑟克·达纳希（Frantisek Daneš 1966）对以下三个层面进行了区分：一是句子的**语法**结构层面；二是句子

的**语义**结构层面；三是**话语**的组织层面。[6]对于第三个层面，达纳希这样写道［引号中的内容引自费尔巴斯（Firbas）］：

> ［话语的这一层面］"使我们能够理解语义结构和语法结构在交际行为中是如 [7] 何发挥作用的，即在它们被用来表达思维所反映的语言外现实、并以适当的视角出现时是如何发挥作用的"。此外，作为最基本的交际单位，所有被用来组织话语的语法外手段，也都位于这个层面。这些手段包括节奏、语调……词序和小句排序、某些词汇手段等。（Daneš 1966: 227）

同样，韩礼德也受布拉格学派的影响，他将英语小句领域划分为三个方面，并将其称为**主位**（THEME）的概念定义为这三个方面中的第三个，而另外两个领域分别为**及物性**（TRANSITIVITY）（大致相当于句法和语义研究）和**语气**（MOOD）［大致相当于言外之力（illocutionary force）研究］：

> 主位与小句的信息结构有关；与作为信息组成部分、而非作为语言外过程参与者的身份有关；与语篇中正在言说的内容与之前已说内容之间的关系有关，以及与主位的内部结构如何构成交际行为有关……如果以小句为域（domain）即分析单位，及物性属于经验语法，语气属于言语功能语法，主位则属于语篇语法。（Halliday 1967: 199）

迪克（Dik 1978，1980）也提出了语法三分的假设。他在其"功能语法"模式中将语法功能分为"语义功能""句法功能"和"语用功能"三个层面（Dik 1980: 3）。需要注意的是，在达纳希、韩礼德和迪克看来，（功能句法观、主位结构理论、语用功能理论中的）信息结构的形式单位就是**句子或小句**（CLAUSE）。因此，对这些语言学家及本著作者而言，信息结构属于**句子语法**（SENTENCE GRAMMAR）。它与语篇的组织无关，而是与语篇中句子的组织有关。

　　菲尔莫尔对语法采取了另一种三分法（Fillmore 1976）。虽然菲尔莫尔的语用学概念比我的信息结构概念要广泛得多，但他对**句法学**

（SYNTAX）、**语义学**（SEMANTICS）和**语用学**（PRAGMATICS）这些
概念的语言学定义却与本人的信息结构概念相关：

> 简言之，句法学描述的是语言中语法形式的特征，而语义学则把这些形式与
> 其潜在的交际功能结合起来。语用学关注的是一种三项关系，即它将（i）语
> 言形式和（ii）这些形式所能承担的交际功能，与（iii）这些语言形式能够实
> 现这些交际功能的语境联结起来。从下面的示意图可以直观地发现三者的区
> 别与联系：
>
>   句法学 [形式]
>   语义学 [形式，功能]
>   语用学 [形式，功能，语境]（Fillmore 1976: 83 ）

对于我们在前面所提到的信息结构研究中遇到的困难，菲尔莫尔的示意图
提供了进一步的解释。事实上，这张示意图表明，由于语用学是以另外两
个层面的研究为前提的，所以它在语法的三个层面中最为复杂，因此也是
最难弄清楚的。通过这张示意图，我们还可发现，现代语言学和传统语言
学对句法学一直偏爱有加的原因，尽管从某种意义上说在三个语法层面中
句法是最简单的。虽然我们认为，要想在语篇语用学研究中获得成功，我
们首先必须对句法学和语义学两个层面有一个完整的描述，但我坚信，这
样的研究需要对这三个层面之间的复杂关系以及它们之间相互作用的各种
方式有所了解。在本章的 1.3 节，我们将通过例子，对不同语言的句法、
语义和信息结构之间相互作用的复杂方式进行说明。

上述引文所示的思路是将语法分为不同的领域。如果我们接受这一模
型，我们可能会提出这样一个问题，即这些领域是自治的子系统还是存在
相互依存关系？众所周知，根据乔姆斯基的观点，句法层面是语言结构的
自主层面，而语义是"解释"句法结构的成分。一个命题会存在"认知上
同义的"多种形式表达（Chomsky 1965）。对于这种现象所引发的理论问
题，生成语法主要是通过回答这些不同结构是如何产生来解决的。由于人
们认为生成句法学的任务就是确定哪些结构是语法允许的，所以这种语义

上相关的不同结构具有不同交际功能的事实一直鲜有人关注。特别是人们没有问过这样一个理论问题：对于同一个命题内容，**为什么语法要提供能生成如此多句法结构和韵律结构的手段**？

生成语言学家不关心语篇中的语言功能。但也有一个引人瞩目的 9 例外，即在所谓的"扩展的标准理论"（Extended Standard Theory）框架内对焦点-预设区别的研究（Chomsky 1970, Jackendoff 1972, Akmajian 1973）。这些研究有一个显著特点，即大部分研究只关注语音上的语用差异，而不涉及相互可替换的句法结构。乔姆斯基承认句法结构具有特定交际功能的可能性（Chomsky 1975: 58）。在其最近的研究中，乔姆斯基认为重读（stress）和预设可能属于"语法能力"而非"语用能力"，而这两种能力都是"懂得一种语言的心理状态"的组成部分（Chomsky 1980: 59ff）。尽管乔姆斯基的语用能力概念相当模糊，但它似乎更接近我们所说的会话语用学而不是语篇语用学，这样我们就有可能将信息结构看作语法的一部分。在本研究中，句式变体的功能问题，即表达同一命题的多个结构的功能问题，被赋予了首要的理论意义。功能语言学家对相互竞争的语法结构多样性的关注，类似于生态学家对有机体多样性的关注。下面是我们引用生物学家史蒂芬·杰伊·古尔德（Stephen Jay Gould）的话：

> 从更严格的技术意义上讲，生态学是一门研究生物多样性的学科。它关注的是生物与环境之间的相互作用，以回答"为什么有这么多种生物？"这一进化生物学中最根本的问题。（Gould 1977: 119）

如果说生态学关注的是生物与环境的相互作用，那么信息结构研究关注的则是句子与语境的相互作用。它回答了为什么会有这么多种句子结构这一个根本性问题。

针对句法是语法中自主性结构成分的观点，不同学派的当代语言学家各自提出不同的语言模式进行批驳。在这些模式中，句法层面不是最基本的层面，句法也非自主的。在抛弃句法自主观方面，最为激进的是过去二十年当中在欧洲和美国发展起来的各种"以功能为导向的"语法路向。它们要么是对转换生成语法的直接抗拒，要么是对之前已经形成的语言学
10 趋势的延续。对句法和语篇之间关系的分析，通常被认为是"功能性"而非"形式性"的，因为它们所关注的主要是如何对语篇中形态句法或语调结构的交际功能进行解释，而不是建立句子结构的形式模型。对于功能性因素的重要性，下面的一段话表述得很清楚：

> 按照句法、语义和语用之间众所周知的区别，功能语言学将语用视为研究语义和句法的全方位框架。它认为句法从属于语义，语义从属于语用。有了句法，就可以构造各种形式结构，然后通过这种结构表达复杂的意义；有了复杂的意义，人们就能够以微妙且有区别的方式相互交流。（Dik 1980: 2）

这些方法有一个共同特点：将语法的句法成分和信息结构成分看作相互联系而非独立的子系统。有时候，某些句法现象的语篇功能无法在共时层面上得到确立，就从历时的角度对其进行解释，将其看作对先前功能区分的语法化。在有些情况下，形式和功能之间的差异被降低到了最小程度。因此一直以来，人们认为这两个层面归根结蒂是完全相同的。[7]

我们认为，结构主义和后结构主义语言学的某些倾向有一个令人遗憾的结果，就是将研究语法结构的所谓形式方法和功能方法视为截然相反而非相辅相成的方法。在语言学中，形式与功能的对立不是必然的，而是方法论上的，且往往是观念形态上的。即便存在将"交际功能"等非结构性概念完全排除在外的自主性结构层面，并不意味着不存在另一个层面，在这个层面上自主性结构确实与交际功能相联结，也不意味着所有语法结构都必须是同等自主的。在这本书中，我们使用"功能性"这一术语有个理
11 念基础，即对某些语法现象的功能解释原则上并不排除对它的形式解释，而形式解释也不会使功能解释变得多余或无关。

我认为，本人的研究介于句法研究的"形式"路向和"功能"路向之间，因为语言形式不能完全通过其在语篇中的交际功能进行解释。我也不会因为句法不直接反映交际需求而认为它是自主的。正如我之前所说，这

本书的假定基础是，语法形式的某些方面需要通过语用进行解释。但我也明白，通过语用来解释许多形式现象并不容易。在我看来，让人感兴趣的理论问题并非句法形式研究能否脱离交际功能，或在多大程度上可以脱离交际功能，而是基于句法自主观的研究在多大程度上可以加深我们对人类语言运作的理解。"形式"路向和"功能"路向的本质区别，与其说是在某些语言事实上存在何种分歧的问题，不如说是语言学如何对其进行解释的问题。

我们已在上文提到过菲尔莫尔的一篇论文，即"语用学和语篇描述"（Pragmatics and the description of discourse）。在这篇论文中，他对语法不同层面之间的关系提出了自己的观点。我对此观点很感兴趣。菲尔莫尔指出：

> 我认为看待语言事实的方式有三种。这三种方式是相互独立还是相互关联，取决于我们是在对事实进行分类还是在进行解释。从广义上讲，我认为**句法事实**、**语义事实**和**语用事实**可以彼此区分开来。但是，我也认为有些句法事实需要从语义和语用上进行解释，而有些语义事实需要通过语用进行解释。换言之，解读者有时通过语义和语用信息来判断句子的句法结构，有时则通过语用事实来判断语义。（Fillmore 1976: 81）

在自己的领域，句法可能是自主的。但就其性质而言，它必须为表达言者的交际需要提供资源。因此，除非我们能够对句法在语篇中发挥功能的原则做出解释，否则我们是无法完全理解句法本质的。在我看来，最有前途 12 但也可能是最困难的语法分析法是：语法的不同组成部分不是按照层级组织起来的独立子系统，而是在句子结构提供的有限编码机会上展开竞争的相互依存力量。[8] 我认为，一个具有很高解释价值的语言学理论，不仅能分别分析这些力量，还能通过这些力量的多重依赖关系对其进行分析。在这种理论中，某些语言中的语法结构，将被视为不同语法成分之间相互作用的语言特有的表现形式。

如果我们把小句的结构想象成一个域，在这个域中，作为语法不同组成部分的句法、词法、韵律、语义和信息结构，相互竞争和相互作用，并受普遍原则和语言特定的限制所约束，我们就可以理解为什么"主语"这一概念会是语言学史上一直争论不休的对象。"主语"这一标签在句法、词法、语义和信息结构这四个组成部分中一直都在使用。在现代英语或法语等"主语突出型"语言（Li & Thompson 1976）中，"主语"一直被看作一种突出的语法关系，它与主谓一致关系、被动构式、"提升"构式（"raising" constructions）等句法现象密切相关，但它也一直通过"施事"（agent）这一语义概念、"话题"这一语用概念进行识别，在所谓的"格语言"（case languages）中，通过一个形态格即"主格"（nominative case）进行识别。所有这些定义都有其各自的理由，但也都存在问题。事实上，对于人们所提出的判断主语身份的标准，我们很容易找到不少例句，来证明不是这个标准不适用就是那个标准不适用。[9]

我们在定义主语这一概念时遇到了诸多困难，从中我们可以得到一个重要而深刻的见解，即除非我们将不同语法层面的元素视为互为制约关系，否则就不能充分理解和解释某些语法现象。这种见解在许多优秀的传统语法中司空见惯，并在保罗（Paul 1909）、马泰休斯（Mathesius 1928）和其他布拉格学派学者、巴依（Bally 1932）以及后来的韩礼德（Halliday 1967）和迪克森（Dixon 1972）等语言学家的研究中一直保持活力。在现代生成语言学或类型学的研究中，直到最近才有人尝试去做综合描述。在这些描述中，句法层面、词法层面、语义层面和信息结构层面被同等对待。

13 　　在这方面，科姆里（Comrie 1981: sect.3.5）的研究工作是一个比较突出的例子。他在两个语法领域对俄语和英语小句结构进行了简短的类型学比较，发现语义角色、语用角色、语法关系和形态格（morphological cases）在不同的语言中以不同的方式相互作用。吉翁的《句法学》（Givón 1984）在此也值得一提。在"功能语法"（Functional Grammar）（Dik 1978, 1980）和"角色-参照语法"（Role and Reference Grammar）（Foley & Van Valin 1984，Van Valin 1993）的框架内，人们尝试着用综合法进行描述；范·瓦林（Van Valin 1993）整合了本书提出的理论的一部分。在"词汇功能语法"（Lexical Functional Grammar）的框架内，人们也尝试用综合法对信息结构概念进行处理（见 Bresnan & Mchombo 1987 对"话题"的讨论）。最近，"构式语法"（Construction Grammar）构建了一个描述框架。在这个框架中，形态句法、语义和语用被视为语法构式综合体的不同方面（见 Fillmore 1991 和 Fillmore, Kay and O'Connor 1988，以及 Lambrecht 1984b, 1986a, 1988b, 1990, 1992 所做的"构式主义"分析）。下文第 1.4 节将对构式语法进行简要的非正式描述。

1.3　信息结构与句子形式：实例分析

在本书中，我们的目标不是全面描述语法系统，而是将注意力集中在信息结构这一相对而言未被探讨的层面。在论述的时候，我们尽可能将信息结构这一层面与其他层面联系起来，并尽量提供形式分析的样本。然而，对于上一节提到的语法分析多层面路向的影响，我们想在此用三种语言的例子进行说明。通过该样本分析，我们也可以证明信息结构研究的可能性和局限性。该分析会涉及几个信息结构概念的使用。我们会边分析边简要解释这些概念，而在后面的章节中我们会对其进行充分说明。

1.3.1　三个例子

下面是现实生活中的一个情景。一辆挤满乘客的公交车停靠在站头，一位女士因携带的购物袋多且重，上车时行动迟缓，延误了公交车的发车时间。这位女士转过身来，面带歉意的微笑，对车上不耐烦的乘客说道：　14

（1.1）My CAR broke down.
　　　　我的车抛锚了。

根据第 5 章中焦点结构的分类法，例 1.1 属于"整句焦点"（sentence-focus）型句子，即"新信息"的范围涵盖包括主语在内的整个命题。这种整句焦点型结构的交际功能要么是引入一个新的语篇所指，要么宣告一个涉及新的语篇所指的事件（本例即是如此）。我们将具有后一种交际功能的句子称为"事件-报道型句子"（见 4.1.1 节和 4.2.2 节）。在例1.1 中，新的语篇所指是该女士的汽车。小号全大写成分是主句重音所在部分，具有音高突出的特点。句子重音是句子的**焦点标记符号**（FOCUS MARKER），即句子焦点结构的形式标志。请注意，在例 1.1 中，尽管焦点重音仅仅落在主语上，但作为"新信息"域的焦点域延伸到整个命题（参见 5.1.2 和 5.6.2 两节）。[10]

例 1.1 中的话语是现实生活中的确能够观察到的语例。在同样的现实生活中，意大利语和法语也有类似的语言表达：

（1.2）Mi si e rotta la MACCHINA.
　　　 to-me itself is broken the car
　　　 对我，它本身坏了，该汽车

（1.3）J'ai ma VOITURE qui est en PANNE.
　　　 I have my car that is in breakdown.
　　　 我有我的**车**，它**抛锚**了。

因为这三个例子的交际意图和交际情境完全相同，所以我们可以说这三个句子在语义和语用上有相同的**意义**。按照真值条件标准，它们在语义上是同义表达，因为在特定的生活环境中它们表示相同的情形。通过使用所有格名词短语，这些句子预设言者有一辆车，并断言该车目前无法工作（我们将在第二章对"预设"和"断言"的用法进行解释）。在一个人人都可能拥有汽车的文化背景下，该语用预设才能成立。这三个句子所表达的是由两个元素构成的简单命题：一个一元谓词和一个论元；一元谓词表示涉及机械故障的事件，论元表示无法发挥作用的实体即言者的汽车（严格而言，法语谓语 *est en panne* 表示的是状态而非事件；我们是通过语用推理将其理解为事件的）。我们将"主题"称为名词论元 car（*macchina*， *voilure*）在相关命题中的语义角色。[11] 至少在英语和法语中，这些句子还包含一个次要命题，即在名词短语的句法范围内，表达言者和汽车之间的领有关系。在语义上，我们将言者称为"领有者"（possessor），用所有格限定词 *my* 和 *ma* 表示；将汽车称为"领有物"（possessed）。

除了能从其词汇语法结构中推导出来的命题意义，这些句子还有一种言语特有的会话意义。只有知道了该女士的言语和公交车上情景的相关性，我们才能理解该女士言语的交际功能。该女士说这话的目的是对其在公共汽车上的行为进行解释，而非告诉她的听众自己汽车的机械状况。只有当汽车的状况能对该女士的处境提供解释时，它才有意义。即使 *car* 是命题在概念层面上的主语论元，即使表达该论元的名词短语是句子的语法主语（至少在英语和意大利语中如此），在语用结构命题层面上，*my car* 这一表达并不和**话题**相对应。相反，话题是言者，即"言语涉及的对象"是该女士而非汽车。我们将会证明，在这三种语言中，该语用事实在句子的语法结构化（grammatical structuring）中是一个至关重要的因素。

1.3.2 信息结构中的标记性

在开始分析这三个例子之前，我们想就**标记性**（MARKEDNESS）在信息结构表达中的作用明确提出两个假定。在第四章和第五章，我们将对这两个假定进行论证和详细阐述。第一个假定是，在这三种语言中，如果一个句子具有完整的词汇论元，其**语用上无标记成分的排列顺序**是主-谓-宾。（代词论元受到的句法和韵律限制与此截然不同。）第二个假设是，在这些语言中，**语用上无标记句子重音位置**位于句末；如果小句中含有"去重音"（deaccented）的焦点后成分，则位于接近句末的地方（参见 5.3.3 16 部分）。假定句子重音和焦点之间存在某种关系，这两个假定合并起来，就意味着在无标记情况下，位于句首的主语与命题存在话题关系，而位于句末的宾语与命题存在焦点关系。（我们将在第四章和第五章对"话题关系"和"焦点关系"进行详细说明。）因此，词汇论元的**无标记信息结**

构序列（UNMARKED INFORMATION-STRUCTURE SEQUENCE）是话题焦点。（我们在此没有考虑非论元成分尤其是动词的语用地位问题。在5.4.2 部分，我们将论证该程序的合理性。）根据这两个假定，对于意大利语例句即 1.2 中的成分顺序和英语例句即 1.1 中焦点重音的位置，我们必须将其描述为有标记的。

这两个假定与句法结构和韵律结构的标记性状态有关。但这两个假定并不是没有争议，因此需要得到合理的解释。在假定语言有一个在语用上无标记（或典型）的成分顺序和一个无标记焦点重音位置时，我们绝不是说具有这些形式属性的句子"在语用上是中性的"（pragmatically neutral）。人们普遍认为存在语用上中性的句法或韵律。但这个观点具有误导性，因为它是建立在毫无根据的假定之上的，即语法形式"通常"和语用无关。（在术语上，该观点有一个更为复杂的版本，即无标记语序或重音位置用于缺少"具体预设"的语篇情境；只要没对"一般预设"进行界定，这样的陈述仍然毫无意义。）假设某些句子形式在语用上是中性的，自然会导致这样的观点，即那些对信息结构感兴趣的语言学家的任务，充其量就是弄清楚哪些"特殊构式"需要进行语用阐释。我认为这种观点源自错误的理解。正如不存在没有形态句法结构和语音结构的句子一样，也不存在没有信息结构的句子。如果说有些句法结构或韵律结构"有特殊的语用功能"而另一些没有，就有点像说有些机械工具有特殊的功能而另一些在功能上是中性的一样。根据这一逻辑，我们可以说螺丝刀具有"特殊功能"，因为借助它来操作的物体即螺钉必须有特殊的形状，而锤子可以说在功能上是中性的，因为我们可以用它来敲击包括钉子、栅栏柱子在内的各种物体，如果需要还可钉螺丝钉。当然，二者的区别不在于锤子没有特殊功能或在功能上中性，而在于锤子的潜在应用领域更大，因此锤子的使用频率会更高。

对于语法结构的语用标记性，我们可以给出这样一个普遍规则：假如有一对句式变体，其中一个能实现两个语篇功能而另一个只能实现两个功能中的一个，那么能实现两个语用功能的句子在语用上是无标记的。有标记成员明显具有某个语用特征，而该特征对无标记成员而言是中性的。例如，*She likes* GERMANS（她喜欢德国人）是典范的SVO句，对于"论元焦点"这一特征而言是无标记的，而与该句对应的分裂句 *It is* GERMANS *that she likes*（她喜欢的是德国人）在该特征上是有标记的（详见 5.6 节）。典范版本既可以用宽式焦点解读（broad focus reading）进行识解，又可以用窄式焦点解读（a narrow focus reading）来识解；前者又称为"一般解读识解"，后者又称为"对比解读识解"。也就是说，这个句子可以用来回答"她是什么样的人？"或"她喜欢美国人还是德国人？"这样的问题。而对分裂式句式变体而言，只允许进行窄式焦点解读。也就是说，第一句话可以用于对第二句话的解读，但第二句话只能用于对第一句话两种解读中的一个。[12]这种处理语用标记的路向意味着，一对句式变体中的有标记成员，在另一对句式变体中可能是无标记成员。例如，例 1.2 是一个意大利语倒装构式，与其相应的典范版本相比，其句法是有标记的（参见下文例 1.2'），就"论元焦点"这一特征而言，其句法又是无标记的。在这里，它与"*È la mia* MACCHINA *que si è rotra*"（是我的汽车抛锚了）这一分裂式句式变体形成对比：VS 型句子既有宽式焦点解读，也有窄式焦点解读（如例 1.1 中主语重读的英语对应句），但分裂句只能进行窄式焦点识解。

　　我们将这三种语言中的 SV 或 SVO 语序和句末焦点重音（clause-final focus-accent）位置称为"在语用上无标记的"。我们这样做是基于这样一个事实：这种模式比其他模式具有更大的**分布上的自由**（DISTRIBUTIONAL FREEDOM），结果就是它出现的总频率也会更高。**我并不是暗示**，另外的模式即有标记模式，在某种程度上是"风格上具有显著特征的"（stylistically remarkable）或"异常的"。例如，在意大利语中，有一类不及物动词，即所谓的"非宾格动词"（unaccusatives）及

非人称的 *si* 动词, 在没有上下文的情况下, 本族语者通常认为其 VS 语序比 SV 语序更为自然。这种来自母语者的直觉与许多说英语者的直觉类似。讲英语的人在没有语境线索的情况下发现, *My CAR broke down*(我的车抛锚了)或 *Her FATHER died*(她父亲死了)这样的句首焦点韵律(focus-initial prosody)句子, 比 *My car broke DOWN*(我的车**抛锚了**)或 *Her father DIED*(她父亲**死了**)这样的句尾焦点韵律(focus-final prosody)句子更为自然。[13]这种直觉源于这样一个事实, 即某些命题内容在某些语用环境下出现的频率最高, 因此在言者的头脑中这些命题内容往往与那些适合此类环境的语法结构联系起来。也许人们更倾向于使用 *Her father died*(她父亲去世了)这样的结构, 来宣称先前未被提及的个体的死亡(对主语进行重音突显), 而非将该个体作为已经讨论过的话题进行评论(对谓语进行重音突显)。它们与无标记的 SV(O) 语序或句末焦点重音突显无关。

在意大利语中, 所有的谓语都允许 SV(O) 语序, 只有一组数量有限的谓语允许例 1.2 这类整句焦点型结构选择 VS 语序。这是一个分布上的事实。与此相似的是, 在英语中所有谓语都允许句尾焦点韵律, 而只有少数谓语, 而且主要为不及物谓语, 才允许例 1.1 这类整句焦点型结构使用句首焦点韵律(见 Lambrecht 1987a 和即将出版的成果)。换言之, 在这两种语言中, 许多谓语都要求主语是位于动词前的话题(preverbal topic)成分, 而宾语是位于动词后的焦点(postverbal focus)成分, 但没有谓语要求相反的情况。正是在这种分布意义上, 我们将这三种语言中的句尾焦点韵律和 SV(O) 语序看作无标记性的。在认知上, 有标记模式的价值不是来自某种内在的特征, 而是来自人们将其看作对无标记模式的偏离。我认为, 之所以传统语法将 VS 结构描述为 "倒装结构"(inversions), 是因为在这些语言中主语通常出现在谓语之前, 而 VS 结构偏离了人们所认为的正常标准。以此类推, 在句尾焦点韵律型语言中, 人们可以将例 1.1 这样的句首焦点韵律句称为 "韵律倒装句"(prosodic inversions)(详见 5.6.2

部分）。这种对语序和韵律标记性进行处理的路向，是以特鲁别茨柯依（Trubetzkoy）和雅柯布森（Jakobson）所描述的标记性的经典概念为基础的。（参见 Waugh 1982 等）这种路向与普遍使用的路向不同。根据普遍使用的路向，在特定的语篇语境中，只要某个模式被认为比其他替代模式更为自然，它就是"无标记"模式。

1.3.3　分析

让我们再来分析以上三个例子。这些句子的语义-语用结构，与形态句法-韵律层面有什么关系？更具体地说，信息结构在这些话语的形成中扮演什么角色？

在 *My CAR broke down*（我的**汽车**出故障了）这个英语句子中，**主题**的语义角色与主语短语 My CAR 中主语的句法关系有关。在这个短语中，限定词 *my* 的语义角色是领有者，而名词 *car* 的语义角色是被领有的实体。在不及物句中，主语 NP 是句首成分，因而导致 NP-V 这种形式的语序。至于例 1.1 的信息结构，我们注意到，标示言语话题即讲话者的语言表达，是位于句首的代词 *my*。**话题**的语用关系通过限定词这一非短语句法范畴得到**映射**，而该限定词不是主要谓词的论元，且其位置固定于其所在的短语内。句子重音落在主语名词 *car* 上，标记着该名词的标示对象在语用上是命题的焦点而非主题，而且，考虑到该句特定的焦点结构，间接标记着其后所有成分都是焦点域的组成部分（详见 5.6.2 部分）。

因此在例 1.1 中，主题的语义角色和焦点的语用角色都与名词短语型成分中主语的语法角色相联系，而且该主语名词短语占据了动词前这一无标记位置。另外，该名词短语也是句子中唯一的名词性成分。然而，将焦点重音放在名词 *car* 上是有标记的。话语的信息结构不是在句法上得到编码，而是在韵律上进行编码。因此，例 1.1 中的**句法**模式并非话语语用直接驱动的结果。相反，在该语言中，NP-V 语序是独立形成的句法结构。事实上，同一个句法序列，换一个语调轮廓后，可以在不同的语用条件下使用，比如当我问 *What happened to your CAR?*（你的车怎么了？）时，下面的回答很明确，但可能有点不太自然：

（1.1'）My car broke DOWN.
　　　　我的车出故障了。

在语用上，例 1.1' 传递了一个不同的信息，其中名词短语 *my car* 的所指
20　对象已经被确立为讨论的话题。在例 1.1' 这样的句子中，"新信息"的
范围涵盖整个谓词而将主语排除在外。我们将这类句子称为"谓语焦
点型结构"（predicate-focus structures）（见第五章），而将命题的语用
音显（pragmatic articulation）称为"话题–评述型音显"（topic-comment
articulation）（见第四章）。因此，在信息结构的表达上，例 1.1 的句法结
构是中性的。例 1.1 与 1.1' 的区别不在于它的句法，而在于它的**韵律**结构，
而这种韵律结构是有标记的。巴依用字母 Z 表示句子的重音突显成分，
用字母 A 表示句子的非重音突显部分（Bally 1932: 53ff）。如果沿用巴依
的这一简单表示法，我们可以将例 1.1 这个英语句子中的韵律排序表示为
Z-A（忽略限定词的角色），而将 1.1' 中的韵律排序表示为 A-Z。

　　现在让我们思考一下例 1.2 中的意大利语句子，即 *Mi si è rotta la MAC-*
CHINA。[14] 在**句法**和**语义**之间的映射关系上，我们注意到，在该句中，汽
车和车主之间的领属关系在主语名词短语中没有表达出来，这是它与例
1.1 的不同之处。相反，这种关系是通过句首与格代词 *mi* 和名词短语 *la*
macchina 之间的关系间接表达的。我们最好将代词 *mi* 的语义角色描述
为"体验者"，因为句子所描述的是发生在言者身上的事件。尽管有与格
代词 *mi*，这个句子也是不及物的，因为它既没有直接宾语，也没有间接
宾语［反身代词 *si* 不是宾语论元，而是"中动语态"（middle voice）的标
记］。和英语一样，在意大利语中，主题的语义角色表现为不及物动词的
主语名词短语。

　　命题的**信息结构**反映在表达它的句子的**句法**上。在当前的讨论中，我

们对英语和意大利语在表达方式上的根本区别更感兴趣。在意大利语中，典范的句子成分顺序是 SV(O)。在这种语序中，主语名词短语是话题，宾语部分是焦点。为满足话语的语用要求，主语和动词的顺序会被颠倒过来。通过将主语放在动词之后，意大利语遵从了无标记的韵律排序，在这种语序中，承载主句重音的成分位于句末的位置。通过对例 1.2 与其相应例句 1.2' 的比较，我们可以发现后者在句法上进行了调整。例 1.2' 和上文的英语句子 1.1' 一样，句中的 *car* 是陈述的话题，而非之前未提及的、作为已知事件参与者的实体；陈述的目的是增加受话者对 *car* 的了解。

（1.2'）La mia macchina si è ROTTA.　　　　　　　　　　　　　　21

　　　　我的车**抛锚**了。

例 1.2' 中的句子拥有典范的形式即无标记形式，作为话题的主语名词短语位于句首，而焦点重音落在谓语上。[15]

　　在命题信息结构的形式化表征方面，以上意大利语和英语例子在代词 *mi* 的句法地位上也存在差异。该差异也很有趣。与英语所有格 *my* 一样，*mi* 也具有话题的语用角色。但在意大利语中，这个话题是与动词相关的人称代词，而不是与名词相关的限定词。通过用人称代词和非所有格名词短语之间的关系取代普通的名词短语内部的所有格关系（如 1.2' 中的 *la mia macchina*［我的汽车］），意大利语能够使话题成分留在无标记的句首位置，而不是放在动词之后。请注意，这种"话题优先原则"的表达也是以牺牲无标记典范句法为代价的。

　　综上所述，例 1.2 这一意大利语句子与例 1.1 这一英语句子存在相似之处，即它们的主题、主语和焦点都合并在同一个名词短语成分之中。然而，命题信息结构在两种语言的句子形式上却有完全不同的表现。在意大利语中，话题成分位于句首，而带有焦点重音的成分位于句尾。因此，意大利语保留的不是无标记的 SV 句法排序，而是无标记的韵律排序。意大利语句子有**两个**论元成分，而英语的对应句子只有一个论元成分。[16] 我们可以采用巴依的图式表征法，将意大利语句子中的韵律排序用 A-Z 这一象征符号标示。

  在对意大利语句子进行讨论的时候，我们依据传统语法，将动词后成分 *la macchina* 看作这个句子的主语，尽管它是"倒置的"。在生成句法学中，该假设一直存在争议。有人可以说，*la macchina* 事实上并非真正意义上的主语，因为它具有直接宾语的某些形式属性，特别是它所处的位置。在最近对所谓的"非宾格假说"（unaccusative hypothesis）的讨论中，该观点一直频频出现（Perlmutter 1978, Burzio 1981）。根据这一假设，在更深层的分析上，例 1.2 中的动词后主语事实上不是主语而是宾语。这22 种情况也出现在其他包含不及物谓语动词的 VS 结构中。也就是说，存在一个抽象的表征层面，在该层面上，位于动词后的主语是宾语。我们认为，本研究所主张的语法分析路向有一个主要优势，就是使以上假设变得多余。在我们所采用的理论框架中，信息结构范畴与句法范畴和语义范畴一样，具有同等地位，因此我们可以保留传统的观点，即例 1.2 中的名词短语确实是句子的主语，尽管不是典范主语。在这样的框架中，我们可以通过语用关系和句法关系的不同映射，来解释典范结构和倒装结构之间的差异。因此，我们可以给倒装主语下这样一个简单的定义：倒装主语的信息结构与焦点成分的一样，是有标记的。[17]

  下面让我们看看例 1.3 中的法语例子。这里的情况相当复杂。在 *J'ai ma voiture qui est en panne* 一句中，为了顺应命题的信息结构，语义结构和句法结构都进行了调整。为了弄清楚调整的程度，我们有必要将例 1.3 与例 1.3' 的典范 SV 结构进行对比：[18]

  （1.3'）Ma voiture est en panne.
    我的车**抛锚**了。

由于对语用关系焦点和语法关系主语的相互映射（co-mapping）存在强有力的语法限制（见 Lambrecht 1984a, 1986b: ch.6），法语口语大量使用例 1.3 中的**分裂**构式来避免出现句首焦点的 SV 结构。我们可以将例 1.3 这样的构式称为分裂构式，因为这个双小句序列（two-clause sequence）所表达的命题意义，与例 1.3' 典范句所表达的命题意义相同，在真值条件上没有区别。在法语口语中，像 *Ma voiture est en panne* 这样的典范句，如果将重音名词短语放在动词前主语的位置，是不可接受的，因为这在韵律上存在劣构性。例 1.3 没有采用这种劣构性序列。在例 1.3 中，带有焦点重音的成分 *voiture*，并不像在英语和意大利语中那样作为不及物从句的主语名词短语出现，而是作为动词 *avoir* 的句法**宾语**出现在它自己的小句中。分裂结构的语用功能是为焦点名词短语创造一个动词后论元位置，从而防止焦点名词短语出现在句首位置。因此，例 1.3 中的结构既弥补了英语中主语重音 SV 结构的不可接受性，也弥补了意大利语句尾重音的 VS 结构的非语法性（像 *Est en panne ma voiture* 这样的 VS 句，其焦点位置是正确的，但在句法上具有劣构性）。[19]

23

在如此创建的双小句结构中，第一个小句 *J'ai ma voiture* 的功能，表面上看似乎是表达一个语义上独立的命题，事实上并不是重复断言讲话之人"有她自己的车"。更确切地讲，在语篇中，*avoir-* 小句的唯一功能是在语用上**充当**（POSE）名词短语的所指对象，使其词汇表现与主语的语法角色不相符。第一人称主语代词 *je* 占据了这个小句的主语位置。它和意大利语与格 *mi* 一样，可充当语用上的话题角色。我们可以将该话题论元的语义角色描述为方位格（locative）（见 Lambrecht 1988b）。*qui-*小句表达了 *ma voiture* 这一词汇名词短语的所指对象与谓语 *est en panne* 之间的语义关系；该小句的代词主语 *qui* 是对前一个小句宾语名词短语的回指。*qui-* 小句虽然具有关系从句的内部结构，但与限制性关系从句和同位关系从句都有着根本性区别。*avoir-* 小句中的先行名词短语可以是一个专有名词，从而将限制性关系代词的修饰功能排除在外。而且，在例 1.3 中，*qui-* 小句所表达的信息不是语用上预设的，因而与限制性关系从句中的信息不同；它也不是附加的，因而与同位语从句的信息也不相同。事实上，句子所表达的主要断言，是由 *qui-* 小句而非 *avoir-* 小句的谓语承载的（详见 Lambrecht 1988a）。

　　因此，在法语句子中，信息结构有自己独立的驱动因素，而语法关系和句法成分结构都要进行顺应，这种顺应的代价是进行复杂的形式调整。在英语中，命题是由一个谓素（predicator）和一个论元表达的；在意大利语中，命题是由一个谓素和两个论元表达的；而在法语中，命题是由两个谓素和三个论元来表达的（其中两个论元必须标示同一个实体）。由于该法语句子与英语和意大利语单小句型句子所表达的意义相同，而且例 1.3' 中的法语典范单小句版本在句法和语义上都是符合规则的，这种论元数量大幅增加的现象只能通过信息结构的要求进行解释。我们可以用 A-Z-A-Z 这样的符号对法语句子中的序列进行标示，即对英语 Z-A 型序列和意大利语 A-Z 型序列的语法折中。在法语例句中，重音突显的名词短语 *ma voiture* 在它自己的小句中位于句末，这与意大利语一样；但它位于主要谓词 *break down* 之前，这又与英语一样。

1.3.4 总结

　　上文分析的目的是想捍卫这样一种观点，即不同语法模式是语法、语义、信息结构、形态句法和韵律各种组成部分之间多重依赖关系的结果，而这些多重依赖关系随语言的不同而不同。只有这样，我们才能理解三个例子所示的不同语法模式的复杂性。如三个例子表明，这些成分之间的相互作用可能会导致形式上迥异的结果，即使在英语、法语和意大利语这样的关系密切的语言中也是如此。就英语例子 1.1 而言，信息结构在句法层面上"受损了"（loses out）。然而，这种损失可以得到补偿，因为在英语中，句子重音原则上可以从右向左"移动"，允许韵律焦点标记出现在句子的任何位置。由于句子重音强调（sentence accentuation）在英语中非常重要，信息结构的句法表达在英语中常常是不必要的。或者换种说法，句子重音强调弥补了英语语法中严格的语序限制所带来的不足。因此，在英语中，句子韵律背后有很强的语用理据。从类型学上讲，英语是极端的"主语突显"型语言（Li & Thompson 1976），即在这种语言中，各种各样的语义和语用功能都可能与主语的恒定的句法功能相关联，而且这种语言的语序在很大程度上受制于语法而非受制于语用。[20]

在例1.2这一意大利语句子中，语法因素之间的竞争导致不同的结果。在这里，在形式结构和信息结构的竞争中"败下阵来"的正是句法：典范的成分排序为了顺应语篇的要求而发生改变。英语容忍不了对其 SV 这一典范顺序的变更；同样，意大利语在信息结构上要求焦点论元要置于动词之后，它也容忍不了对这个约束的违反。[21] 和英语相比，意大利语的语序受信息结构的控制程度更高，尽管意大利语的句法在这方面比俄语或拉丁语等所谓的自由语序型语言的句法严格得多。假设例 1.2' 中的 SV(O) 模 25 式是对这种语言中无标记成分排序的例证，我们可以说例 1.2 的形式结构是由言语的语用功能**所驱动**的。

至于例 1.3 中的法语结构，句法和信息结构在竞争中各有胜负。法语句子的语序在语法上受到严格控制，不会随便允许主谓倒装，也不允许出现在语序受语用控制的语言中所发现的其他类型的语序变化。然而，例 1.3 的整体结构**直接**反映了它的语用功能。与意大利语相比，法语句子的句法结构可以说受语用动机的影响更大，因为这种包含动词 *avoir* 的分裂构式具有独特的功能，可以在上述特定的语用环境中以双小句形式来表达单一命题。如本人的研究（Lambrecht 1986b: sect.7.2.2）所示，这种构式的某些形式特征和语义特征，如动词 *avoir* 与所有格宾语名词短语的共现用法，只有在参照其语用功能时才有意义。通过使用分裂式语法构式，法语口语可以同时完成几件事。它用某种语用上偏好的语序代替语用上不可接受的 SV(O) 语序；它在不违反信息结构约束的前提下，保持了受句法控制的基本语序，也就是将话题映射到主语上、将焦点映射到宾语上；它也避免了对其严格的最后音节重音突显模式（oxytonic accent pattern）的违反。分裂构式的"混合策略"使该语言鱼与熊掌两者兼得。它代表了法语中解决句法和语用之间竞争的具体方法之一。

1.4　信息结构和句法

我们在上一节通过例子，对一种自然语言观的含义进行了阐述。根据该观点，信息结构被视为句子语法的一个组成部分，是与形态句法、语义和韵律等量齐观的事物，而且这些组成部分在不同语言中以其特有的方式相互作用。我们在前面提到过信息结构在语法中的位置这一理论问题。下面我们再来讨论一下该问题，特别是信息结构和句法之间关系的理论问题。

26　1.4.1　语法中的自主性和理据性

激进的"功能主义"句法观已经引起了某种误解。为避免出现类似情况，我想从一开始就强调：如果说语篇的交际要求不仅直接决定了言语的内容，而且还决定了言语的形式，因而就说在某种意义上可以用信息结构来对句子结构**进行解释**，这是一种误导。说到底，这种观点意味着，在相似的交际情境中表达相似命题内容的句子，在不同的语言中必须有相似的形式，而我们所举的三个例子与该观点存在明显矛盾。诚然，这三句话有一个重要的共同特征，即它们以某些系统性方式偏离它们相应的典范句。然而，我们完全无法根据这些句子的功能，推理出表现这种偏离的形式。此外，由于我们可以谈论的事物状态在数量上是无限的，而可供言者使用的语法结构在数量上却非常有限，因此交际需求或意图与句子的语法形式之间不可能存在一对一的关系，而只能在情境类型与预设形式类型之间建立映射关系。言者不会创造新的结构来表达新的意义，而是根据自己的交际意图创造性地利用已有的结构。

我们用例句对"不同动机之间存在竞争"的观点进行了例证。因此，如果说信息结构本身就能决定不同句子在形式结构上的差异，就与该观点存在矛盾了。再来看看以上三个例子。在对例 1.1 中的命题内容进行表达时，尽管在所有三种语言中，句尾是非标记性焦点论元的位置，但只有意大利语可以用倒装结构来对主语的非话题地位进行标示，而具有类似功能的英语和法语 VS 句，即 *Broke down my CAR*（*出故障了我的汽车）和 *Est en panne ma VOITURE*（*坏了我的汽车），则是不合语法的。对于这样的问题，信息结构无法做出解释。信息结构也无法解释法语例子中关系小句的内部句法，或者允许该小句进入母句（matrix clause）分裂构式的语法机制。如果该观点可以对以上问题做出解释，我们就很难理解为什么在意大利语和英语中，即便这样的分裂构式没有违反语法规则，却是不恰当的。[22] 之所以存在这种语法性（grammaticality）差异，显然是因为不同语言具有不同的结构属性；而这些结构属性又要遵循普遍的类型学原则和普遍的句法结构限 27 制，或至少与这些原则和限制保持一致。正是在这个意义上，我们可以说句子的句法结构是"自主的"。

话虽如此，我想强调的是，认为信息结构在句子的形式组织中不起任何作用的观点同样具有误导性。按照这个观点，信息结构在某种程度上被认为是语法的一个组成部分，发挥着解释机制的作用，通过该解释机制对完全成型的句法结构在某些言语语境中的适当性进行核查。该观点对生成语法的不同版本都有影响。信息结构的功能是用于解释的观点，似乎很难与上一节所讨论的一些事实相吻合，如焦点重音指派的事实。生成语言学家和功能语言学家经常发现，焦点韵律不仅对句子的语用解读有影响，如上文例 1.1 和 1.1' 之间的区别，而且对某些传统上归为"语义问题"的现象也有影响，如对名词和代词之间回指关系的解读（参见 Kuno 1972，Akmajian 1973，Bolinger 1979，Van Valin 1990b 的总结）。[23] 因此，焦点重音指派的事实有力说明，即便语音和句法之间不存在相互作用，至少语音和语义的"解释性"成分之间存在相互作用。

　　为使语法的模块化路向顺应焦点韵律事实，人们提出，焦点重音突显实际上不是一种韵律特征，而是一种抽象的**句法**特征，该句法特征位于表层结构（S-structure），而且没有任何句法实现（syntactic realization）。（参见 Culicover & Rochemont 1983: 123ff, Horvath 1986: 94ff）这种表层结构特征在"语音形式"上被转化为重音指派，并在"逻辑形式"和"语篇语法"上进行语义解读。依我的理解，对焦点韵律的这种解读，主要目的是为了协调焦点事实与模块性（modularity）概念和句法自主性概念之间的关系。在揭示韵律和句法之间关系的本质方面，它们似乎起不到什么作用。它们是生成理论求助于"占位符"（placeholders）的例子。占位符是生成理论的某个模型所作的预测遭到经验证据的强力否定时，为保持理论模型内部的一致性，所采用的一种手段。伍德伯里（Woodbury 1987: 688ff）对这种占位符的使用提出了中肯的批评。他认为，在生成语法史上的不同时期，都援用过抽象的占位符语素；无论是音位学还是句法学，每当某个语法现象对某些语法组织的观点造成威胁而使其无效时，人们就会求助于占位符。按照伍德伯里的说法，"占位符可被看作语法的形式组织已被扭曲的症状"（同上）。

　　在意大利语，尤其是法语的焦点标记事实面前，信息结构的解读观（interpretive views）似乎更难辩护。如前所述，在英语中，整句焦点型结构，是通过重音位置的变化在韵律上进行表达的；在法语中，整句焦点型结构是将两个典范小句组合起来通过句法手段进行表达的，每个典范小句的焦点重音都位于其无标记的句末位置。在法语的例子中，焦点解读显然是复合性语法构式本身的一种属性，而不是强加给句法构型上的解释；句法构型的驱动因素是独立的。虽然构成这种构式的词汇和短语成分与语法的其他部分相似，而且这些成分中的大部分都是按照一般的组合原则组配起来的，然而，由这些成分组合而成的整体构式是独特的，在语篇中起着独特的作用。在这个意义上，我们可以说，句法形式与语篇功能直接相关，因此，如果不参照语篇功能，我们就不能充分理解句法形式。打个比方，声称语法形式完全独立于语篇功能，就像声称汽车的形式独立于它的机动目的，理由是形式只取决于力学定律，而非取决于从一个地方到另一个地方的欲望。这种推理似乎无懈可击，但它掩盖了一个关键事实，即如果人们不需要旅行，就不会有汽车，也就不会有形式。既然汽车的存在是缘于旅行需要，既然存在是形式的逻辑前提，那么我们就不能否认形式和功能之间存在逻辑联系。

尽管我们可以通过信息结构分析识别出语法形式的语用动因，但我们必须承认，将信息结构的制约因素转换成或映射到语法结构有一个过程，经过这个过程，有些构式如法语的 *avoir-* 分裂句得到**创生**，信息结构分析却没有对这一过程做出解释。我曾在前面说过，言者不会为表达新的意义而创造新的结构。这种说法固然没错，但语法结构的出现是在信息结构约束的压力之下，经历了一个渐进的历时过程。这是事实，也是一个普遍现象。因为要对两种通过语用构建的命题进行区分，我们在上一节的讨论中向大家展示了这两种命题之间的形式对比。就我所知，我们没有办法对信息结构和句子形式之间的映射关系进行解释，而且根据一些人的观点，不可能存在一种具有预测能力的**语法化理论**。如果有这样的理论，对于普遍的语篇要求是如何根据个别语法的结构属性和类型属性用语法形式表现出来的问题，我们就可以解答了。[24] 但是，即使我们指望不上这样的理论，我们仍然可以相信，形式和功能之间的复杂关系不是任意的，在个体语言的语法系统中是有理据的。虽然像法语 *avoir-* 分裂句这样的构式不能根据交际需要进行**预测**，但我们可以证明这种形式在法语的语法系统中是**有理据的**。考虑到法语语法的形式限制，以及对一个普遍语用范畴进行表达的需要，*avoir-* 构式呈现出法语口语中的表现形式是"有道理的"。在本研究中，语法形式的**语用理据**是主要理论概念之一。[25]

1.4.2 句法结构功能描述的不足

句子的语法形式受制于信息结构的要求。在明确了这一观念之后，对于**句法结构**本身在多大程度上具有理据性的问题，我必须给大家提个醒。我们首先要记住由例 1.1 和 1.1' 等例证的事实，即像英语中 NP-VP 这样的句法模式，并不完全取决于语篇功能；功能上的差异也可以通过非句法手段进行表达。众所周知，句法结构可能有多种功能。无标记句法模式在功能上具有多样性。例如，英语中典范的 SV 语序既可用于陈述，也可通过给句子提供适当的非陈述语调轮廓用于疑问，如 "*He is hungry.*" 是陈述性 SV 语序，而 "*He is hungry?*" 则是疑问性 SV 语序。这是一个众所周知的事实。这里的 SV 模式与主谓倒装模式即 "*Is he hungry?*" 这样的模式形成对比。无论语调如何改变，主谓倒装模式都在陈述性语境中使用；因其"非陈述性"特征，主谓倒装模式必定是有标记的。

在法语中，[pro-V (XP)] 是一个非常普遍的句法模式，在形成功能各异的句子构式时都会用到它。我曾将其放在"优先小句构式"（preferred-clause construction）标签下进行过讨论（Lambrecht 1986b: ch.6）。尽管这种句法模式通常用于对主谓之间具有话题-评述关系的命题进行编码，但也可用来对非话题-评述关系的命题进行编码。请对 *Il pleure*（他在哭）和 *Il pleut*（天在下雨）进行比较。两者的结构完全相同，都属于 [pro-V] 结构。前者的谓语表达的是主语的一个属性，因此是一个话题-评述型序列。后者由于代词没有指称功能，所以不可能是话题-评述关系；该句表达的是一种存在性命题（existential statement），即 *There is rain falling*（有雨在下）。我们还可以对 *Il bait une goutte*（他喝了一滴）和 *Il tombe une goutte*（一滴在落）这两个 [pro-V NP] 结构进行比较。前者用话题-评述型音显来表达命题，谓语得到的识解是对主语所指对象的评述；后者属于"事件性"音显，代词没有所指对象，焦点的范围涵盖整个命题（参见 4.2.2 一节中对"整体判断型"命题的讨论）。透过该优先小句构式，我们可以发现，主语-谓语型陈述和存在型陈述之间的基本语义-语用差异，在形态句法层面上没有得到表达。主语-谓语型陈述和存在型陈述分别相当于本研究中的谓语焦点型结构和整句焦点型结构。

形式-功能之间存在多重对应的可能性，并不局限于高度普遍的、语义上或语用上无标记的句法模式。即便是有标记模式，在具体**句法**形式和具体交际功能之间也常常没有一对一的关系。对此，我们可以用阿克马吉安（Akmajian 1984）所讨论的例子进行说明。该例子就是上文已经提到过的英语主谓倒装模式。由于该模式不能用来表达简单陈述，其在功能上是受限的。但是，它可以用于两种明显不同的功能，即表示疑问（*Is he hungry?*［他饿了吗？］）和表示感叹（*Boy, is he hungry!*［嗬，他饿了！］）。在这个例子中，也是通过语调与句法之间的相互作用，才使交31际功能和语法形式之间勉强契合起来。

在英语和其他一些语言中，有一种被称为话题化（topicalization）的构式。这种构式也是一个很好的例子。人们经常注意到该构式的语用标记特征。"话题化"一般用来指一种句法构式，在该句法构式中，通常位于动词之后的宾语名词短语，出现在主语之前的句首位置，或在 V-2 语序的语言中，宾语直接出现在动词之前，而主语出现在宾语的位置。顾名思义，人们认为，"话题化"句子的语篇功能与其典范的对应句不同，作宾语的名词短语在话题化的句子中是话题而非焦点域的一部分。人们常常没有认识到的是，这种句法类型实际上具有两种截然不同的语篇功能。正如斯坦博尔（Stempel 1981）和普林斯（Prince 1981b）分别通过法语和英语所论证的，"话题化的"短语与句子所表达的命题之间要么是话题关系要么是焦点关系。（根据本书第五章提出的观点，第一种拥有"谓语焦点"结构，第二种拥有"论元焦点"结构。）这种明显的语用功能差异与同样明显的韵律差异存在关联。然而在语法层面上，这种差异并没有得到标记。[26]

在带有话题化名词短语的句子中，没有出现话题-焦点对比所导致的明显句法分化，并不意味着在这类句子中无法建立形式与功能的关联。它只是证实了这样一个观察结果，即句法并非对信息结构进行编码的唯一形式层面。在句法上没有得到编码的，会在韵律上得到编码；在韵律上没有得到编码的，可以通过词法（morphology）或词汇进行表达。在这种互动语法观中，这样的事实并不令人惊讶。事实上，如果相反的情况是真的，即如果所有的句法模式与特定的语篇功能之间都是一一对应关系，人们才会感到惊讶。由于语言的形态句法资源是有限的，又因为交际差异在数量上可能是无限的，自然语言在对功能差异进行表达时，会尽量在形式使用上进行节约，这是一种逻辑必然。至于 OSV（OVS）模式，其具有双重功能的原因似乎相当清楚：由于句首是认知上非常突显的位置，它是表达无标记结构和有标记结构对比的理想位置。有标记的话题和有标记的焦点自然会对这一具有认知特权的位置展开竞争。[27]

1.4.3 句子类型与语法结构概念

我们必须得出这样的结论：即使在非典范的句子模式中，句法形式和语篇功能之间也往往不存在一一对应的关系。[28] 不同语言之间似乎存在一个普遍趋势，即形式与语篇功能的匹配涉及语法各组成部分之间的多重对应。那么，对于话题化构式、"与格"构式、被动构式以及其他不常得到分析的模式，如果不给它们分派独特的话语功能，我们如何认为这些具体的句法构型存在语用上的理据呢？语用功能与句法形式之间的关系到底是什么性质？

对于这一问题，阿克马吉安在其论文"句子类型和形式功能匹配"（Akmajian 1984）中给出了明确的答案，尽管这一答案是尝试性的。阿克马吉安称 *What, me worry?*（什么，我担心？）或 *Him wear a tuxedo?!*（穿他一套燕尾服？！）这样的句子为"疯狂杂志句"。通过对这类句子的句法结构和语用结构的讨论，阿克马吉安注意到这些句子和祈使句之间在形式上有一些相似之处。根据这些相似性，他认为祈使句和疯狂杂志句实际上可能是由相同的、高度一般的短语结构规则生成的，"附带条件是，祈使句所遵循的语用原则，实际上会使祈使句成为我们所讨论的结构集中的一个子集"（p.14）。阿克马吉安的结论是，无论是疯狂杂志句，还是祈使句，在句法理论中都没有特殊地位。相反，诸如"祈使""疑问""断言"等概念要在言语行为理论中进行界定，即在语言的语用成分中进行界定。

阿克马吉安接着提出这样一个问题，即"在构成重要的句型时，形式属性簇是否应被单独挑出来"（p.18）。他认为这个问题的答案是肯定的，而且"句型"这个概念在形式语法中确实具有理论地位。然而，根据阿克马吉安的观点，这类句型属于一种高度一般的、也许是普遍存在的"形式句型图式"（Formal Sentence-Type Schema）。就英语而言，对 33 一组重要的形式句型起决定性作用的正是助词及其位置，连同一组与句法直接互动的语调特征。阿克马吉安将"*Down with X!*"或"*Off with X's Y!*"这类构式称为"具有高度标记性的"构式。他承认形式-功能之间的一对一匹配存在理论上的可能性，如上面提到的这类构式。尽管如此，阿克马吉安的主要主张是"类似于形式句型图式的东西，根据一组数量有限的形式参数，从形式语法向语用学提供输入"，而在跨语言上，"研究者的任务是要明确规定一组将形式句型和语用功能联系起来的对应原则"（p. 21）。

我们可以将阿克马吉安的理论观点概括如下。鉴于形式-功能之间明显存在一对多的情况，也就是在许多情况下单个的句法结构可以发挥多个语用功能，我们可以假定存在一个极其简单、极其一般的句法成分，并让这个成分生成一组数量不多的高度一般的句子类型。接着，我们让这个成分与音韵的某些方面相互作用，让一个复杂的语用成分以言语行为的普遍理论的形式，提供能将不想要的表层构型排除在外的语用解读原则。任何形式现象，如果不能用该方式进行描述，都将以特殊句法规则的形式认定为一般系统的例外（我们希望这组例外的数量很少）。

不可否认，高度一般的句法类型和同样高度一般的语用原则之间存在映射关系的观点在理论上具有吸引力。但我认为，对于自然语言的形式和功能之间的关系，它并不能为我们提供一个现实图景。[29] 尽管许多句法模式与具体用法之间不可能是一一对应的关系，我们认为，在自然语言中，形式-意义-使用之间的"高标记性"和独特对应关系，远远超过目前大多数研究路向所假定的数量。与菲尔莫尔及其他构式语法的支持者一样，我认为我们不可能按照某些原则，在特异性构式（又称"习语性"构式）和一般性构式（又称"规则"构式）之间划一条分界线。构式语法最重要的信条之一是认为，生成语法一直过于强调"习语性"和"规则性"（句法生成性、语义组合性）之间的区别，而一个语言学理论要想具有充分的解释力，就必须既能很好地解释语法的规则现象，又能很好地解释语法的习语性现象（见 Lambrecht 1984b，尤其是 Fillmore, Kay & O'Connor 1988）。

根据构式语法的观点，如果一个语言学理论能将**语法构式**看作语法的基本单位，就可以缩小习语性和规则性之间的差距。[30] 语法构式是"任何具有约定俗成功能的句法模式，以及其对所在结构之意义或用法所做贡献在语言上的任何规约化表达"（Fillmore 1988: 36）。构式语法认为，复杂的语法构式不是通过类似于短语结构语法的生成规则，从较为一般或较为简单的结构衍生出来的，尽管在某些情况下，将较小的构式组合成复杂构式的原则可能相当一般。相反，人们将其作为现成的模板进行使用。

在本书中，我认为在不同语言的语法中存在大量的形式-意义-使用的对应关系；这些对应关系比较具体，并通过各种较为复杂的语法构式表现出来。这种对应关系具有重要的理论意义。语法构式会在词汇、短语、小句或句子结构等不同层次上出现。在本书的最后部分，我们将提出韵律层面也存在语法构式的观点。有些语法构式在结构上可以提供相对较多的位置，供较小的构式或大量的词项进行自由填充，因此它们具有高度的能产性。在有些语法构式中，因为可供短语或词汇填充的位置较少，能够填充这些位置的表达也较少，这些构式受到的限制就可能比较多。一般来说，在构式所提供的可填充位置上，可用来填充的替换项越少，那么构式的习语性程度就越高。[31]

　　为了研究信息结构，我们有必要将短语层面的语法构式和小句或句子层面的句法构式区别开来。由于信息结构与语篇中命题的语用结构化（pragmatic structuring）有关，本书所关注的主要是能够表达命题的构式，而这些构式通常属于"句子"这一句法范畴。然而，原则上讲，信息结构 35 之间的对比，可以通过任何表达谓词-论元关系的句法结构表现出来，如名词短语（参见 my CAR 和 MY car 之间或法语 ma VOITURE 和 ma voiture a MOI 之间的信息结构对比）。

　　我们有必要将句子层面的构式进一步划分为三个主要类型。第一类是用来表达**言者态度**的构式（如 Fillmore, Kay & O'Connor 1988 所分析的 let-alone 构式，或前面提到过的阿克马吉安的"疯狂杂志句"构式）。这些构式通常被归类为"习语性的"，在不同的语言中未必有对等的形式。第二类是表达**言语行为差异**的构式（如疑问句、祈使句和陈述句）。与第一类不同的是，这类构式的能产性极高，而且在不同语言中都很容易识别出来。[32] 第三类是本书所关注的类型，其功能是表达**信息结构**本身的差异，也就是针对某个命题和某个言语行为而言，其功能是表达预设和断言范围上的差异、表达话题-焦点结构上的差异，或表达论元词语的所指对象在认知状态上的差异。与第二种类型一样，这类构式的能产性也非常高，同样具有跨语言可识别性。正如我在前面 1.1 节中提到的，这些构式是成对的**句式变体**，即某些命题在语义上等价但形式上和语用上不同的多个表层表现形式。这种语用对比总是以可用但未使用的语法选择为背景进行解释的。

第二章

信息

在本章和接下来的三章，我将对信息结构研究中的关键性概念进行分析。这些概念是：(1) **命题信息**及其两个成分即**预设**和**断言**（第二章）；(2) 话语所指在言语参与者头脑中表征的**可识别性**和**激活**状态（第三章）；(3) **话题**（第四章）和**焦点**（第五章）这样的语用关系。我在这些章节中所做的许多观察，其他语言学家之前就已经做过了。对此，我向他们表示衷心的感谢。我相信其他部分，如对"话题"和"焦点"这样的语用关系及两者之间关系的分析，是有新的见解的。特别是，我认为对信息结构的描述必须包括以上所有三组概念，且必须对其相互关系进行解释，这一观点是前人未曾提出的。正是这一观点，让我有底气大致将其称为"理论"。[1]

2.1 论域

首先，我将对论域（UNIVERSE OF DISCOURSE）的简单模型进行概述。在这个模型中，我假定口语的地位高于其他语言交流形式（见Lambrecht 1986b: ch.1）。因此，在接下来的论述中，我将一直使用"言者"和"听者"（或"受话者"）这样的词语，而非"作者"和"读者"。这并不是说该模型具有独创性，只是为随后的讨论提供一些充当背景的假定。

论域分为两个部分：[2]

(a) 文本外世界（TEXT-EXTERNAL WORLD）。包括（ⅰ）言者及一个或一个以上的听者；（ⅱ）言语场景（SPEECH SETTING），即言语事件发生的时间、地点和环境（circumstances）；

(b) 文本内世界（TEXT-INTERNAL WORLD），包括词、短语、句 37 子这样的语言表达（LINGUISTIC EXPRESSIONS）及其意义（MEANINGS）。

文本内世界是由语言表征构成的抽象世界，在交际过程中产生于对话者的头脑中。正是对这些表征的操纵才使信息传递成为可能。根据 1.1 节中的定义，语言的**信息结构**部分必然涉及两个文本世界，因为它涉及形式-意义对子与对话者心理状态之间的匹配。

在上面的描述中，我们并没有试图定义"语言表达的意义"这一概念，因为在信息结构研究中它不是我的主要关注点。然而，我想进行三种区分。这三种区分与意义有关，对下面的讨论也很重要。首先是**词汇意义和关系意义**之间的区分；前者是词项（词及类似于词的表达）本身所表达的意义，后者是通过建立词与词之间的关系而产生的意义。对本研究而言，最重要的一种关系意义是命题中**论元**与**谓词**之间的关系意义。我将在 2.2 节中提出，信息必然涉及命题所表达的意义。而词汇意义和关系意义之间的区分在我对信息的讨论中是非常重要的。在第三章、第四章和第五章中，我将对语篇所指对象的语用状态和话语所指对象与命题之间语用关系进行类似的区分。

与意义有关的第二种区分是语言表达的意义与这些表达在特定话语中**所指对象**之间的区分。在具体话语中，语言表达所指涉的实体和状态是它们的**所指对象**。对于 *small*、*in*、*go home* 等不表示实体或情势而表示属性或关系的表达，我将用**标示对象**（DESIGNATUM）或**指称对象**（DENOTATUM）来代替"所指对象"。我的第三个区分是，语言表达的所指对象和这些所指对象在言语参与者头脑中的抽象**表征**之间的区分。所指对象和其心理表征之间的这种区分虽然在理论上很 38

重要，在术语上却是个累赘。因此，只要不影响论证的清晰性，我们经常会将其忽略。

论域的二分模式有一个内在属性，即文本外世界的元素不必由言者通过语篇表征来创立，而是可以被视为理所当然，因为它们存在于言语场景之中，或可从言语场景中追溯。我将指称这种文本外元素的语言表达称为指示（DEICTIC）表达。指示语允许言者通过"指向"文本外世界的元素来对它们进行直接标示。（英语 deictic 源自希腊语 deíknymi，意思是"我指给某人看，标示"）。指示语包括（i）表示言者和听者的"我""你""你们"等；（ii）表示言语事件的时间和与之相关时间的"现在""昨天""明天"等；（iii）表示言语事件发生的地点和与之相关地点的"这里""那里"等。总的来说，所有必须根据文本外世界某个方面才能确定意义的表达都是指示语（详见 Fillmore 1971a，1976）。有些形式元素，尽管人们一般不会将其看作指示语，却也是对文本外世界的编码。如位于 *Je suis contente*（我很高兴）这个法语句子末尾的是一个阴性形容词，表明言者本人是女性。[3] 此外，对于言语参与者之间社会交往的某些方面，也可以通过与文本外世界相关的语言范畴进行表达，如通过指示语范畴来表示礼貌的语法化表达。[4]

在处理**文本内世界**的语篇元素时，听者不能想当然地采用与言者相同的方式。言者必须为受话者创建**表征**。文本内世界的所指对象是通过这些**表征**间接标示的，而不是通过"指示行为"来指示的。以上为 3.2 节中的内容。在文本内世界中，表示实体的表达形式往往取决于这些实体最近是否在语篇中确立了心理表征，以及如何确立的。在文本内世界中，最近被唤起或**激活**的实体，常常通过一类特殊的**回指**（ANAPHORIC）表达，如"她""它""如此""那里""那时"等，以更抽象的形式进行指称或"建立联系"。例如，对于语篇中的某个人，我们可以用来进行标示的表达形式有非定指名词短语 *a woman*（一名女子）、定指名词短语 *the woman*（该名女子）、专有名 *Mary* 和代词 *she*。

至于用哪个表达形式来对此人进行标示，取决于该所指对象在文本内世界中的语篇表征地位。英语中的 anphoric 源自希腊语的 anaphérō，意思是"带回，使有联系"。以上为 3.3 节的内容。如果使用代词，该词的重音、其在句中的位置或其所属类型（因语言不同会有所不同），也取决于文本内的标准。在本研究中，我所使用的大多数信息结构概念，如"话题""焦点""关涉性"（aboutness）"信息"等，都是文本内世界的范畴。它们与言语活动参与者头脑中实体的表征和事物的状态有关，而与现实世界中实体的属性无关。

从这些范畴的形式表现来看，两个语篇世界交汇或重叠的语言情境尤为明显。例如，当文本外世界的一个元素，如言者和 / 或受话者，同为正在进行的对话中的话题时，就会出现这种情况。在这类情况下，同一个实体可以用不同的语法形式进行表达；而选择什么样的语法表达形式，取决于它是否因在言语场景中出现或者作为文本内世界的话题而被提及。下面我们用例子来思考两个语篇世界之间的这种相关性，以及从一个语篇世界转换到另一个语篇世界后所带来的语法变化。

和其他语言一样，英语有一种特殊的"呈介性"（presentational）构式，包括少量的不及物动词如 be 和 come、这些动词的主语，以及指示副词 here 或 there。使用这种构式的目的，是为了让受话者注意到，在言语场景中出现了以前未被注意的人或事物。这种构式之所以被称为"呈介性的"，是因为其交际功能不是对某一实体的属性进行断言，而是在语篇中引入一个新的实体。［我认为，"呈介性构式"的概念并不局限于指示语。人们也可以通过这种构式向文本内世界引入新的实体。学界常常称其为"存在构式"（existential construction），但这种叫法具有误导性。见 4.4.4.1 节[5]。］假设言者想让受话者注意一个事实，即一个迄今为止还未出现的实体，如某人的猫，马上要在言语场景中出现了，她可以这样说：

（2.1）　Here comes the CAT.
　　　　猫来了。

在这个句子中，主语名词 *cat* 被置于动词之后，其在韵律上的突
显（prosodic prominence）表明它与命题存在**焦点关系**（FOCUS
40 RELATION）。如果在讲话之时，新引入文本外世界的实体恰好已在
文本内世界作为话题呈现出来，言者可以通过对所介绍的所指对象进
行编码，使其在语篇中的话题地位显而易见，而该语篇的形成比其在
文本外世界中出现的时间早，从而在语法上对这一事实进行表达：

（2.2）Here he COMES.
　　　 它来了。

例 2.2 将指示手段（呈介性 *here-* 构式）与回指话题标记手段（非
重读代词 *he*）结合起来，形成一种兼具呈介性和断言性的构式，从而
将所指对象从文本内世界向文本外世界的转移在语言上表达出来。用
构式语法的一个理论概念来说，例 2.1 中的呈介性构式"继承"了代
词 *he* 的语用特征，特别是"既定话题"的特征（4.4.3 节）。

请注意，该动物的不同身份是否在先前的论域中得到确立，不仅可
以通过词汇编码与代词编码的选择在形态上得到表达，而且可以通过对
音高突出位置的指派在韵律上得到表达，还可以在句法上通过单词在句
子中的位置进行表达。名词短语 *the cat* 所标示的是新引入的所指对象，
而代词 *he* 所标示的所指对象在进入言语场景之前的文本内世界中已经得
到过表征；前者作主语时出现在动词之后，后者作主语时出现在动词之
前。由于语序的差异在语义上并不重要，由此我们可以得出结论，它与
所指对象在语篇中地位的差异直接相关。就像在代词编码和名词性编码
之间、韵律突显和非突显之间进行的选择，句法选择是在信息结构层面
上完成的。在 1.3 节中，我们阐述了一个原则，根据该原则，某一表达
的话题身份或焦点身份，可通过该成分位于动词前还是位于动词后这种
语序，在句法上得到反映。我们可将例 2.1 和 2.2 之间的对比视为该原
则的另一种表现。

在这两个例子中，名词短语在位置上的差异，并不是名词（*cat*）和代词（*he*）形态差异所导致的自主性语法结果。认识到这一点是很重要的。这种差异是一种有意而为的选择。为更好地理解这一点，请看下面的例子。这句话是一位对猫过敏的人说的。他当时正在别人家做客，希望这 41 家的猫不要出现在自己身旁：[6]

（2.2'） And here the cat COMES!
　　　　啊猫过来了！

在例 2.2' 中，标示该动物的表达与例 2.2 中代词 *he* 在句中的位置相同，同样缺乏突显性，但它是一个具有词汇内容的名词短语。该名词短语的外部句法和韵律都与回指代词的相同，但其内部句法（或词法）却与回指代词的不同。与前面的实例一样，导致这种差异的因素属于语用性的。在这两种情况下，尽管所指对象在出现于言语场景之前均已是文本内世界的话题，但在语用显著性上存在差异：在例 2.2' 中，言者认为在对话双方的意识中，所指对象的显著性不足以保证用代词进行指代。用 3.3 节中将要介绍的概念来说，与例 2.2 中所指对象的心理表征相比，例 2.2' 中所指对象的心理表征的"活跃"度较低，需要通过词汇进行编码而非代词进行编码。

指示语 *here-* 构式的使用并不局限于第三人称所指对象。言者有可能用这种构式向听者宣布他或她的出现，从而在文本外世界中创生一种变化。言者可以通过下面这样的话来达到在文本外世界中创生变化的目的：

（2.3） Here I AM.
　　　　我来啦。

言者也可以通过说出下面两句中的任一句，来宣告先前处于言语场景外的对话者的到来：

（2.4） a. Here you ARE.

你来啦。

　　b. HERE you are.

　　你来啦。

选择 a 还是选择 b 取决于对话者的到来是否为预期中的。稍后我们会对这个区别进行详细讨论。请注意，在这些例子中，即使言者或听者是通过呈介性构式被引入文本外世界的，*I* 和 *you* 的身份与例 2.1 中 *the car* 的身份有着本质区别，因为言者和听者都是文本外世界的必要参与者。这一事实也是通过语法手段得到反映的。用来指称言语参与者的表达是代词，在句中是非重读的，而且出现在动词**之前**。因此，它们在形式上与例 2.2 中的回指代词 *he* 相似。代词在韵律上不会得到突显，因此不能出现于动词后的焦点位置，即例 2.1 中的名词短语 *the cat* 所占据的位置。在这类情况下，*Here's* ME 或 *Here's* YOU 这样的序列是不可接受的（我们会在下文提供相反的情况），而 *Here am* I 或 *Here are* YOU 这样的序列是不合语法的。

　　尽管例 2.3 的指示代词 *I* 和 2.4 的指示代词 *you*，与例 2.2 的回指代词 *he* 在语调和位置上具有相似性，但这两类代词之间存在重要区别。对 *I* 和 *you* 而言，两个语篇世界之间的对比在某种程度上被中和了，因为言者和受话者具有双重身份：既是对话者，又可能是讨论的话题。言者既可以谈论自己，也可以谈论其他所指对象，而且可以同时**说给**受话者**听**和**谈论**受话者。然而，这种差异在语法上有时会用第一人称代词和第二人称代词进行区分。尽管言者和听者在文本外世界中的角色是对话者，只要他们在文本内世界中的出现是出乎预料的，且该文本内世界不是正在进行的语篇文本世界，这种情况就会发生。例如，当言者在集体照中发现自己或受话者时，她可能会说出例 2.5 或例 2.6 这样的话：

　　（2.5）　Look, here's ME!

　　　　　看，**我**在这儿！

　　（2.6）　Look, here's YOU!

看，你在这儿！

在这些句子中，代词承载了焦点重音，并被置于动词之后。这一点与例 2.1 中 the cat 的情况相同。之所以出现这种相似性，是因为这两个事件中的所指对象，在语篇世界中都是新确立的，而这种情况涉及名词短语的韵律突出（见 5.7 节）。提请大家注意的是，与例 2.2、2.3 和 2.4 中的话题代词不同，焦点代词 me 有间接格标记（oblique case-marking），而动词与之不一致。（例 2.6 中的 you 也是间接的，但在形式上，我们很难清晰地判断它是主格还是间接格。）这给我们经常注意到的一种关联提供了例证，即主语、话题、一致性与非主语、焦点、缺乏一致性之间的关联，尽管这种关联并不是绝对的（见 Givón 1976, Lambrecht 1984a, Bresnan & Mchombo 1987）。[7]

指示词 here- 构式的各种例子表明，文本外世界和文本内世界对比所造成的语用差异，在形式上会由句子的语法结构反映出来。这一点在 Here comes the CAT 和 Here the cat COMES 的对比，或者在 Here you ARE 和 Here's YOU 的对比中尤为明显。这两对句式变体成员之间的差异，不能用一个仅将句法形式和语义解释联系起来的规则进行描述，因为每一对句式变体的成员在句法上都是符合规则的，在语义上都是等值的。一旦确立了合适的语境，任何劣构性印象都会消失。形式上的差异只能根据信息结构的组成部分进行解释。

更概括地说，本节所讨论的例子表明，语法因素和语用因素之间存在一系列的系统性对应。动词之前的位置和音高突出的缺位，与话题身份及所指对象或其心理表征先前在论域中出现过存在关联。而动词之后的位置和音高突出，与焦点身份和所指对象之前在论域中没有出现过存在关联。与我们在第一章中所举的英语、意大利语和法语示范句一样，例 2.1 至例 2.6 中的语法对比也是对语法形式背后存在语用**理据**（MOTIVATION）的例示。

2.2　信息

在对论域的概述中，我把文本内世界描述为由语言表征构成的抽象世界；在这个抽象世界中，**信息**是在对话双方的头脑中创生的。为理解自然语言中的信息概念，我们首先要仔细地将言说一句话所要传递的信息，与句子本身所表达的意义区别开来。句子意义是该语言表达的一项功能，因此具有稳定性，而对该句的言说所具有的信息值取决于对话双方的心理状态。一个命题意义是否构成信息，完全取决于对其进行语言表达时所处的交际情境。

言者通过告知听者某种情境或情势，从而影响听者对世界的**心理表征**。可以说这是描述信息的行之有效的方法。这种表征是由听者在听到言语之时已知的、相信的或认为的无争议的"命题"之和构成的。（我们将在下一节证明我们使用"命题"一词是有道理的。）我们可以笼统地将这些命题的总和称为听者的**知识**，即便这种说法可能会有点误导。在这里，"拥有一个命题的知识"的意思是"该命题的指称对象在大脑中形成一个心理画面"，而非"知道它的事实情况"（见下文进一步的讨论）。将某个事物告诉一个人，就是通过添加一个或多个命题来引发这个人知识状态的变化。在其论述中，达尔对我们所关注的信息概念做过很好的描述（Dahl 1976）：

> 陈述句有一个重要用法，即用来影响受话者对世界的看法。在这种情况下，言者认为受话者对世界有某种印象或模式，而他想用某种方法改变这种模式。然后，我们可以利用该模式来识别出作为言语行为出发点的**旧有信息**（THE OLD）或**已有信息**（THE GIVEN），将这个模式中出现的变化或添加看作**新添信息**（THE NEW）。在这里，旧有信息的含义与**预设信息**（PRESUPPOSED）的一个含义相同。我们可以说，受话者收到"新信息"的意思就是他比以前更加了解这个世界，或者更加相信这个世界。他所相信的

可能是真的，也可能是假的，即他所得到的关于这个世界的信息可能是正确的，也可能是错误的。如果我们认为上面这句话是对的，那么他所相信的对象或新信息必定是要么真要么假的事物，而这就是通常所说的命题。因此，我们将这种信息称为**命题信息**（PROPOSITIONAL INFORMATION）。（Dahl 1976: 38）

应该注意的是，当言者通过对听者的世界"图景"（picture）进行添加从而对该"图景"施加影响时，通常只会影响该图景中的一小部分，即"正被谈到"且与所传递的信息**相关**的那一部分。和人类的知识一样，头脑中的图景也是有结构的。例如，当有人告诉我她哥哥正在学习语言学时，受影响的是我对言者家庭的了解，而不是我对美国经济形势等的了解。我们在下一节讨论预设时还会谈到这一点。

在上述引文中，"新信息"的命题本质被赋予重要的作用。对此我完全同意。但在一个重要方面，至少就术语而言，我们与达尔的描述存在分歧。[8]我认为，在对信息进行的语言分析中，**真理**（TRUTH）的逻辑概念是没有立足之地的，因此在信息结构的语法领域中也是没有位置的。虽然 45 我们可以说命题有真命题和假命题，即它们在特定世界中对情势的应用可能是正确的，也可能是错误的，但根据命题进行思考并通过句子进行交流的事件、情境或状态的心理表征，很难通过是否具有真值进行描述。这种表征要么只是存在于言者和听者的头脑中，要么不存在。对于命题所指称的事件，人们要么知道，要么不知道，即该事件在人们心理上可能有某种"图景"，也可能没有；也许人们想起了这件事，也许在某一时刻对其浑然无觉，也就是说，人们也许会将这幅图景放在意识的前沿，也许不会。但用真或假来对该事件或其图景进行描述似乎不太合适。

如果有人告诉我"戴着帽子的猫回来了"，在我的世界表征里就会增添一个命题，而不管别人告诉我的是否为真。即便后来我发现"戴着帽子的猫回来了"这一命题在使用它的情境中是不正确的，猫回来了这一表征仍会在我的脑海中挥之不去。并不是因为这种表征与世界的本来面目不符，才使其为假，它只是过时了。下面再举一例。如果有人对我说"我刚发现苏结婚了"，而我恰好知道她实际上并未结婚，我当然可以说言者对苏的婚姻状态的判断是错误的。因此在这种情况下，"苏结婚了"是一个假命题。我们是将话语作为信息来理解的，而这种表述方式对此似乎没什么帮助。如果我说"她结婚了不是真的"来纠正言者，我所唤起的仍然是"苏结婚了"这一心理表征，而且即使这个命题不是真的，我认为该表征仍然存在于我的受话者的脑海中。从句子信息结构观来看，重要的是该表征在对话者头脑中的存在和认知状态，而不是对其进行概念化的命题的真假。我们所关注的是心理状态与句子结构之间是否契合，而非情势和命题之间是否契合。

下面我们来讨论达尔的"新""旧"概念。在自然语言中，信息的一个基本属性是，只要言者认为某事物对听者而言是**新的**，都是往听者头脑中已存知识库**添加**的信息。听者的头脑不是用来记录新命题的一张白纸。因此，随着言语交流的推进，在传递信息的过程中言者需要不断更改对听者知识状态的假设。通常只有当言者对听者知识状态所作的假定正确时，即言者要传递的信息尚未储存在听者的头脑之中时，信息才会被传递。斯特劳森（Strawson 1964）将这种成功传递信息的条件称为"不知晓推定原则"（Principle of the Presumption of Ignorance）。因为新信息会被不断添加到已有知识体中，听者的不知晓状态永远都不是完全的。所以，"不知晓推定原则"必须由另一个原则进行补充，斯特劳森称之为"已知晓推定原则"（Principle of the Presumption of Knowledge）。下面的观点是第二个原则的基础：

> 就其信息性而言，陈述一般不是自给自足的单位，不可能不依赖陈述者所假定的听众应知信息或已知信息。要达到陈述的效果，通常要依靠陈述者所假定的听众已拥有的知识。（Strawson 1964: 97）

套用两个流行术语来说，就是如果没有已经存在的"旧信息"，通常就没有"新信息"。

　　新信息和**旧信息**这两个概念在文献中引起了极大的混乱，而本章的主要任务就是对其进行澄清和区分。为此，我们首先回顾**信息**和**意义**之间的区别。意义可以用单词来表达，或通过词与词之间建立的关系来表达。然而，严格来讲，信息只能通过命题以关系的方式传递。告知听者某事意味着告知他事情的某种状态，也就是说，告知他的事情不仅涉及参与者还涉及参与之事。例如，我们可以告知某人一本书的价格，但不能告知他一本书或十美元。"一本书的价格"这一表达是对命题"这本书有一个价格"的编码，即它对一个谓词和一个论元之间的关系进行的编码，而"一本书"或"十美元"只对实体的数量进行编码。一个命题确实可以仅就一个实体的存在进行陈述，但这样的陈述仍然包含一个谓词和一个论元。当我在街上看到一张一美元的钞票时，如果我说"钱！"，我是在告知我的受话者一个情势，即街上有一张一美元的钞票或者我注意到了这张钞票。

　　因此，正如上文所引用的达尔的论述，我们有必要将句子所传递的**命题信息**与句子中的**信息要素**即个体单词或短语对命题信息的贡献区分开来。人们可能想把这种作用称为"词汇信息"或"指称信息"（referential information）。然而，为了避免混淆，我们仅将"信息"一词用于通过命题所进行的知识创生。

　　我们坚持将命题所表达的信息与构成命题的要素或构块（building blocks）区别开来，这样我们就可避免在讨论新信息和旧信息时经常出现的一种混淆。人们常说，句子的某些成分，尤其是主语，"传递的是旧信息"，意思是受话者知道这些成分，或者在先前的语篇中提到过这些成分，或者可以从先前提到的成分中推断出来，而其他成分，特别是谓语，"传递的是新信息"，也就是说，受话者不知道它们或无法通过先前提到的成分将其推断出来。在此类表述中隐含着这样一种观念，即句子所表达的信息是可以切分的。也就是说，一个句子所表达的信息可以切分为不同的句子成分，每一个句子成分都携带有整体信息的或新或旧的部分信息。我们很容易理解为什么该观点会给人一种直觉吸引力。请思考下面的问答：

（2.7） Q: Where did you go last night?

你昨晚去哪儿了？

A: I went to the movies.

我去看电影了。

人们很容易认为，在例 2.7 的应答句中，*the movies* 或 *to the movies* 这一成分表达的是"新信息"，因为由 *I* 和 *went* 所组成的句子的剩余部分已经包含在问句中了（对 *I* 而言，从文本外世界看理应如此）。由此，我们可以进行这样的推理：我们可以将这些单词的所指对象（referents）或标示对象（designata）假定为已经存在于言者/听者的头脑之中，不能算作新事物，所以这些词"传递的是旧信息"。

从直觉上讲，这种描述是有吸引力的。但是，我认为，对例 2.7 中信息结构的这种描述是不正确的，或至少具有误导性。如果将"新信息"等同于"新成分"，即在具体的语篇中，对听者而言所指对象或标示对象为 48 "新的"成分，我们就很难解释例 2.8 中答句的信息结构：

（2.8） Q: When did you move to Switzerland?

你是什么时候移居瑞士的？

A: When I was seventeen.

在我十七岁的时候。

该答句所传递的信息当然不是言者在人生的某一点上是十七岁（用 *I was seventeen* 来表示），更不是某种抽象的时间指示（用 *when* 和 *was* 表示），而是移居瑞士的行为、该行为的参与者和移居行为发生的时间之间建立的**关系**。在开放命题中，受话者所不知道的是时间表达的论元角色或"附加语"角色。因此，正是对这种角色的指示使答句更具信息性。在例 2.8 中，仅仅使用时间小句就足以表达所需要的信息。但这并不意味着该时间小句本身表达的就是"新信息"。所传递的信息不是"当我十七岁时",而是粗略地表达"我移居瑞士的时候是我十七岁的时候"。信息就是在命题的词语之间确立关系。

同样,在例 2.7 中,答句所传递的信息不是 *to the movies*(去看电影),而是类似于"我昨晚去的地方是电影院"。例 2.7 中的 *to the movies* 和例 2.8 中的 *when I was seventeen*(在我十七岁的时候)本身并不能构成信息。这一点很明显,因为如果没有相关的完整命题,它们就不能充当可以解读的答案。这并不是说,*when I was seventeen* 和 *to the movies* 这两个答句,与已经包含在问句中的命题元素之间没有语法上的区别。在下一节,我们将通过"预设"和"断言"这两个概念,对这一差异进行描述,在第五章还将通过"焦点"概念继续探讨这一差异。

在例 2.9 这样的简单句子中,信息切分观的困境尤为突出:

（2.9）　She DID it.
　　　　她干的。/ 她做到了。

在这句话中,所有成分都必须是同样"旧的",否则它们不能全部都以回指代词和"动词短语替代词"（pro-verbal）的形式出现:要想对这些成分进行解释,我们必须从先前的语篇中知道它们指代的是谁或是什么（这些表达都不是用来进行指示的）。然而,在适当的言语语境中,这句话显然是可以传递新信息的,因为它可以改变受话者的世界表征。原则上讲,对于句子中不同成分的指称对象,信息传递与这些指称对象在前面是否得到提及无关。正如前例所示,信息传递是通过在命题元素之间建立关系来实现的,或者如例 2.9 的一种解读所示,信息传递是通过改变命题的极性（polarity）来实现的。例 2.9 中的句子和下面阿勒顿所引用的例句一样（Allerton 1978）,很容易传递新信息,尽管阿勒顿的例句在语用上有点奇怪:

（2.10）A clergyman's opened a betting shop on an airliner.
一位牧师在一架客机上开了家投注店。

a clergyman（牧师）、*a betting shop*（投注店）和 *an airliner*（客机）是该句的三个成分，它们都有所指对象，而这些所指对象在此句之前的语篇中也许未被提及。此外，谓语 *has opened*（开）在语篇中也可能是"新的"。（对于谓语在多大程度上可以说是"新的"或"旧的"问题，我们将在 3.4 节和 5.4.2 节进行讨论。）在言说之时，言者会对句子中不同成分的所指对象在受话者头脑中的表征状态进行假定。例 2.9 和例 2.10 之间的区别，不是信息的"新""旧"之别，而是句子成分所指对象在受话者头脑中的表征状态之间的区别。[9]

综上所述，我们不能将命题所传递的信息进行分解并与单个的句子成分相对应。尤其是不能将"新信息"和"旧信息"之间的区别，等同于"新""旧"所指对象之间的区别（我们将在 5.4.1 节对此进行进一步的讨论）。因此，我们不会采用信息切分观，而是对句子信息结构进行描述；在对句子信息结构进行的描述中，我们区分了（i）单个句子成分的指称对象在言语参与者头脑中的**语用状态**（PRAGMATIC STATES）和（ii）这些指称对象与它们充当谓语或论元的命题之间建立的**语用关系**（PRAGMATIC RELATIONS）。正是这种语用关系的确立，才使信息成为可能。

50 我们需要在理论上对命题个体项的语用身份与整个命题所传递的信息进行区分。而这并非什么新观点。例如，叶斯柏森（Jespersen）在他的《语法哲学》（*Philosophy of Grammar* 1924）中就已阐明过这一观点。在对"主语"和"谓语"概念进行讨论时，叶斯柏森写道：

> 我们有时会将主语看作相对熟悉的元素，而谓语是在其基础上添加的新事物……对大多数句子而言这是实情，但并非所有句子都是这样。例如在回答"Who said that?"（是谁说的？）这个问题时，我们说"Peter said it"（是彼得说的），"彼得"是新元素，但它无疑是主题。"新信息"并不总是由谓语提

供，但主语和谓语的联结必然蕴含着新信息，即主语和谓语放在一起就必然产生新信息。（1924: 145）

叶斯柏森的陈述既对"新所指对象"和"新信息"两个范畴进行了明确区分，又揭示了两者混淆的根源。因为尽管他强调信息的命题本质，坚持信息是通过命题元素之间建立的**联系**而非通过命题元素本身产生的，但他又说"新信息"并**不总是**由谓语提供的（粗体强调是我加上去的），因而就为谓语有时提供新信息或在大多数情况下提供新信息这种解读留有余地，进而模糊了这种区别。叶斯柏森将"新信息"这一短语放在着重引号中所产生的疏远效应似乎表明，他意识到了可能出现的混乱，但期望读者会做出必要的调整。在叶斯柏森的例子中，*Peter* 为焦点论元。在 5.2.3 一节，我们还将对这类焦点论元的信息身份问题进行探讨。

在术语使用上，我们会将"新信息"和"旧信息"的使用范围限定在与命题相关的信息方面。"旧信息"是言者认为在说话之时，句子所唤起的（上述意义上的）所有已存在于听者头脑中的"知识"；按照上面所引用的达尔的话，这些信息都是"旧有信息""给定信息"或"预设信息"。而"新信息"是通过言语本身添加在已有知识上的信息，用达尔的术语来说这种信息是"新添信息"。新旧信息都与命题相对应，而不能等同于构成命题的词汇或短语。由于这两个术语的使用存在混淆，所以在大多数语境中，我们将用更为具体的语言学术语"预设"（presupposition）和"断言"（assertion）来代替它们。下面我们将讨论"预设"和"断言"这两个术语。

2.3　预设与断言

在讨论斯特劳森的"不知晓推定"（Presumption of Ignorance）和"已知晓推定"（Presumption of Knowledge）两个原则所表达的信息双重性时，我们提到命题所传递的信息本身通常是新旧元素的**结合体**

（COMBINATION）；所谓的新事物，通常就是与已有事物相比而言是新的。信息的这一属性会在语言上得到反映，即如果某个信息被认为已存在于听者的大脑之中，该信息通常会在句子的词汇或语法上以某种形式表现出来，而这种表现形式会作为添加新信息的语言出发点或基础。

新信息是由新旧元素组合而成的，这一点的意义绝非微不足道。作为言者，如果我们的目标是增加受话者的知识，为什么我们要说我们认为受话者已经知道的事物呢？单纯的信息模式是为了帮助受话者获取知识。在这种模式中，冗余是没有存在理由的。然而，如果我们将信息理解为通过将新事物与已被视为理所当然的事物**联系起来**而产生的，那么这种明显的冗余就是必要的。

下面我们来看一个例子。人们常说，限制性关系从句所表达的命题是"预设的"（从该词的一个意义上说），即假定受话者已经知道或相信该命题，或认为该命题的内容是理所当然的。所以当我说下面这句话的时候，我想告诉受话者的是，我遇到了我的新邻居（我认为受话者知道我有这么一个邻居，也知道我邻居的性别），而不是有人搬到了我的楼下：

（2.11）I finally met the woman who moved in downstairs.
我终于遇到了搬到楼下的那个女人。

通过使用限定性关系从句 *who moved in downstairs*，我表达了一个事实，即我想当然地认为我的受话者已经知道有人搬到了我的楼下。如果我想将关系从句所表达的命题**告知**我的受话者，我就得说 *Someone moved in downstairs*（有人搬到我楼下了）、*It's a woman*（是个女的），或者 *This woman moved in downstairs*（这个女人搬到了我的楼下）。[10] 因此，如果我的受话者已经知道该关系从句所表达的命题，为什么我还要费心把它说出来呢？答案当然是，关系从句**将** *the woman* 的所指对象与已有的知识**联系起来**，而且我认为在我说出这个句子的时候听者恰好没对已有知识进行思考，从而帮助听者确定 *the woman* 的所指对象。

在例 2.11 中，言者在使用限定性关系从句时，确实想当然地认为受 52
话者知道其所表达的命题。为了证实这种说法，我们可以用俄特西克-希
尔和拉宾所谓的"谎言测试"（Erteshik-Shir & Lappin 1979, 1983），来对
这句话进行分析。假设受话者回应说 *That's not true*，从而对例 2.11 中的
陈述提出质疑。我们可以将该回答理解为是对我碰到新邻居这一命题的质
疑，而不是对有人从我这里搬到楼下这一命题的质疑。如果他想让自己的
质疑更为明确，他可以说 *That's not true, you didn't*（不对吧，你没有遇到
她吧），但很少会说 *That's not true, she didn't*（不对吧，她没搬到你楼下
吧）。如果受话者说 *That's not true*，我们可以理解为他所挑战的只是作为
新信息的部分，而不是在语法上被标记为理所当然的部分。如果他想表明
言者看作已知的命题事实上不能被假定为已知，他就必须明确地修改预设
情境，比如说，*I didn't know that you had a new neighbor*（我不知道你有一
个新邻居），或者 *What are you talking about, you live in a one story building!*
（你在说什么，你住的房子只有一层！）[11]

　　我们将一个句子所包含的或所唤起的"旧信息"称为**语用预设**（或简
称为**预设**，见下面的评论），把该句所表达或传递的"新信息"称为**语用
断言**（或简称**断言**）。[12] 2.12 是对"预设"和"断言"的定义（我们将在
下文对"预设"的定义进行扩展，并会稍作修改）：

（2.12）**语用预设**：在一句话中通过词汇语法形式所唤起的一组命题；在说这
　　　　　　　　　句话的时候，言者认为这组命题是听者已知的或很容易认
　　　　　　　　　为理所当然的。

　　　　语用断言：一个句子所表达的命题；在听到这句话的时候，听者应该
　　　　　　　　　知道这个命题或应该认为它是理所当然的。

回想一下，"知道一个命题"在此可理解为"对其指称对象有一个心理表
征"。对命题的真假而言，该说法是中性的。在做出断言的时候，言者
表达的是一个**语用上结构化的命题**（PRAGMATICALLY STRUCTURED
PROPOSITION），即该命题不仅反映一种情势，而且通过表明什么被假

53 定为已知信息、什么被假定为新信息，来反映言者在说话之时对听者心理
状态的假定。

首先，让我们对 2.12 中**命题**这一术语的使用进行探讨。该术语的逻辑-语义内涵在目前的语境中似乎是不恰当的。严格来说，言者假定听者已知的事物或想当然的事物不是命题，而是事物的状态、情境、事件等，也就是可以用命题**指称**的事物的种类。据我所知，目前还没有一个普遍接受的简单术语来表示命题的指称对象，所以在使用"命题"一词时，我们不会对命题和命题指称的事物进行严格区分，只有在担心会出现混淆的情况下才会进行明确的区分。我们并不是说，言者和听者所共有的知识，在对话者的头脑中拥有一组命题的身份，或一组"潜隐句"（latent sentences）的身份。我们尤其不想向大家暗示，话语所唤起的语用预设必须在语言上由句中的某个词语表达（verbal expression）或其他论断性表达（predicating expression）进行表征，尽管它们可以这样。

例如，在例 2.11 中，名词短语 *the woman who moved in downstairs* 中的定冠词唤起一个预设，即受话者可以识别该名词短语所标示的个体（见 3.2 节）。对言者而言，定冠词是对言者的假定进行标示的语法符号，这个假定可以用"受话者能够识别所讨论的个体"这一命题形式进行表征（这就是哲学家所说的由名词短语 *the woman who moved in downstairs*（搬到楼下的女人）所表达的定指描述的"存在预设"）。这并不意味着定冠词表达了一个命题，也不应被视为一种类型的句子。大家还要注意一点，即虽然可以说定冠词是对某个假定的象征，但如果说定指名词短语的所指对象"已被预设"，就会给人以误导，如果说名词短语本身"已被预设"，则更是具有误导性；这样的情况却在语篇语用学文献中经常出现。这就类似于如果我不能"告诉你某个女子的事"（见上文 2.2 节），我就不能"预设这个女子的存在"（见 4.3 节中有关预设和话题之间关系的讨论）。

言者会对受话者的**知识**状态进行假定，而一个句子会唤起多个与此假定有关的预设。在说话的时候，言者也会对受话者的**意识**

（CONSCIOUSNESS 或 AWARENESS）状态进行假定，这些假定同样会有预设，我们称之为**意识预设**（CONSCIOUSNESS PRESUPPOSITIONS）。我们必须将意识预设添加在前一类预设之上。指称对象的词汇编码与代词 54 （或音位上为零形的）编码之间的差异，或者音高突出上的差异，更容易唤起意识预设。这类预设将在 3.3 节 "所指对象的激活" 中进行讨论。例如，在 She is my FRIEND 这句话中，人称代词 she 唤起言者的假定，即对于所讨论的个体，受话者处于某种意识状态，也就是说，在说出这句话的时候，该个体的某种心理表征处于受话者知觉的最前沿。[13]

最后，但并非最不重要的是，在话语中，言者会对所指对象的**语境关联性**（RELEVANCE）或**话题性**（TOPICALITY）进行假定，我们认为这些假定也属于句子所唤起的预设。语境**关联性**或**话题性**就是所指对象作为当前兴趣中心的程度，根据该程度来判断命题所构成的相关信息（见 4.3 节）。我们将这些预设称为**关联性预设**（RELEVANCE PRESUPPOSITIONS）。例如，上面所引用的句子 She is my FRIEND 不仅唤起一个预设，即听者当前意识到代词 she 所标示的某个女性个体（一个意识预设），而且唤起该个体在话语中的话题性，也就是说，在语境中，我们可将该句所表达的命题信息识解为与此人相关。SHE is my friend 这个句式变体**不会**引发对话题性的假定，即使这句话仍然会引发特定的意识预设（见 5.2.3 节）。也许有人会反对将 "预设" 一词应用于意识和关联性，因为这些似乎不能用听者的知识或观点来恰当地描述。然而，由于相关现象显然与言者对听者心理状态的假定有关，我们将把它们归在 "语用预设" 这个总的范畴中。

我们也有必要对**断言**这个术语的使用进行说明。在使用上，该术语几乎等同于我们在上一节中所说的 "新信息"。然而，这两个概念是不同的。在交际行为中，言者通过添加新的命题，来提高听者的知识水平，或者丰富听者对世界的表征。因此 "信息" 与交际行为有关。而 "断言" 本身就是新添加的命题。我想强调的是，我们对 "断言" 的用法，与 "明确肯定"（asserting）一个命题的惯常用法不同；与"明确肯定"一个命题相对比的是否定或质疑该命题。我们对"断言"的用法，也不是与"陈述"（statement）同义的"公开声明"，即在与**疑问句**、**祈使句**或**感叹句**相对的**陈述句**中，该词指某种言语行为。从信息结构的角度来看，除了陈述，疑问、命令和请求也都能传递信息。例如，通过提出问题，言者可以告诉其受话者他想知道某事；通过发出命令，他可以告诉其受话者有责任做某事等。在目前的框架内，非陈述句与其所对应的陈述句一样，都有语用预设，也都可以用来进行断言。这种扩展是必要的，因为本书所分析的许多语法现象在疑问句、否定句和陈述句中都有发现（见例 5.13 及对其的讨论）。

在 2.12 对语用预设的定义中，"**通过词汇语法形式所唤起的**"这一短语有着特别重要的意义。在涉及"信息"的一节中，我们讨论了"世界的表征"和"知识"这两个较为一般的认知概念。"预设"与这两个概念不同，它在此是一个特定的**语言学**概念。言者对听者心理状态的假定，必须在句子的语法结构或词汇结构中有某种实际的表现，才能成为 2.12 意义上的语用预设。换句话说，言者必须在句子中以某种方式**在形式上唤起**所预设的命题，言者对听者心理状态的假定才能成为 2.12 意义上的语用预设。如果在句子中没有形式上的表现，言者的任何假定都与信息结构研究无关。

下面让我们用 2.12 中的定义来对例 2.11 即 *I finally met the woman who moved in downstairs* 进行分析。在对这句话进行言说之时，在词汇语法形式上被唤起的语用预设可以大致表述为下列命题：

（ⅰ）受话者可以识别定指名词短语所指称的女性个体；
（ⅱ）搬到言者楼下的某人；
（ⅲ）人们原本认为言者应该在此之前遇见此人。

唤起第一个预设的是一个语法词，即定冠词 *the*；唤起第二个预设的是一个语法结构，即关系从句 *who moved in downstairs*；唤起第三个预设的是一个单词，即副词 *finally*。[14] 在对受话者知识状态所做的三个预设之上，我们必须加上由人称代词 *I* 和关系代词 *who* 所唤起的意识预设：

（iv）　在听到 *I* 和 *who* 时，受话者知道这两个代词所指代的人是谁。

最后，该句话通过两个非重音突显代词唤起以下相关性预设：

（v）　句子所表达的命题可识解为与 *I* 的所指对象相关的信息；关系从句所表达的命题可识解为与 *who* 的所指对象相关的信息。

（由关系代词所唤起的相关性预设的身份有点特殊；详见 4.1 节中关于关系从句预设的评述）。例 2.11 所声言的内容可以非正式地表述为："言者将上述（i）至（v）中的命题视为理所当然，而他现在已经遇到了相关个体。"

说出 2.11 这句话的人肯定认为，他和听者除了共有上述语用预设之外，还共有诸如搬家很麻烦或二加二等于四这样的知识。然而，在语篇中，这种共有知识并没有被唤起。也就是说，在这个句子中，没有此类知识的词汇语法表现。因此，这类知识与该句的信息结构分析无关。所以，信息结构分析中所需的语用预设这一语法上相关的概念，与语用学论述中的许多概念或预设有所不同，如坎普森的"语篇的论域"（Pragmatic Universe of Discourse）（Kempson 1975: 166ff）概念就是这样的例子。坎普森将其定义为交际中"言者和听者双方均认为他们已达成一致意见的全部事实"（另见本章的注释 12）。只有语法上相关的语用预设概念才和句子的形式结构直接相关。我们在此所强调的这种区别，与第一章开头所强调的"信息结构"和"会话语用学"之间的区别相呼应。[15]

言语所唤起的预设往往已在前面语境中表达出来了。这种表达在内 57 容上可以是全部的，也可以是部分的，在形式上要么是预设的，要么是断言的。例如，在 2.7 这一例句中，答话所唤起的预设，即言者去了某处，已在问话 "*Where did you go last night?*" 中被唤起（对于 WH- 疑问句预设结构的讨论，请见 5.4.4 节）。[16] 在 2.8 这一例句中，答句 "*When I was seventeen.*" 所要求的预设之一是"言者搬到了瑞士"；该预设已在问句中明确表达出来了，但在答句中可能没有语法上的表现，因为答话者认为在听者即问话人的意识中，它仍然处于"活跃"状态。尽管这个预设命题在答句中没有得到显性表达，但它以语音上零形字符串（null string）的形式在语法上被唤起。我想顺便提醒大家，*I was seventeen* 这个命题本身就表征了对话双方已经共有的知识。因此，这一断言的主要因素就是在两个语用上所预设的命题之间建立起来的时间关系（见下面例 2.13 及讨论）。

同样，在上文所引用的叶斯柏森的论述中，"*PETER said it.*"这一回答所唤起的预设，是 "*Someone said it.*" 这个命题，而该命题已在 "*Who said that?*" 这一问话中被唤起（参见 5.4.3 节中对预设的"开放命题"的讨论）。该答句的预设同样是由非词汇手段所唤起的，而该例中所采用的是韵律手段。该答句所唤起的另一个预设，是代词 *it* 所指代的事物当下正位于受话者意识最前沿这一假定；更确切地说，是受话者能够识别 *it* 所指代的事物这一假定。言者还预设受话者能够识别叫 Peter 的人。（明确描述所附带的预设与心理表征或语篇实体有关；对于该预设我们将在 3.2 节"可识别性"这一主题中进行讨论。）通过回答，言者接着**做出断言**，即说出由 *that* 所指的人就是 Peter。我们将在 5.2.3 节对这类句子中的预设-断言关系进行更明确的描述。

58   因此，预设和断言是在同一句子中共存的命题。进行断言就是在一个预设命题集（也可能是空集）和一个非预设命题之间建立关系，而在某种意义上，后者是对前者的补充或叠加。因此，断言不应被视为话语"减去预设"，而应该是两组命题的合并。我们稍后会提出，预设-断言关系是通过语法关系表现出来的。因为，断言命题叠加在预设命题集之后，我们往往不能将两者分解成具体的句子成分，也不能用特定的句子成分来对两者进行识别（在上文对信息进行论述时，我们已对此做过说明）。明白这一点是非常重要的。例如在 2.11 中，由于关系代词 who 与非定指代词 someone 具有不同的指称性质，因此 someone moved in downstairs 这一预设与关系从句 who moved in downstairs 的含义并不完全一致，与复合名词短语 the woman who moved in downstairs 的意思也不一致，因为该名词短语唤起的预设有几个。相反，预设和断言的语法范围都是整个句子或小句。在第五章对"焦点"即话语中预设和断言彼此不同的那一部分进行的讨论中，这一事实将特别重要。由于这一部分往往不能用特定的句子成分来确定，焦点**意义**（MEANING）与焦点**标记**（MARKING）之间的关系将显得不是那么直接。

我们将"断言"描述为听者听到一个句子后应该知道的命题。由此（作为自明之理）可知，断言命题必须与预设的命题集不同。我们给受话者提供的**信息**不能是她已经知道的事情，尽管我们可以**告诉**受话者她已经知道的事情。然而，尽管断言不能与预设相**重合**，但它可能存在于将两个或多个预设**联系起来**上。在讨论例 2.8 的预设结构时，我们已经对这种可能性进行过暗示。再用下面的对话为例进行说明：

（2.13）A: Why did you do that?
　　　　　你为什么这么做？
　　　　B: I did it because you're my friend.
　　　　　我这么做是因为你是我的朋友。

尽管我们可以将 I did it（我做了）和 you're my friend（你是我的朋友）这两个命题均视为语用上预设的命题，但言者 B 的回答显然提供了有用信息。它所表达的断言就是在两个先前不相关的预设命题之间建立因果关系。我们同样可以用俄特西克-希尔和拉宾的谎言测试法清楚地说 59 明这一点。如果言者 A 对言者 B 的解释提出质疑，说"那不是真的"，我们通常会将这种质疑理解为针对的是两个预设间的因果关系（"那不是真的，你这样做并不是因为我是你的朋友"），而不是针对两个预设本身。

"那不是真的，我不是你的朋友"这样的应答当然不是没有可能，但这将是对预设情境的明确修正。我们观察后发现，将已知命题组合起来可以产生断言。而这一观察结果与我们之前的观察结果有关联，即尽管两个表达的所指对象已由前面的语境提供了，如果将两者组合起来也会产生新信息（参见例2.9及相关讨论）。在对"新""旧"信息进行分析时所遇到的困惑和混乱，往往都是因为认识不到这一点所导致的。

现在请思考下面的语句。我们应该将2.14a想象成这样的情景，即言者刚刚注意到信息接受者最近剪了头发；2.14b是我三岁儿子对我说的话（他知道我知道厨房抽屉里有什么）；2.14c是不需要解释的：

（2.14）a. You got a haircut!
你理发了！

b. There's some candy in the kitchen drawer.
厨房抽屉里有一些糖果。

c. You lied to me!
你对我撒了谎！

很明显，这些句子所表达的命题完全是语用上预设的，因为受话者显然被认为在听到话语之前就已经知道这些命题的内容。但同样清楚的是，这些话语都是断言，因为听到这些话语之后，受话者比以前知道得更多。我们很容易解决这种明显的矛盾。这些句子所传递的不是它们的命题内容，而是一个事实，即言者知道一个命题，而他认为受话者认为他不知道该命题。在例2.14中，话语的交际意义在于明确表达言者和受话者现在共同拥有这些命题知识。用斯塔尔纳克（Stalnaker）的话说，这些话语在对话者之间创造了"共同基础"。

对于言者的预设与言者-听者共有的预设之间的差异，我们最后一个观察结果是，有必要对2.12中的语用预设概念稍加修改。这一概念的关键不仅包括言者对听者心境的假定，还包括言者就听者对言者心境的假定所做的假定。对于2.12中的定义，我们不打算重新阐述，而是将斯塔尔纳克提出的定义简单地附加上去：

> 命题 P 是言者在特定语境中的语用预设，以备言者假定或相信命题 P，假定
> 或相信其受话者假定或相信命题 P，假定或相信其受话者认识到他正在做这
> 些假定或有这些信念。(Stalnaker 1974: 200)

像其他哲学家和语言学家的定义一样，斯塔尔纳克的定义完全是用命题
表述的，而不是通过命题在句子中的词汇语法表现。正如我在前面提到
的，对于信息结构分析而言，这种表现是至关重要的。虽然所有的话语
都必须表达语用断言才能提供有效的信息，但我们不太清楚是否所有的
断言都需要预设，即句子中的预设命题集是否可能为空集。对于没有预
设的断言而言，整体判断型命题也许是最佳的例子（见 4.2.2 节），如 *It's
raining*（下雨了）或者 *There is going to be a fight*（要打一架）。无预设断言
的另一个例子是篇首话语（discourse-initial utterance），如示范句 1.1 中的
My CAR broke down（我的**车**抛锚了）是在所描述的环境中做出的断言。正
如我们在第一章对这句话的讨论中所发现的，这句话的可解读性在很大程
度上取决于情境语境（即公交车上的情境），而情境语境对话语的**相关性**
尤其具有决定性作用。然而，除了言者有车这一"得到顺应的"预设（见
下文 2.4 节），这句话的词汇语法结构中没有任何东西能唤起言者和其听
者所共有的知识。因此，就信息结构而言，这个句子可以算作半个无预
设句（quasi-presuppositionless）。最后，我们可以对前面讨论过的"热门
新闻"句 "*A clergyman's opened a betting shop on an airliner.*"（2.10）这
样的例子进行思考。正是由于这类句子缺乏任何明显的预设参照点，因
而违反了斯特劳森的"已知晓推定原则"（Principle of the Presumption of
Knowledge）（见 2.2），所以在语用上才如此特别。[17]

对于 2.12 中的定义，我们还有最后一个方面需要解释，即要解释"语
用预设"这一术语中的修饰形容词"语用"。添加该形容词的目的是将目前
分析的现象，与另一个预设区分开来；该预设与某些词项对其所在句子的

61

真值条件的影响有关，在形式语义学中常被称为**语义**预设或**逻辑**预设。[18]
尽管"语用预设"和"语义预设"之间并没有明确的分界线（事实上，即便学界没有完全放弃在概念上对两者进行区分，也几乎放弃在术语上对其进行区分了）。我们有必要强调一个分歧点。该分歧点与上述的信息和意义之间的区别有关。从信息结构分析的意义上说，语用预设与言者的假定有关，该假定涉及命题在话语语境中的信息身份，也就是说语用预设与交际有关，而语义预设（至少在该术语的一个常见用法中）与句子或命题之间的语义关系有关，即与逻辑意义和真值条件有关。

人们对语义预设有一个普遍观念，根据该观念，"一句话预设着另一句话，要想前者具有真值，后者必须为真"（Stalnaker 1973: 447）。举一个常见的例子，自凯巴斯基等发表拓荒之作《事实》（"*Fact*"；Kiparsky, P & C. Kiparsky 1970）以来，人们经常观察到，含有某些"叙实性"（factive）动词的句子预设了这些动词补语的真实性，即这些补语的真值在极性（polarity）或情态上不受母句差异的影响。例如，人们认为，"约翰后悔对玛丽撒了谎"与其否定形式"约翰不后悔对玛丽撒谎"这两句都预设着"约翰对玛丽撒谎"这一命题为真。如果"约翰对玛丽撒谎"这一命题非真，即如果约翰实际上没有对玛丽撒谎，那么不论是肯定形式还是否定形式，两种说法都没有真值，因为无论说它们为真还是说它们为假，似乎都没有多大意义。

对于以下语言现象中的预设，"语用学"的处理方法和"语义学"的处理方法是不同的。下面是例 2.14c 的三个变体：

(2.15) a I didn't realize that you LIED to me.
我没想到你对我**撒谎**。

b I didn't realize that YOU lied to me.
我没想到你对我撒谎。

c I didn't REALIZE that you lied to me.
我没**想到**你对我撒谎。

因为动词 *realize* 是叙实性的，那么对于 2.15 中的预设，从语义观念 62
角度进行的解释将必然是：如果这三个句子要想真正具有真值，那么这三
种情况下的补语从句都必须为真。在语义上得到预设的，是 *that* 从句所
表达的命题的"事实性"（factuality）。这种预设完全取决于句子的词汇特
征即动词 *realize* 的使用，而且不随话语所处的语境而改变。在例 2.15 中，
句重音位置的不同致使三个句子在意义上有所不同，但这种现象仍未得到
解释。

对于这些句子的预设结构，语用学路向做出了不同的解释。首先，我
们注意到，在 a 句中，补语从句所表达的命题根本不需要在语用上进行预
设，因为就像 2.14c 中的原句一样，该命题的内容可能还不是对话者之间
的共有知识，也就是说，这句话的意思可能类似于"我刚发现你对我撒
了谎"。其次，假定言者被骗这一事实确实是对话者之间的共有知识，那
么在这三个句子中，各自补语从句的预设身份是不同的。在 a 句中，得到
预设的是受话者对言者撒了谎（并对言者之前没有意识到这一事实进行
断言）；在 b 句中，得到预设的是有人对言者撒了谎（并对言者没有意识
到此人就是受话者进行断言）；在 c 句中，得到预设的不仅是受话者对言
者撒了谎，即言者和听者都知道这一事实，而且预设着该句还唤起了一种
假定，即该预设命题最近才在谈话中被触及或"被激活"。我们可以用一
个事实对此进行论证：我们可以用非重音回指代词 *that* 替代 2.15c 中的补
语从句（*I didn't* REALIZE *that*），却不能替代 a 句或 b 句中的补语从句。我
们曾在前面提到过最后这个区别。从句子信息结构观来看，命题之间的最
后一个区别非常重要，不论这些命题在先行语篇中是否论及。我们将在
5.4.3 一节对预设与激活之间的关系进行分析。

句子由预设部分和非预设部分构成。句子非预设部分的预设命题存在
极性（polarity）上的差异，因而这些预设命题会涉及真值条件稳定性问
题。我们可以轻而易举地将这种真值条件稳定性语义分析纳入我们在此所

63

63 采用的语用框架。按照定义，句子的语用预设是言者和听者在讲话时都应知道的一组（由词汇语法所唤起的）命题。由此我们可以自然而然地推理出，对话双方将任何语用预设命题的真实性都视为理所当然，因而不受断言的影响（除非断言的目的是让受话者意识到某些预设是错误的）。正如我们在运用谎言测试法进行检测时所看到的（例 2.11 及讨论），句子的任何方面，只要对句子所表达的命题的真值产生影响，就必定是断言的要素，而非预设的要素。例如，我们假定一种情况，在该情况下，作为对 "*Who said that?*" 的应答，叶斯柏森的句子 "*PETER said it.*"（**彼得说的**）是虚假的。这个回答的虚假性**不会**影响该虚假回答所要求的语用预设，即某个人说了某件事。受到影响的是断言，即说这句话的人就是那个叫彼得的人。因此，作为一个整体，该命题将不再为真；而如果受话者信以为真，则该命题就是虚假信息。

从信息结构的角度来看，令人感兴趣的是 "*PETER didn't say it.*" 这一答话中**否定成分**的语用身份。在对该句的预设结构进行分析时，能进一步将语用分析从语义分析区分开来的也是该否定成分的语用身份。从二值逻辑（two-valued logic）的观点来看，如果该句的肯定形式所表达的命题为假，那么其否定形式所表达的命题就必定为真，我们能说的仅此而已。然而，显而易见的是，从交际的角度来看，尽管该否定句为真，通常情况下不适合回答 "*Who said that?*" 这一问题。通过韵律结构（尤其是动词短语中某些成分的音高突出的缺位，见 5.6 节），"*PETER didn't say it.*"（**彼得没有说**）这句话唤起了另一个问句即 "*Who didn't say that?*" 背后的语用预设。也就是说，这句话在语用上预设了一个或几个**没有**说某事的人，并断言彼得就是其中之一。然而，这并不是原始问句 "*Who said that?*" 所唤起的预设，因此该答句极不恰当。这是一个重要的交际事实，但预设的逻辑语义观没有对其进行过解释。

人们已注意到，在自然语言中，只有当言者假定受话者相信或至少有可能认为相应的肯定句为真时，才会说出否定句来（见 Givón 1975b，

Gazdar 1979: 67，Horn 1989: ch.3）。例如，当有人问我 *"How was your* 64
afternoon?"（你下午过得怎么样？）时，我回答道 *"I took a nap."*（我睡
了一会儿）；对于我是否假定听者相信我通常会在下午小睡，在我的回答
中是无法得到识别的。但如果我说"我没有小睡"，我的回答通常会唤起
这种假定。对于这个预设特征，肯定回答是无标记的，而否定回答则是有
标记的。有趣的是，以上的观察结果并不适用于 *"PETER didn't say it."* 这
样的"窄式焦点"（narrow-focus）句。这句话并没有唤起彼得确实发表了
有关言论这一预设，而是让人想到某人没有发表过这样的言论。

上述对语用预设和语义预设之间差异的观察，概括起来就是，在逻辑
语义观中被视为预设的命题在语用观中可被视为断言的命题，这是事实；
根据话语的语境，同一个补语从句所表达的同一个命题可能是也可能不是
语用上预设的，这也是事实。[19] 在大多数情况下，语用预设上的差异会与
语法形式上的差异相对应，要么是韵律上的（如例 2.15），要么是形态句
法上的（如后面章节中所展示的）。当预设上的差异没有在语法上表达出
来，而是仅仅与句子的形式相一致时，我们就说对于特定的预设特征而
言，唤起语用预设的句子或小句是**无标记的**（如上文 2.15a 中 *that* 引导的
补语从句；另请参见例 2.16 至 2.18 及讨论）。

我并没有声称我对预设的语义观进行了合理的处理，但我确实希望我
已经向大家展示了，与信息结构分析相关的不是语义观念而是语用观念。
我赞同斯塔尔纳克（Stalnaker 1973, 1974, 1978）的观点，认为"基本的预
设关系不是命题与命题或句子与句子之间的关系，而是人与命题之间的关
系"（1973: 447）；也许更为合适的说法是，预设关系是两个人与一个命
题之间的关系。斯塔尔纳克强调，预设的源头在于言者而非句子，认为语
言学家不应该说句子"有"预设，而应该说句子**需要**预设，因为没有预设
就无法恰当使用（1973: 451）。

斯塔尔纳克认为预设是言者的预设而非句子的预设，但这一陈述需要
一个附加条件。当时流行的观点是将预设视为纯语义现象，虽然斯塔尔纳

65 克的说法对这种观点提出了合理的反对意见，但它至少在术语上与上文
2.12 中语用预设的定义相冲突。由于唤起预设的是词汇语法结构，所以我
们有理由说预设确实是包括句子在内的语言表达的属性。然而，我并不是
说语言表达（无论是词语还是构式）"有预设"，而是说它们有**预设性结
构**（PRESUPPOSITIONAL STRUCTURES）。这些用来**唤起**言者预设的预
设性结构必须与**预设性情境**（PRESUPPOSITIONAL SITUATIONS）即语
篇情境中对话者的实际预设相匹配。预设性结构则是在特定的语篇情境中
恰当使用词语和构式的语法条件。

2.4　预设性结构的语用顺应

　　将预设性结构看作语用预设在词汇语法上的编码，就意味着预设不仅
仅是语篇中言者和听者的假定问题，也是**语法和词汇**的问题。如本书开头
所述，只有当言者和听者的心理状态以语言形式反映出来时，才与信息结
构的研究有关。本书所提出的信息结构理论包括这样一个假定，即在自然
语言中大量简单或复杂的表达都有我们刚刚讨论过的预设性结构。也就是
说，这些表达与能够恰当使用它们的预设情境之间的关系，要受语法惯例
的约束。在本人（Lambrecht）正在撰写的著作中，对法语中许多复杂语
法构式的预设结构进行了分析，通过实证分析证明这一假定是合理的。
　　我们将在本节讨论一些现象。这些现象似乎与预设性结构观念相矛
盾。预设性结构观认为预设性结构是语法形式与预设性情境之间直接而规
约性的联系。这些都是有意无意**利用**预设来实现特殊交际目的的实例。我
66 们将提出这样的结论，即预设性结构确实是语言表达的内在属性，这类明
显的反例可以通过所谓的**语用顺应**（PRAGMATIC ACCOMMODATION）
这个一般认知原则进行解释。
　　斯塔尔纳克在讨论语用预设时，就某些明显违反语用规则或原则的言
语行为进行观察，获得如下重要发现：

在正常的语境中，如果言者说出一句话，而这句话需要一个预设，那么言者
的言语行为本身就提供了所需的预设。无论他实际的信念和假定是什么，他
都会**表现得好像**他认为命题理所当然具有真值，好像他认为他的听众知道他
在这么做。（Stalnaker 1973: 451）

通过一个**需要**预设的句子，言者"做出预设"或创造一个预设性情境。斯
塔尔纳克用一种众所周知的对话方式来对这种可能性进行说明："有人看
到我女儿后问我，'*how old is he?*'（男宝宝多大了？）我回答道'*she is
ten months old*'（**女宝宝**十个月大了）"（1973: 449）。乍一看，这样的例子
似乎与预设性结构观念相矛盾。事实上，如果一个语言表达的预设性结构
被认为是该表达的内在属性，如果我们将语用预设定义为通过语法所唤
起的对话双方的共同背景假定，如果 *she* 所要求的预设（即所指对象为女
性）**不是**问话中理所当然的预设，那么 *she is ten months old* 这句答话如何
才能得到正确理解？

答案是，通过使用 *she* 一词，言者在对话中**创生**一种不同于受话者在
提问时所认为的预设性情境。这个新创生的预设性情境，可以作为对孩子
年龄进行断言时所需的背景。*she* 的实际的预设性**结构**在整个会话中保持
不变。对于例 1.1（*My car* BROKE *down*）中的定指名词短语 *my car* 的用法，
我们也可以提出同样的观点，即在听众中没人会知道言者有一辆汽车。后
一个例子在语境中似乎没有斯塔尔纳克例子中的 *she* 那么引人注目。要对
该事实进行解释，我们可以假定一些预设性结构由于某些我们在此不能展
开讨论的原因，使用起来要比其他结构更为容易。[20] 对于当前的论点，重
要的是：如果言者仅仅通过使用一个需要新的预设性情境的表达，就可以
创生该预设性情境的话，那么预设性结构必然是**语言表达的内在属性**，无 67
论语言表达是词语还是构式。

刘易斯进一步发展了斯塔尔纳克关于预设的观点，特别是上面引用的
观点（Lewis 1979）。刘易斯指出，很难想象一句话仅仅因为缺少必要的
预设就不可接受。如果某个表达所唤起的预设与语篇中的预设性情境不

符，言语行为参与者通常会自动提供该预设："说一些需以缺失的预设为基础的话，那么该预设就会立刻产生。毕竟要让你所说的话具有可接受性"。（Lewis 1979: 172）在该会话的论域中有一个语用预设集，而新创生的预设将成为该语用预设集的一部分。刘易斯接着提出了他称之为预设顺应的规则（RULE OF ACCOMMODATION FOR PRESUPPOSITION）：

> 如果在 t 时所说的话需要有预设 P 才具有可接受性，且如果 P 在 t 之前没有得到预设，那么在其他条件相同的情况下且一定范围内，预设 P 在 t 时出现。

接下来，我们将以预设性结构相对容易理解的构式为例，对这一规则进行说明。[21]

我们首先思考一下由 when、after、before、because、since、although 等词引导的状语从句的预设性结构。下面是一个简单的例子：

（2.16）A: What did you do before you sat down to eat?
你坐下来吃饭之前做了什么？

B: (Before I sat down to eat) I washed my hands.
（在我坐下来吃饭之前）我洗手了。

在言者 B 的答话中，B 坐下吃饭这一命题以从句的形式出现，是在语用上得到预设的，以至于可以全部省略而不影响对句子的解读。另一方面，主句所表达的命题的预设状态是不明确的。言者 A 很可能已确切知道 B 在某个时间点洗了手，但这种知识在该语境中是不相关的。言者 A 显然不知道 B 在坐下吃饭之前洗了手，除非他是在检验 B 的诚意或记忆力。[22]言者 B 答话中的断言是在一个预设命题和一个预设状态开放的命题之间建立联系。

在例 2.16 中，主句命题"B 洗了手"的预设状态是不明确的。下面的例句在句法上与例 2.16 不同，主句命题"B 洗了手"被清楚地确定为预设状态：

（2.17）A: When did you wash your hands?

你什么时候洗的手?

B: (I washed my hands) before I sat down to eat.

（我洗手）是在我坐下吃饭之前。

在 2.17 中，B 洗了手这一主句命题在提出问题之时是共享知识，在 B 回答问题时更是共享的知识（以至于同样可以省略）。我们在此感兴趣的是，在 2.17B 的答复中，*before* 引导的从句所表达的命题本身并没有停止语用上的预设，尽管 2.16B 答复中的主句与它处于相同的位置且具有相似的韵律结构，预设状态却是不明确的。与 2.16 一样，B 坐下这一知识被认为是对话双方的共同知识。变化的是整个句子中的**话题**和**焦点**分布，即预设命题和命题其余部分之间的关系。我们将在后面几章对此进行讨论。

以上两个例子表明，*before* 从句的命题内容通常被认为是在语用上得到预设的，因而不用考虑语篇语境。因此，就其预设性结构而言，这样的状语从句可以说是在语法上**有标记的**，而主句就其预设与断言的对比而言往往是**无标记的**。[23] 但现在请思考一个短篇小说的假想开头:

（2.18）Before I moved to Switzerland I had never seen a Rolls Royce.

在我搬到瑞士之前，我从未见过劳斯莱斯。

因为我们将 2.18 假定为故事的第一句话，所以我们不能指望读者知道主人公在他生命中的某一时刻搬到了瑞士。尽管如此，*before* 从句的使用是恰当的，不会造成解读上的困难（至少在特定的文学体裁中如此）。重要的是，这并**不会**使我们就 *before* 小句的预设性结构所做的声明无效。如果这篇短篇小说接着说 *"In fact, that's not quite true."*（事实上，这并不完全是真的），读者会明白，受到挑战的是主句而非 *before* 小句所表达的命题的真值。刘易斯的预设顺应规则可以对 2.18 的适当性进行解释。通过使用需要提供预设的小句，作者在读者的脑海中**创生出**预设，并使其成为下一个主句中断言的背景。

69

2.18 中的现象并不局限于文学语篇。下面以英语状语引导词（adverbial conjunction）*because* 和 *since* 为例进行说明。这两个词均表示两个命题之间的因果关系，但它们在预设性结构上存在差异。我们可以对这种差异进行简单的描述：*since* 的预设性结构是，在将其所引导的从句命题与主句命题联系起来的推理过程中，其所引导的从句命题可被视为理所当然的；[24] 而 *because* 不需要这样的预设。对于所讨论的预设特征而言，*since* 是有标记的，而 *because* 在这方面是无标记的。通过以下问答，我们可以清楚地说明这种基本差异（# 号表示在语篇层面上不可接受）：

（2.19）A: Why did you hit him?

你为什么打他？

B: Because he insulted me. / #Since he insulted me.

因为他侮辱了我。/# 既然他侮辱了我。

问话中的 *why* 清楚地表明，言者 A 不知道或声称不知道言者 B 行为的原因。这两个答案在可接受性上的差异表明，"because P"（因为 P）命题可以用来进行断言，而 "since P"（既然 P）命题则不能用来进行断言。现在请思考以下对话：

（2.20）A: Where are you going on vacation this summer?

你今年夏天打算去哪儿度假？

B: Well since my wife can't take more than two weeks off, we're not going to Europe this time.

既然我妻子不能休两个多星期的假，我们这次就不去欧洲了。

连词 *since* 的使用通常表示言者 B 认为言者 A 已经知道 B 的妻子只有两周的假期。然而，尽管有这一预设上的要求，即使 B 认为 A 真的不知道这种情况，例 2.20 中的答话也是恰当的。（事实上，即使 A 不知道 B 结婚了，这句话也是恰当的。在这种情况下，名词所有格短语 *my wife* 所表达的"存在"预设也必须得到顺应。）正是通过使用需要这些语用预设的语言表达，言者创生了这些预设，并可以将其用作自己陈述的背景。

我认为预设性结构有一种稍微特殊的用法，这种用法与上面讨论过的语用顺应不同；该特殊用法可以通过一个常见的例子进行说明：*"Have you stopped bearing your wife?"*（你不再让你妻子生孩子了吧？）克拉克和哈维兰将预设的这种用法称为"桥接"（bridging）并进行了讨论（Clark & Haviland 1977）。作者观察发现，如果我问你"你承认写过这封信吗？"不管你回答"承认"还是"不承认"都会有麻烦。因为无论哪种情况，都预设着你做了坏事。[25] 这种对预设性结构下套式地利用与语用顺应现象的不同之处在于，它不是间接地传递信息，而只是创生一种虚构的预设性情境。

某些预设性结构的语用顺应会或多或少地约定俗成下来，并最终得到语法化。这一事实使该现象比前面的讨论所表明的更为复杂，但也使我们能够用它来对更多的事实做出解释。如果一个常用构式的预设性结构被利用得过于频繁，以至于它失去了部分作用，有时会导致这个构式产生新的意义。

英语中的 *it* 分裂构式就是一个很好的例子。一般认为，要想恰当地使用这种构式，关系从句所表达的命题必须在语用上得到预设，即言者假定受话者已经知道这一命题。博尔金将其称为 *it* 分裂构式的"语法意义"（Borkin 1984: Appendix B）。（通常情况下，该命题不仅被假定为已知的，而且在话语说出之时，它在受话者的意识中已被激活；详见 5.4.3 一节。）因此，如果我说 *"It's my keys that I lost."*（我丢失的是我的钥匙），我通常会预设受话者知道我丢失了某物，然后断言我丢失的是我的钥匙。但和前面的例子一样，这种构式的预设性结构也可用于特殊的交际目的。下面是一位演讲者在开始演讲时对听众说的一句话：

（2.21）It was George Orwell who said that the best books are those which tell you　71
　　　 what you already know.

那些你已经知道内容的书籍就是最好的书籍。说这话的正是乔治·奥威尔。

在说出这句话的语篇情境中，我们不能假定听众知道某人对 who 从句中的内容进行了陈述。演讲者很可能认为听众中没人熟悉这句话（同样也不熟悉作者）。那么，严格地说，断言讲这句话的人就是乔治·奥威尔是毫无意义的。然而，这种话语并没有因为缺少必要的预设而变得不可接受，因为言者可以调动听众对其进行顺应的意愿。

与我们已讨论的语用顺应情况相比，例 2.21 有着质的区别。正如普林斯（Prince 1978）和博尔金（Borkin 1984）的研究成果所示，在 it 分裂句中，经常会出现关系从句所表达的命题实际上没被假定为语用预设的情况，以至于在这种情况下，似乎没有心理动机认为关系从句中的命题必须通过刘易斯（Lewis）的规则进行顺应。听众未必将例 2.21 理解为让他们采取行动的邀请，就好像 that 从句所表达的命题是严格意义上的语用预设。相反，我们可以将其视为一种约定俗成的、交流该命题内容的间接方式。因为这个惯例在使用上的规律性，普林斯和博尔金提出了两类具有不同预设性结构的 it 分裂构式。然而，考虑到这两种分裂构式在形式上是相似的，强调两者之间的关联性就显得很重要了。事实上，在所有 it 分裂句中，that 从句中的命题**在语法上被标记为**事实性和非断言性内容。在我所认为的原初情况下，that 从句命题属于对话双方的共有知识；在第二种情况下，它属于言者和第三方之间的共同知识，而受话者恰好还没被包括在这一方中。我认为，这两种类型具有共同的句法，在预设性结构上存在重叠，因此我们就可以通过规约化的语用顺应，将第二种类型理解为第一种类型的扩展。

英语中表示强调的 do 构式是语用顺应规约化和语法化的另一个例子。这一例子的争议也许比较少。该构式需要一个预设，即包含 do 的句子命题的真值在其前的语篇语境中受到了质疑。我认为这是其原初用法。在这种情况下，do 后面的动词短语整体上为非重音突显部分。例如：

（2.22）I DID pay you back.

　　我**真的**还你钱了。

通常情况下，只有在前面的语篇中表明，言者没有偿还听者的钱或至少有
这种可能性时，该陈述才是恰当的。（在这种用法中，do 构式的功能与德
语中小品词 *doch* 和法语中小品词 *si* 的功能有点类似。）因此，与前面提
到的构式一样，我们可以通过顺应原则来对强调型 do 构式的预设性结构
加以利用。例如：

（2.23）I was afraid to hit him; I DID INSULT him, though.

　　我没敢揍他；不过，我**确实侮辱**了他。

为了使 2.23 的第二部分恰当，没必要在语篇的前面明确声称言者没有侮
辱当事人。相反，言者说 *I did insult him* 只是表明有人可能已经这样说了，
或者可能想这样说。在 2.23 的语境中，原初语用预设的缺失在语音上表
现为 *did* 之后的部分是重音突显的，而在 2.22 中，*did* 之后的部分是非重
音突显的。现在请思考下面的句子：

（2.24）I do hope that doggie's for sale.

　　我真希望那只狗狗能卖给我。

这是流行歌曲中的一句歌词。在这首流行歌曲的语境中，没有任何迹象表
明在此之前言者**没有**这种希望。与前面例子不同的是，这个例子似乎没
有任何预设。强调型 do 构式已经成为表示强调的规约化语法方式了。在
2.24 中，do 就是强化词（intensifier），功能与 *really* 这样的副词相同，所
以 *I do hope* 相当于 *I really hope*。[26]

　　撇开规约化问题不谈，我要强调的是语用顺应现象对信息结构理论而
言非常重要。认识到这一解释原则的理论地位，我们就可以简化对预设
结构的描述，同时以基于原则的方式对某些反对预设分析的论点进行反
驳。对某个表达或构式的预设结构的分析，不能仅仅通过指出一些例子来

证伪。在这些例子中，实际的预设情境与分析所要求的预设性结构不一致。例如，人们不能根据 2.18 或 2.20 这样的例子，声称已经证明了我就 *before* 小句或连词 *since* 与 *because* 的区别所粗略提到的语用分析是错误的。此外，考虑到语用顺应的规约化和语法化的可能性，我们可以对预设性结构中的系统扩展和变化进行解释（见 Lambrecht 1986b 第 7 章对法语 *ya* 分裂构式的分析）。就上述 *it-* 分裂构式而言，这意味着我们不必假定存在两个不同的、预设性结构彼此相反的构式，而是一个基本构式和一个或多个通过认知驱动形成的扩展构式。

第三章

语篇所指对象的心理表征

3.1　语篇所指对象

在本章，我们将讨论语言表达指称对象在对话双方大脑中表征的实质。我们将重点关注这些心理表征在交流过程中发生的变化，以及对这些变化进行编码的语言形式。我们将言者和听者在某个语篇中可能共有的一组表征称为语篇语域（DISCOURSE REGISTER）。正如我们在 2.1 节中的评述所示，我们倾向于忽略语篇中**所指对象**和所指对象的心理表征（MENTAL REPRESENTATIONS OF REFERENTS）之间在术语而非概念上的区别。在下面的讨论中，我们将重点关注后者。

语篇所指对象可以是实体，也可以是命题。[1]一个命题一旦被言者假定为受话者已知，即一旦它被添加到语篇语域中的一组语用预设之中，就可获得语篇所指对象的地位。然后，这样一个命题的所指对象的心理表征，可以与实体的表征一起存储在语域中。与指称实体的表达一样，那些指称预设性命题的表达也可以充当谓词的论元。命题的所指对象可以通过各种小句（包括非限定动词短语）来表达。命题的所指对象也可以通过代词来表达，如：

（3.1）　This package is sold by weight ... If *it* does not appear full when opened, *it*
　　　　is because contents have settled during shipping and handling.
　　　　这个包装是按重量出售的……如果打开时发现未满，那是因为麦片在运输和搬动过程中发生了沉陷。

例 3.1 是一段印在麦片盒上的文字，其第一个 *it* 的所指对象是先行名词短语 *this package* 所标示的实体，即麦片盒；第二个 *it* 的所指对象是先行小
75 句 *it does not appear full when opened* 所表达的命题（或情势）。语气标记词 *if* 不进入前情-回指关系（antecedent-anaphor relation）。在麦片盒上的语言表达之前，受话者的头脑中就已经有了实体的表征，而命题所指对象的表征是通过先行小句本身创生的（除非读者已经知道所描述的情形，在这种情形下它被重新激活）。当两者用定指代词进行回指时，它们就构成了语篇所指对象，可以充当谓词-论元结构中的论元。

语篇所指对象在句法上表现为包括修饰成分在内的**论元范畴**，如名词短语、代词、各种带有时态或没有时态的从句，以及某些用来表示谓语条件的状语短语。[2] 这些论元范畴通常不能由充当**谓词**的短语进行表达。从定义上讲，谓词所指称的并不是语篇所指对象，而是论元属性或论元之间的关系。例如，一个限定动词短语不能在句子中用作论元，除非通过传统语法意义上的"名词化"（nominalization）将其变成指称性表达，也就是说，通过去掉其时态和人称标记而使其成为指称性表达。我们通过下列例子进行说明：

（3.2） a. We went to the movies yesterday.
　　　　　我们昨天去看电影了。

　　　　b. *It* was a mistake.
　　　　　这是个错误。

　　　　c. *Our going to the movies yesterday* was a mistake.
　　　　　我们昨天去看电影是个错误。

　　　　d. *Going to the movies yesterday* was a mistake.
　　　　　昨天去看电影是个错误。

　　　　e. **Went to the movies yesterday* was a mistake.
　　　　　* 昨天去看电影了是个错误。

在 3.2b 中，主语 *it* 指代的是其前面 3.2a 中整个句子的命题内容。这个代词的功能与 3.1 中第二个 *it* 类似。句 a 或其指称的命题以**代词**形式出现在句 b 中，那么代词所指的命题现在具有了语篇所指对象的地位。也可以将句 a **进行名词化**，如句 c 中的主语 *our going to the movies* 就是句 a 名词化后的结果。我们还可以单独将动词短语名词化，如句 d 中的 *going to the movies*。这种名词化涉及一个已经得到理解的主语，因此在语义上可以看作一个命题，进而可以充当另一个谓词的论元。然而，如句 e 所示，限定动词短语 *went to the movies* 本身并不能充当论元。在交际功能上，语用**预 76 设**和**断言**存在基本区别，而非限定小句和限定小句即有时态标记的小句在形态句法上的差异，是这种基本区别在语法形式上得到反映的另一个方面。将一个命题名词化，是将其标记为非断言命题的一种方法。

对于论元和谓词在语篇指称身份上的差异，我们的解释存在一个潜在的难题，即有些表达具有谓词的形态，却位于话题的位置，具有话题的功能。在德语中，用来回答 "*Ist er Arzt?*"（他是医生吗）的 "*Arzt ist er nicht.*"（医生他不是）就是这样的例子。在答句中，光杆名词 *Arzt*（医生）的句法功能是一个回指性话题表达，因此它的指称对象必须具有语篇所指对象的身份（见 4.3 节），尽管它在语法上具有谓语名词的外观，即它没有限定词。实际上，*Arzt* 必须是指称性论元表达。通过一个事实就可证明这一点，即 *Arzt* 可以用定指回指代词 *das*（那）进行替代，如 "*Das ist er nicht.*"（直译：那他不）所示。尽管如此，*Arzt* 和 *das* 都是系动词 *ist* 的非主语补语，也就是说，除了位置之外，它们均符合谓词的传统定义。我们对论元和谓词在语篇指称身份上差异的解释，还存在另一个难题，即存在用回指代词代指谓语形容词的现象。如在法语中，"*Ça il l'est.*"（直译：那他是）是对 "*Est-ce qu'il est intelligent?*"（他聪明吗？）的回答，句中的自由型话题代词 *ça* 和粘着型直接宾语代词 *l(e)* 似乎代指的是谓词 *intelligent*。我必须把这个难题留待以后解决。

本章将对两类信息结构进行讨论。第一类信息结构是**可识别性**（IDENTIFIABILITY）（3.2 节）。在交际过程中，对于某个所指对象，言者会对其语篇表征在听者头脑中是否为已有知识进行评估，而可识别性与这种评估有关。第二类信息结构是**激活**（ACTIVATION）（3.3节）。在言语行为发生之时，言者会对可识别所指对象的表征状态进行评估，看其是否在听者头脑中"已被激活"，或者仅仅是"可以获取的"，抑或是"不活跃的"。在本章最后，我们将介绍**话题**范畴和**焦点**范畴。可识别和激活的所指对象在命题中要承担一定的语用角色，而话题和焦点与这种语用角色有关。在交际过程中，言语行为参与者会在不同的时间点上对语篇所指对象在交际对方大脑中心理表征的**状态**进行假定。可识别性和激活属于**记忆**（MEMORY）和**意识**（CONSCIOUSNESS）范畴，与这种假定的心理表征**状态**有关，而话题和焦点是**关系**范畴，与具体语境中指称对象与命题之间的语用关系有关。尽管上面提到的各种范畴都是各自独立的概念集，但在下面的讨论中我们会发现，它们是相互关联的，也与前面讨论过的预设和断言相关。

3.2 可识别性

当一个言者希望就某个实体进行断言，而她认为该实体还未在受话者的大脑中得到表征且不能用指示词进行指代时，她就有必要通过语言描述来创生该实体的表征，然后在随后的语篇中可以对该实体进行回指。为受话者创生新的话语表征，可以比作在语篇域建立一个新的指称"文件夹"，在交际过程中可以往这个文件夹里添加新的信息元素，以便在未来的语篇中重新打开。[3]

言者会假定有些实体的文件夹已在语篇域中打开，也会假定有些实体的文件夹在语篇域中还不存在。为了解释这两类实体之间的区别，我们假定存在**可识别性**这一认知范畴。切夫曾提到过该术语（Chafe 1976）。切夫观察发现，要对受话者头脑中存在表征的所指对象进行标示，"可识别的"这一术语要比"已知的"或"熟悉的"更可取。我们将会看到，对于相关认知区别在语言上的表达，重要的不是受话者知道或熟悉相关所指对象（即在新打开的文件夹中可能只有一个文件名），而是他能够从所有可以用语言表达进行标示的所指对象中将其挑选出来，并将其识别为言者头脑中已经存在的那个所指对象。

3.2.1 可识别性和预设

可识别的所指对象和不可识别所指对象之间的区别，在概念上和语用**预设**命题与**断言**命题的区别有关。预设命题是在说话之时言者和听者被假定共有的知识或表征。断言命题是在说话之时只有言者才有的表征。与此相似，可识别的所指对象是在说话之时言者和听者头脑中已经存在的共有表征，而不可识别的所指对象是仅存在于言者头脑中的表征。此外，如前所述（例3.1 和例3.2），当一个预设命题成为一个语篇所指对象并充当另一个命题的论元时，在语言上它可标示为与实体相同的表达类型（即带有"人称"或指示代词）。众所周知，在许多语言中，用作可识别性标记的词素如定冠词或指示限定词，和用于引导名词化句子的从属语素相同或至少在历史上相关，如德语中性定冠词和指示代词 *das*（该，那）与补语化成分 *dass*（那）之间的关系。

哲学家们在谈论"定指描述"（definite descriptions）所表达或要求的"存在型预设"（existential presupposition）时，早就意识到预设与可识别性之间的关系。然而，存在型预设属于逻辑观或语义观，可识别性属于信息结构观或语用观，两者在视角上存在重要的区别。这种差异类似于前面讨论过的意义和信息之间的差异，或者命题的真值与情势的心理表征之间的差异（见第二章）。在信息结构领域，可识别所指对象的相关属性不是预设存在的，而是言者假定在受话者头脑中存在着在特定语篇中可以唤起的表征。例如，如果我说 *the King of France*（法兰西的国王），我就是通过这个表达形式向我的受话者发出信号，表明我假定她对该表达所标示的个体有某种心理表征，该心理表征使她能够将该个体识别为我心目中的那个人。我们之间的共有知识不是对该个体存在的预设（a presupposition of existence），而是一个实体的心理表征。至于该个体是否存在则与会话交流无关（见 4.3 节）。

从自然语言使用的角度来看，对于 *John*、*my children* 或 *the King of France* 这样的名词短语，其所指对象的心理表征在言者和受话者头脑中具有命题身份的假定，似乎与我们的直觉相反。当然，这并不是否认名词短语的成分会唤起预设。例如，名词短语 *my children* 中的所有格限定词 *my* 会唤起言者有孩子这一预设。这也与我们在 2.2 节讨论语用预设时对定冠词功能所做的评论类似。此外，我们似乎有理由认为，实体的各种属性对应一组"命题"，而实体在人们头脑中的表征与这些命题关联。然而，该名词短语的所指对象在心理上被表征为一个实体，而不是一组命题。因此，考虑到本研究的目的，我们将不会把存在型预设看作 2.12 意义上的语用预设，而是将可识别性概念本身作为一个范畴对待。可识别性概念与存在型预设概念并不一定相互排斥，它们仅仅代表了对同一现象或相似现象的不同理论视角。在 4.3 节对话题和预设之间关系进行讨论时，我们还会涉及这一问题。

3.2.2　可识别性和定指性

可识别所指对象和不可识别所指对象之间的认知区别有一个重要的语法表现，即在许多语言中存在**定指**（DEFINITE）名词短语和**非定指**（INDEFINITE）名词短语在形式上的区别。定指性（definiteness）是一个语法范畴，是与名词性表达相关联的形式特征。言者会对短语所指对象能否被受话者识别进行假定，而该形式特征就是这种假定的标志。在许多语言中，该范畴通常通过**定冠词**和**不定冠词**或其他限定词（通常是物主限定词或指示限定词）之间的对比进行表达。在其他语言中，定指性，或者更确切地说，其与认知相关的可识别性，可以通过其他语法手段来标记，如词序、数词出现与否、格标记小品词等（见下文）。某些语言如俄语可以说没有表达可识别性的语法范畴［与约翰娜·尼科尔斯（Johanna Nichols）的私下交流］。当然，这并不意味着说俄语的人没有语用可识别性**概念**，也不能以某种间接的方式进行表达。

必须强调的是，"可识别性"认知范畴和"定指性"语法范畴之间的关联，充其量是一种有缺点的关系。一个所指对象的可识别性或不可识别性，与标示该所指对象的名词短语的语法定指性或非定指性之间不是一一 80 对应的关系。这方面有一个明显的证据，即在不同的语言中，定冠词和不定冠词的使用会以独特且有时相当微妙的方式呈现出很大的差异，而所有语言的使用者对指称对象进行识别的心理能力却大致相同。此外，对于在定指性上具有标记的语言，如果不使用这些标记，往往在语法选择上存在差异。在有些语言中，存在定冠词、不定冠词和零冠词三种形式之间的区分。英语、德语等语言中存在这种三方对比，但法语没有这种语法现象。在法语中，指称类普通名词通常要有限定词限定。另外，在不同的语言中，能够使用三种冠词形式的名词类型会存在差异。例如，英语中存在 *the man*、*a man* 和 *man*（如 *Man is a dangerous animal*）三种形式，而德语中只有 *der Mensch* 和 *ein Mensch* 两种形式，不允许使用 **Mensch* 形式。但在德语中，的确可以出现三种形式的对比，如 *die Grammatik*（这个语法）、*eine Grammatik*（一种语法）和 *Grammatik*（如 *Grammatik ist nicht seine Stärke*［语法不是他的强项］）。然而，法语只允许 *l'homme*（该男子）和 *un-homme*（一名男子）、*la-grammaire*（这个语法）和 *un-grammaire*（一个语法）两种形式出现，通常不允许使用 **homme* 和 **grammaire* 形式，除非名词是表语性名词而非指称性名词。[4]

非定指名词短语的**具体**指称对象和非**具体**指称对象之间的对比，是与可识别性有关的一个重要的语义区别。该区别与语法定指和语法非定指之间的对比没有直接关联。人们常说在下面这样的英语句子中，非定指名词短语 *a book* 可以是具体的，也可以是非具体的，即可以有具体或非具体的指称对象，这取决于言者寻找的是某本特定的书还是"任何一本旧书"：

（3.3）I am looking for a book.
　　　我在找一本书。

在回指语境中，我们可以清楚地发现具体非定指名词短语和非具体非定指名词短语之间的语义差异。如果所指对象是具体的，则回指词必须是定指代词或定指名词短语。如在例 3.3 中，言者可以接着说 *I found it*（我找到了），或 *I found the book I was looking for*（我找到了我要找的书），而不是 *I found a book*（我找到了一本书）或 *I found one*（我找到了一本）。如果所指对象是非具体的，回指词则必须是非定指表达。在这种情况下，言者可能会接着说 *I found one*（我找到了一本）或 *I found a book*（我找到了一本书），而不是 *I found it*（我找到了）或 *I found the book*（我找到了那本书）。

81 请注意，在 *I found a book* 答句中，所指对象必然变得具体，随后再对其进行指称时必须用 *it* 或 *the book*。如果用语用学术语来对具体和非具体之间的区分进行描述，我们可以说"具体非定指名词短语是在讲话之时，其所指对象可被言者识别但不能被受话者识别的名词短语；而非具体非定指名词短语是在讲话之时，其所指对象既不能被言者识别又不能被受话者识别的名词短语"。这等于说，一个非具体非定指名词短语可能根本就没有所指对象。

　　对非定指名词短语的具体和非具体识解，可能会受将该名词短语作为其论元的谓词情态的影响，且这种影响不易被察觉。例如，为结束一次漫长的电话交谈，我想告诉对方，我有事要处理，那么在例 3.4 的两个版本中，只有第一个是完全合适的：

（3.4）　a. I have to go to a meeting now. It starts in five minutes.
　　　　　我现在得去开会了。五分钟后开始。

b ? I'd better go to a meeting now. It starts in five minutes.

　　? 我现在最好去开会。五分钟后开始。

尽管 3.4b 的意图是为了显得更有礼貌，但听起来非常奇怪。*I'd better*（我最好）这一非断言形式强烈地表明，事实上没有我必须参加的会议。

　　在有些语言中，非定指名词短语的具体所指和非具体所指之间的语义区别，具有语法上的关联。例如，在法语中，如果添加一个限定性关系从句来修饰名词 *livre*（书），则例 3.3 的两种解读在形式上是有区别的：

（3.5）　a. Je cherche un livre qui *est* rouge.

　　　　　我在找一本红色的书。

　　　　b. Je cherche un livre qui *soit* rouge.

　　　　　我在找一本红色的书。

在 3.5a 的关系从句中，动词的陈述语气表明名词短语的所指对象是具体的，即言者正在寻找一本她认为受话者还不能识别的红色的书，而 3.5b 的虚拟语气表明所指对象是非具体的，即言者想找到一本在该论域中可能并不存在的红色的书。陈述语气与具体性之间的相关性、虚拟语气与非具体性之间的相关性，是两种语气具有不同的语义功能所导致的结果。陈述语气将关系从句的命题视为事实，而虚拟语气则表示关系从句的命题具有非定指性或存在疑问。之所以在关系从句中使用虚拟语气，是因为我们无法言之凿凿地认为某个属性（如红色）属于可能不存在的事物，因此就必然导致对非定指名词短语的非具体解读。[5] 82

　　法语中通过语气变化所表达的内容在德语口语中可以通过语序变化来表达：

（3.6）　a. Ich suche ein Buch, das rot *ist*.

　　　　　我在找一本红色的书。

　　　　b. Ich suche ein Buch, das *ist* rot.

我在找一本红色的书。

3.6a 为正式的说法，其关系从句中的动词位于从句最后的位置。该正式说法既有具体的解读，也有非具体解读。而 3.6b 为口语版本，其动词位于（主句）第二位置。该口语版本只有具体解读。事实上，主句身份和**断言**之间的关联性，才导致主句语序只能进行具体解读（参见第 2.4 节）。在 3.6b 中，得到断言的是代词 das 所标示的对象为红色的。要想让该断言有意义，就必须想当然地认为该对象是存在的。因此，必然要对名词短语进行具体解读。[6]

语法上的非定指名词短语可能还有另一个语义值，如：

（3.7） A book is a useful thing to have in a doctor's waiting room.
在医生的候诊室里放一本书是很有用的。

在例 3.7 中，非定指名词短语 *a book*（一本书）和 *a doctor*（一位医生）被称为**泛指**（GENERIC）词，即它们所指对象要么是所有书籍或医生的类，要么是这些类别中具有代表性的一组成员，而非具体的个体。由于此类名词短语仅仅要求受话者能够识别**词汇中心成分**（lexical head）所标示的语义类别，泛指型非定指名词短语可以说具有可识别指称对象，这进一步削弱了定指性形式范畴与可识别性信息结构范畴之间的关联性。我们必须将泛指型非定指名词短语的指称对象看作可识别的。我们可以通过以下事实对此进行论证：它们既可以用另一个非定指名词短语进行回指，又可以用一个定指代词进行回指，而这两种回指在解读上没有明显的差异。例如，在说出 3.7 这句话后，我们可以接着说 *A book is also something easy to carry around*（书也是很容易随身携带的物品），也可以说 *It is also something easy to carry around*（它也是容易随身携带的物品）。这种可能性将泛指型非定指词与拥有具体或非具体所指对象的非定指词区分开来。正如我们所看到的，后一种非定指词只允许用两种回指表达中的一种进行回指，不会出现两种回指表达均可使用的情况。

更为复杂的是，**定冠词**通常被用来对某一类中的具体可识别个体进行 83
标示，有时也与名词短语一起使用，来泛指整个类别。例如，在谈到某个
动物学专业的学生时，我们说：

（3.8）　She is now studying the whale.
　　　　她现在正在研究鲸鱼。

我们既可以说她研究的是"鲸鱼"这个物种，也可以说她研究的是某
一头具体的鲸鱼，如一头搁浅的鲸鱼，而这头鲸鱼在现实世界中具有
突显性，因而具有可识别性。[7]

与定指/非定指对比相关的另一种认知差异，也因语言的不同而
不同。该认知差异涉及要成为语篇话题的不可识别具体所指对象，和
那些只充当辅助叙事角色的不可识别具体所指对象之间在编码上的差
异。如在英语口语中，*this guy*（这个家伙）和 *a guy*（一个家伙）之间
的区别就是这种语篇语用（discourse-pragmatic）差异的实例（参见
Prince 1981c，Wald 1983 等）：

（3.9）I met {this/a guy} from Heidelberg on the train.
　　　　我在火车上遇到了来自海德堡的{这个/一个家伙}。

通过短语 *this guy*，言者示意她想提供更多有关此人的信息；而 *a guy*
的版本并没有表达这样的意图。因此，*this guy* 这一形态上定指的名词
短语，实际上是"语义上非定指的"，因为它标示了一个还不能识别
的语篇所指对象；在其他语言如德语和法语中，这种语篇所指对象只
能以非定指名词短语的形式来表达。我们采用普林斯及其他作者的观
点，将目前所讨论的限定词称为"非定指 *this*"，并将包含该词的名词
短语归在非定指范畴。

在某些语言中，与名词相关的**数字**表达的出现与否，在功能上和
英语中 *a* 与 *this* 的对比类似。在使用数量词（numeral classifiers）的

语言中，前面带有量词的名词短语通常被标记为后续语篇的话题（参见 Downing 1984: ch.7 对日语的阐述，Hopper 1986 对马来语的阐述以及 Chaofen 1988 对汉语的阐述）。在其他语言中，这种区别是通过数字"一"的出现与否来表达的，如拉丁语的 *unus*（Wehr 1984: 39ff）、土耳其语 *bir*（与名词的宾格后缀相结合，参见 Comrie 1981: 128 和例 3.11）、希伯来语 *exad*（Givón 1983: 26）等。事实上，数字"一"的这个功能在英语中可以得到证实，如 "*I saw this one woman.*"（我看见过这个女人）或 "*I was introduced to one John Smith.*"（我被介绍给一个叫约翰·史密斯的人）两句中的 *one* 就是这样的例子。

　　语法定指性和认知可识别性在理论上的区别，有助于我们对离散范畴（语法范畴）和非离散范畴（认知范畴）进行区分。定指和非定指之间的对比，原则上是一个是与否的问题，而可识别性原则上是一个程度问题。按照多个心理因素衡量，所指对象或多或少都具有可识别性，但冠词的定指性不是一个多少问题（见下文）。在语法上对定指性这一范畴进行编码的语言之间存在差异。也许我们应该将定指性看作一个连续统，而定指性在语法标记上的差异应被看作在该连续统上分界点的反映。语法上的定指性是一个相对"任意"的范畴，在不同语言中具有相对不可预测的分界点。这一事实也许能对二语习得中的某些难题进行解释。在习得英语或德语中的定指性时，俄语使用者所遇到的困难是众所周知的。但是，当说某种语言的人从一种定指性标记系统如德语跨到另一种相似的系统如英语中时，也常常会遇到严重的困难。

　　尽管定指性的语法标记通常属于二分标记，不能标记程度，但在定指性标记和非定指性标记之间，存在有趣的形式上的模糊限定语，而这似乎是因为人们在心理上需要对可识别性的中间程度通过语法进行表达。我们曾在上文提到英语和德语中定冠词、不定冠词和零冠词三者之间的区分。我们可以将这个三元区分作为这种模糊限定的例子。

另一个例子是法语词 *l'un(e)*（表示"其中之一"，**不是**"这一个"），其中定冠词 *le*、*la* 的功能是作名词短语中的限定词，而名词短语的中心成分是不定冠词（和数字）*un(e)*，如例 3.10 所示：

（3.10）La chambre avait trois fenêtres; l'une d'elles était ouverte.

　　　　房间有三扇窗户；其中一扇是开着的。

因为这句话没有告诉我们三扇窗户中的哪一扇是打开的，所以，被描述为开着的窗户具有不可识别性。尽管如此，作为一组可识别事物（即房间的三个窗户）中的一个成员，它**在某种程度**上具有可识别性。[85]这可以对定冠词和不定冠词同现现象进行解释。[8] 例如，德语中的 *der eine—der andere*（其中一个——另一个）就属于这种情况；其中定冠词（*der* 等）位于一个非定指"代词"（*einer*、*eine* 等）之前，来对可识别集合中不可识别的成员进行标示。法语中也有相同的相互关联表达（*l'un-l'autre*），它既可以像德语那样使用，也可以用不同的句法来表达"彼此"的对等意义。在土耳其语中，有一个相当丰富的语法对比系统，用于对可识别性程度进行编码。请看例 3.11 中的数据：

（3.11）a. Ahmet öküz - ü aldi

　　　　　Ahmet ox -ACC bought

　　　　　艾哈迈德买了这头牛

　　　　b. Ahmet bir öküz - ü aldi

　　　　　Ahmel one ox - ACC bought

　　　　　艾哈迈德买了这（一）头牛

　　　　c. Ahmet bir öküz aldi

　　　　　Ahmet one ox bought

　　　　　艾哈迈德买了一头牛

　　　　d. Ahmet öküz aldi

　　　　　Ahmet ox bought

　　　　　艾哈迈德买了一头牛

在 3.11a 中，-*ü* 是宾格标记，也可以称为定指性标记；该标记使 *öküz*（牛）呈现为可识别的形式。在 3.11c 中，光杆名词 *öküz* 通过前面的数字 *bir*（一）变为不可识别的。在 3.11d 中，它也是不可识别的，但仅通过光杆名词进行标记。3.11c 和 3.11d 之间的对比让人联想到具体与非具体之间的对比。在 d 中，名词没有数字标记，因此完全为非具体的：这个句子适用于艾哈迈德买了一头或多头牛的情况，有点像英语句子 *Ahmet did some ox-buying*（艾哈迈德做了买牛的活儿），在这个句子中，用于指称的名词被"合并"到动词中后失去了其个体性（individuality）。对本论点而言，尤为有趣的是例子 b。在这个句子中，名词短语通过格标记被标记为"定指的"，而通过数字被标记为"非定指的"。b 句的语义强度（force）与例 3.9 相似，即 b 与 c 的区别在于 b 中名词短语的所指对象在语篇语境中具有语用突显性，而且在随后的语篇中很可能被谈及，而 c 中的所指对象没有这种突显性。

认知上的可识别性是相对的，而这种相对性的结构会体现在语法上。一种常见方式是普林斯称之为"锚定"（anchoring）的现象（Prince 1981b）。在对 *I got on a bus yesterday and the driver was drunk*（我昨天上了一辆公交车而司机喝醉了）和 *A guy I work with says he knows your sister*（一个和我一起工作的家伙说他认识你姐姐）两个句子中非定指名词短语之间的差异进行讨论时，普林斯写道：[10]

> 全新的实体本身似乎存在两种类型：**被锚定的**（ANCHORED）和**未被锚定的**（UNANCHORED）。如果表征一个语篇实体的名词短语，通过另一个它所包含的名词短语即"锚"（Anchor），与其他语篇实体**连接起来**（LINKED），那么该语篇实体就是被锚定的。因此，一辆巴士是未被锚定的，或是全新的，而包含名词短语 *I* 的 *a guy I work with* 是全新的被锚定的语篇实体，因为听者为该人创生的语篇实体将立即与其为言者创生的语篇实体连接起来。（Prince 1981a: 236）

在 4.4.2 一节，我们还将对锚定这一概念进行探讨，届时我们将向大家展示不同类型的锚定；锚定的不同类型反映的是语篇中所指对象的可识别性程度，而且可能对句子话题的可接受性产生影响。

最后，在概念和术语上对定指性这一语法范畴和可识别性这一认知范畴进行区分之后，在讨论不同语言中定指性的表现形式时，我们就可避免可能出现的困惑。将英语之外某种语言中的某个名词短语称为"定指名词短语"，只是因为在对该名词短语所在句子进行的英语随行翻译中有一个定指名词短语。例如有人提出，在捷克语中，通过将名词短语置于动词前和置于动词后这一差异，来表达定指名词短语和非定指名词短语之间的区别（这方面与俄语相似）（Krámský 1968）。如：

（3.12）a. Kniha je na stole

"The book is on the table"

该书在桌子上

b. Na stole je kniha

"On the table (there) is a book"

在桌子上有一本书

在 3.12a 中，将位于动词前的名词短语 *kniha*（书）翻译为英语的 *the book*（这本书）是恰当的，而在 3.12b 中，将位于动词后的 *kniha* 翻译为英语的 *a book*（一本书）是恰当的。然而，我们不应将这两个英语随行翻译的差异，视为捷克语通过将名词短语置于动词前和动词后这一语序手段，来表现语法定指性与非定指性对比的证据。为证明这一点，我们再以贝奈斯所引用的捷克语例子进行说明（英语随行翻译中的突显标记是我本人添加的）（Beneš 1968）：

（3.13）a. Venku je Pavel

"Outside is PAVEL/ PAVEL's outside"

外面是**帕维尔** / **帕维尔**在外面

b. Pavel je venku

"Pavel is OUTSIDE"

帕维尔在**外面**

87 在例 3.13 中，*Pavel* 这个名字既出现在动词之后，又出现在动词之前。由于它是一个专有名词短语，必然是"定指的"，也就是说，其所指对象必然被认为是可识别的。因此，用英语对例 3.12 中 *kniha* 进行的不同的随行翻译，并不能作为捷克语中存在定指性范畴的充分证据。在捷克语中，位于动词前和位于动词后这种差异，必须与某种其他语法差异相对应。就 3.12 的情况而言，这种语法上的差异恰好与英语在定指性上的差异相吻合。我们认为，例 3.12 和 3.13 中的相关对比是话题和非话题之间的对比。我们将在第四章中看到，这种对比与定指和非定指之间的对比相关联，但不能将两者等同。[11]

在指称该标签下特定语言表达的可识别性时，尽管我们将继续使用大家所熟悉的"定指性"这一术语，但我们更倾向于将定指性视为一个非普遍的语言范畴。也许具有普遍性的是**可识别性**这一**认知**范畴，而可识别性与定指性语法范畴之间的匹配是不完全的，也是非普遍的。

3.2.3 可识别性在语篇中的确立

言者是根据什么样的语用标准，来假定对受话者而言某一所指对象是可识别的？在最清楚的情况下，我们可以认为一个名词短语的所指对象是可识别的，因为在对话者或整个言语群体的论域中，该名词短语能够恰当标示的只有一个所指对象（见 Chafe 1976: 39）。这类名词短语的所指对象因具有独一无二的特点而极为突显，如"妈妈""约翰""美国总统""太阳"等。这四个短语中的每一个都有具体的指称属性，从而将其与其他所有短语区别开来，但它们有一个共同之处，即它们所标示的对象可以被假定为唯一可以识别的个体。这类表达的指称属性往往对其语法编码有一定的限制，要么限制不定冠词的使用，要么排除任何形式的定指性标记，如在英语和许多其他语言中，专有名词是没有修饰语的。（事实上，一些语言如希腊语，确实存在用定冠词来对专有名词进行修饰的现象，这更加证明语法定指性不是一个普遍特点，而是部分语言的特点。）

因为当论域中的所指对象只能由某个名词短语标示时，它们就特别容易被 88
听者识别出来，所以我们也可以认为它们在语用上比其他所指对象更为**可**
及（ACCESSIBLE）（参见 3.3 节）。因此，按照某些话题标记规则，这类
名词短语往往表现出异常行为（参见 Givón 1983 以及 Lambrecht 1987a 对
法语中作主语的名词短语的讨论）。我们还可以将**类属**名词短语看作具有
唯一可识别所指对象的表达，无论这些类属名词短语是定指的还是非定指
的。包括所有实体的类可以用表达进行标示，而对类的识别就相当于对唯
一所指对象的识别。

　　对于指称所有实体的类而非个体的名词短语，我们可以假定其所指
称的对象是可识别的，因为它在言者和听者的语用世界中具有显著的地
位。出现在我脑海里的是像家庭成员之间所使用的 *the kids*（孩子）、*the*
cleaning lady（女清洁工）、*the car*（汽车）之类的短语。因为在对话者的
论域中，有一个或一组突显的所指对象，而该所指对象通常由这样的定指
名词短语标示，这些短语的所指对象很容易从各自的类中被挑选出来。

　　到目前为止，我们提到了两种情况，一种是具有唯一所指对象的
名词短语，另一种是由于言者和受话者之间的某种共有知识而使其只
能得到一种识别。在这两种情况下，所指对象之所以具有可识别性、
在英语中之所以使用定冠词，是因为所指对象已经成为言者 / 听者大
脑中不同程度的永久性记忆，而这种永久性记忆在适当的语篇语境中，
可以随时毫不费力地提取出来。我们之所以能假定听者可以识别某一
所指对象，还有一个原因，即当某个所指对象在外部语篇世界即**指示**
照应或内部语篇世界即**回指**照应中显得比较突显。在指示照应的情况
下，我们之所以可以假定一个所指对象是可识别的，是因为它在言语
场景中是可见的或在其他方面突显的。我们可以通过 *those ugly pictures*
（那些丑陋的图画）或 *the woman in the green hat over there*（那边戴绿
色有檐帽的女人）这样话来识别一个实体，而对指示词 *those* 和 *there*
的解读取决于使用这些名词短语的文本外环境。所指对象也可以通过

指示语进行识别，因为它被"不可转让地占有"或者由两个交谈者之一的个体特征所锚定，如 *your left leg*（你的左腿）或 *my sister's second ex-husband*（我妹妹的第二个前夫）就是这样的例子。在这种情况下，对交际者的所有格进行的标示，会唤起一个语义"框架"，所指对象则由这个语义框架框定。[12]

89   在回指照应方面，由于某个所指对象在之前的语篇中已被提及，该所指对象的身份可被认为理所当然。请注意，一旦一个先前无法识别的所指对象以非定指名词短语的形式引入语篇场域，自此开始，再提到它时就必须用一个定指名词短语或定指代词来表示。（我们在前面提到过，这一要求不适用于非具体和类属非定指名词短语。）例如，如果我对某人说：

（3.14）I'm going to a meeting tonight.
我今晚要去开会。

在之后的交流中，再提及这个会议时，我和我的对话者必须使用定指描述；在下列例子中我们只能用 a 或 b 两个句子，却不能使用 c：

（3.14'）a. How long is {the/your} meeting supposed to last?
{这次/你的} 会议要开多久？

b. How long is it supposed to last?
它要开多久？

c. #How long is a meeting supposed to last?
一次会议要开多久？

c 中的 # 号表示不能对名词短语的所指对象进行具体解读。请注意，对我的受话者而言，即使我将出席会议这一事实是对相关会议进行识别的唯一特征，这个限制仍然发挥作用。在语篇中，仅仅提及一个所指对象而不需要任何进一步的语义描述，就可创生可识别性。这一事实证实了我们的观察结果，即所指对象的可识别性以及英语中相应的定指编码，并不一定意味着对所指对象熟悉或了解。

通常情况下，所指对象的可识别性身份会在整个语篇中贯穿始终，并从一个语篇到另一个语篇，除非言者认为受话者已经忘记了所指对象的存在。切夫举了一个例子：在一部小说的第 13 页上，出现了 *a letter*（一封信）这一非定指名词短语，此后再未出现，一直到第 118 页其所指对象才被再次提及，而此时它以定指名词短语 *the note*（那张便条）的形式出现。所指对象一旦被引入语篇语域，其可识别性状态被保留了 105 页之多。（Chafe 1976: 40）正如切夫所说，"看来语境或场景是极为重要的，而且如果重新引入所指对象的最终语境足够小，使得所指对象可以得到识别，那么定指性就可以无限期地保留下来。"

到目前为止，我们为讨论可识别性举了各种例子。透过这些例子我们发现，能让一个所指对象从不可识别变为可识别的因素很多，它们之间的差异似乎很大。从心理学的角度来看，名词 *mom* 所标示的所指对象的永久性地位，似乎与 *the meeting tonight* 所标示的所指对象的地位有很大不同，因为后者只是为了某一特定语篇而打开的文件夹，而且在交流结束时可能会从听者的记忆中永久删除。因此，人们可能会问，是什么原因让人们在这些明显不同的情况下使用同一个语法范畴即定指性。我们认为，将可识别性的所有情况归并起来，并用一个语法范畴将可识别性表达出来的，是一个共同的认知属性，即存在一个认知图式（SCHEMA）或**框架**（FRAME），在这个认知图式或框架中，一个所指对象可以得到识别。下面是菲尔莫尔对"框架"概念的定义（Fillmore 1982: 111）：

> 提到"框架"这个术语，我想到的是由相关概念构成的体系。如果你想理解该体系中的任何一个概念，你必须理解它所在的整个结构。当这种结构中的一个事物被引入一个文本或者会话中时，该结构中的其他所有事物都被自动激活。

（另请参见 Fillmore 1976，1985a）能赋予所指对象可识别性的框架可以非常大，以至于和言者 / 听者的自然世界或社会世界（universe）相重合，从而使"太阳"或"美国总统"这类名词短语的所指对象具有可识别性。框架也可以很小，如在个体框架内，"该清洁女工"或"这部汽车"的所指对象是可以识别的。框架也可以是言语行为发生的物理环境，这样就有可能识别出"那边的那个女人"或"那些丑陋的图画"这样的名词短语的所指对象。最后，文本内部的语篇世界本身就是这样一个认知框架。例如，对于例 3.19 中名词短语 the meeting tonight 的所指对象，听者仅凭正在进行的话语所建立的参照框架就可进行识别，而不管这个会议在现实世界中是否真的存在或将会存在。[13]

我们可以用框架来对指称对象进行识别，通过这一概念，我就能够以一种直接的方式，来解释为什么在语篇中会出现某些定指名词短语，否则这些定指名词短语可能看起来很让人费解。下面这个句子就是在上下文中使用定指名词短语的例子：

（3.15）Every time I go to the clinic the doctor is someone different.[14]
每次我去诊所，接诊的医生都不是同一个人。

在该句中，名词短语 the doctor 指称的是某个特定小群体中的非具体个体。这与"该清洁女工"或"这部汽车"不同，因为这两个名词短语只为言者和听者标示了一个特定的个体。这个小群体与整个范畴不是同延的，因此将类属解读排除在外，但该名词短语所标示的个体也非完全不具体的，因此将不定冠词的使用排除在外。在例 3.15 这样的情况下，"具体的""非具体的"或"类属的"这样的语义范畴并不能给我们提供多少帮助。我们之所以能对 3.15 中所出现的名词短语进行解读，是因为我们可以将相关个体识别为一个语义框架即诊所域中的一个元素。

针对由框架确定的可识别性，霍金斯用一个典型的例子进行了讨论（Hawkins 1978: ch.3）。霍金斯观察发现，在某些特定情况下，明显具有相同语用地位的同一个指称对象，根据它是否被视为认知图式的一部分，可以编码为定指性名词短语，也可以编码为非定指性名词短语。我们将霍金斯的例子稍加修改，来对其说明：我的受话者是一个对汽车工作原理一窍不通的人，在向他解释时，我可以指着引擎盖下的不同部分说：

（3.16）This is the air filter, this is the fan belt, this is the carburetor.
　　　　这是空气滤清器，这是风扇皮带，这是化油器。

也就是说，在解释时我可以使用定指名词短语，即使对听者而言所标示的事物在此之前是没有可识别性的。这是可能的，因为汽车本身是一个已经得到识别的框架或图式，而作为这一框架或图式的元素，汽车的各个部件都是间接可识别的。然而，如果这名受话者对我的车库架子上的某个未识别的物品感到好奇，我不能对他说 This is the carburetor（这是化油器），而只能说 This is a carburetor（这是一个化油器），因为该物品没有被解读为已知框架中的一个元素。

　　对于由语义框架与其元素之间关系所产生的定指性，有种现象很有趣：在所有格名词短语中，即使领有者（possessor）和领有物（possessee）在语篇中都是不可识别的，领有物却被标记为定指的。例如，即使我认为我的受话者既不能识别国王的女儿也不能识别国王本人，我也可以说：

（3.17）I met the daughter of a king.
　　　　我遇到了一位国王的女儿。

但我不能说 a daughter of a king（一位国王的一个女儿）。这表明，就语法而言，我们可以将一个实体归类为可识别的实体，仅仅因为我们认为它与同属一个框架的另一个实体有关系，而不管另一个实体本身是否具有可识别性。我们还要注意的是，即使后来发现这个未被识别的国王不止一个女儿，例 3.17 也是适当的。另一方面，如果这位国王的身份已经是可识别的，而且如果他的女儿不止一个，那么 the daughter of the king（国王 92

的这个女儿）这个短语就不恰当了。在例 3.17 中，名词短语的语用结构比较特别，这种特别的语用结构也表现在其同义替代版本 *I meet a king's daughter* 上。在这个同义替代版本中，*a king's*（一位国王的）是所有格形式，因此是定指限定词，尽管它是由一个非定指（属格）名词短语组成的。例 3.17 中的现象与普林斯所讨论的语用锚定现象有关，但两者之间也存在有趣的差异。在普林斯的例子中，一个不可识别的所指对象被锚定在一个已经可以识别的所指对象之中，而在例 3.17 中，一个不可识别的所指对象被锚定在另一个不可识别的所指对象之中。也许我们可以将例 3.17 中的情况称为"无锚点锚定"（anchorless anchoring）或者"语用自助锚定"（pragmatic boot-strapping）。[15]

在例 3.17 中，复合名词短语在语法上是定指的，而这种定指性是通过语用自助产生的。有趣的是，就某些语法要求而言，这类定指复合名词短语又与非定指名词短语的表现相似。许多语言学家认为这种语法表现属于**句法**顺序问题。我们以法语中所谓的"非人称"*il-* 构式为例进行说明。与英语中"存在"义 *there-* 构式一样，传统观点认为这个法语构式只适用于非定指名词短语，至少在标准法语中情况是这样的（例外情况见 Lambrecht 1986b，第 7.5 节）。因此，在例 3.18 中，a 句是符合语法的，而 b 和 c 则不符合语法：

（3.18）a. Il est entré un roi.
　　　　　"There entered a king."
　　　　　进来了一位国王。

　　　b. *Il est entré le roi.
　　　　　"There entered the king."
　　　　　该国王进来了。

　　　c. *Il est entré la fille du roi.
　　　　　"There entered the daughter of the king."
　　　　　该国王的这个女儿进来了。

　　　d. Il est entré la fille d'un roi.

"There entered the daughter of a king."
国王的女儿进来了。

然而，尽管例句 d 包含一个定指名词短语，它却是合乎语法的。句法上，d 句的定指所有格名词短语，与 a 句中简单非定指名词短语的模式相同。因此，从词法的角度看，*la fille d'un roi* 是定指的，从句法的角度看，它又是非定指的。[16] 尽管从单纯的形态句法上看，这些事实对定指性分析提出了难题，但如果将定指性理解为可识别性非离散语用范畴在语法上的不完全反映，则很容易对这些事实进行解释。

3.3　激活

在言语交际过程中的某一点上，言者会判断某一知识或表征集合是否为其与受话者所共有；在对该共有知识或表征集合的讨论中，无论受话者知道的是什么，我们都可假定是她在讲话之时所想到的事物，我们假定这是为了方便而进行的简化。储存在我们大脑中的知识在体量上是巨大的。因此，很明显这一假定不成立。知道某事和思考某事是两个不同的心理状态。为了使受话者能够处理由话语所唤起的预设，她不仅需要知道一组相关的预设命题，而且要便于使用这些命题及其构成要素。换言之，正如切夫反复强调的（Chafe 1974, 1976, 1987），自然语言中的信息传递不仅涉及**知识**，还涉及**意识**。[17] 这两种心理状态之间的差异会在语法上产生重要的影响。在说一句话的时候，言者要对所指对象在受话者大脑中的表征进行假定，而言者的大部分假定都与言者和听者的短期记忆受到的限制有关。我对这些心理现象的描述，是基于切夫对意识和语言表达之间相互作用的论述（Chafe 1976, 1987）。我们的论述与切夫的论述有所不同，在后面我们会逐一讨论这些不同点。总体而言，切夫强调的是，在发话之时，听者意识中概念的认知状态非常重要，而我要强调的是，重要的是按照言者通过预设结构的选择所表达的要求，听者对意识状态进行建模的意愿和能力。我们将在下文讨论"激活"这一概念。在本书最后即 5.7 节，我会对"激活"概念进行部分修订。

3.3.1 所指对象的激活状态

切夫认为"在我们的大脑中存储了大量的知识或信息，而在任何时候都只有非常少的信息能够得到关注或是'活跃的'。"他以这个观点作为其讨论的出发点。切夫（Chafe 1987: 22ff）提出，"概念"的**激活状态**分为**活跃、半活跃**和**不活跃**三种，其中半活跃状态也称为**可及状态**。一个"概念"会处于这三种**激活状态**中的任何一种。**活跃**的概念是"当前被照亮的概念，是在某个时刻处于一个人意识焦点的概念。"**可及**或**半活跃的**概念是"位于人的外围意识中的概念，是位于人的背景意识但没有被直接关注的概念。**不活跃**概念是"目前位于人的长期记忆中的概念，它既不像位于焦点的概念那样活跃，也不像位于外围意识的概念那样有一定程度的活跃性。"在下面的讨论中，我们将把切夫的"概念"称为"所指对象（的心理表征）"，并说明这样做的原因。[18]

因此，**意识**以及**短期记忆**和**长期记忆**之间的差异，是决定语篇所指对象激活状态的心理因素。用切夫的话说，如果一个事物在我们的意识中"当前被照亮"，它就是活跃的；一旦其他某个事物被照亮，对该事物的激活通常会停止。例如，我们可以使用非重音突显代词 *she* 来指代某个女性，只要该所指对象是言语行为参与者当前的注意中心，或者正如我们稍后要说的，只要它是正在讨论的**话题**之一。一旦言语行为参与者的注意力转移到另一个事物上，再用这个代词来指代此人就不合适了。另一方面，不活跃事物因与当前位于交谈者注意力最前沿的内容无关，其保持认知状态的时间要长得多。根据所指对象的性质，不活跃状态，以及在英语这样的语言中使用定指名词短语的可能性，可能会在语篇进行的阶段内存续，也可能在存续时间上超出某个语篇延续的时间，还可能会无限地存续下去（见 3.2.3 节中对这一效果的评述）。

所指对象的不同激活状态之所以与信息结构研究相关，是因为两者在句子结构上存在形式上的关联。在 3.4 节中，我们将通过一个简短的文本即例 3.27，来讨论各种激活状态及其形式表现。在第五章，我们将通过更多的例子，来重点说明韵律突出程度差异所产生的影响。至于在句子中如何表达活跃所指对象，切夫写道：

> 那些对言者而言已经被激活的概念，而且言者认为对听者来说也是活跃的概念，是以一种特殊的方式进行表达的；这些概念的属性通常用"旧的"或"给定的"（given）信息来讨论。总体而言，已知概念都以一种弱化的发音来表达。弱化至少包括轻音（weak stress）。通常情况下，尽管不总是如此，它 95 涉及代名化（pronominalization）或完全将语言表达省略。（Chafe 1987: 26）

因此，"活跃性"这一认知范畴在**韵律**（语音弱化）和**形态**（代词码化、屈折编码或零编码）上具有语法关联。它在句法上也有关联，但这些关联并不容易进行证明（demonstrate）（参见 4.4.4 节，特别是 Lambrecht 1986b 的 6.1 节中对法语非重读代词的分析）。非重读指称表达必然被假定有一个活跃的指称对象（下面将要讨论的某些语用顺应情况除外），即"弱化发音"这一韵律证据是假定所指对象具有活跃性的一个充分条件。（然而，我们将会看到，弱化发音并不是活跃性的必要条件。）但是，对于假定的活跃性，最明显的证据无疑是**代词码化**（PRONOMINAL CODING）这一形态证据，像英语 you、they 或德语 man 这样的类属代词和代词的某些指示用法可能是例外。在前一种情况下，所指对象是如此之广（"所有人"），以至于它们总被认为是理所当然的，不需要进行激活。这些类属代词的特殊性反映在一个事实上，即它们一般不能重读。至于后一种情况，激活可能发生于说出代词这一言语行为本身，通常伴随着一个手势。我们完全可以说 I want THAT（我想要**那个**），而不用假定我的受话者事先已经知道指示代词所标示的物品。

通过上文所引述的切夫的话，我们可以得到一种暗示，即已经被激活且原则上满足非重音突显词编码或屈折（或零形）编码条件的所指对象，有时**不是**编码为代词，而是编码为非重音突显词汇名词短语。例如，当同时被激活的所指对象不止一个时，代词性码化就会导致歧义。如：

（3.19）I saw John and Bill this morning. He's sick.
我今天早上看见约翰和比尔了。他病了。

在上面的句子序列中，我们不清楚在约翰和比尔这两个被激活的所指对象中，谁是代词 *he* 想要标示的那个人。因此，在特定上下文中，最好是用一个词汇名词（*John* 或 *Bill*）来指称那个生病之人，除非能通过语用来消除歧义，例如，如果大家都知道 *John* 是一个体弱多病之人，那么 *he* 很可能被理解为代指的是他。之所以没有把已激活的所指对象编码为代词，是因为还有其他各种语义和文体上的原因。我们在此将不讨论这些原因。对于活跃的所指对象的非代词码化，不同语言在可能性或容忍度方面存在很大差异。[19] 然而，尽管存在各种各样的例外，在语篇层面上，活跃性和代词码化之间整体上具有很强的相关性，并对句子结构有着重要影响。可以看出，它在法语口语的小句结构中起着重要作用（见 Lambrecht 1986b）。"活跃性"这一信息结构范畴是一个语法现实，而"代词"这一形式范畴无疑是这种语法现实的最好证据。

综上所述，我们可以用两种形式手段来表示所指对象的活跃状态，即通过音高突出的缺位，以及通过相应语言表达的代词码化。尽管后者是一种常用手段，但也未必总是如此。用我们在第 2.3 节最后所创设的术语来讲，就是我们应将突显缺位和代词性码化视为某个表达的**预设结构**的特征。我们应在一个非常普遍的意义上来理解"代词码化"这一术语；该术语可适用于自由代词和粘着代词、屈折词缀及论元的零形实例化（null instantiations）。所指对象的任何非词汇表达都算作代词性的。

　　所指对象的**非活跃**状态的形式表达，则与活跃所指对象的形式表达相反。非活跃标记包括对指称表达进行**重音强调**（ACCENTUATION）和**全词汇**（FULL LEXICAL）码化。非活跃所指对象不能用代词来表达（同样，指示代词可能存在例外）。因此，非活跃性在语法上的关联，表现为以重音强调的词汇短语形式对所指对象的码化。尽管重音突显和非重音突显之间、代词码化和词汇码化之间的关系就是简单的对立关系，我们将在下面看到这种关系在功能上是不对称的，即在范畴的激活上一个成员是有标记的，而另一个成员是无标记的。

　　根据切夫的假定，如果所指对象是活跃的，标示它的表达在发音上会被弱化；如果所指对象是不活跃的，标示它的表达在发音上会被强化。我们可以将所指对象的活跃性与标示它的表达之间存在的语音强弱关系，称为**象似性**（ICONIC）关系，即不同的心理状态与语音强度或词长之间存在着直接的关系（代词的长度往往比词汇名词短语的长度短）。言者和听者在创生和解读所指对象的新语篇表征时所付出的心力（mental effort），要大于使已获识别的所指对象保持活跃状态所付出的心力。因此，它涉及更高的声音强度，还往往涉及更多的语音材料。在其许多著作中，博林格都一直强调这种语调象似性本质（iconic nature），尤其是其 1985 年的文章《语调的内在象似性》（The inherent iconism of intonation）。我们在这篇文章中发现了这样一句话："我认为明显的情感关联是最基本的象似性，即高音调是组织内部高度紧张状态的外在表现，低音调则相反"（Bolinger 1985: 99）。

　　尽管这一象似性原则（iconic principle）可能很重要，其适用性却有严格的限制。如果指称所指对象的代词表达或名词表达在语音上是被弱化的，那么该指称对象总是活跃的（同样，除了某些语用顺应情况）。即便这是事实，对于处在活跃状态的所指对象的表达码化，却未必以弱化的语音说出来。换言之，弱韵律表现只是语篇所指对象活跃性的一个充分条件，而不是必要条件。在有些情况下，具有明显活跃所指对象的语篇成分如回指代词等会得到突显。请对 3.20 中的两个例句进行比较：

（3.20） a. I saw MARY yesterday. She says HELLO.

我昨天见到玛丽了。她说你好。

b. I saw MARY and JOHN yesterday. SHE says HELLO, but HE'S still ANGRY at you.

我昨天见到玛丽和约翰了。她说你好，但他还在生你的气。

在两个句子中，代词 *she* 的所指对象是同样活跃的，但第二个句子中的代词 *she* 在韵律上更为突显。一直以来，人们经常用"对比性"概念来对重音强调代词和非重音强调代词之间的差异进行解释。我们将在 5.5 节对这个概念进行详细讨论。简单地说，在 3.20b 中，韵律突出具有区别功能或消除歧义的功能，这不同于对激活状态的简单标记。

3.21 是我们引用久野的例子（Kuno 1972）。如该例所示，我们也可以将活跃的所指对象编码为具有音高突出的词汇名词短语。

（3.21） = Kuno's (1-5)

Q: Among John, Mary and Tom, who is the oldest?

在约翰、玛丽和汤姆当中，谁年龄最大？

A: TOM is the oldest.

汤姆年龄最大。

在答句中，焦点名词 *Tom* 的所指对象明显是活跃的，但这个名词也明显是该句子的韵律峰点（prosodic peak）。[20]

久野认为，答句中 *Tom* 重读，是因为这个名词的所指对象作为命题中的一个论元是"不可预测的"。我们赞同这一解释，并将在第五章的 5.7 节详细论述。我们目前可以说，活跃所指对象的编码在韵律上的突显，与

98

它和所在命题之间的关系标记有关，而不是因为它在语篇中的激活状态。在本章末，我们会再次讨论激活标记（activation marking）和焦点标记（focus marking）的区别；在第五章，我们还会更加详细地论述这种区别。

基于前面的观察，在对韵律突出进行解释方面，我们可以得出一个重要结论。一个成分在韵律突出上的**缺位**必然表明被编码的所指对象处于活跃状态，而突显的**在场**则没有类似的区分功能。两者的功能并不是简单地相互对立。在功能上，重音突显成分和非重音突显成分之间存在根本的不对称性。这就是**标记性**上的不对称性。非重读成分是"语篇中的活跃事物"，因而是**有标记的**，而重读成分是"语篇中不活跃的实物"，因而是**无标记的**。

将非重读成分描述为有标记的，似乎与直觉相反，因为通常情况下，将一对事物中的一个成员标示为有标记的，是由于某个特征的在场而非缺位。此外，如果博林格有关高音调与高紧张程度之间存在情感关联的说法是正确的，那么，将高音调理解为无标记的，就意味着在言语行为事件中，紧张程度高而非程度低被视为无标记的。对于这样的结论，我们可能不愿意接受。然而，这样的结论并没有什么不合理的地方。我们可以换个角度，将"声音的缺位"这一负面特征，从正面描述为"无声的在场"。而在语言的使用中，无声确实是事件的有标记状态。因此，我们应该保持韵律突出成分无标记状态的泛化。我们将在第五章对焦点韵律进行说明，届时将证明这一点是非常重要的。[21]

所指对象的**代词码化**与**词汇码化**之间的对比，也可以进行类似的泛化。代词的所指对象是活跃的，因此是有标记的；词汇名词的所指对象处于激活状态，因此是无标记的。综上所述，我们可以通过韵律突出的缺位或者代词码化，或者同时通过这两种手段，对**活跃**所指对象进行明确标记。然而，对**非活跃**状态却没有相应的明确标记，至少不是通过韵律或词法手段（在第四章有关所指对象提升一节中，我们将讨论某些重要的非活跃句法关联）。

我们很有必要对**可及的**或**半活跃的**语篇所指对象状态进行评论。根据切夫的观点，半活跃（可及）所指对象可分为两类。一个所指对象（"概念"）可能会变成半活跃的，要么"通过从较早状态的失活（deactivation）"，要么因为它"属于和某个图式相关的一组预期"。前者的"一个典型情况是该所指对象在语篇中从某个时间点开始一直处于活跃状态"。下面是切夫对图式下的定义：

> 我们往往将图式看作一组相互关联的预期。当一个图式在叙述中被唤起时，它所构成的一些（如果不是全部）预期很可能进入半活跃状态。从那一刻起，它们不再是非活跃概念，也更容易被想起。（Chafe 1987: 29）

可及性与图式相关，对此切夫举了一个例子。他提到，与本科班典型图式相关的预期包括"学生""教师""助教""教室"等概念；一旦提及该图式中的一个成分，整个教室的图式会被照亮，进而图式中所有的概念都变成可及的对象，并得到相应的编码。切夫的图式概念及与其关联的预期源自认知心理学，与菲尔莫尔的**语义框架**概念密切相关（见上文 3.2.3 节）。克拉克（Clark 1977）和普林斯（Prince 1981a）还就使所指对象成为可及事物的各种推理进行了讨论。除了框架关系，普林斯还提到了基于文化的推理，包括刻板假定和逻辑集合关系（从集合到子集，从集合到成员，从成员到集合）。

切夫提到了两种可及性所指对象，我们认为有必要在此基础上增添一种。这些指称对象之所以是可及的，是因为它们在文本外世界中是在场的。例如，我和一个朋友坐在一间办公室里，办公室的墙上有一些照片；我认为我的受话者目前还没有注意到，但他很容易联想到这些照片，我可能会说 *Those pictures sure are ugly*（那些图片真难看）。请注意，在说这样的话时，言者没有必要假定可及的所指对象位于受话者的"外围意识"（切夫）之中。这种可以从语言外部提取的所指对象，给仅仅依据知觉和背景意识对可及性进行的定义提出了难题（见下文）。

所指对象的可及性即半活跃性可归因于三个因素：较早状态的失 100
活，基于认知图式或框架的推理，或在文本外世界中的在场。我们将语
篇中从之前活跃状态变为不活跃状态即失活的所指对象，称为**语篇型
可及性**（TEXTUALLY ACCESSIBLE）所指对象，将通过论域中其他
活跃或可及的元素推理而产生的可及性所指对象，称为**推理型可及性**
（INFERENTIALLY ACCESSIBLE）所指对象，将因文本外世界中的**显
性在场**（salient presence）而产生的可及性所指对象，称为**情境型可及性**
（SITUATIONALLY ACCESSIBLE）所指对象。"语篇可及"和"情境可
及"两个范畴分别对应于语篇内世界和语篇外世界，而"推理可及"范畴
不受这种区分的影响，即所指对象既可以从语言语境中的一个元素推理出
来，也可以从语言外语境的一个元素中推理出来。

切夫将所指对象分为活跃的、可及的和非活跃的三类。这种分类是基
于这样一个观点，即在对心理表征的处理过程中存在不同类型的心理努
力或"成本"。然而，我们应该记住的是，按照严格的语法即语音-形态
句法观点，只有二元区分才是合理的，也就是将所指对象分为**因活跃而有
标记的**（弱化发音和/或代词码化）与**没有这种标记**的两类。正如我在前
面所指出的，重音非代词成分可能在任何激活状态下都有所指对象，也就
是说，因为它们是"活跃所指对象"，所以是无标记的。按照心理学的观
点，在会话过程中，心理表征可能具有的认知状态的数量和种类，理论上
讲是没有上限的。但从语法的角度看，得到承认并被赋予形式范畴地位的
只有这两个状态。这并不是说，"可及"这一中介范畴假设没有语法上的
真实性。例如，我们将在第四章对话题的讨论中看到，可及性所指对象和
非活跃所指对象之间的差异会在句法上有所反映；尤其是它可以影响一个
成分在句子中的位置，或选择一个语法构式而非另一个语法构式。普林斯
（Prince 1981a）和切夫（Chafe 1987）都对非活跃和可及性所指对象在码
化时受到不同的句法限制进行过观察。他们根据语篇统计得出结论：在英 101
语口语中，绝大多数主语都有活跃的或可及的所指对象，但没有非活跃的

所指对象。[22] 在英语中，由于主语成分通常位于句子的最左侧，这些事实表明，英语句子中从左到右的顺序，与句法成分所指对象的激活状态之间存在着关联。在下一节的后部，我们还将讨论"可及"这一认知范畴。

3.3.2 语用识解的原则

依据一些解释原则，可以将特定的句法成分释解为对特定所指对象的标示；通过激活这一范畴，可以解释语篇所指对象的认知状态与语法形式的类型之间的关系，但这些解释原则没有得到阐述。除了切夫对意识与言语化之间的关系所作的说明外，要想在特定的语篇语境中，对那些通过激活属性来对语篇所指对象进行编码的语言表达做出解释，还需要独立的语用识解原则。下面我们将在一些例子的基础上，简要讨论这些识解原则。在对这些例子进行激活分析时，我们会遇到明显的困难。我们不应将这些例子视为反对激活路向的证据，而应该将其视为存在其他解释原则的证据。而对于这些原则，我们必须将其放在更大的信息结构框架中考虑。

例 3.19 表明，有时语境中会存在两个或两个以上相互竞争的活跃所指对象，这样就会导致指称上出现歧义现象，进而导致无法用代词对活跃的所指对象进行编码。但在某些情况下，我们可以通过语境中的语义线索来消除歧义。下面的例子转引自达尔（Dahl 1976），而最早使用该例的是拉什利（Lashley 1951）。在这个例子中，尽管出现了两个相互竞争的所指对象，但根据代词后面命题的语义内容，我们是可以对该非重音代词进行正确识解的：

（3.22）a. (= Dahl's 8) Peter went to see Bill, but he was not at home.

彼得去看比尔了，但他当时不在家。

b. (= Dahl's 9) Peter went to see Bill, but he had to return.

彼得去看比尔了，但他必须回来。

很明显，在 a 句中，代词 *he* 通常被识解为代指 *Bill*，而在 b 句中，它被识解为代指 *Peter*。之所以如此，是因为言者能够搁置对代词的解读，直到

可以根据代词所在的整个句子来给它分配一个所指对象。正如达尔所观察
到的，通常情况下，在没有听到某个成分后面的部分内容时，我们无法对
其进行解读。在我对法语"逆话题"（antitopic）构式所做的分析中，这种
延迟识解现象具有极其重要的意义（Lambrecht 1986b: ch.8）。例 3.22 证
明，人们并不总是将代词的使用理解为言者在说出代词的那一刻，会假定
某一具体实体的表征已在听者的头脑中被"照亮"的证据。相反，代词的
使用表明，言者的假定是听者能够从上下文线索中推断出所指对象。

我们通过下面的例子向大家展示的是，即使在言者和听者的头脑中只
有一个活跃所指对象的情况下，用非重音代词来对该所指对象进行标示仍
然是不恰当的。[23] 请想象一下下面的场景。约翰外出旅行，现在正在回家
的路上。在旅行的过程中，约翰没有和其妻玛丽或家乡的任何人联系过。
比尔是他的一位老朋友，多年前去了国外。在他外出的时候，没想到比尔
从国外回来了，现在正和玛丽一起等他回家。碰巧在机场有个人告诉约
翰比尔回来了。约翰到家的时候，知道比尔在家里，玛丽也知道比尔在家
里，而且两人都想到了比尔。对于该所指对象而言，两人有着相同的意识
状态。尽管如此，如果约翰一进家门就说下面的话（也不是没有可能），
是不合适的：

（3.23）Where is he?
　　　　他在哪里？

如果非重音代词使用上的恰当性完全取决于所指对象在言者和听者头
脑中的激活状态，那么我们就很难对 3.23 的不当性做出解释。在第二
章的 2.2 节，我们依据交际双方共有的假定，对语用预设进行了定义。
该定义可以为上面的这种不当性提供解释。我们也可以在言者和受话
者之间的"新–旧信息默契"（given-new contract）（Clark and Haviland
1977）中找到答案。例 3.23 的错误在于，"比尔"这一语篇所指对象
的心理表征状态，在言语活动参与者之间是不一致的。虽然约翰知道，

在他说出这句话时玛丽想到的是比尔，但玛丽并没有意识到约翰当时想到的是比尔。这句话之所以不恰当，是因为对话者之间尚未就该所指对象达成"新-旧信息默契"。约翰破坏了这种默契，打乱了正常的沟通过程。我们将在 5.7 节对非重读指示成分的使用条件重新进行说明。届时我们将添加"预期话题"（expected topic）这一概念，从而可以预测例 3.23 的怪异之处（参见例 5.80 及讨论）。

请注意，尽管例 3.23 显得怪异，但并非无法解读。玛丽是可以通过语用顺应正确解读她丈夫的话的。[24] 这表明，非重音代词的使用不是导致话语异常的唯一原因，甚至可能不是主要的原因。假如约翰用了一个专有名词，即假如他问 "Where is Bill?" 或者 "Where is BILL?"，在这种情况下，他的话仍然是不恰当的。这个例子并没有构成代词使用激活观的反证，而是说明了语用预设的复杂性，以及共享知识在语篇信息处理中的重要性。

我们在上文假定，非重音代词的使用与代词所指对象的活跃性之间存在必然联系。而我们要讨论的最后一个例子是这种假设的明显例外。阿勒顿举了这样一个例子（Allerton 1978）：一名男子看到另一名穿着网球服的男子从网球场回来，就对那名男子说：

（3.24）Did you BEAT him?
你赢他了吗？

尽管 him 所编码的所指对象具有活跃所指对象的典型语法特征（非重读和代词码化），但实际上，在说话的那一刻，这个所指对象是不太可能在听者即网球运动员的意识中被"即刻照亮"的。相反，所指对象要么处于完全不活跃状态，要么处于推理型可及状态。（在这种情况下，我们很难判断该所指对象是不活跃的还是可及的。后面我们还将对这个问题进行探讨。）根据直觉，以这种形式对所指对象进行的码化似乎是合理的，因为它容易被（重新）激活。我们认为，对这句话的解释涉及两个认知步骤。

第一步是对代词 *him* 的预设结构的语用顺应。即使言者没有假定受话者想到了他的网球搭档，他也会**表现得好像**他是那么假定的，迫使他的受话者以合作的方式配合这个假定（或者拒绝对话）。第二步是受话者对由顺应后的预设所创生的言外之意的反应。在同意对所指对象进行顺应即表现得 104 好像他确实想到了某个男子之后，受话者现在必须为代词变体确定一个实际的所指对象。他可以通过推理出预期所指对象来做到这一点。而预期所指对象可以从以下三个方面推理出，即由 *beat* 唤起的语义框架、文本外世界的要素如受话者必定注意到的网球服装、网球比赛的记忆。[25]

例 3.24 非但没有构成反对激活分析的证据，反而间接地支持了这种方法。如果活跃性假定不是无重音代词预设结构的内在特征，即如果代词 *him* 的使用本身并不表明代词的所指对象在受话者的头脑中被假定为活跃的，受话者不可能把这句话当成一种诱导，来进行所需的推论，从而得出正确的解释。在这里，我们之所以能够保留对一种表达类型（即代词）的预设结构的简单分析，并按照原则对明显的反例进行解释，同样是因为对语用顺应心理机制的认识。

然而，我真的认为，这个例子及稍后将要讨论的类似例子，都表明有必要对切夫所认为的**可及性**（ACCESSIBILITY）概念进行修改。在例3.24 中，要确定 *him* 的所指对象在说出这句话时是不活跃的还是可及的似乎是徒劳的。对言者而言，几乎没有可靠的标准来评价受话者心目中所指对象的状态。我认为，所指对象的可及性即半活跃性，尤其是"推理型"或"情境型"可及性，并不一定意味着像切夫所假定的那样，可及性所指对象会间接地出现在听者的意识中，或者出现在听者意识的边缘地带。相反，使所指对象变得可及的似乎是这样一个事实，即由于在被援用的图式中存在某些语义关系，或出现在情境语境中，或由于其他语境因素，与完全不活跃的所指对象相比，该所指对象更容易浮现于受话者的头脑中。

因此，我认为，我们应该将认知型可及看作**激活潜势**（POTENTIAL FOR ACTIVATION），而不是**所指对象**在一个人大脑中的**状态**。有了所指

对象的可及性，当听者在**句子预设结构的基础**上受到诱发时，就会通过推
理或通过搜索文本外世界或文本内世界，对这一潜势加以开发利用。如果
这样的诱发在语法上没有表达出来，她就不会对所指对象展开搜寻。我认
为，判断语篇中所指对象的语用状态的主要标准，并非某个所指对象在听
者头脑中"客观上"活跃或者不活跃，而是言者能否根据某些预设结构的
语法形式，假定听者愿意且能够得出某些必要的推论，从而达到对所指对
象的正确理解。

3.4 总结和例释

可识别性与知识有关，而激活与意识有关。尽管两者是独立的认知
范畴，却以某些可预测的方式相互关联。显然，对受话者而言，无法识
别的所指对象必然位于激活界限之外，因为激活状态要求受话者头脑中
存在一个心理表征。因此，要对这样一个所指对象进行描述，"无法识
别"将是一个非常明晰的标签。然而，为了与下文其他术语保持平行，我
们有时会采用普林斯（Prince 1981a）的术语，将不可识别的所指对象称
为**全新**（BRAND-NEW）所指对象。我们还采用普林斯的观点，将无法
识别的所指对象分为未被锚定的全新项（UNANCHORED）和被锚定的
（ANCHORED）全新项两类。

所指对象的**不可识别**状态，与对其进行码化的表达的某些形式属性相
关。当名词短语具有不可识别的所指对象时，其在韵律上必然是突显的，
因为突显性缺位留给了那些具有活跃所指对象的成分。有些语言具有定指
性语法范畴。在此类语言中，未被锚定的全新项通常以非定指名词短语
（*a guy*、*a bus*）的形式出现，而被锚定的全新项是以非定指短语和定指短
语的句法组合（*a guy I work with*、*a friend of mine*）形式出现。

尽管不可识别性与形式非定指性之间存在很强的相关性，但也不是绝
对的。某些不可识别的所指对象用定指名词短语进行编码，而有些可识

别的所指对象可以用非定指名词短语表示。我们在前面提到过"语用自助锚定"的情况，即不可识别的所指对象最后由一个复合定指名词短语表示（参见例3.17的 *the daughter of a king* 或 *a king's daughter* 及相关讨论）。此外，英语中带有限定词 *this* 的名词短语通常都是定指的，而这些名词短 106 语可能有无法识别的所指对象（见例3.9及相关讨论）。另一方面，类属性所指对象通常是可以识别的，可以通过非定指名词短语进行表达（见3.7及相关讨论）。可识别性和定指性之间不存在一一对应的关系，这就意味着非定指性和出现**韵律突出**（PROSODIC PROMINENCE）之间也没有绝对的关联。例如，类属性非定指名词短语在用来进行回指时可能不带重音。

一旦一个所指对象被假定为**可识别的**，它就必然处于"活跃的""不活跃的""可及的"这三种激活状态中的一种。这些激活状态有各种形式的关联。活跃的所指对象通常（但不一定）用非重音表达进行编码。所有非重音指称表达都有活跃的所指对象，但并不是所有的活跃对象都呈现为非重音表达。因为"活跃的所指对象"这一特征，非重音表达是有标记的。同样因为这一特征，重音表达是无标记的。同样地，包括自由代词、黏着代词、屈折标记、零形元素等在内的所有代词表达都有活跃的所指对象，但并非所有的活跃所指对象都是由代词表达的：它们可以词汇名词短语的形式出现，而这些词汇短语可能是定指的，也可能是非定指的。代词有活跃的所指对象，因而是有标记的，而因为词汇短语的所指对象有活跃和不活跃之分，所以词汇短语是无标记的。要标示一个活跃的所指对象，"活跃的"这一标签就足够了。对于"活跃的"这一术语，一个常见的替代标签是"旧有的"（given）。我通常会避免使用这个术语，因为它具有歧义。

得到编码的所指对象的活跃性，与重音缺位和 / 或代词码化之间存在一一对应的关系，但有一个明显的例外。在3.2.2节，我们讨论过具体和非具体的区分。我们曾提到，对于标示非具体所指对象的非定指名词短语，其回指必须是非定指代词或非定指词汇名词短语。例如，我们发现，在例 3.3 的 *I'm looking for a BOOK* 后面，可以接续 *I FOUND one* 或 *I FOUND a BOOK*。在这些句子中，回指词 *one* 和 *a book* 的所指对象是不可识别的。即言者假定受话者不能识别言者心目中的那本书。然而，回指词在重音强调上是缺位的，而且 *one* 采用的是代词形式，这就表明，所指对象是被当作活跃事物对待的，因此也必然被视为可识别的。

107　　　我们可以对该明显的例外情况做如下解释。在说出一个词汇名词短语时，无论它是定指还是非定指的，言者除了激活该范畴中的某个成员外，还必须激活由中心词所表示的**范畴**。然后，该范畴的活跃状态可由一个回指表达反映出来，而与受话者能否识别言者头脑中的某个所指对象无关。我们可以换种说法，即**类符**（TYPE）已经得到激活了，而**形符**（TOKEN）却未必。在类符与形符之间就形式标记展开的竞争中，类符战胜了形符。请注意，无论是从一个个体到另一个个体（如上面提到的 *I'm looking for a BOOK—I FOUND one*），还是从一个个体到一个范畴（*I'm looking for a BOOK—I LOVE books*），抑或是从一个范畴到一个个体（*I love BOOKS; in fact I'm reading one right NOW*），这个范畴激活过程都是适用的。

　　　非活跃可识别所指对象在韵律上必然是相对突显的（*I saw your BROTHER yesterday*）；在英语中，这种所指对象通常被编码为一个定指性词汇名词短语，除非是类属非定指性名词短语，以及在某些指示语的情况下，非活跃的指称对象可以用重音突显代词表示（如 *I want THAT*）。（在后一种情况下，所指对象也可被称为可及的。）即使"不活跃的"这一标签足以标示这样一个所指对象，我有时也会使用普林斯的术语，即"未使用的"（UNUSED），因为这一术语更为生动。该术语的优点是能更清楚地将"不活跃的"这一范畴与"无法识别的"这一范畴区别开来：和将一个事物称为"不活跃的"相比，将其称为"未使用的"更强烈地暗示它已经存储在受话者的头脑中了。

　　　就**可及性**这一认知范畴而言，虽然在句法上可能有间接的关联，但在语音或形态上没有直接的关联。根据下面要讨论的各种因素，可及性所指对象既可以像不活跃事物那样进行编码，又可以像活跃事物那样进行编码。可及性所指对象又可分为"在文本上可及的""在情境中可及的"和"在推理上可及的"三类。

我们可以将语篇所指对象的心理表征的认知状态与指称表达的形式特征之间的关系，总结如下。最重要的形式对比是：（i）重音的在场 vs. 重音的缺位；（ii）代词码化 vs. 词汇码化；（iii）某些语言中的定指标记 vs. 非定指标记。我们可以从两个方面看待认知状态和形式类型之间的关系，这取决于我们是用形式类型来描述认知状态，还是用认知状态来描述形式类型。首先从认知状态到其形式表达，我们注意到，活跃的指称对象可被编码为重读表达或非重读表达、代词型表达或词汇型表达、定指型表达或非定指型表达，而非活跃（可识别或不可识别）所指对象必然以重读的、词汇名词短语形式出现，这些形式可以是定指的，也可以是非定指的。因此，虽然所有形式类型都与"活跃的"认知状态兼容，但只有一部分形式类型与其他认知状态兼容。选择哪一种形式类型来表达一个活跃的所指对象，取决于各种各样的话语因素。但这些因素过于复杂，我们在此无法进行概括。

现在再从形式类型到认知状态，我们发现以下相互关系：（i）代词型码化和音高突出的缺位，是所指对象具有活跃性的充分条件，但不是必要条件；（ii）词汇型码化和语音突显的在场，是所指对象不活跃的必要条件，但不是充分条件；（iii）对于可识别性或激活状态，即使不可识别的指称对象被编码为非定指名词短语的趋势很强，定指型码化与非定指型码化既不是必要条件也不是充分条件，至少在英语中如此。与韵律和代词/名词对比不同，定指性不是一个普遍的语法范畴（见 3.2.2 节）。因此，语法上的定指性与认知状态之间缺少必要的关联与该事实是一致的。总之，形式范畴与认知状态之间唯一的一对一相关，是活跃性与韵律突出的缺位及/或代词型码化之间的相关。换言之，活跃性是英语中唯一能用语

108

法手段明白无误进行表达的认知状态。对其他语言而言，后一种说法的适用程度需要进行实证检验。

在表1中，我们对认知状态与形式范畴之间的各种关系进行了总结。表1中的"+"号表示左边的范畴根据上面的语用特征在形式上是有标记的。可识别性一列中的"[+]"号表示某个特征在形式范畴中没有得到直接编码，而仅仅是激活列中"+"特征的一个蕴涵。"[+]"号表明，至少在英语中，可识别性和语法定指性之间的相关性存在明显的例外（参见例3.9"非定指 *this*"和例3.17"语用自助锚定"，以及相关讨论），但这种相关性仍然非常重要，值得我们将其列在表中。

109

表1　识别与激活的语法表达

形式范畴	语用范畴	
	可识别的所指对象	活跃的所指对象
代词	[+]	+
词汇型名词短语		
非重读成分	[+]	+
重读成分		
定指型名词短语	[+]	
非定指型名词短语		

3.25 中的简图总结了可识别性系统和激活系统中的各种术语：

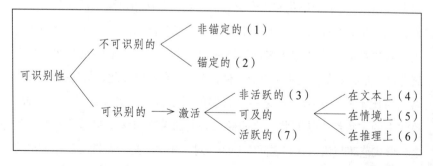

在上面简图中，每个终端术语后面都有一个数字，通过这些数字，我

们在 3.26 中将包括替代术语在内的术语惯例（terminological conventions）总结如下：

（3.26）（1）不可识别的 / 全新的

　　　　（2）不可识别但得到锚定的 / 全新但得到锚定的

　　　　（3）非活跃的 / 未使用的

　　　　（4）在文本上可及的

　　　　（5）在情境中可及的

　　　　（6）在推理上可及的

　　　　（7）活跃的 / 旧有的（given）

　　我们用下面已经证实的短文来对简图中的范畴进行例证。[26] 相关的指称表达用下划线进行标示。小号全大写单词表示这些单词在音高上具有突显性。我们在此忽略了更为细致的音高重音变化。我们还忽略了**语调轮廓**（INTONATION CONTOUR）上的差异，比如 *MARK*（升调，疑问）和 *AIDS* （降调，陈述）之间的差异。这种语调区别不是本书意义上的信息结构范畴的标志，而是不同言语行为的标志，或者言者对某一命题不同态度的标志（参见 5.3.1 节）： 110

（3.27）I heard <u>something</u> TERRIBLE last night. (ø) remember MARK, <u>the guy</u> <u>we</u> went HIKING with (ø), who's GAY? HIS LOVER just died of AIDS.

　　　　（我昨晚听到了<u>可怕的</u>消息。(ø) 还记得**马克**吗，曾和我们一起<u>远足</u>的<u>那个人</u> (ø),那个**同性恋**? 他的**爱人**刚刚死于<u>艾滋病</u>。）

在 3.27 带有下划线的表达的所指对象中，指示代词 *I*、*ø*（这里代表省略的 *do you* 中的 *you*）和 *we* 是活跃的，因为它们在文本外世界中比较突显。回指型代词表达 *ø*（第一个关系从句中被关系化的论元）、*who* 和 *his* 的所指对象是活跃的，因为它们在文本内世界中的回指状态已被前面提到的名词 *Mark* "照亮"。这些指称对象的活跃状态通过代词型码化和韵律突出的缺位被明确表达出来。在带下划线的词汇名词短语的指称对象中，*something terrible*（可怕的消息）是全新的（无法识别）和未被锚定的，

而 *Mark* 和 *AIDS* 则是未被使用的（不活跃的）。根据需要，这三个名词短语在韵律上都是突显的。*the guy we went hiking with, who's gay* 是复合同位名词短语。为便于解释，我们忽略了该复合同位名词短语的身份，因为它与名词 *Mark* 同位，大概与该名词的所指对象具有相同的身份（*HIKING* 和 *GAY* 在音高重音和语调轮廓上与 *MARK* 相似）。*last night* 的所指对象是以讲话时间为参照点通过指示语得到锚定的，所以其所指对象属于情境型可及的。由于其指示语的身份，它可能会出现非重读的情况（见 5.6.1 节，334 页）。至于名词短语 *his lover* 的所指对象，我们暂时可以说它是推理型可及的，因为该名词短语和位于其前的单词 *gay* 所唤起的框架存在关联，而且它与当下处于活跃状态的 *Mark* 的所指对象之间存在由所有格限定词 *his* 体现出来的回指关系。[27] 然而，它并不是活跃的，因此它的韵律相对比较突显。稍后我们还会讨论 *his lover* 所指对象的状态问题。

在例 3.27 的短文中，没有文本上可及的所指对象（即该所指对象在先前是活跃的，在介入语篇后失去活跃性）。我们很容易通过文本扩展，将这样一个所指对象的例子添加到例 3.27 中。例如，在谈论一会儿死于艾滋病的人之后，言者可能会通过下面的句子，将话题转回到名叫马克的人身上：

（3.27'）Mark is terribly UPSET.

　　马克非常沮丧。

在这个修改后的语境中，名词 *Mark* 的所指对象是文本型可及的，不太可能以代词的形式出现，因为介入语篇之后该所指对象已经失活，但在当前语篇语域中并没有被抹去，即没有被恢复为未使用状态。名词 *Mark* 可能重读，也可能不重读，这取决于言者认为重新激活所指对象所需的脑力，以及我们将在第五章讨论的其他因素。

读者可能已经注意到了，在对 3.27 和 3.27' 所例示的语篇状态的描述中，我们只字未提无下划线的成分之间可能存在的差异。有人可能特别想

知道 *heard* 或 *hiking* 这样的动词、*gay* 这样的形容词或 *with* 这样的介词的身份。之所以会出现这种省略，与我们在第 3.1 节中对**语篇指称范畴**的信息结构和**非语篇指称范畴**的信息结构的区分有关。虽然我们似乎比较容易假定，在一个对话者的意识中可能存在像 *Mark* 或 *AIDS* 这样的名词短语的所指对象，或者他在心理上能够接触到这样的所指对象，虽然我们认为一旦该短语的所指对象被引入语篇之中，一个对话者就可以对其进行识别是有道理的，但当听者听到一个动词、形容词、介词或某些副词时，我们不清楚在他心里被"激活"的是什么，我们也不清楚在他听到之后，他意识中可以假定的东西是什么。将可识别性这一范畴应用于这类词语肯定没有意义。不存在定指动词或非定指动词、形容词等（当然，除非它们是名词化的，即成为语篇指称表达）。切夫（Chafe 1976, 1987）认为，在听者的头脑中被"照亮"的是动词、形容词、副词或介词的"概念"，正如在言语行为过程中，在言语行为参与者头脑中得到激活的是 *Mark* 或 *AIDS* 这样的"概念"。在某些句法过程中，根据语境可以清楚理解的词汇项可能会被省略。对于这类句法过程，这种说话方式是有用的。其中一个例子 112 是 *John went to the movies and Mary to the restaurant* 这类句子中的"重复动词省略"（gapping）现象。在这种情况下，因为动词 *went* 在前面刚刚出现过，这一形式在后面就被省略了。另一个例子是回答 "*Where did she go?*" 的 "*To the movies.*" 这样的省略句；在答句中省略了 *She went* 这部分成分。在这类情况下，我们似乎有理由认为，是两个所指实物的身份，才导致它们再次出现的可能性。[28]

　　然而，我们发现 *heard*、*gay* 或 *with* 等谓词的信息结构状态，和 *Mark*、*AIDS*、*his* 或 *you* 这类指称论元范畴的信息结构状态存在重要区别。只有后者才对实体进行标示，不管这些实体是真实存在、可能存在、还是想象中存在的。在对实体进行标示的过程中，它们会通过词汇短语或代词来创生和解读语篇表征。对韵律在信息结构中的作用进行解释时，语篇指称范畴与非语篇指称范畴状态上的差异有着重要意义。尽管指称范畴在韵律上的差异，可以清楚表明激活状态上的差异，但我们不能认为，或不能明确地认为，非指称范畴在韵律上的差异是由"概念激活"上的差异导致的。例如，如果说例 3.27 中的（相对）非重读动词形式 *heard* 和 *went* 与（相对）重读的动词形式 *hiking* 之间在韵律上的差异，是由所标示的概念在激活状态上的差异导致的，那么这种说法是毫无意义的，因为这些动词在前面的语篇中都没有出现过。这并不是说，这些谓词所标示的对象的认知状态，对其在句子中的语法码化完全不重要（如上面提到的重复动词省略及其他省略的例子所示），而是说在编码系统中，它们并不像指称表达那样发挥同样显著的作用。在编码系统中，词序的不同和韵律上的差异、词汇码化和代词码化的选择都会导致意义上的差别。在 5.4.2 节中，我们将对韵律突出与谓素（predicators）语用地位之间的关系进行详细讨论。

因此，我们有必要假定，两类韵律对比在功能上（尽管未必在语音上）是不同的，即一类表示所指对象激活状态的差异，另一类表示其他类型的差异。我认为，这两种功能不同的重音突显，与两种信息结构范畴存在关联：一种重音突显表明语篇指称对象的临时认知**状态**（**激活**范畴和**可识别性**范畴），另一种表明所指对象与命题之间的关系（**话题**范畴和**焦点**范畴）。这两类信息结构范畴往往是极为相似的，但两者之间的区别也是至关重要的。例如，尽管在大多数情况下，例 3.27 中的重音落在带下划线的词项上，即与各种激活状态相联系的语篇指称表达上，但它们有时也会落在不带下划线的词项上（*HIKING*, *GAY*），即非语篇指称表达上。在下一节，我们将通过更多例子说明，必须将激活和可识别性在语法上的表现形式，与话题和焦点在语法上的表现形式区分开来。对于正确理解语篇中韵律和形态句法对命题信息结构化（informational structuring）的作用，这种区别是至关重要的。我们将在 5.4 节对激活型重音突显和焦点型重音突显的区别进行详细讨论，而在 5.7 节将对句子重音强调模式在功能上进行统一说明。

3.5　可识别性、激活和话题–焦点参数

让我们再来看一看例 3.27 中名词短语 *his lover* 的状态。我们暂时将其描述为"推理型可及的"。下面是我们为该文本构想的一个变体：

（3.28）I just heard something TERRIBLE. Remember MARK, the guy we went HIKING with, who's GAY? I ran into his LOVER yesterday, and he told me he had AIDS.

我刚听到一个**可怕**消息。还记得**马克**吗，曾和我们一起**远足**的那个人，那个**同性态**？我昨天碰到他的**情人**了，他告诉我他得了**艾滋病**。

his lover 的所指对象在 3.27 中的激活状态必然与 3.28 中的相同：在这两个例子中，所指对象在此之前都没被提到过，而是要在上下文中从另一个所指对象推理出来。但在两个版本中，对 *his lover* 的语用解读存在细微的差别。在 3.28 中，赋予所指对象的语用突显性似乎比 3.27 中的更大。之所以 3.28 中的突显性更大，是因为在该句中，人们很容易认为这个名词短语在韵律上更为突出。[29] 在 3.27 中，该名词短语作主语，其所指对象的推理型可及状态在语法上**得到利用**，而在 3.28 中没有得到利用，因为它出现在动词后的介词短语中。通过其**句法**组织，3.27 表明该所指对象在语篇中已经是可及的了。而 3.28 的句法结构表明，该所指对象是作为之前在听者意识中不活跃的、未经使用的语篇所指对象而被唤起的。事实上，*I ran into his LOVER yesterday* 这句话（就像其前面的 *Remember MARK?* 那句话）可被看作"呈现"构式，其目的是将名词短语的所指对象引入语篇，而不是对主语 *I* 的某个方面进行断言。[30]

如果接受我之前的建议，认为认知可及性不是所指对象在人脑中的状态，而是**一种易被激活的潜势**（POTENTIAL FOR EASY ACTIVATION），那么，对于 *his lover* 所指对象的激活状态在这两种语境中的明显矛盾，我们就可以进行解释了。根据所指对象所在句子的预设结构，我们可以发现

一些线索，然后可以对易被激活的潜势加以利用。3.27 和 3.28 的区别在于，3.27 通过其结构向听者传递一个要求，即要求听者在语用上将名词短语的所指对象看作已知的，然后采取相应的行动，而 3.28 并没有传递这样的请求。

这些事实清楚地表明，可识别性和激活性这两个参数并不能完全决定句子的信息结构。事实上，如果激活与语篇所指对象的心理表征状态有关，那么，名词短语在句子中的位置，又是如何影响我们对其所指对象激活状态进行感知的？我们必须得出这样的结论：句子的句法结构与所指对象的假定的语篇表征是相互关联的，而这种关联取决于一个独立的因素。我认为，该独立因素是命题的**话题**和**焦点**结构，而指称对象是该命题的一个论元。在 3.27 中，*his lover* 被认为是可及的，而在 3.28 中却是不可及的。这是因为在第一种情况下，所指对象的语用角色是**话题**，而在第二种情况下，所指对象是话语**焦点**的一部分。这表明，可及性、主语、话题，与不活跃性、宾语、焦点之间存在着三项对立关系（three-termed relation）。

在英语这样的语言中，话题和焦点这两个语用范畴，在形态句法层面上只有很弱的编码。因此，话题–焦点区分的必要性也许只有在这样的情况下才能令人信服地得到证明：某个所指对象除了在激活状态上得到标记，还会在话题角色或焦点角色上得到另一个标记。我们在前面的论述中发现，对于所指对象的"活跃"状态，最明显的标记就是其无重音代词码化。请看下列包含人称代词的问答（引自 Gundel 1980）：

115

（3.29）A: Has Pat been called yet?

　　　　　帕蒂接到电话了吗？

　　 B: a. Pat said they called her TWICE.

　　　　　帕蒂说他们给她打了**两次**电话。

　　　 b. Pat said she was called TWICE.

　　　　　帕蒂说她被打了**两次**电话。

在 3.29B 的两个版本中，代词 *her* 和 *she*，与先行词 *Pat* 存在回指关系。它们的所指对象显然是活跃的，因此它们表现出了预期的重音缺位。这些代词是其所在命题的话题。在这两句答话中，携带主焦点重音的成分是副词 *twice*。但现在请看例 3.30：

（3.30）A: Who did they call?

　　　　他们给谁打了电话？

　　　B: a. Pat said SHE was called.

　　　　　帕蒂说有人打**她**电话了。

　　　　b. Pat said they called HER.

　　　　　帕蒂说他们打电话给**她**了。

在 3.30 的答句中，代词 SHE 和 HER 与 3.29 中的代词 SHE 和 HER 一样具有回指功能，其所指对象也与 3.29 中的代词一样是活跃的，但 3.30 答句中的代词是重读的，与句中其他成分的轻音（low tone）形成对比。它们充当的是其所在命题的焦点，而非话题。

我们根据韵律对英语代词所作的区别，在有些语言中表现得尤为明显。在这些语言中，话题功能代词和焦点功能代词之间的区别，不仅反映在语调上，而且反映在形态句法上。如意大利语和法语就是如此。通过下面意大利语和法语句子，我们可以清楚地看出，语篇中具有话题功能的活跃的所指对象，与具有焦点功能的所指对象在句法上存在显著差异：

（3.31）a. IO PAGO. —MOI je PAYE. "I'll PAY."

　　　　我来付钱。

　　　b. Pago IO. —C'est MOI qui paye. "I'll pay."

　　　　我来付钱。

在 3.31a 中，动词前代词 *io* 和 *moi* 是话题。它们的语调轮廓是上升的，这表明后面会有一个断言。例 3.31a 适用于这样的语境，即把"我付钱"这一命题识解为对和言者有关的信息的传递。当该命题与表达其他人信息的另一命题形成对比时，3.31a 尤为合适（如在 *I'll* PAY, *the* OTHERS *may do as they* PLEASE 这一语境中）。而在例 3.31b 中，代词是焦点表达，可以出现在句子末尾（意大利语的 *io*），或者出现在小句末尾的"分裂"位置（法语的 *moi*）。它们的语调轮廓是下降的，表明断言的结束。例 3.31b 适用于这样一种情境，即在这种情境中某人必须付款，并且付款之人就是说话之人。比如，在晚宴结束时，一位参加者炫耀似的掏出钱包嚷嚷着要买单，而另一位参加者则抢着买单，说了 3.31b 这样的话。在两种情况下，*io* 和 *moi* 的所指对象的激活状态显然是相同的，因为该所指对象就是言语行为参与者之一。发生变化的是所指对象的信息功能，即在句子中是充当命题的话题还是充当命题的焦点。我们将在 5.7 节对这一问题进行详细阐述。届时我们将提出，重音突显成分和非重音突显成分之间的形式对比，事实上完全可以通过这些信息功能的语法表达进行解释，而语篇所指对象的激活状态只是表达这些功能的**前提条件**。

请注意，在 3.31 的行内英语译文中，尽管代词 *I* 在韵律上有变化，却是强制性的，但 a 和 b 中的意大利语代词 *io* 和 a 中的法语代词 *moi* 在句法上是可选的。与英语 **Pay* 不同，意大利语 *Pago* 和法语 *Je paye* 是完整的句子，主语分别由屈折后缀 *-o* 和黏着代词 *Je* 表示。这些无法重音强调的、形态上固定的语素，不能像自由代词 *io* 和 *moi*（以及英语代词 *I*）那样对相同的语用对比进行标记；自由代词既可以承担话题功能，也可以承担焦点功能。像许多语言一样，在意大利语和法语中，一个所指对象的语言表达大致可以拆分为两部分，一部分受语用驱动（*io*、*tu*、*lui* 或 *moi*、*toi*、*lui* 这种"强读式"系列或"独立"系列中的一个代词），一部分受语义驱动（黏着在动词上的主语语素）。在下一章，我们将通过功能上和形式上不同的表达类型，对所指对象的双重码化进行更加详细的讨论。

第四章

语用关系：话题

4.1　话题的定义

4.1.1　话题和关涉性

作为开场白，我想简单地说明一下哪些方面不属于本章讨论的"话题"。首先，本人的研究限定于句子结构中与语法相关联的语用现象，尤其是与句法相关联的语用现象（参见 1.1 节），为此，我将把注意力集中在**句子话题**（SENTENCE TOPICS）或**小句话题**（CLAUSE TOPICS）上。我几乎不会涉猎**语篇话题**（DISCOURSE TOPIC），因为它更多地与语篇理解和文本衔接（text cohesion）有关，而不是与句子的语法形式有关（参见 Halliday & Hasan 1976，Ochs Keenan & Schieffelin 1976b，van Dijk 1977，Reinhart 1982，Barnes 1985，van Oosten 1985），尽管我们有时会非正式地用该术语来对一个话题表达进行标示，但它的所指对象在语用上非常突显，超出了单个句子的范围。

其次，我想从一开始就强调，这里提出的话题概念与作为"句首成分"的话题或"主题"（theme）概念并不相同。在我们的理论框架中，句首成分既可能是话题又可能是焦点，因此不能将其等同于这两个范畴中的某一个。在布拉格学派（Prague School）的研究中，作为句子第一个元素的话题 / 主题概念得到广泛讨论（参见 Firbas 1966a 的总结），并被韩礼德（Halliday 1967）和弗里斯（Fries 1983）等学者采纳。在 4.7 节，我们将对句首位置与话题功能之间的关系进行讨论。最后，我们的话题概念与吉翁及其他语言学家的概念不同（参见 Givón 1983）。这些语言学家经常用"话题"这个术语来指语篇中的任何"参与者"，他们也没有对话题参与者和非话题参与者进行原则上的区分，而这种区分在我自己的研究中是至关重要的。

118　　我们所采用的话题定义，与传统语法中"主语"的定义有关（这可追溯到亚里士多德）。句子的话题是句子所表达的命题所**关涉**（ABOUT）的事物。从实体与命题之间的"关涉性"（aboutness）关系来看待话题的定义，已被当代不同学派的语言学家以不同的形式采纳。这些语言学家中包括久野（Kuno 1972）、贡德尔（Gundel 1976）、乔姆斯基（Chomsky 1977）、迪克（Dik 1978）、莱因哈特（Reinhart 1982）。尽管话题的定义源于传统的"主语"定义，但"话题"和"主语"这两个概念不能混为一谈。话题不一定是语法上的主语，语法主语也不一定是话题，至少在英语这样的语言中是这样的。例如，非主语成分可以在话题化构式中充当话题，而主语可以在例 1.1（*My CAR broke down*）这样的句首重音句（accent-initial sentences）中充当非话题成分。我们将在 4.2.2 节对非话题问题展开讨论。

　　话题有时被定义为"场景设置"表达或者元素。该表达或元素设置"一个空间、时间或个体框架，在这个框架内主要述谓结构是成立的"（Chafe 1976）。话题的这个定义主要适用于切夫所说的"中式话题"（根据 Li & Thompson 1976 的描述），以及在不同语言的句首位置经常出现的某些状语短语。在这个意义上，切夫对话题和"主语"进行了区分；他用隐喻的方式将主语描述为"新知识的拴马桩"。[1] 我认为，切夫对"话题"和话题性"主语"进行区分的目的，是为了对充当论元的话题进行区分。也就是说，有些话题在句法和语义上被整合到一个小句的谓词-论元结构中，而有些话题只与一个命题存在松散的相关，即这些话题与命题之间的关系是通过语用识解推理出来的关系（参见我们对例 4.50 及之后例子的讨论）。迪克明确指出这两类话题之间的区别。他对"话题"和"主题"进行了区分，即只有前者是"述谓结构本身的一个成分"（Dik 1980: 15）。在本研究中，我们将用"话题"作为涵盖所有类型话题表达的概括词，而且我们将在形态句法术语而非语用术语上作进一步的区分（参见第 4.4 节）。迪克还对"主位"（theme；小句左侧非论元话题）和"尾位"（tail；小句右侧的非论元话题）进行了区分。这两个概念与我提出的两个概念即**话题名词短语**（TOPIC NP）和**逆话题名词短语**（ANTITOPIC NP）非常吻合（见 4.4.4 节和 4.7 节）。

一个命题**关涉**一个话题是什么意思？我认为，斯特劳森（Strawson 1964）对"关涉性"概念的描述，对我们理解这一概念很有帮助：

119

> 所有陈述或它们所属的语篇片段，都不仅有相对准确的逻辑意义上的主语和语法意义上的主语，而且有比较模糊的意义上的主语；而我认为"话题"和"关涉"这两个词的意义是比较模糊的……陈述不是无缘无故的、随意的人类活动。除非世界乱了套，否则我们不会将孤立的、毫不相干的信息扯到一起；相反，我们通常都愿意就当前感兴趣或关切之事提供或添加信息。陈述的话题是什么，陈述与什么相关涉，对于这样的问题，答案可能很多，……但在某种情况下并不是每一个这样的答案都将其他答案排除在外。（Strawson 1964: 97）

这里所表达的原则，即陈述通常是与"当前感兴趣或关切之事"相关的陈述，被斯特劳森称为"相关性原则"（Principle of Relevance）。如果一个话题被视为一个当前感兴趣或关心的问题，那么与某个话题有关的陈述只有在它传递了与该话题**相关**的信息时才可视为提供了有用信息。相关性原则可以添加到到我们之前讨论过的斯特劳森提出的**已知晓推定**原则和**未知晓推定**原则中（参见 2.2 节）。这三个原则合在一起，就构成了语言信息理论中最重要的组成部分。

斯特劳森所说的"陈述的话题是什么，对于这样的问题，答案可能很多"，强调了关涉性概念和相关性（relevance）概念内在的模糊性。这种内在的模糊性会对话题在句子中的语法码化产生影响。如果将话题视为陈述所关涉的当前的兴趣点，且命题被解读为与该兴趣点相关，那么显然，人们不能总是指向命题中的某个元素，更不用说句子中的某个成分，然后确定该元素而非其他元素是这个句子的话题。

正如相关性具有程度之别，命题中的元素在充当话题的资格上也有程度之分。我们认为，正是这一事实，解释了为什么许多语言中的话题关系没有明确的形式标记。作为一个必然结果，它解释了这样一个事实，即在那些确实有话题形式标记的语言中，这种标记只是部分反映了某些所指对象话题性的相对程度。

120　　通过关涉性和相关性这两个语用概念对话题所下的定义，解释了有时无法仅凭句子的句法结构来确定句子的话题，至少在英语这样的语言中是不可能的，因为在这样的语言中，语法关系和线性语序都不是可靠的话题标志。要确定一个实体在句子中是否是话题，常常需要考虑句子所在的语篇语境。在例 4.1 中，句子的句法结构是典范的主谓结构：

（4.1）The children went to school.
　　　　孩子们上学去了。

为确定主语名词短语 *the children* 是否为该句的话题，或在多大程度上为该句的话题，或者为该句中的话题，我们必须知道该句所表达的命题是否应在语用上识解为与孩子们有关，也就是说，由名词短语所标示的孩童是否为"当前感兴趣或关切之事"（Strawson），以及例 4.1 中所表达的命题是否可以识解为与孩子们相关的信息。而要弄清楚情况是否如此，我们必须了解语境、言者进行陈述时的交际意图、受话者对所指对象的心理状态。

在这种情况下，话题关系并没有在句子的句法层面得到明确的表达。将话题视为语法范畴的观点常常遭到反对，而这可能是其主要原因。人们有时也会以此作为证据，来反对将信息结构研究视为有效的理论探索（见 1.1 节）。我认为，之所有会出现这些反对意见，是因为反对者没有意识到信息结构分析的真正领域。正如我们在第一章所提到的，语篇-语用范畴通常在成对的句式变体中表现得最为明显，即在表达同一命题的两个可以相互替换的句子结构的形式对比中，表现得最为明显。在 1.3 节和 3.5 节，我们通过英语、意大利语和法语组成的句式变体对子，对这种对比进行了说明。虽然单个句子的形态句法和韵律结构可以不用借助信息结构范畴进行分析，但只有信息结构才能**解释句式变体之间的差异**。早期生成语法不愿承认甚至常常拒绝承认语义角色（菲尔莫尔的"格角色"）具有语言学理论价值，而不愿承认语用关系为语法范畴与其有相似之处。像"施事"或"受事"这样的范畴是模糊的，但这并不能改变这样一个事实，即在对大量形式语法现象进行理解时，它们是至关重要的。即使在例 4.1 这样的句子中，121 话题-评述结构在某种程度上也是通过形式表达的（虽然不是句法形式）。为了便于对此进行理解，我们将这句话所表达的陈述嵌入不同的语篇语境，并与一些可能的句式变体进行对比：[2]

（4.2） a. (What did the children do next?) The children went to SCHOOL.
（孩子们接下来做了什么？）孩子们去上**学**了。

b. (Who went to school?) The CHILDREN went to school.
（谁去上学了？）**孩子们**去上学了。

c. (What happened?) The CHILDREN went to SCHOOL!
（发生了什么事？）**孩子们**去上**学**了！

d. (John was very busy that morning.) After the children went to SCHOOL, he had to clean the house and go shopping for the party.
（约翰那天上午很忙。）孩子们上**学**后，他要打扫房子，为聚会去买东西。

只有在 4.2a 的答话中，我们才能说主语名词短语 *the children* 的所指对象就是"句子关涉的事物"，因此该名词短语代表了句子的话题。在这种情况下，例 4.1 所表达的陈述的目的是将这些孩子作为受话者大脑中先前已经确立的实体集，让受话者获得更多与这些儿童有关的信息。该陈述在语用上预设着相关孩子是"当前感兴趣或关切之事"（Strawson），并断言这些孩子上学去了。在传统逻辑中，我们可以说谓语 went to school 所表达的是主语 the children 的一个属性。然而，信息结构分析与传统的信息结构分析在一个重要方面存在区别：信息结构分析认为，"主语"关系和"谓语"关系都不是句子所表达的命题的逻辑属性，而是句子在语篇中的语用属性。这种区别是至关重要的，因为，正如我们将看到的，表达相同逻辑命题的相同的句法结构，可以有不同的信息结构。该信息结构中的"主-谓"分布与例 4.2a 的不同。因此，我们需要使用"话题"和"评述"这两个术语来加以区别。所以，要将例 4.2a 这样的句子放在信息结构框架中进行描述，和"主-谓句"相比，"话题-评述型句子"（topic-comment sentence）这一标签更为合适。[3]

　　在形式上，至少在英语等语言中，话题-评述型句子的最基本特点是，在动词短语的某个成分上会出现焦点重音（见 5.2.2 节）。在例 4.2a 中，话题-评述结构是由名词 school 上的重音表达出来的，此外，还表现在话题名词 children 的非音高突出上。（然而，非音高突出不是话题标记的必要条件；见 4.4.4.2 和 5.4.2 两节内容。）稍后我们将向大家展示，就信息结构而言，像例 4.2a 这样的话题-评述型句子在句法和韵律上都是**无标记的**，也就是说，在它们的形式结构中，主语不是话题，这与其他语用识解是一致的。

　　现在让我们看看例 4.2b。在此例中，我们不能将答句中的陈述识解为与孩子们相关。相反，其交际功能是按照前面问句中 who 这个单词的要求来提供指称对象。在 b 这一上下文中，答句从语用上预设了"某人去上学了"这一命题，并断言这个"某人"是"孩子们"。我们将例 4.2b 这样的句子称为**识别型句子**（IDENTIFICATIONAL SENTENCES），因为它们的功能是将一个所指对象识别为一个开放命题中缺失的论元。[4] the children 这一主语名词短语不是话题，而是一种特定类型的**焦点表达**（我们在五章称之为"论元焦点"），即其所指对象不在预设的范畴之内。在形式上，该主语的非话题身份以主语名词的韵律突出呈现出来，而在语用预设中，命题的其余部分则以动词短语的韵律突出缺位呈现出来。（我们将在下文对上面最后一句话稍做修改；参见 5.4.3 节对激活和预设之间关系的讨论。）

如果我们要在例 4.2b 中寻找一个话题，最佳候选对象是所预设的开放命题"X 去上学了"。可以说，被断言的命题是在该开放命题的基础之上，增添了相关的新信息。正是这一开放命题的语用地位，促使具有"语言-心理学"传统的语言学家将这类句子中的动词短语称为"心理主语"，将主语称为"心理谓语"（psychological predicate）。[5] 我认为，不把识别型句子的开放命题称为"话题"（或"心理主语"）有两个原因，一个是语义上的，一个是句法上的。首先，由于"X 去上学了"这一开放命题在语义上是不完整的，因此我们不能说它有一个所指对象，也因此不能把得到断言的命题识解为与它的所指对象相关（见下文 4.3 节和 4.4 节）。其次，由于我们不能用句法成分来对预设进行识别，即 went to school 这一定指动词短语不能表达一个完整的命题，因此就没有结构元素可被识别为话题表达。"预设"和"话题"是相关的，但不是同义的。我们在 4.3 节还将探讨这一问题。

将例 4.2b 这类句子描述为"识别型句子"并不是说所识别的所指对 123 象必须是唯一的，即它必须是唯一能放在开放论元位置的所指对象［见 Horn 1981 年对所谓"穷尽性条件"（exhaustiveness condition）的讨论］。4.2b 可以顺应两种情境：一是"孩子们"一词穷尽了所有上学的孩子，一是"孩子们"一词仅指去上学的孩子中的一部分。前一种解读可以转述为 *The ones who went to school are the children*（去上学的是这些孩子），后一种解读可转述为 *Among those who went to school are the children*（这些孩子是上学孩子中的一部分）。后一种解读有时也被称为"列举"（listing）解读（参见 Rando & Napoli 1978）。在法语口语中，识别型句子的"穷尽"

解读和"列举"解读在语义上的区别，是通过两种不同的分裂构式在句法上进行表达的。穷尽性解读是通过十分普遍的 *c'est-* 分裂构式来表达的（*C'est les ENFANTS qui sont allés à l'école*；直译：是**孩子**们上学的），而列举解读是通过一种 *avoir-* 分裂构式来表达的，在这种构式中，关系小句是非重音突显的（*Y a les ENFANTS qui sont allés à l'école*；直译：去上学的有**这些孩子**；见 Lambrecht 1986b, 7.2.1）。

将例 4.2b 这样的识别型句子与某些表面相似的带有系词谓语的话题–评述型句子区分开来是很重要的。在以下例子中，这两类句子之间的语义差异表现得比较明显：

（4.3） a. The ones who did that are my FRIENDS.
做那事儿的人是我的**朋友**们。

b. My FRIENDS did that.
我的**朋友**们做了那事儿。

c. It's my FRIENDS that did that.
做那事儿的就是我的**朋友**们。

d. They're my FRIENDS , the ones who did that.
他们是我的**朋友**，就是他们干的。

我们很难清晰判断对例 4.3a 的解读属于识别型的还是属于话题–评述型的。在识别型解读中，*my friends* 这一名词短语为指称表达，其在预设的开放命题中被识别为缺失的论元。在这种解读下，a 句是 *WH-* 分裂构式或"假分裂"（pseudocleft）构式的一个实例。因此，它与典范的主语重音句式变体及 4.3b 和 4.3c 中的 *it-* 分裂式句式变体同义。在话题–评述解读中，4.3a 是一个简单的系表句（copular sentence），其主语 *the ones who did that* 指的是一组可识别的个体，而 *my friends* 是一个非指称述谓性名词（predicate nominal）。在这种情况下，4.3a 与 4.3b 及 4.3c 不是同义表达，而与 4.3d 中的逆话题右分离型构式是同义表达。

现在让我们看看 4.2c。在这句话中，主语名词短语和 4.2b 一样也是非话题性的。但与后者不同的是，有人上学去了这一命题在此并不是语用上预设的。我们对 4.2c 中答句的识解是它所传递的信息不是或主要不是与孩子们有关。相反，它的功能是向受话者提供与孩子作为参与者有关的事件信息。我们将 4.2c 这类句子的语用功能称为**事件报道功能**。[6] 在 4.2c 中，答话所要求的语用预设仅仅是已发生的某个事件。由于断言的焦点涵盖了"孩子们上学去了"这一整个命题，因此这句话在语境上相对独立，可以"出乎意料地"说出来而又不显得不合时宜。这并不是说，在 4.2c 的答话中，对话者之间不需要共享知识。例如，言者必须最小限度地假定定指名词短语 *the children* 的所指对象对受话者而言是可识别的。但这一假定与主语的话题性（topicality）没有直接关系。从语法的角度来看，4.2c 中的答句不应被识解为与主语名词短语所指对象有关的陈述，或不应被主要识解为与主语名词短语所指对象相关的陈述，这对整个句子的信息结构而言很重要。

　　在英语中，像 4.2c 这类事件-报道型陈述，其主语名词短语的非话题身份没有明确得到标记。在 4.2 的所有上下文中，c 句的主语名词在韵律上比 a 这一话题-评述型句子的主语名词更为突显，但这种重音在场本身无法成为该名词短语不是话题的语法证据。如 4.2c 所示，该句有两个韵律峰点，但仍然可以有一个话题-评述解读，如用于对"孩子们和他们的父母做了什么？"这一问题进行回答时。对该问题的回答可能涉及两个充当"对比话题"的主语（见 5.4.2 节），如：

（4.2c'）The CHILDREN went to SCHOOL, and the PARENTS went to BED.
　　　　孩子们上学去了，而父母上床睡觉了。

因此，我们不能说，4.2c' 这样的英语句子属于"事件-报道型句子"这一形式范畴。然而，在其他语言如日语或法语口语中，事件-报道型句子主语的非话题身份始终是有标记的。在英语中，只有在某些包含 die（*Her HUSBAND died*）、*break down*（*My CAR broke down*）、*call*（*JOHN called*）等不及物谓词句中，事件–报道型句子才构成一个形式范畴。对于这些句子的性质，我们还会在 4.2.2 和 5.6.2 两节中进行较为详细的讨论。

4.2d 的语境也说明了一种情境，在这种情境中，句子主语 *the children* 的话题身份并不是很清晰。但这并不是因为名词短语是所断言的焦点的一部分，如 4.2b 和 4.2c 那样，而是因为它是命题中的一个论元，该命题本身是语用预设的（或者像语用预设的那样得到顺应）。正如我们在 2.4 节中所看到的，大多数状语从句都是用来表达语用预设命题的。在 d 中，由于"孩子们上学去了"这一命题被假定为受话者的已知信息，它显然不能构成与其主语所指对象相关的新信息。相反，该命题为主句所表达的命题提供了时间背景。在这个意义上，主语 *the children* 不是话题。然而，当状语从句中的命题确实与孩子们有关时，主语 *the children* 是一个话题。4.2d 和 4.2a 之间的区别在于，对受话者来说，4.2d 的关涉性关系并不是新的；它本身是预设的，而非断言的。4.2d 中状语从句的预设结构，与例 2.11 即 *I finally met the woman who moved in downstairs* 中限制性关系从句的预设结构相似。2.11 的命题被理解为与代词 *who* 的所指对象有关，而不是对该所指对象进行断言。在韵律上，例 4.2d 与 4.2a 相似，即在默认情况下，重音被指派给与相应话题–评述结构中相同的成分（见 5.1.2 节和 5.3.3 节）。4.2d 中主语所指对象的语用身份可以是形式上有标记的，因为它蕴含在整个小句的预设结构中，而该预设结构在其外部句法上是有标记的，即它出现在母句（matrix clause）之前的话题位置上。

请注意，在 4.2d 中，状语从句 *after the children went to school* 整体充当母句的"场景设置"话题，而母句的话题是 *he* 即 *John*。因此，在 4.2d 中，名词短语 *the children* 是一个非话题或"半话题"表达，出现在为句子进行场景设置的话题表达中。该话题表达本身被嵌在母句中，而该母句的主语即 *he* 又是句子的主要话题。这个例子很好地说明，上引斯特劳森话语中所暗示的"关涉性"概念非常复杂。

在 d 的语境中，主语所指对象与命题之间的语用关系具有混合特点，因此这类预设结构在不同语言中的标记并不一致，至少就状语从句中的主 126 语名词短语的语法标记而言是如此的。这一点与其他类型的预设结构不同。[7] 然而，有些语言确实通过形态句法手段对话题性上的差异进行标记。例如，在日语中，话题标记 wa 通常不加在嵌入式小句中的名词短语后面（见 Kuno 1972）。在法语口语中，话题名词短语通过"左分离"形式进行话题标记，与语法上的从属关系是不相容的，除非从句的命题内容是断言的而非预设的（参见 Lambrecht 1981: 58ff, 1987a）。4.2d 中的从句是用来提供背景信息的；在使用典范的 SV(O) 句法的法语口语中，这种句法环境非常罕见。

也许，4.2d 中用来提供背景的从句才是人们使用"语用上无标记的"这一标签的最佳对象（见 1.3.2 节），因为在这样的句子中，对话题-焦点的音显（articulation）被中性化了，或被最大限度地减少了。但是，如果我们将"语用上无标记的"这个术语用在此类句子上，该术语就**不是**"最正常的"或"最常用的"的同义词了。最重要的是，该术语可以用于那些表现出最大而非最小语用预设和语境依赖的句子，正如在讨论语用上无标记或"语境上中立的"结构时常常假定的那样（如 Lyons 1977: 503）。在我自己的用法中，我们不会将"无标记的"这一术语应用在此类句子上，而是将其应用于 4.2a 所例示的话题-评述型句子。对此，我们将在 4.2.1 节和第五章明确说明这样做的理由。

下面我们来对 4.2 所例示的四种信息结构类型的语篇功能做一下总结。4.2a 为话题-评述型句子，其断言的目的是在语用上阐明一个已经确立的语篇所指对象的某个属性。4.2b 为识别型句子，其断言的目的是确立一个论元和一个先前唤起的开放命题之间的关系。4.2c 为事件-报告型句子，其断言的目的是表达一个命题，而该命题与已经确立的话题没有联系，与预先假定的开放命题也没有联系（后面我们会对这个描述稍作修改）。最后，4.2d 为确立背景型（background-establishing type）句子，其中一个语用上预设的命题可以作为话题为另一个命题进行场景设置，而后一个命题本身可以是其他三种类型中的任何一种。除最后一类句子可能存在例外，4.2 中的例子对主要的信息结构**类型**进行了例示，而这些**类型**在不同的语言中往往存在形态句法或韵律上的差别。[8]

我们在此对 4.2a、4.2b 和 4.2c 这三种类型的分析，是根据**话题结构**或**话题结构缺位**进行的。在第五章，我们将根据**焦点结构**对其进行补充分析，并分别将这三类句子标记为"谓语焦点结构""论元焦点结构"和"整句焦点结构"。在本人（正在进行）的研究中，我将向大家展示这些信息结构类型在法语口语中是通过不同的句法结构进行系统区分的。

我们对"话题"所做的以上描述可以概括如下。**在给定的语篇中**，如果一个命题被识解为与某个所指对象**有关**，即该命题所表达的信息是与该所指对象**相关的**，并增加受话者对该所指对象的**知识**，那么该所指对象就被识解为该命题的话题。根据莱因哈特（Reinhart 1982）的观点，我们可以说"……的话题"所表达的是关涉性语用关系，而关涉性语用关系存在于某个语篇的所指对象和命题之间。我们应将"语用关系"理解为"在特定的语篇语境中识解出来的关系"。话题是一种**在语用上识解出来的句子关系**。我们现在对"话题"的描述有点模糊，我们将在下文努力使这种描述更加精确。

4.1.2 话题所指对象和话题表达

我们有必要指出，到目前为止在对"话题"一词的使用中存在一定的歧义性。由于话题关系是**所指对象**和**命题**之间的关系，我们自然应该将"话题"一词理解为是对命题所关涉的**实体**的标示，即命题所传递的就是与语篇所指对象本身有关的信息。这也是该词的日常用法之一。我们可以用 3.29 和 3.30 为例进行说明。为了方便，我们在此将其抄录一遍。我们可以很自然地说，例 3.29 和例 3.30 所表达的命题的话题，在所有情况下都是"Pat"，即用名词 *Pat* 所标示的人，并用代词 *she* 和 *her* 进行照应指代：

（3.29） a. Pat said they called her TWICE.

　　　　　帕蒂说他们给她打了**两次**电话。

　　　　 b. Pat said she was called TWICE.

　　　　　帕蒂说她被打了**两次**电话。

（3.30） a. Pat said SHE was called.

　　　　　帕蒂说有人打**她**电话了。

　　　　 b. Pat said they called HER.

　　　　　帕蒂说他们打电话给**她**了。

在这个意义上，为了标示一个话题，我会使用"**话题**"（TOPIC）这个术语，有时也会使用"**话题所指对象**"（TOPIC REFRENT），这取决于我们所探讨的是实体和命题之间的语用关系，还是实体本身。因此，在上述句子中，名为 *Pat* 的个体是不同命题所关涉的话题。*Pat* 这一表达的所指对象就是话题所指对象。 128

　　通常情况下，"话题"一词表示的是与某个命题存在某种关系的所指对象。这种用法与用来标示句子中话题所指对象的**语言表达**有着明显的区别。对于这样的表达，我们将使用**话题表达**（TOPIC EXPRESSION）、**话题短语**（TOPIC PHRASE）或**话题成分**（TOPIC CONSTITUENT）这样的术语来指称，而不是简单地用**话题**来标示。当用话题功能来指称某些句法范畴时，我们将使用像**话题名词短语**（TOPIC NP）或**话题代词**（TOPIC PRONOUN）这样的术语。在 4.5 节，我们还将对**词汇型话题表达**（LEXICAL TOPIC EXPRBSSIONS）和**代词型话题表达**（PRONOMINAL TOPIC EXPRESSIONS）进行区分。话题名词短语在语法上是通过其位置或形式进行标记的，而且话题名词短语不能通过主语或宾语这样的语法关系进行识别。为了对话题名词短语进行标示，我们将使用 TOP 和 A-TOP 即"逆话题"（antitopic）两个范畴标签。前者用于标示左分离话题成分，后者用于标示右分离话题成分。"话题"一词的歧义性让人想到众所周知的"主语"一词的歧义性。在传统上，主语既指论元和命题之间的语法或逻辑关系，也指在句子中对这种关系进行体现的句法成分。

例如，如果不区分"话题所指对象"和"话题表达"，就无法解释例3.29和例3.30中*Pat*、*her*和*she*的不同信息结构状态，也无法说明 SHE 和 HER 的不同信息结构状态。这两组表达所指的是同一个实体，也就是名叫*Pat*的人；她是两个命题的话题。但是，第一组中的表达属于话题表达，而第二组中的表达则不是话题表达。例3.31的情况与此类似：

（3.31）a. IO PAGO. —MOI je PAYE.

　　　　　　我来付钱。

　　　　b. Pago IO. —C'est MOI qui paye.

　　　　　　我来付钱。

如果不区分"话题所指对象"和"话题表达"，我们就无法解释3.31a中动词前成分 IO 和 MOI 以及3.31b中动词后成分 IO 和 MOI 的不同信息结构状态。所有这些代词都是对同一个人的标示，即言者本人。但在3.31a中，代词是话题表达，即其所指对象与命题之间存在话题关系；而在3.31b中，代词属于焦点表达，即其所指对象与命题之间存在焦点关系。

129　　在反对用"旧信息"对话题进行定义时，莱因哈特也提出了类似的观点（Reinhart 1982）。莱因哈特对下面简单的问答句对进行了讨论（焦点标记是我们添加的）：

（4.4）　a. A: Who did Felix praise?

　　　　　　菲力克斯表扬了谁？

　　　　B: Felix praised MAX.

　　　　　　菲力克斯表扬了**麦克斯**。

　　　　b. A: Who did Felix praise?

　　　　　　菲力克斯表扬了谁？

　　　　B: He praised HIMSELF.

　　　　　　他表扬了**他自己**。

我们可以对4.4b的答话进行如下识解：该答话传递的是与前面提到的所

指对象 *Felix* 相关的信息，因此该答话中的代词 *he* 代指 *Felix*，是话题表达。然而，反身代词 *himself* 不是话题表达，即使它与话题性先行词 *he* 之间存在回指关系。该反身代词是焦点成分，其所指对象恰好与话题表达的所指对象重合。[9]

一个在语篇层面上具有话题性的所指对象，在句子中第一次出现时，往往被编码为焦点表达（这与其可识别性或激活状态有关；参见 4.4.4 节），只有在其后的小句中才变为话题表达。这种情况经常出现在某些双小句话题导入型或话题呈现型构式中。例如：

（4.5）Once upon a time there was an old king who lived in a beautiful castle.

从前有一位老国王，他住在一座美丽的城堡里。

在这句话的第一个小句中，短语 *an old king* 所标示的是语篇中具有话题身份的个体（该童话故事很可能至少有一部分是关于这个国王的）。然而，当这个所指对象以词汇名词短语的形式首次出现在语篇中时，该名词短语并不是一个话题表达，因为我们不能说它所在的小句是关于该短语的所指对象的。相反，该小句引入这个所指对象的目的是为了在其后的表述中可以使它成为话题。只有通过关系从句中的关系代词 *who*，该所指对象才能与命题形成一种关涉关系，使 *who* 成为该从句中的话题表达。请注意，这个关系从句与例 2.11 即 *I finally met the woman who moved in downstairs* 中所讨论的不同，因为它的命题不是预设的，而是断言的。只要这句话是有关这位老国王的语篇中的一部分，将其看作"句子的话题"可能既自然又方便。但我们必须强调的是，*an old king* 这一名词短语在该句中不是话题表达。

130

一个与限制性关系从句构式相关的问题出现了。那些对关系从句的语篇语用功能感兴趣的研究者（Schachter 1973，Kuno 1976）或宣称或暗示，关系从句的先行词是话题或主题。如久野提出"主题对关系从句的约束"（Thematic Constraint on Relative Clauses）假设："关系从句必须是与其中心名词有关的陈述"（Kuno 1976: 420）。[10]为了论证，我们可以假定非断言命题中也存在话题关系；然而，只有在关系从句所表达的命题和中心名词的所指对象之间，才能获得必要的话题关系。在关系从句中，只有被关系化的（relativized）元素（也可能为零形），才必须是话题表达。中心名词和包含关系从句的复合名词短语都可能是焦点表达，如我们在上面提到的 *I finally met the woman who moved in downstairs*（我终于碰见了搬到楼下的女人）。这表明，话题成分不仅可以嵌入其他话题成分中，还可以嵌入焦点成分中（参见对名词短语预设结构的分析，如例 1.1 中的 *my* CAR，或本章注 9 的 *him* SELF；另见 5.1.2 节和 5.4.3 节）。命题中的话题关系，原则上可以在任何能够表达命题的句法域中进行表达。

下面让我们对本节的评述进行一下总结。有一类"话题"是与命题存在话题关系的实体或所指对象，另一类"话题"是在句中对该实体或所指对象进行标示的语言表达。我们必须在概念和术语上对这两类"话题"进行区分。话题表达所标示的总归是话题所指对象，然而语篇中话题所指对象在相关句子或从句中未必被编码为话题表达。这种不对称是源于一个简单的事实，即所指对象是一个独立于其语言表现形式而存在的实体。在有些小句层面或句子构式中，同一个所指对象既是焦点表达，又是话题表达。在对这些构式进行的分析中，将话题所指对象与话题表达区分开来尤为重要。如果一个表达的所指对象是命题的话题，对该命题进行编码的最小结构域是小句或短语，而非句子或语篇。而该表达的话题地位要在这个最小结构域中进行确立。

131　　我们对"话题"这一语用范畴和"话题表达"这一语法范畴定义如下：

（4.6）**话题**：在特定情况下，如果一个命题被识解为与一个所指对象有关，即该命题所表达的信息与该所指对象相关，并增加受话者对该所指对象的知识，则该所指对象就是命题的话题。

> **话题表达**：如果小句所表达的命题在语用上被识解为与某一成分的所
> 指对象有关，那么该成分就是话题表达。

我们稍后会发现，为了能将一个命题识解为与某个话题表达的所指对
象有关，该所指对象必须在语篇中具有语用可及性。有些话题成分与
谓语没有语法关系，其与命题之间的语义关系只取决于语用识解原则。
对于这些与小句"相关的"话题成分，我们有必要作一些模糊的阐述。
最后，使用"与所指对象有关的"表达，而不是"表达有关所指对象
的断言"，我们原则上将话题关系存在的范围从断言命题扩展到了预
设命题。

4.2 话题和主语

例 4.2 表明，至少在英语中，我们不可能将话题等同于主语这样
的单一语法范畴。如果可以将话题等同于主语这样的单一语法范畴，
再单独提出"话题"这一范畴就没有意义了。这些例子也证实了我们
之前在 1.3 节注意到的现象，即英语 SV(O) 构式的句法在信息结构方
面是无标记的（SV(O) 中的 O 代表任何非主语论元）。尽管如此，在
英语及其他语言中，话题和主语之间在语篇层面上存在极强的关联性，
并在语法上产生重要影响。这就是我们将在下一节展示的内容。

4.2.1 作为无标记话题的主语

在英语及其他语言中，主语和话题之间存在很强的关联。对于那些在
信息结构方面无句法结构标记的句子，我们可以在不考虑上下文的情况
下，对其进行解读。在解读过程中我们可以发现主语和话题之间存在很
强关联的证据。在连贯的语篇中，句子主要是作为信息单位使用的，而信
息依赖于预设（见第二章）。因此，为了能从孤立的句子中解读出合理信
息，语言使用者有一种无意识的倾向，会给这些孤立的句子施加某种预

132

设结构。所以，如果说英语的人在没有上下文或韵律线索的情况下对例 4.1 这样的典范 SVO 句进行解读，他们很可能会将其理解为话题–评述型句子，也就是说，在他们脑海中会无意识地出现例 4.2a 中的那种上下文。稍后我们会为这种观察结果提供例证。

这一心理事实表明，英语和其他语言一样，其主语是**无标记的话题**，其话题–评述型表达是**无标记语用句子音显**（UNMARKED PRAGMATIC SENTENCE ARTICULATION）。如果我们假定话题–评述结构，即用来传递与某个话题有关的信息结构，代表了最常见的交际类型，就很容易对此进行解释。根据斯特劳森的论述及两千年来基本上不受挑战的语法传统，我认为该假定是合理的。与在开放命题中对论元进行识别、在语篇中引入新实体或出乎意料地对事件进行报道相比，言者传递与某个语篇实体相关的信息更为常见。在连贯的语篇中，绝大多数的主语，即对句子之间话题连续性进行标示的表达，都是非重音突显代词；这一事实可以为上面的假定提供有力的证据（见 Prince 1981a，Chafe 1987，以及 Lambrecht 1986b ch.6）。话题–评述型音显是**最有用的**语用音显。因此，它是言者在识解孤立句子时最自然而然采用的音显。

如果我们认可了这个假设，对于被解读为话题的往往是主语而非其他论元这一事实，就几乎不需要解释了。大多数谓语至少需要一个主语，但不一定需要宾语补足语，而主语是句子中最常见的论元，它必然也是最容易被识别为语用话题角色的论元。我认为，这也是人们经常假定主语和话题之间存在普遍关联的主要原因。毫无疑问，也正是这个原因，使得传统语法学家和现代语法学家都认为主–谓型句子（即 NP-VP 句）是**最基本的**句子（参见 4.5.2 节）。

133

对于主语–话题为什么紧密相关的问题，研究文献中还提到了其他原因，如主语、话题和施事语义角色三者之间的关联（参见 Kirsner 1973 & 1976，Hawkinson & Hyman 1975，Comrie 1981 及 Lambrecht 即将出版的成果等）。我认为这些原因都是次要的，尽管并不是不重要。

　　语言使用者会不自觉地将孤立句的主语识解为话题，但也有一些众所周知的例外情况。这些例外与某些谓语的词汇性质、句子所表达的命题内容以及主语论元的语义角色有关。在 1.3 节对标记性的讨论中，我们注意到像 *Her father died*（她父亲去世了）或 *My car broke down*（我的车抛锚了）这样的句子，往往被理解为事件-报道型句子，而这些句子的主语自然会被识解为焦点。这是因为，在言者和听者的头脑中，某些命题内容与某些类型的语篇语境密切相关。在下一节我们将讨论这类事件-报道型句子的性质。众所周知，某些带有明显非施事（non-agentive）主语的经验性谓语（experiential predicates），以及某些类型的被动构式，更偏好主语的非话题身份。例如，像 *A strange thought just occurred to me*（我脑子里刚才出现了一个奇怪的想法）这样的句子，读起来焦点重音很可能放在主语名词上，而非放在动词上。在许多语言中，这类句子的主语名词短语的非话题身份是通过句法形式进行标记的（如通过主谓倒装）。典型的例子是西班牙语 *Me gusta NP*（我喜欢 NP）和 *Se vende NP*（NP 卖了），或德语的 *Mir fället NP ein*（我想到了 NP）和 *Hier wird NP verkauft*（NP 在这儿卖了）等。

　　如果没有相反的语法线索，语言使用者会不自觉地将语法上的主-谓结构等同于语用上的话题-评述结构。这种倾向在下面的真实语例中得到了证实。例 4.7 是用毡笔写在海报上的，与抗议中美洲爆发的战争有关。这张海报被人从墙上撕下了一部分，这种行为可能出于政治动机，想把海报从墙上清除掉，而例 4.7 中的句子是对这一企图的回应。在海报的剩余部分，有人这样手写道：

（4.7）Nazis tear down antiwar posters.
　　　　纳粹分子撕毁反战海报。

由于存在将句子主语解读为句子话题的倾向，不太专注的读者对例 4.7 的最初解读可能是泛指解读，其中，主语名词短语 *Nazis* 的所指对象承担话

134 题的功能，对于该话题，命题表达了某个普遍接受的事实，即"纳粹分子
是撕掉反战海报的人"。

　　然而，尽管这种解读很自然，但考虑到该句所处的情景，这种解读
是不合理的，因为它违反了最基本的相关性要求。无论是语言语境还是
语言外语境，都找不到线索，以让 *Nazis* 的所指对象成为语用上可及的话
题，并允许读者将 4.7 所表达的命题理解为与该所指对象相关的信息。此
外，要将 *Nazis* 理解为其所在句子的（泛指性）话题，就要将谓语短语
tear down antiwar posters（撕毁反战海报）解读为对该话题的**评论**。但这
种解读与事实冲突，因为该谓语实际上唤起的是语篇外世界中的预设情
境，即海报被撕下了一部分。因此，感到困惑的读者必须将主语 *Nazis* 作
为**焦点**表达而非**话题**表达，来重新理解这个句子。这大概是写这句话的人
想要的理解。4.7 意欲表达的意思可能相当于 *People who tear down antiwar
posters are* NAZIS（撕反战海报的人是**纳粹分子**）或 *Only* NAZIS *tear down
antiwar posters*（只有**纳粹分子**才会撕反战海报）这两个替代版本的意思。

　　对于语用上的话题–评述结构与句法上的成分结构之间的非常规匹配，
下面是另一个实例。这句话是向语言学班学生介绍语言学系列讲座内容时
的开场白：

（4.8）The heterogeneity of linguistic communities is the topic of this course.
　　　　语言社团的异质性是本讲座的话题。

即使在语言学系列讲座公告（可能会因大学不同而不同）的语境下，
heterogeneity of linguistic communities 的概念在语用上是可及的，但与做谓
语的名词短语 *the topic of this course* 相比，该主语短语的所指对象显然在
话题价值上较小。如果我们运用问答方式进行检验，这一点就会清楚地显
现出来：[11]

（4.8'）a. Q: What is the heterogeneity of linguistic communities?
　　　　　 语言社团的异质性是什么？

> A: # The topic of this course.
>
> # 本讲座的话题。

> b. Q: What is the topic of this course?
>
> 本讲座的话题是什么？
>
> A: The heterogeneity of linguistic communities.
>
> 语言社团的异质性。

4.8'a 表明，我们很难将谓语"是本讲座的话题"识解为与 4.8 中主语所指对象相关的信息；但 4.8'b 表明，如果将主谓关系颠倒，也就是说，如果 4.8 中动词后面的名词短语被识解为话题，在识解上不会出现困难。例 4.8 中的语用音显，是对最常见的句法结构的倒置，从而导致加工难度有所增加。例 4.7 在话题与焦点身份上存在模糊性，从而导致可理解性大幅下降。但例 4.8 与高度反常的 4.7 不同，其话题–焦点倒置可被视为出于修辞目的而对信息结构原则的偏离，且这种偏离或多或少具有约定俗成性。按照书面体裁的惯例，例 4.8 是可以接受的。这种做法会增加认知加工的难度，但也会带来风格上的新奇性，从而使多付出的认知努力得到补偿。[12]

　　我想强调的是，例 4.7 和例 4.8 所表现出来的话题–焦点不确定性，**并不是**自发性口语语篇（spontaneous spoken discourse）的共同特征。就书面语篇而言，不同语言对这种不确定性的容忍程度似乎存在差异。像 4.7 和 4.8 这样的例子在英语中确实存在。这一事实无疑与前面提到的事实有关，即现代英语中的语序在很大程度上受语法而非语用控制，而且话题和焦点关系原则上都可以和主语的语法角色相联系。正如 1.3 节的讨论所示，现代英语和现代法语在这方面有着显著的区别。例 4.7' 是例 4.7 的法语直译：

（4.7'）# Les Nazis arrachent les affiches anti-guerre.

　　# 纳粹分子正在撕下反战海报。

像英语一样，这样的表达不仅令人费解，在相关上下文中也完全无法解读。这主要是因为，在法语中，命题的语用音显不能简单地通过改变句子的韵律结构进行调整。在法语中，要想用语用上可以接受的形式来表达 4.7 的语义内容，写字的人很可能采用分裂结构，如 *C'est les Nazis qui arrachent les affiches anti-guerre*（撕反战海报的是纳粹分子）或者 *Il n'y a que les Nazis qui arrachent les affiches anti-guerre*（只有纳粹分子才撕反战海报）。

英语使用者将主语识别为话题的倾向很强，我们也可以从**回指**（ANAPHORA）和**省略**（ELLIPSIS）的某些事实中发现这方面的证据。如：

136

（4.9） a. John married ROSA, but he didn't really LOVE her.
　　　　　约翰娶了**罗莎**，但他并不是真的*爱*她。

　　　　b. John married ROSA but didn't really LOVE her.
　　　　　约翰娶了**罗莎**但并不真的*爱*她。

如果我们把这两个句子想象成对 *"What ever happened to John?"*（约翰怎么了？）这个问题的回答，那么 4.9a 中的主语成分 *John* 和 *he* 都是话题表达。如 4.9b 所示，第二个小句中的主语代词 *he* 可以省略。然而，如果第一个小句中的主语名词短语是**焦点**表达，省略话题代词 *he* 将会大大降低句子的可接受性。我们可以通过 4.9 的变体 4.9' 向大家进行展示：

（4.9'） Q: Who married Rosa?
　　　　　谁娶了罗莎？

　　　　A: a. JOHN married her, but he didn't really LOVE her.
　　　　　　约翰娶了她，但他并不真的*爱*她。

　　　　　 b. *? JOHN married her but didn't really LOVE her.
　　　　　　 *? 约翰娶了她但并不真的*爱*她。

在答句中，*John* 的身份是焦点成分，这使得 4.9' 的第二个小句中的回指代词 *he* 不可省略。4.9b 和 4.9'b 之间的区别表明，对于 4.9 中的代词 *he* 能否省略的问题，我们最初的判断是基于无意识情况下做出的假定，即主

语 *John* 是该句的话题。[13]

在英语中，只有当论元的所指对象在之前的语篇中已被确立为话题时，该论元才能以语音上的零形式出现。如果这一假设在功能上是合理的，那么 4.9 和 4.9' 之间的差异就可以得到解释。根据久野的研究，证明该假设对日语而言是有效的（Kuno 1972）。久野观察发现，当日语文本中删除的论元通过词汇手段得到外显时，该外显名词短语必须用话题格助词 *wa*（わ）进行标记，而决不能用 *ga*（が）进行标记。奥克斯对自发性英语语篇中的论元省略有过类似的观察（Ochs 1979）。

在本研究中，我认为话题-评述型句子在数量上的优势和主语与话题的强相关性是自然语言的普遍特征。[14] 在不同语言中，句子的主语被理解为它的话题，谓语被理解为对该话题的评述，除非这个句子中存在相反的形态句法、韵律或语义线索。因此，我们可以将主语描述为**无标记话题表达**，将话题-评述结构描述为句子的**无标记预设结构**。将主语描述为无标记话题，就可以允许主语**不是**话题的句子存在。我们将在下一节对一类重要的句子进行讨论。这类句子有带标记的预设结构，其主语是整句焦点的一部分。[15]

4.2.2 非话题主语和整体判断型句子与范畴句的区分[16]

在 4.2c 中，"*The children went to school!*"是对"*What happened?*"的回答；在对其进行讨论时，我们将该答话作为"事件-报道型句子"的一个例子，并认为在这类上下文中，焦点涵盖了整个命题，因此主语不是话题。我们还注意到，在英语中，事件-报道型句子和话题-评述型句子之间的差别，在 4.2c 这样的句子中并没有明确的标记。然而，在英语及其他语言中存在一类句子，这类句子的两个语用句子音显之间的对比在形式上有明确的标记。

我所想到的形式上的区别，可以通过 1.3 节所讨论的成对句式变体进行例证（即例 1.1-1.3 和例 1.1'-1.3'）。下面是另一组例子，其中增加了日语的语料：

（4.10）A. What's the matter?

怎么了？

a. My NECK hurts.

我的脖子疼。

b. Mi fa male il COLLO.

我的脖子疼。

c. J'ai mon cou qui me fait MAL.

我的脖子疼。

d. KUBI ga ITAL.

脖子疼。

B. How's your neck?

你的脖子怎么样了？

a. My neck HURTS.

我的脖子**疼**。

b. Il collo mi fa MALE.

我的脖子**疼**。

c. Mon cou ii me fait MAL.

我的脖子**疼**。

d. Kubi wa ITAL.

脖子是**疼的**。

不言而喻的是，在此所提供的最小语境中，右侧的句子通常不会有完整的词汇主语。像例 4.11 这类答句的主语是代词或者零形式；在大多数情景下，这无疑更为合适：

（4.11）a. It HURTS.（**疼**。）

b. Mi fa MALE.（我**疼**。）

c. Il me fail MAL.（我**疼**。）

d. ITAI.（**疼**。）

然而，在这类句子中，主语名词短语在语用上**有可能**不是重音突显的。因此，人们可以用它们来强调两类句子在形式上的对比。

在例 4.10 中，左侧句子为事件-报道型句子，右侧句子为话题-评述型句子。两者在语法上的差异，都与标示身体部位的名词短语论元的形式标记有关。

138　我们可以将它们的特点总结如下：（1）在英语中，存在重音突显主语名词短语和非重音突显主语名词短语的对比；（2）在意大利语中，存在动词后主语名词短语与动词前主语名词短语的对比；（3）在法语中，存在分裂式名词短语与分离式名词短语（detached NP）的对比；（4）在日语中，

存在 *ga-* 标记名词短语与 *wa-* 标记名词短语的对比。左侧例子所示的四种语法结构代表了四种主要的结构类型，这些结构类型在许多语言中都得到了证实（见 Sasse 1987）。主语重读没有相应的句法变化，如德语（也有类型 2，见 5.3.3 节）；主语位于动词之后，主要存在于罗曼语、斯拉夫语、汉语等语言中；分裂结构存在于威尔士语、阿拉伯语等语言中；特殊的形态标记存在于班图语等（参见 Givón 1975a）。萨瑟还提到了第五种类型，即主语编插（subject incorporation），如库希特语族（Cushitic language）中的博尼语（Boni）（Sasse 1984, 1987）。

对于例 4.10 中左侧例子所代表的句型，目前没有现成的术语名称。在文献中，学者们使用的术语有"陈述句"（Bolinger 等）、"中性描述"（Kuno 1972）、"新闻句"（Schmerling 1976）、"事件-报道型句子"（Lambrecht 1987b 等）和"整体判断型句子"（见下文）。[17] 对于所分析的现象，这些术语都与其概念定义相对应。我们将在第五章对事件-报道型句子的**整句焦点结构**和话题-评述型句子的**谓语焦点结构**进行介绍；这两个术语强调相关范畴的结构含义。

马泰休斯是最早认识到语法对比的理论意义的语言学家之一（Mathesius 1929）。在二战之后的语言学研究中，这一讨论一直受到众多欧美学者的关注。这些学者都或多或少地受到了布拉格学派的影响，如博林格对英语和西班牙语（Bolinger 1954），海切尔（Hatcher 1956）和康特雷拉斯（Contreras 1976）对西班牙语，费尔巴斯（Firbas 1966b）、韩礼德（Halliday 1967）、切夫（Chafe 1974）、施梅林（Schmerling 1976）、法伯尔（Faber 1987）等对英语，福克斯（Fuchs 1980）对英语和德语，久野（Kuno 1972）对英语和日语，万德鲁斯卡（Wandruszka 1982）对意大利语，韦尔（Wehr 1984）对罗曼语等在这方面的研究。尽管这些学者的分析存在许多个体差异，但都有一个共同的基本前提，即两种类型之间的对比与信息结构有关，尤其是与主语所指对象的激活和可识别性状态有关。

对于例 4.10 中的语法对比，还有一种处理方法，即脱胎于哲学界对**整体判断性陈述**和**范畴-评述性陈述**进行区分的语义方法。但该方法在美国语言学研究中一直不太突出。根据这种方法，我们可以将以上例子所表达的对比，看作同一命题内容的两种不同的**逻辑表征**。从逻辑上讲，话题-评述型句子比较复杂，而事件-报道型句子比较简单。在该方法的应用上，黑田的研究是这方面的代表（Kuroda 1972, 1984, 1985），在达尔（Dahl 1976）和瓦托内（Vattuone 1975）的研究中也可以找到这种方法的影子。在这些学者之后，德国学者乌尔里克（Ulrich 1985）和萨瑟（Sasse 1984, 1987）也采用了这一研究方法，但他们在这一逻辑方法中增加了一个语用维度。整体判断与范畴判断二分法的支持者声称（或暗示），整体判断型句子表征的是其自身的范畴，不能按照信息结构原则进行描述。

最早对整体判断型句子和范畴型句子进行区分的是十九世纪哲学家布伦塔诺（Brentano）。后其学生马蒂（Marty）在此基础上进行了发展，将这种区别看作在认知上存在差异的两类**判断**。亚里士多德认为，所有的判断在本质上都是范畴-评述型的，即都是对实体的某个属性进行断言（predicate）或否认。这一观点得到了普遍认可。而布伦塔诺和马蒂对这一观点提出异议，认为句子可以表达两种不同类型的判断。[18]**范畴型判断**是通过传统的主-谓句式进行表达的。这种判断既包括对主语的识别，也包括由谓语所表达的对主语的肯定或否定。由于这类判断包含两个独立的认知行为，所以马蒂（Marty 1918）将其称为"双重判断"（Doppe-lurteif）。范畴型判断的逻辑结构可以表征为"A 是 B"或"A 不是 B"。为了对范畴型判断进行说明，马蒂举了以下例子：

（4.12）a. Diese Blume ist blau.

这花是蓝色的。

b. Ich bin wohl.

我［感觉］很好。

c. Mein Bruder ist abgereist.

我哥哥去旅行了。

与范畴型判断相对，**整体判断型**只涉及对某个判断对象的承认或否认，而不是陈述对某个已得到识别的主体的判断。其基本逻辑结构是"A 是"或"A 不是"。因此这类判断也被称为"简单判断"（*einfaches Urteil*）。马蒂认为，4.13 中的句子在德语和拉丁语中是表达整体判断的典型例子。稍后我们将明确提出语义标准和形式标准。根据这两个标准，我们将这些句子 140 分为两组：

（4.13）a. Es regnet. / Pluit.

正在下雨。

b. Gott ist.

上帝存在。

Es gibt gelbe Blumen.

有黄色的花。

Es findet ein Markt statt.

一个市场正在营业。

4.13a 为整体判断，这类判断通常以天气动词为代表。按照马蒂的观点，如果认为这类句子所表达的命题在逻辑上很简单，似乎没有太大的争议。它们不是对某个实体的属性进行陈述，只是对一个事实或情势进行断言，或者仅仅"提出"事实或情势，因此被称为"整体型"判断。4.13b 中的类型与所谓的"存在"句型相对应，但正如我们将要看到的，这种判断类型并不局限于存在句（existentials）。

据我所知，首次将布伦塔诺（Brentano）和马蒂的逻辑二分法系统地应用于语言学理论的是黑田（Kuroda 1972）。黑田认为，在日语语法中，整体判断型和范畴型判断之间的逻辑区别，可通过格助词 *wa* 和 *ga* 之间的形式区别得到证实。例如，黑田对 4.14 中两句之间的差异进行了分析：

（4.14）a. Inu ga hasitte iru.

狗在跑。

b. Inu wa hasitte iru.

狗在跑。

4.14a 包含一个由 *ga* 标记的名词短语，是一个整体判断型句子。它表征的是"一个事实，即一个正在发生的奔跑事件，而该事件必然涉及一个参与者。"在 4.14a 中，言者的意图是想表明参与事件的实体即狗，"只是事件的一个组成部分。"而 4.14b 为包含话题格助词 *wa* 的范畴判断型句子，"言者主要对该实体感兴趣……而且他之所以要对他意识到了事件的发生这一事实进行描述，……是因为他想把该事件的发生与这个实体联系起来"（Kuroda 1972: 162ff）。对于通过这种方式与事件联系起来的实体，黑田称之为"主体"（subject）。而日语中的主体在语法形式上表现为 *wa*- 标记的名词短语。另一方面，黑田将 4.14a 这样的整体判断型句子称为"无主体句"（subjectless），此类句子中的实体只是事件的一个必要参与者。很

141 明显，黑田的"主体"概念与"话题"（topic）或"主题"（theme）的信息结构概念密切相关，尽管黑田明确拒绝将 *wa* 解释为话题标记。我们认为，黑田的"无主体"句相当于"无话题"句，或者更准确地说，相当于主语不是话题的句子。同样清楚的是，黑田对整体判断型句子和范畴句二分对立的语义分析，与我们对话题-评述类话语和事件-报道类话语二分对立的语用分析有关。整体判断与范畴判断的二分对比，是建立在语用范畴而非逻辑范畴的基础之上的。在揭示整体判断型句子的实质方面，信息结构研究路向要优于逻辑-语义研究路向。接下来，我们将对这一观点进行论证。[19]

正如我之前提到的，4.13a 中的 *Es regnet* 和 *Pluit*，是马蒂所引用的典型德语和拉丁语整体判断型句子，这类句子所表达的是逻辑上比较简单的判断。然而，请注意，**在形式上**，我们无法将这些句子与代词做主语或屈折形式做主语的主-谓句即话题-评述型句子区分开来。如在 4.15 中，a 句为整体判断型句子，b 句为范畴判断型句子，两者在形态句法或韵律上是没有区别的：

（4.15）a. It is raining.（在下雨。）

b. It is leaking.（在泄漏。）

在 4.15b 中，*leaking* 这一属性是对主语代词 *it*（例如壶或水管）所表达的论元进行的断言。因此在 4.15a 中，主谓**结构**被用来表达一个命题，但从逻辑上讲，该命题没有主体（因此也没有谓语）。我们在前面提到过，话题–评述结构是**无标记的**。所以，通常用于范畴型判断的结构用来表达整体判断的可能性是存在的。

因此，我们不必将马蒂对整体判断和范畴判断在逻辑上的区分转化为相应的语法上的差异。马蒂本人也指出了这一点。然而，请注意，将主-谓（即范畴判断）结构用于非论断性（non-predicating）（即整体判断型）命题只有一个条件：主语不能是一个**完全意义上的词汇名词短语**。例如，要表达 4.15a 的意思，其他语言如日语或俄语，要用 *Rain falls*（雨落）或 *Goes rain*（下雨）之类的话进行表达，表示"雨"的词汇名词必须通过重音强调、动词后的位置、*ga-* 标记等手段，在语法上标记为**非话题**成分。也就是说，在表达整体判断的句子中，只有那些由语义丰满的名词短语做主语的句子，才能构成一个独特的形式范畴。

只有它们才能与范畴型句式变体配对，从而允准例 4.10 所例示的那 142 样的语法对立，至少原则上如此。

下面的例子清楚地表明，只有语义丰满的词汇名词短语做主语的整体判断型句子，才构成一个语法范畴：

（4.16）a. Her FATHER died.

她父亲死了。

b. He DIED.

他死了。

c. #HE died.

他死了。

我们可以将 4.16 中的 a 句和 b 句解读为对某个显著事件的报道，也可以解读为对"发生了什么事？"这一问题的回答。但如果句子的主语是指示代词，该句所表达的就不是整体判断型命题，**在语法上**不能按整体判断型命题进行标记。4.16c 中的代词主语在韵律上具有突显性，该句只能识解为一个识别型句子或"论元焦点"句。在该句中，有人死亡这一命题是语用上预设的。

4.17 是另一个被用来对该对比进行例析的实例。该例中的场景是，两个餐厅女服务员在不同时间点经过厨房门口时各自所说的话：

（4.17） Waitress A: Something's BURNING!

女服务员 A：有东西**着火**了！

Waitress B: The TOAST's burning!

女服务员 B：吐司烤煳了！

这两个句子的话语情境几乎完全相同，但两个句子的韵律形式截然不同。在第一句话中，主语是非定指代词，其重音落在谓语上面；在第二句话中，主语是一个词汇名词短语，重音落在主语上面。如果第一句的重音放在主语上（即 SOMETHING's burning），那么我们只能将其识解为类似于4.16c 的识别型句子。因此，整体判断在语法上的标记和句子显性重读词汇名词短语之间存在直接的相关性。[20]

为什么会出现这种关联？因为所指对象的词汇码化和代词码化存在功能上的差异。正如我们在第三章所看到的，语篇中**新的**所指对象要么是无法识别的，要么是不活跃的；在对这样的所指对象进行表达时，对名词短语进行重读码化是一个必要但不充分条件。因此，整体判断型句子的语法标记仅限于名词短语所指对象在语用上未被激活的语篇语境。这就等于说，这样的句子本质上属于**呈介性的**（PRESENTATIONAL），也就是说，它们的功能是将尚未激活的所指对象引入语篇（详见 4.4.4.1 节）。事实证明，在许多语言中，某些表达

143

整体判断型命题的构式，仅限于或至少强烈倾向于"非定指"名词短语，即这类名词短语的所指对象是无法识别的（英语中表示"存现"的 *there-* 句，汉语的倒装语序等）。相比之下，话题–评述型句子有一个强烈的倾向，即只容忍"定指"名词短语（见下文第 4.4 节）。例如，黑田观察发现，日语中带有 *ga-* 标记的名词短语，既可翻译为英语的不定指名词短语，又可翻译为英语的定指名词短语，而带 *wa-* 标记的名词短语只能翻译为英语中的定指名词短语（或类属非定指名词短语）。

　　因此，命题的整体判断（theticity）与呈介性语篇功能之间存在直接联系。久野从功能上对 *wa* 与 *ga* 之间的对比进行了分析（Kuno 1972）。他将我们现在讨论的 *ga* 类句子称为"中性描述"句。他观察发现，这类句子的谓语一般为不及物动词，表示某个所指对象的存在或开始存在，或一个所指对象在语篇外世界或语篇内世界中的出现。[21] 众所周知，在不同语言的呈介型小句中，都可以发现这类动词。4.18 是英语、意大利语、法语和日语呈介型句子语例：

（4.18）a. JOHN arrived.

　　　　　　约翰到了。

　　　　b. E arrivato GIOVANNI.

　　　　c. Y'a JEAN qui est arrivé.

　　　　d. JOHN ga kita.

言者可以通过 4.18 中的话语将"约翰"这一所指对象引入语篇；在此基础上就可以用非重读代词或零形式进行回指。至于是用非重读代词回指，还是用零形式回指，要依语言而定（详见 4.4.4.1 节）。法语的双小句构式是由一个呈介型小句即"存在"小句和一个关系小句构成的；在该关系小句中，通过非重读回指代词 *qui* 将所指对象编码为活跃成分。在这种双小句构式中，呈介性解释尤为明显。

　　下面我们再用一种常见的话语类型，来说明事件–报道型句子和呈介型句子之间的形式相似性：

（4.19）a. The PHONE's ringing! (subject accentuation)

电话响了。(主语重音强调)

b. Squilla il TELEFONO! (subject-verb inversion)

电话响了。(主谓倒装)

c. Y'a le TELEPHONE qui SONNE! (*y'a*-clefting)

电话响了。(*y'a*- 分裂)

d. DENWA ga NATTE iru yo! (*ga*-marking)

电话响了。(*ga*- 标记)

4.19 中的句子并不是严格意义上的呈介型句子，因为它们并没有起到将电话作为所指对象引入语篇的作用。它们的作用是宣布电话响了这个事件。在这个事件中，电话只是一个必要的参与者。然而，在每个句子中，非话题身份的名词短语与 4.18 中"被呈介的"名词短语一样，有着相同的韵律和 / 或形态句法特征。

　　同一语法范畴既可以表达呈介功能又可以表达事件-报道功能。对于这一事实，我认为可以做如下解释。这两种功能的共同点是，表达整体判断型命题的句子在将一个新元素引入语篇时，既不需要将这个元素与一个已经确立的话题联系起来，又不需要将其与某个预设命题联系起来。因此，整体判断型句子具有一个"全新"的特征，通过该特征使其既与范畴-评述型句子（或话题-评述型句子）相区别，又与识别型句子相区别。呈介型句子和事件-报道型句子的区别是，在呈介型句子中，新引入的元素是一个**实体**（即语篇所指对象），而在事件-报道型句子中，新引入的元素是一个**事件**，而事件必然涉及一个实体。即便是下雨或下雪这样的事件，也涉及实体，即雨或雪。我们将使用"整体判断型句子"（thetic sentence），即表达整体判断型命题的句子，来标示一个上位信息结构范畴。该上位范畴包括"事件-报道型句子"和"呈介型句子"两个下位范畴，而后者又包括指示句下位范畴和存在句下位范畴。我们采用萨瑟（Sasse 1987）的术语，有时会将事件-报道型句子称为"事件中心"整体判断型句子，将呈介型句子称为"实体中心"整体判断型句子。

我想强调的是，整体判断型句子是有标记的，而话题-评述句或范畴判断型句子是无标记的，两者之间形式上的对比，关键在于**主语**这一语法关系或"特异论元"（见本章注 14）。该论元在范畴句中充当话题。与范畴句相对应的整体判断型句子并不是没有任何话题关系，而是没有命题和该论元之间的话题关系。正如我们在 4.2.1 节中看到的，在无标记的情况下，范畴判断句中的话题论元就是主语。从原则上讲，非主语成分尤其 145
是非重读代词论元和短语层面之下的成分，在整体判断型句子中是有可能具有话题身份的。例如，在 4.10a 即 *My* NECK *hurts* 中，所有格限定词 *my* 是话题性的，尽管它所属的主语名词短语是焦点成分。例 1.1 即 *My* CAR *broke down* 中的限定词也是如此。我们现在可以将这个句子归类为事件中心整体判断型句子。4.10b 或例 1.2 中的意大利语代词 *mi* 和 4.10c 或例 1.3 中法语双小句构式中的代词 *je*，是整体判断型句子中代词型话题表达的例子。（我们在 1.3 节讲过，法语的这种双小句构式表达了一个单一命题，其主语不是话题；详见 Lamhrecht 1986b 第 7.2.2 节中的讨论。）再如例 4.20：

（4. 20）Q: What happened to Mary?
　　　　玛丽怎么了？
　　　　A: She lost her job, and then her HUSBAND left her.
　　　　她丢了工作，接着她丈夫也离开了她。

在答句的第二个小句中，所有格限定词 *her* 与同音宾语代词 *her* 都是话题表达。在整体判断型句子中，方位表达也可以充当话题，如 *There were three* FLIES *in my soup*（我的汤里有三只苍蝇）中的介词短语 *in my soup* 就是话题，其话题状态是通过韵律突出的缺位进行表达的（详见 5.3.3 节）。对"整体判断型句子"这一形式范畴的定义而言，重要的是在相应的范畴句句式变体中充当主语成分（或特异论元）的名词短语，会在形式上作为**非话题**得到标记，从而导致与主语作话题、谓语作评述的非标记语用音显偏离。与其他信息结构范畴一样，在与可能的句式变体进行对比的基础上，才能在形式上对该范畴进行辨识。在第五章（特别是 5.2.4 节和 5.6.2 节）关于焦点结构的讨论中，我们还会谈到整体判断句和范畴句之间的区别。

整体判断型句子与范畴句构成的对子，完全与语法主语无关。这对依据主语名词短语的语法表现来定义整体判断型句子而言，是一个明显的问题。如下面捷克语例子所示：[22]

（4.10'）a. V za'dech mě bolí. "My back HURTS."
我背**疼**。
In back-LOC me-ACC hurt-3sg
（In back-方位格 me-宾格 hurt-单三形式）

b. Bolí mě v za' dech. "My BACK hurts."
我背**疼**。

4.10'a 和 4.10'b 之间的信息结构对比，与 4.10 中句式变体之间的信息结构对比完全相同，但有一个结构上的差异，即英语中的主语在捷克语中是方位介词短语。（在语义上，方位格标记受身体部位论元是疼痛的"场所"这一事实所驱动。）尽管该介词短语不像我们所期望的那样，具有主语的典型编码属性（即格标记、一致性），然而，它具有所需的关系属性，即它像英语句子中的主语一样，具有疼痛所在部位的语义角色，且是谓语 bolí（疼）的逻辑主语。另外，在意大利语中，它出现在我们所期望的位置：在范畴判断型句子中，它位于动词前；在整体判断型句子中，它位于动词后。介词短语拥有主语的特异论元属性。因此，4.10'b 可归入"整体判断型句子"范畴。

4.2.3 话题性非主语成分和多话题句

我们在前一节对整体判断型句子的分析，证实了主语未必是话题。接下来，我们将要对话题未必是主语进行论证。例如，上文例 4.20 是整体判断型句子，其话题表达就不是主语。另一个例子是 3.29 中的句对。为方便起见，我们在此抄录一遍：

（3.29）　a. Pat said she was called TWICE.
　　　　　　帕蒂说她被打了**两次**电话。
　　　　　b. Pat said they called her TWICE.
　　　　　　帕蒂说他们给她打了**两次**电话。

这两个句子都与 *Pat* 有关，都可以在大致相同的语篇语境中使用，因此两者大体上属于同义表达。所以，第二个例句中的宾语代词 *her* 必然和第一个例句中的主语代词 *she* 一样，是话题表达。我们将叶斯柏森的 PETER said it（回答 *Who said that?*）作为第三个例子，来说明话题表达未必是主语这一观点。在这句话中，主语是焦点，宾语 *it* 是话题，与问句中的代词 *that* 相对应。

　　一种语言中的动词的主语论元，有时在另一种语言中却以宾语论元的形式出现。这一点也证明话题可以由非主语成分承担。我们可以用一个已经提到的例子进行说明。在英语中，动词 *like* 的感受者论元（experiencer argument）是主语，但在西班牙语中，相应动词 *gustar*（喜欢）的感受者论元是宾语（见例 4.2la）。英语谓语 *to be missing sth.* 147 和法语动词 *manquer*（缺少）（见 4.21b）属于同样的情况：

（4.21）　a. Q: What kinds of things do you like?
　　　　　　你喜欢什么样的东西？
　　　　　　A: I like WINE. —Me gusta el VINO.
　　　　　　我喜欢**葡萄酒**。
　　　　　b. Q: What's the matter?
　　　　　　怎么回事？
　　　　　　A: I'm missing a PAGE.—Il me manque une PAGE.
　　　　　　我少了**一页**。

　　话题可能是一个普遍的语用范畴。因此，假定例 4.21 答句中的相关句子可以在相同的语篇环境中使用，如果说只有英语的主语代词是话题表达，而西班牙语和法语的宾语代词不是话题表达，就会显得很荒谬。最后，我们再以话题化构式（topicalization construction）为例进行说明。在话题化构式中，非主语成分被放在通常由话题型主语占据的句首位置，从而被标记为话题表达，即"被话题化"。

　　通过话题化构式，我们还可以解决另一个难题，即一个句子是否可以包含多个话题的问题。在话题化过程中，非主语成分会变为话题。但这并不意味着主语在这个过程中必然失去话题地位。因此，这类句子可能会有两个话题表达。请看下面的实例：

（4.22）　Why am I in an up mood? Mostly it's a sense of relief of having finished a first draft of my thesis and feeling OK at least about the time I spent writing this. The product I feel less good about.
　　　　　为什么我心情不错？主要是因为我完成了毕业论文的初稿，这让我松了一口气，至少对花在这篇论文上的时间感到**还算满意**。我对产品感觉不太好。

可以说该文本的最后一句话有两个话题和两个相应的话题表达，即话题化的宾语名词短语 *the product* 和主语 *I*。这两个词在形式上都有标记，即词汇名词短语在句中没有位于典范的位置上、代词 *I* 不重读。主语 *I* 是话题性的，因为 4.22 中的整段话，包括最后一句，都是关于写信人及其感受的。我们可以称之为**主要话题**（PRIMARY TOPIC）。但最后一句话，除了传递有关作者的信息外，还意在传递与作者有关的"产品"即论文的信息。读者了解到一个与该产品**有关**的事实，即作者对其不太满意。我们可以将该论文称为**次要话题**（SECONDARY TOPIC）。

　　既然作者和产品都被预设为讲话之时所要讨论的话题，那么我们就可以认为这两个所指对象在句子中存在着某种关系。因此，我们可以说，这句话的目的，是告诉受话者命题论元的所指对象之间**关系**的性

148

质。我们可以将 4.22 中的情境大致解释如下：假如作者和论文是要讨论的话题，读者从这几句话可知，两者之间的关系是主语与谓语 *feel less good about* 的宾语之间的关系；主语是感受者，而宾语是主题。因此，包含两个及以上话题的句子，除了传递有关话题所指对象的信息外，还传递它们作为命题论元时**相互之间关系**的信息。我们之所以说该命题与这种关系**有关**，是因为在说出这句话之前，两个（或两个以上）话题之间的关系已经得到确立。因此，这类句子中的断言，就是对这种关系性质的陈述。[23]

一个小句或句子可以有一个以上的话题，对此可能会有人提出反对意见，其理由是这会使话题的概念变得空洞或近乎空洞。例如：

（4.23） Q: What ever became of John?

　　　　约翰后来怎么样了？

　　　　A: He married Rosa, but he didn't really love her.

　　　　他娶了罗莎，但他并不真的爱她。

难道说在例 4.23（例 4.9 的变体）的答句中，*he* 和 *her* 都是话题表达吗？毫无疑问，在例 4.23 中，答句的主要目的是提供有关约翰的信息，而代词 *he* 出现了两次，必定是话题表达。但这并不意味着非重读代词 *her* 不是话题表达。虽然这句话主要增加了我们对约翰的了解（即约翰是主要话题），但它也使我们对罗莎有了更多了解，因为从中可知她丈夫不爱她。在说出 *he didn't really love her* 这句话的时候，约翰和罗莎都是被讨论的对象。这句话的交际目的，就是让受话者了解这两个话题所指对象之间关系的性质。

请注意，虽然我们可以说小句 *he didn't really love her* 与两个论元之间的关系**有关**，但小句 *He married Rosa* 与两个论元之间的关系**无关**，因为在该小句中 *Rosa* 是首次被提到的。在后一个小句中，*Rosa* 与命题的话题无关，而是与命题的焦点有关（详见 5.1 节）。这两个小句的语用差异在形态句法上是有标记的：两个话题表达都是非重音代词，而焦

149 点表达是位于典范的宾语位置上的重读词汇名词短语。在法语这样的语言中，焦点宾语论元和话题宾语论元在形式上的差异尤其明显。在法语中，当宾语论元与命题存在焦点关系时（*Il a épousé Rosa*［他娶了罗莎］），宾语论元出现在动词之后；当宾语论元与命题存在话题关系时（*mais il ne l'aimait pas vraiment*［但他并不真的爱她］），宾语论元与主语一起置于动词之前。[24]

he didn't really love her 这一小句可以出现在 4.24 的语境中。这表明，我们可以很自然地进行这样的语用识解，即该小句所传递的信息与 *her* 的所指对象以及 *he* 的所指对象有关：

（4.24） a. As for Rosa, John didn't really love her.
  至于罗莎，约翰并不真的爱她。

b. John said about Rosa that he didn't really love her.
  在谈到罗莎的时候，约翰说他并不真的爱她。

在这两句话中，第一部分的语法目的是对其后的命题进行标记，以表明这两个命题与 *Rosa* 有关。因此，通过这两句话的第一部分，*her* 的话题身份得到明确。我们可以用 *as-for* 构式和 *about* 构式来检验一个表达的话题身份。我们将在下一节对此作进一步的讨论。

对于一个句子可以有多个话题的观点，莱因哈特明确提出反对意见（Reinhart 1982）。莱因哈特认为，在谈论某一话题的时候，在之前语篇中已经提到的个体，或在语境中可通过语用方式唤起的个体，尽管很有可能被再次提及，但在一个句子中，只有一个表达可以充当话题。为证明这一点，莱因哈特以某个对话录音中的简短文本为例进行了讨论（Shimanoff，文字转写引自 Ochs 1979: 63）：

（4.25） A Jewish Grandfather (G) has been talking about the fact that his grandson is difficult to please. He gives one example—oatmeal.
  G: And it's uh got ta good taste, its good. And the cereal—grandma e don't like cereal but she finished to the last (dish) and I enjoy—I like it too.

It's tasty! And I uh (1.2). He didn't want the cereal, doesn't eat. I said,
"Todd, it wouldn't kill ya, taste it!" ...

一位犹太爷爷（G）一直说他孙子很挑食。他用麦片作例子来印证他所说的话。

G: *嗯味道很好，很好。麦片——奶奶呃不喜欢麦片，但她一直吃到最后一盘（菜），而我很爱吃——我也喜欢。真好吃！我呃（1.2）。他不想吃麦片，不吃。我说，"托德，吃一点死不了，尝尝吧！"*

莱因哈特认为，在开头的每一个句子中，一直到表示停顿长度的括号，话题都是麦片，停顿之后，所有句子的话题都是老人的孙子。在第二部分，尽管麦片仍然生动地呈现在对话者的意识中，尽管它被多次提及，但它已经不是话题了："在此之前，言者所关心的是麦片的特点（如每个人都喜欢这种食物），而现在，言者关心的是孙子的特点（即他不愿吃爷爷认为很好的麦片）。"（Reinhart 1982）

据我所知，没有语法证据支持莱因哈特的说法。在我看来，莱因哈特似乎想通过这个例子，来揭示在语篇的特定点上不同话题所指对象在语用**突显性**上的差异，而不是话题和非话题之间的差异。很明显，在文本的第一部分，麦片更为突显，而在第二部分，孙子更为突显。尽管较突显的话题未必总被编码为主语，但被编码为主语的概率往往会更大。该事实所反映的就是这种突显性差异。但目前我们尚不清楚，阻止 *it wouldn't kill ya* 中的代词 *it* 拥有话题身份的原因。同样，在 *grandma e don't like cereal but she finished and I like it too* 中，名词短语 *grandma* 和 *I* 都不是话题，除了语用突显，似乎没有任何原则性的理由能阻止它们获得话题身份。所有包含两个话题表达的句子都有一个共同点，即两个表达的所指对象都可看作说话之时"正被讨论的"事物，而且两者之间存在某种关系。而这些句子所传递的，就是与该关系相关的信息。

4.3　话题、预设和语义解释

用关涉性和语境关联来对话题进行定义，就蕴涵着话题和语用预设之间存在固有的关系。由于话题是已经确立的"当前所关注的事物"，是要通过话语**添加**新信息的事物，因此，要使命题被识解为与话语所指对象相关，该所指对象显然必须是语用预设的一部分，即它必须是"已在讨论的事物"，或通过上下文可以推及的事物。我们可以说，对于以 X 为话题的句子而言，"X 是正在讨论的事物"或"X 将被断言为某个事物"是关联性预设（详见 2.3 节）。[25]

正是话题和预设之间的这种关系，才促使学界使用问答检验法来确定句子话题。例如，对于 4.2a 中的 *The children went to school*，我们可以将其识解为一个答句，而相应的问句与其主语名词短语的所指对象有关，从而确定该主语名词短语是话题表达。由于该所指对象在问句中已被触及，因此有可能被识解为答句所需的语用预设中的一个要素。唤起命题"孩子们是正在讨论的对象"或"要对孩子们做出某种断言"的，是 4.2a 中答句的预设结构。请注意，这并不是说，主语名词短语的所指对象在语篇中151 是**活跃的**。该所指对象的话题性质是它与所断言的命题之间的语用关系；该所指对象的活跃性是交际场景的特征。活跃的所指对象与命题之间也可能存在**焦点**关系。这一事实说明，语用关系与语用属性不完全相同（参见3.5 节）。我们将在 4.4 节对话题和激活之间的关系进行更深入的探讨。

毫无疑问，话题与语用预设之间的内在联系，导致学界在术语使用上形成了一种普遍的习惯，即把句子的话题视为"预设的"。这种习惯具有误导性，就如同将定指名词短语，甚至其所指对象，视为"预设的"一样具有误导性（参见 2.3 节中对例 2.12 的讨论）。任何预设的事物，例如共同的信仰或知识，在本质上都是命题性的，但在大多数情况下，话题的所指对象不是命题，而是实体。此外，命题性话题不是谓语，而是谓语的论元，或谓语的附属成分。我们在对例 4.2b 的讨论中曾提到，我们不能将话题看作预设，也不能将预设看作话题。在话题–评述关系中，所预设的不是话题本身，也不是话题的所指对象，而是话题所指对象在相关命题中应该发挥的作用。这是因为话题所指对象是会话的兴趣中心或关注事物。正是这个属性将话题论元和焦点论元明白无误地区分开来；在讲话的时候，焦点论元在命题中的作用总是无法预测的（详见 5.1.1 节）。因此，我们不应该说话题的所指对象"是已经预设的"，而应该说，鉴于它的语篇身份，我们预设它将在相关命题中发挥作用。为表明某一项目位于预设域内，或属于该预设，我们将用"**位于预设之中**"（in the presupposition）来表述。"位于预设之中"这个表达与 5.1.1 节中将要介绍的"位于焦点之中"（in focus）相似。

我们曾在上文提到，为确定一个表达的话题身份，人们将 *as-for* 构式（Kuno 1972，Gundel 1976）和 *about* 构式（Reinhart 1982）用作检验手段，而这种用法背后的动因是话题和预设之间的关联。在 *as-for* 检验中，公认的话题表达的所指对象，首先作为 *as-for* 这一表达的补语，被编码在句前位置，然后在句中出现时以代词形式替代，典型情况下充当句子的主语，但如例 4.24 所示，也未必都作句子的主语。因此，*as-for* 构式是分离构式（detachment construction）或偏置构式（dislocation construction）中的一个子类（见下文 4.4.4.2 节）。我们将 *as-for* 检验用于例 4.1，得到 4.1' 中的结构：

（4.l'）As for the children, they went to school.
　　　　至于孩子们，他们上学去了。

在 *about* 检验中，包含公认话题表达的句子被嵌套在一个母句之中，该母句包含介词 *about*，其补语是公认话题名词短语，如：

（4.1"）He said about the children that they went to school.
　　　　他谈到孩子们，说他们上学去了。

　　as-for 检验和 *about* 检验都是由两部分组成的句子，**前一部分**将话题所指对象作为预设提出来，**后一部分**是一个小句，表达的是与话题所指对象有关的命题。请注意，要恰当使用 *as for NP* 这一短语（以及其他语言中的类似短语），前提是在使用该短语的时候，*NP* 的所指对象已经是语篇中的潜在话题，也就是说其所指对象在上下文中是可及的（参见 Ochs Keenan & Schieffelin 1976b）。我们不能将 *as-for* 构式用于一个全新的所指对象，如 *As for a strange guy, I saw him last night*（* 至于一个陌生的家伙，我昨晚见过他），将其用于不活跃所指对象也是极不合适的。像 *As for your brother, I saw him last night*（至于你哥哥，我昨晚看到他了）这样的句子，只有当这个哥哥属于正在讨论的所指对象集时才是合适的。在这种情况下，值得注意的是，*as-for* 短语的功能**只是**用来确立话题。*As for WHOM did they go to school?*（* 至于**谁**，他们上学去了？）或 *They went to school as for the CHILDREN*（* 他们上学去了至于**孩子们**）这类句子之所以不可接受，就是因为这类句子的话题已经得到确立。

　　据我所知，*as for* 是英语中唯一不能用作焦点表达的短语成分。在承认话题和语用预设之间存在内在关系而非完全相同之后，我们就能够对句子成分的话题身份，与该成分所在句子的语义解读之间的某些相关性进行理解了。在 2.3 节中，我们曾提到语用预设命题的真值不受否定或情态的影响，因为预设命题的内容必然是"对话者视为理所当然的事物"。由于话题是由句子所唤起的语用预设中的一个要素，在某种意义上，话题本身必然是被认为理所当然的事物，因此在断言中必然位于否定或情态的范围之外。

　　在对各种否定进行描述时，佩恩（Payne 1985: 199ff）观察发现，我们对句子否定的理解方式，取决于句子的"语境音显"（contextual articulation）：

　　　　当句子的语境音显发生变化时，否定的表观范围（apparent scope）也会变化，因此被否定的是语境上自由的信息。因此，在句子否定中，否定元素在语义上介于语境上黏着（contextually bound）元素和语境上自由（contextually free）元素之间。

佩恩的"语境音显"概念与我们在第五章提出的"焦点结构"密切相关，他的"语境上黏着的"相当于我们提出的"位于预设中的"。为了判断否定的范围，佩恩提出了一种诊断方法，即 *I say of X that it is not true that Y*（说到 X，我认为 Y 不是真的）这类释义公式，"其中 X 包含了黏着元素，Y 包含了自由元素，而否定词将两者联系起来。"如果整个句子在语境上是自由的，那么 X 可以不出现。

有了佩恩的诊断方法，让我们对例 4.2 中 a、b、c 三个答句的相应否定形式进行分析：

（4.26）　a.　The children didn't go to SCHOOL.
　　　　　　　孩子们没有去上**学**。

　　　　　b.　The CHILDREN didn't go to school.
　　　　　　　孩子们没有去上学。

　　　　　c.　The CHILDEN didn't go to SCHOOL.
　　　　　　　孩子们没有去上**学**。

4.26a 是话题–评述型句子，我们可以将其换言释义为"说到孩子们，我认为他们去上学了是不真实的。"该句的主语名词短语是受语境约束的话题成分，不在否定范围之内。4.26b 是一个识别型句子，我们可以将其换言释义为"说到 X 去上学，孩子们是 X 是不真实的"。这个释义很不自然，而这种不自然源自我们在前面提到的一个事实，即预设的开放命题不是话题，我们无法对其进行恰当断言。该句的主语名词短语位于否定范围之内。4.26c 是一个事件–报道型句子（即整体判断型句子），我们可以将其换言释义为"我认为孩子们去上学了是不真实的。"因为这个句子既没有话题，也没有预设的开放命题，所以语境黏着元素 X 为零形成分。4.26c 154 的主语与命题的其余部分一起，位于否定范围之内。顺便提请大家注意的是，这种语义分析与马蒂将整体型陈述定义为"逻辑上简单的"判断是一致的。[26]

话题不在否定的范畴之内。该事实在句法上有相应的表现，如德语中被话题化的名词短语的行为，就是这种表现的例子。如：

（4.27） a. Er ist kein ARZR.

他不是医生。

b. Ein Arzt ist er NICHT.

医生他不是。

c. *Kein Arzt ist er.

* 不是医生是他。

d. Kein Arzt kann dir HELFEN.

没有医生能帮你。

e. Ein Arzt kann dir nicht HELFEN.

医生帮不了你。

当名词 *Arzt*（医生）处于谓语或评述的位置时，如 4.27a，否定语素必须与不定冠词 *ein*（一）融合成否定限定词 *kein*（没一个）。这句话可以换言释义为"说到他，我认为他是医生不是真的。"如果名词 *Arzt* 被话题化，如 4.27b 中那样，就导致话题性主语 *er* 被置于动词之后，否定语素以 *nicht*（不）的形式仍处于谓语位置，而话题化的成分就作为非定指规则（类属）名词短语出现。4.27b 有两个话题，我们可以将其换言释义为"说到他和医生之间的关系，我认为是不存在的。"我们可以从 4.27c 发现，我们不可能将 4.27a 中的否定名词短语 *kein Arzt*（没医生）话题化，也就是说，它无法出现在将其标记为话题的结构中。4.27d 表明，4.27c 不合语法，不是因为名词短语的位置，而是因为否定范围和话题身份之间是不相容的。句子 4.27d 是符合语法的，因为德语和英语一样，其主语在话题–焦点的区别上是无标记的。4.27d 的意思与 *There is no doctor who can help you*（没有医生可以帮你）这个双小句序列相似，其中 *doctor* 是焦点成分。最后，

4.27e 所例示的是无标记话题-评述结构，其中用于泛指的话题性主语位于否定语素 *nicht* 之前。这句话可以换言释义为"说到医生和你之间的关系，我认为一个医生可以帮你是不真实的"。

话题必须存在于预设之中，即理所当然是句子所唤起的语用预设的要素。从这一事实推断，话题表达的所指对象必然被预设为已经存在。因此，当主语是话题时，主语名词短语的所指对象必然被预设为已经存在。然而，谓语中的名词短语，即无标记焦点，是没有这种预设的。在对话题-评述型否定句进行语义解读时，这会产生有趣的结果。请看 4.28 中的两个句子：

（4.28）a. John isn't my FRIEND.　　　　　　　　　　　　　155
　　　　　约翰不是我的**朋友**。

　　　 b. My friend isn't JOHN.
　　　　　我的朋友不是**约翰**。

4.28a 在语义上预设了存在一个名为"约翰"的人，在语用上预设了这个人对受话者而言是可识别的，并且是正在讨论的话题。但它并没有预设言者有朋友。没有朋友的人说这句话都具有真值。另一方面，4.28b 预设着言者确实有朋友，如果该预设不成立，那么言者这样说就不恰当了。当然，我们可以通过元语言言语行为（metalinguistic speech act）来**取消** 4.28b 所唤起的预设，如用特殊语调说 *My friend isn't John*、*I don't have any friends*（我没有朋友）等。但这仅仅意味着言者觉得有必要纠正受话者的错误假设。我认为，该句的话题-评述型结构是需要这种预设的。而通过元语言言语行为可以将预设取消并不能说明我的观点不成立。[27]

我认为，话题表达必须要有存在型预设（见 3.2.1 节）。根据话题的语篇功能，这种要求可以在语用上得到很好的解释。很明显，一个命题要与某个话题相关，且该话题要成为语篇中的一个关注点，就必须**存在**一个实体或一组实体，而这些实体可以由话题表达进行标示。然而，从信息结构的角度来看，重要的不是实体的简单存在，而是它为**对话者论域中的一**

部分。话题表达不能仅仅是指称性的，它还必须对一个语篇所指对象进行标示。卡图南引用了一个最小对立对，来充分展示对语篇所指对象进行标示的表达与不进行标示的表达之间的区别（Karttunen 1969）：

（4.29）a. Bill has a car. It is black.
　　　　　比尔有一辆汽车。它是黑色的。

　　　　b. Bill doesn't have a car. *It is black.
　　　　　比尔没有汽车。* 它是黑色的。

与 4.29a 不同的是，4.29b 中的名词短语 *a car* 在语篇中不是指示性表达。正如卡图南通过观察所发现的，只有当非定指名词短语可以通过回指代词进行照应时，该名词短语才能确立一个语篇所指对象。4.29b 中的代词 *it* 是不恰当的，因为该代词要和语篇中某个实体形成照应，但语篇中并没有已经得到确立的实体供其回指。

话题表达要对语篇所指对象进行标示，这一要求意味着只有**指称表达**（REFERRING EXPRESSIONS）才能成为话题。例如，像 *It is raining*（在下雨）中不能重读的 *it* 或 *There's nobody in the room*（房间里没人）中表示"存在"的 *there*，是不能充当话题表达的。通过上述话题检验手段，很容易证明这一点。相比之下，在 *"There is John!"*（还有约翰！）中，*there* 为重读指示副词，是话题表达。非指称表达不能充当话题这一限制，也适用于所谓的"非定指代词"及其他**量化**表达（QUANTIFIED expression），如 *nobody*、*everybody*、*many people* 等。这解释了为什么例 4.27c 中的名词短语 *kein Arzt*（没医生，不是医生）不能被话题化，也就是说，它不能出现在对话题身份进行标记的位置，而其出现在无标记的主语位置是可以接受的（参见 4.27d）。然而，全称量化的（universally quantified）名词短语有时可以充当话题，只要它们的所指对象与名词短语所标示的整个类同延（coextensive）（参见 Reinhart 1982）。因此，以 *As for all his friends, they...*（说到他的朋友，他们……）开头的句子是可以接受的，而以 **As for some people, they...*（说到有些人，他们……）开头的句子是很难让人接

156

受的。这也解释了为什么 4.27e 中的泛指型非定指代词 *ein Arzt* 可以充当话题表达的原因。[28]

因此，话题表达的所指对象必须是语篇所指对象，即对交谈者而言，它们在语用上必须具有一定的现实性。我认为，这就是基南（Keenan 1974）所谓的"功能原则"（Functional Principle）的要点。基南所关心的不是话题及语用关系，而是主语和句子的语义，但其观察结果很容易用信息结构的术语进行描述。基南将句子的主语短语看作论元表达，将谓语短语看作对某个功能的描述，进而明确表示，对论元表达所指意义（reference）的确定，完全不用参考功能符号的意义。这就是基南提出的功能原则的部分内容。他接着总结道：

> （功能）将主语所指对象和句义（比如说某种情况下的真值）联系起来。因此，要判断一个简单句是否具有真值，我们必须在心理上对主语的所指对象进行识别，然后判断谓语对该所指对象而言是否成立。（Keenan 1974: 299）

如果我们不能识别谓语要描述的实体，就无法评估命题的真值。用语用学的术语来说就是：如果我们不知道话题是什么，我们就无法评估有关该话题的陈述的信息值和关联性。

对交际者而言，有些句子的话题所指对象在语用真实性程度上是不足的，因此很难或无法进行解释。 157

这类句子有一个著名例子，即 *The present King of France is bald*（当今法国国王是个秃子）。这句话给逻辑学家们出了一个难题。首先对其进行讨论的是罗素（Russell 1905）。因为我们不关心句子的意义和真理条件，而是关心话语的信息价值，所以我们不想对该句及类似句子所引起的所谓"真值空缺"（truth-gap）问题进行讨论。我们想做的是从信息结构的角度来分析这个句子。斯特劳森（Strawson 1964）在这方面做出了贡献。其贡献之一是通过观察得到以下结论：

> 对陈述的判断是以话题为中心的。与此相同，对陈述真假的判断，通常也围

> 绕话题展开，尽管话题不是判断陈述真假的唯一条件。当对陈述的真假判断
> 通常情况下以话题为中心的时候，我们可以说，该陈述被看作了**与其话题有
> 关的推定信息**。（Strawson 1964: 97）

我之前曾做过研究，发现语言使用者会不自觉地为孤立的句子提供语篇语境，以便将主语作为话题进行理解。斯特劳森的观察与我的这项研究相关。我们很难对罗素这句话的真值进行判断。根据斯特劳森的分析（我们稍微调整了术语），我认为之所以判断起来比较困难，是因为这句话的预设结构在句法上没有标记，它虽然暗示一个所指对象是话题，但在没有语境的情况下，该所指对象的语用突显程度不够，致使我们无法将其理解为可能的讨论对象。在这个意义上，罗素的这句话与例 4.7 即被撕下一角的反战海报类似。

然而，我们并不是不可能设想出一个语篇情境，在这种情境中，现任法兰西国王确实是一个话题。我们完全可以想象，语篇参与者相信，或者他们表现得好像相信，该短语所标示的个体确实存在。在这种情况下，如果将"当今法国国王是个秃子"这一陈述理解为与该个体有关的陈述，是没有困难的。因此，这句话在语义和语用上将不再让人感到异常。[29]

在这方面，我想提示一下，在法语这样的语言中，信息结构的差异往
158 往在句法上是有标记的，因此几乎不会出现罗素例句那样的逻辑难题。如果将 *l'actuel Roi de France*（当今的法国国王）这一短语识解为话题表达，那么它很可能出现在右分离位置或者左分离位置，即该句将是 *Le Roi de France il est chauve*（法国国王秃顶）或者 *Il est chauve, le Roi de France*（他秃顶，法国国王）。如本人（Lambrecht 1981）的研究所示，只有在名词短语所指对象具有语用可及性的语篇情境中，这两种具有话题标记的构式才能得到恰当的使用。在这种情况下，我们可以对句子的真值进行正常评估。另一方面，如果这句话是"出乎意料地"说出来的，且法国国王不是一个具有可及性的话题所指对象，这种可及性上的欠缺也必须通过句法形

式表达出来。因此，该命题很可能以整体判断型句子 *Il y a le Roi de France qui est chauve*（字面意思是"有法国国王，他是个秃子"）的形式出现，其中所指对象在形式上作为非话题成分进行标记。在这种情况下，通过确定该句所宣称的"事件"是否正在发生，我们似乎也可以给该句赋予真值。

　　值得一提的是，罗素最初提出的逻辑结构是为了解释英语句子所产生的语义问题，而这个法语口语句的双小句分裂结构，以及位于句首的存在或呈介性小句 *Il y a le Roi de France*（有法国国王），与罗素提出的逻辑结构非常相似。如果用通俗易懂的英语来表示（在所指对象的唯一性方面有一个小小的简化），罗素的逻辑结构是 "There is the King of France who is bald"（有法国国王，他是个秃子）。罗素的结构和法语口语句子的重要区别在于，法语中的名词短语 *le Roi de France* 是**定指的**，表明其所指对象在语篇中被视为可识别的实体。这意味着，在语用上，所指对象的存在被认为是理所当然的。要正确使用这个整体判断型构式，关键是语篇中所指对象的激活状态（见 Lambrecht 1988a）。

　　一个表达必须有一个所指对象来充当话题，而且该所指对象在对话者的论域中还必须在语用上得到确立。这一点在下面电话交谈的实例中得到了证实。言者 A 要与言者 B 不认识的一个人通话，但他错拨了言者 B 的 ¹⁵⁹ 电话。

（4.30）A: Is Alice there?
　　　　　爱丽丝在吗？

　　　B: a. There is no Alice here.
　　　　　　这里没有爱丽丝。

　　　　　b. #Alice isn't here.
　　　　　　# 爱丽丝不在这儿。

　　　　　c. #She isn't here.
　　　　　　# 她不在这儿。

　　　　　d. #No.
　　　　　　# 不。

值得注意的是，在这个电话交流中，即使言者 A 提到了一个名叫爱丽丝的人，也就是说，即使所指对象在被提及之后通常被视为已在语用上得到确立（因此对于代词回指的目的而言其在语篇中是活跃的），言者 B 既不能用回指性话题代词，也不能用话题名词短语来指称此人。相反，为了使句子按照想要表达的意思进行理解，*Alice* 这一名词短语必须出现于动词后焦点位置，作整体判断型句子的主语，就像在答句 a 中一样。之所以如此，是因为在会话交流中，缺少了使 *Alice* 这一个体充当话题所需的语用预设。尽管名词 *Alice* 是一个指称表达，但它不能充当话题，因为它在言者的论域中没有对语篇所指对象进行标示。

对当前的讨论而言，尤为重要的是，4.30b、4.30c 和 4.30d 这三个答句是不恰当的，且具有误导性，即使它们表达了**真实的陈述**（即使言者 B 不认识那个人，他也可以如实说此人不在他家）。这些答句的不当性让人想起例 3.23 即 *"Where is he?"* 的语篇情境。我曾在第二章强调指出，对句子的信息结构而言，关键不是它所表达的命题的真值，而是它在特定语篇中的**信息值**。这种信息值不仅取决于句子的意义，还取决于句子所处的预设情境。

可能会有人反对这种分析，认为例 4.30 所展现出的不当性不属于信息结构问题，即语法问题，而是会话含义问题：在特定的情境中，用"不"来回答言者 A 的问题，所提供的信息就会太少，也就是说，这个回答违反了量的准则（maxim of quantity）。我认为这个解释的方向搞错了，因为它倒置了本末。实际上，这句答话违反会话准则的原因，正是**因为** *Alice is not here* 这句话的信息结构，其中 *Alice* 是话题表达。如果名词短语的话题身份在该句的句法上没有得到暗示，那么人们就不会觉察到违反了准则。

4.4 话题与所指对象的心理表征

4.4.1 话题关系及激活状态

与可识别性概念和激活概念相关的，是在会话过程中对话者头脑中语篇所指对象的表征**属性**。将话题定义为与命题有一定**关系**的所指对象，就使话题概念与可识别性概念、激活概念存在本质的区别。这些所指对象的心理表征，与其作为命题元素所形成的语用关系是有区别的。这种区别与第 2.2 节中所讨论的"新 / 旧所指对象"和"新 / 旧信息"之间的区别有关。该区别与"新 / 旧所指对象"和"新 / 旧信息"之间的区别一样，在语篇–语用文献中常常被忽视。

　　下面我们以普林斯（Prince 1983）对英语话题化构式（topicalization construction）的分析为例进行说明。普林斯认为，话题化有两个语篇功能，其中一个功能是"将名词短语所表征的实体标记为在语篇中已**被唤起**，或者将其标记为与其他事物之间存在显著的**集合关系**（SET RELATION），而后者要么在语篇中已被唤起，要么可以从语篇中推理出来"（Prince 1983: 4）。普林斯引用了其他几个话题化实例，并以此为基础进行了阐述，其中包括以下两例（话题化的名词短语用斜体表示）：

（4.31）(=Prince's 22a) [I graduated from high school as] an average student. My initiative didn't carry me any further than average. *History* I found to be dry. *Math courses* I was never good at. I enjoyed sciences ... Football was my bag. (Terkel 1974: 590)

（［我高中毕业时是］一名中等生。我的学习积极性一般般。*历史*我发现很枯燥。*数学课*我从来都不擅长。我喜欢科学……足球是我的最爱。[Terkel 1974: 590]）

（4.32）(=Prince's 22b) Sunday I was taking paper and pasting it together and finding a method of how to drop spoons, a fork, a napkin, and a straw into one package. *The napkin feeder* I got. *The straw feeder* we made already. That leaves us the spoon and the fork. (Terkel 1974: 516)

（星期天我拿了纸并把它粘在一起，想办法把几把勺子、一把叉子、一块餐巾和一根吸管包在一起。*餐巾纸盒*我拿到了。*吸管盒*我们已经做了。就剩勺子和叉子了。[Terkel 1974: 516]）

在这些例子中，话题化名词短语的所指对象，展现了我所说的文本可及性和推理可及性的激活状态（3.3.1 节）。普林斯认为，名词短语 *history* 的所指对象"可以通过从集合到元素的方式，从一个集合中推理出来，该集合虽然没被提及过，但它本身显然可以从高中"框架"中推理出来"（Prince 1983: 6）。例 4.31 和例 4.32 中的其他话题化表达有着与此类似的激活状态。

　　我认为，对英语话题化名词短语激活属性的描述是正确的，也富于启发性。但我认为，普林斯提出的话题化语篇功能的一般定义，在一个至关重要的方面存在缺陷。如果说话题化的功能之一是将名词短语所表征的实体"标记"为"处于"激活状态，似乎具有误导性。如果话题化的功能之一是将所指对象标记为可以推理的或者可及的，对于 4.31 中非话题化的名词短语 *sciences* 和 4.32 中的 *the spoon and the fork*，我们将无法对它们的身份做出解释。这些名词短语的所指对象，与话题化成分的所指对象一样，拥有完全相同的激活属性，但它们在句子中位于典范的宾语位置，而不是被置于句子的前部。这些文本中所有相关的名词短语，无论是否被话题化，都有言者所假定的听者能以某种方式获取的指称对象。这些指称对象的认知状态是它们在特定语篇语境中的临时**属性**，与它们作为命题元素所建立的**关系**无关。

　　我认为，话题化的功能不是对所指对象的激活状态进行标记，而是将名词短语的所指对象标记为命题中的某种**话题**，在该命题中，它是一个论元，并且作为推论，将该命题标记为与这个话题的所指对象相关。这种句法标记是必要的，因为在具有无标记预设结构的句子中，充当宾语的重音名词短语不是话题，而是焦点成分。（在英语中，充当话题的宾语名词短语，也能以非重读的形式出现于典范的动词后位置上；但如果以非重音形式出现，它们就缺少了位于动词前时所具有的"对比"价值，或者"对所指对象进行确立"的价值；参见 5.5 节和 5.7 节的讨论。）

　　下面是另一个多重话题化实例。该例表明，这种构式的语篇功能不能仅仅通过激活状态来描述。例 4.33 是我六岁女儿给我看她贴纸簿中新添藏品时所说的话：

（4.33） This one we traded, this one we traded, this one she let me have, this one she let me have, this one we traded, she let me have this one, this one we traded.

这张是我们交换的，这张是我们交换的，这张是她让给我的，这张是她让给我的，这张是我们交换的，她让给我了这张，这张是我们交换的。

this one 这一短语在该文本中共出现了七次。我女儿将这些图片放在我们 162 面前的桌子上，并在交流中指给我们看，所以它们的所指对象在言语情境中均具有高度可及性。而且除了一例之外，其他都是被主题化的。显然，该短语的主题化用法及其典范用法之间的区别，不能用它们各自所指对象的认知状态进行解释。两者之间的区别，与所指对象和命题之间关系的性质有关。在倒数第二个小句中，言者将名词短语 *this one* 留在宾语这一典范的位置上，是想将其所指对象标记为命题的焦点而非话题，也就是说，将其标记为命题中的不可预知元素，以便引起听者的特别关注。在本例中，言者将话题关系转换到焦点关系，可能是想利用焦点关系中固有的不可预期性（unexpectedness），来达到修辞目的。

我坚持将语用关系和语用属性区分开来，并**不是**否认指称对象的话题功能与其认知激活状态之间存在相关性。事实上，为了使一个所指对象**能够解释为**某个命题的话题，也为了使这一命题**能够解释为**对该话题相关信息的表达，这个话题所指对象必须具有某些激活属性；对英语中的话题化构式而言，这些激活属性正是普林斯所指出的属性。普林斯声称，如果言者不能就话题化名词短语在语篇中的身份做出必要的推论，就不能对例 4.31 和 4.32 中的句子进行有效的认知加工。我认为普林斯的观点是正确的。这些句子之所以无法得到有效的认知加工，是因为只有当话题的所指对象具有一定程度的语用可及性时，所指对象与命题之间的话题关系才能得到有效识解。话题化构式通过其预设结构，引导听者对某个句法构型（syntactic configuration）中名词短语的认知可及性**加以利用**。我们在前面讲过，此处的语用可及性并不是某个所指对象在人们头脑中的认知状态，而是被激活的可能性；参见 3.3 节和 3.4 节。

我们认为，正是可解读性这一条件，为话题功能与话题所指对象的激活及可识别性之间的关系提供了最好的解释。言者在为某个句子选择话题时，就是在交际中选定新信息的"起始点"，也就是与其想要传递的信息有关的实体。但是，在做出这种交际决策之前，言者必须就说话之时话题所指对象在受话者头脑中的状态做出某些假设。在这些假设的基础上，言者再做出决定，来选择对话题进行编码的句子形式。然而，在句子中，某个所指对象具有充当话题所需的激活属性，并不意味着它一定会被编码为话题。认知可及性只是使用话题化构式的必要条件，却不是充分条件。这一点很重要。在前一章，我们对例 3.27 和 3.28 中名词短语 *his lover* 的两种句法编码进行了讨论，并对这一点进行了强调。在上文例 4.31 至 4.33 中，话题化名词短语和非话题化名词短语的认知相似性清楚地说明了这一点。

话题功能与所指对象的临时认知状态之间存在间接却很必要的关系。在语义学领域存在类似的关系。这种相似之处很有启发性。在语义分析中，"施事""感受者""受事"等是谓词论元的语义格角色，而**生命度**（ANIMACY）等是充当这些角色的名词短语的内在语义属性。我们有必要将论元的语义格角色和充当语义格角色的名词短语的语义属性区分来开。然而，语义角色和语义属性之间存在必然的联系。在下面的引文中，科姆里（Comrie 1981）对这种关系的实质给出了很好的解释。科姆里认为，"施事""力量""工具""感受者"和"受事"格角色不是一组互不相联的语义角色，而是"控制连续统"（continuum of control）上的不同点。科姆里是这样解释的（强调部分是我们添加的）：

控制连续统以及感受者与受事之间的区别似乎都与生命度有关。但事实上，保持两者之间的界限是至关重要的。像控制和感受者这样的概念，是指**谓词与其论元之间的关系**。然而，生命度的高低……与**名词短语的内在属性**有关，而与它们在某个构式中充当的角色无关。因此，名词短语 the man 的生命度总是很高的，但它在控制程度上会有所不同，如在 the man deliberately hit me（这人故意撞我）中的控制程度很高，在 I hit the man（我撞了这个人）中控制程度就极低，而根据不同的解读，其在 the man rolled down the hill（这个人滚下山了）中的控制程度既可以高也可以低……。概括而言，名词短语具有较高的生命度，是其具有较高程度控制力或被理解为感受者的必要条件，但不是充分条件。(Comrie 1981: 55f) 164

科姆里将谓词与论元之间的语义关系和名词短语的内在语义属性区分开来，而我们对所指对象的语用关系和语用属性进行了区分，二者显然是一致的。生命度较高是控制程度较高的必要条件；同样，激活程度较高至少是可及性程度较高、所指对象被理解为话题性程度较高的必要条件。但是，高生命度不是保证高控制度的**充分条件**；同样，高激活性或高可及性也不是保证命题中所指对象具有话题功能的充分条件。活跃的或可及的所指对象既可表现为话题表达又可表现为焦点表达，这要根据它在命题中所扮演的语用角色而定。

所指对象必须具备一定程度的可及性，才能被理解为话题。这一事实的根源在于，话题是通过语用关涉（pragmatic aboutness）和关联（relevance）进行定义的。要想将一个陈述理解为与某个话题相关的信息，言者必须假定听者发现该陈述在言语情境中与这个话题是相关的。但是，要使一个陈述与一个话题相关，该话题本身必须是**当前的兴趣点**。然而，要使某个话题成为当前的兴趣点，显然它必须被假定为"当前的"，即它要么在语篇中已经得到确立，要么很容易与已经确立的话题联系起来。当然，一个话题在何种程度上被认为是当前的，最终取决于言语行为参与者，而且在一定条件下，即使话题在当前的语篇中没有出现，言语行为参与者也可以将它们理解为当前的。因此，用关涉性来对话题进行定义，就必然要求话题具有认知可及性。在某种意义上，只有当一个所指对象作为语篇中新信息的起始点而已经具有可及性时，我们才能"添加"有关该所指对象的信息。

本节阐述了话题和所指对象认知状态之间的关系，作为总结，我想再次强调以下几点。具有"旧的"所指对象的语言表达既可充当句子的话题，也可充当句子的焦点，有鉴于此，所指对象的语用关系与语用属性之间不可能存在一一对应的关系。因此，断言句子的话题是"旧信息"，至少可以说具有误导性。在对话题的讨论中，人们却常常将句子165的话题看作旧信息。然而，如果断言所指对象的语用关系与语用属性之间完全没有必然的联系，则同样具有误导性。这就是我们将在下一节论证的内容。

4.4.2 话题可接受性度标

作为话题的所指对象，要有一定程度的语用可及性。由此可以得出，话题所指对象可及性不足的句子，必然会造成理解上的困难，因此往往被认为是不合语法的。如果我们假设话题所指对象的激活及可识别状态与句子的语用可接受性之间存在普遍关联，就可以对这些理解上的困难进行解释了。这种关联可以通过**可接受性度标**（SCALE OF ACCEPTABILITY）的形式来表示。虽然会有一些跨语言差异，但我们可以通过话题所指对象在句子中的位置，用下面的度标来对该句的语用良构性（pragmatic well-formedness）程度进行衡量：

（4.34）话题可接受性度标

        active（活跃的）   most acceptable（最容易接受的）

        accessible（可及的）

        unused（未使用过的）

        brand-new anchored（全新锚定的）

        brand-new unanchored（全新非锚定的） least acceptable（最不容易接受的）

在认知上最容易加工也最容易接受的句子，是那些话题位于度标最高点的句子，即这些话题的所指对象在语篇中是**活跃的**。这类所指对象之所以是**首选的**话题，是因为在对这类所指对象充当话题的句子进行认知加工时，也要对这类所指对象进行评估，但这种额外的工作是将其从长期记忆中提取出来，或者通过推理将其确定下来，并没有加大对句子进行认知加工所要付出的心力。这些所指对象在语篇中是活跃的，对其进行理解时所需的努力较少，切夫（Chafe 1987）称其为"低成本"努力。活跃的所指对象通常为非重读的，而且是代词（参见 3.3 节），因而首选的话题表达是**非重读代词语素**，也可以是屈折语素或零语素。在法语口语中，首选的小句类型是，出现于句首主语位置的是黏着代词，而非词汇名词短语（见 Lambrecht 1986b, ch.6）。其原因正是这种对活跃话题所指对象的认知偏好。

那些拥有**可及性**所指对象的话题表达，不太容易解读，但仍然可以接受，而且经常出现。命题所表达的是与话题相关的新信息。就可及性话题所指对象而言，在对其所在命题进行理解的同时，还必须付出心力来对话题表达的所指对象进行记忆、推理或者识别。理解命题所传递的信息，和识别与所传信息相关的所指对象，是两项不同的认知活动。我认为两者最好单独进行，即不放在同一个小句加工单元内（clausal processing unit）（参见 4.5.1 节）。我们随后将对此进行说明。在口语中，以及在某种程度上的书面语中，这两项认知活动的区分往往反映在句子的句法形式上。

未使用的话题所指对象是可识别但不活跃的话题所指对象。当表达与 166 此类话题所指对象有关的新信息时，在语用可接受性上就会出现模棱两可的情况。对于以未使用的所指对象来充当话题表达的句子，其可接受性会因语言、语篇类型和言语情境的不同而有很大差异。在这种情况下，所需的认知努力相对而言是"高成本"的。原因在于，理解者除了要对有关某个话题的命题信息进行加工之外，还必须对该话题的所指对象本身进行确定，因为之前它在语篇中没有出现过。当然，对于对话者而言，一些未使用的所指对象可能比其他未使用的所指对象更易获取，句子的可接受性也会相应发生变化。

对听者而言，**全新**所指对象是在传递与其有关的新信息时听者无法识别的所指对象，显然不能作为话题。借助基南的功能原则（Functional Principle），我们很容易对这种不可接受性进行解释。如果听者在心理上无法识别话题的所指对象，她就不能确定对该所指对象的陈述是否正确。这其实是说听者无法理解她所听到的命题信息，只不过换了一种花哨的说法。从某种意义上讲，包含此类话题的句子，提供的信息是不完整的。当听者听到的句子包含不可识别的话题所指对象时，就会被迫"将预测搁置起来"，直到她发现她所收到的信息与何事相关。这就解释了为什么在许多语言中，对出现于句首主语位置上的非定指名词短语（即无标记话题）会有语法限制。

在某些情况下，话题所指对象的前文可溯性（recoverability）不足会导致语用-语义上的不可接受性，从而让人感到句子是劣构的，即便在英语这样的语言中也是如此。珀尔马特（Perlmutter 1970）和久野（Kuno 1972）等学者观察发现，英语中带不定冠词的主语名词短语，不能与某些状态谓语（stative predicate）同现。珀尔马特引用了下面的例子：

（4.35）(=Perlmutter's (25)) *A boy is tall.

　　*一个男孩儿很高。

我认为，这个句子之所以无法让人接受，是因为我们很难想象出这样一个语境，在该语境中，虽然我们不知道主语所指对象的身份，我们对其身高的论断却能给我们提供有用的信息。此类句子没有满足最基本的关联要求。在例4.35中，我们很难将非定指名词短语 *a boy* 的所指对象识解为泛指型的，也很难将其所指对象识解为可识别的，因此该名词短语的所指对象无法充当格言式陈述的话题。这一事实进一步加重了例4.35的不合理性。如果我们能将该名词短语的所指对象理解为泛指型的，即使该句的谓语是状态性的，它也会变得可以接受。像 *A boy is a boy*（男孩是男孩）或 *A boy wants to be tall*（男孩想长得高）这样的句子，理解起来并不像例4.35那样困难。

珀尔马特等学者宣称，例4.35之所以不可接受，是因为非定指名词短语和某些类型的状态谓语之间存在语义不兼容性，更不用说句法上的不兼容性了。然而，导致该句不可接受的原因并非如此，而是话题所指对象的语用不确定性，即理解上的困难。如果我们将例4.35与下面的修改版本进行比较，非定指名词短语和某些类型的状态谓语之间的不兼容性就会清楚地显现出来：

（4.36）A boy in my class is real tall.
　　　　我们班的一个男孩个子真高。

因为例4.36带有被锚定的全新所指对象（参见3.2.1节），尽管其主语名词短语（*a boy in my class*）在形式上仍然是非定指的，尽管其谓语仍是静态的，在没有语境的情况下它显然比4.35更容易让人接受。通过**话题可接受性度标**，我们可以对例4.35和4.36之间的可接受性差异进行预测。在言语参与者的论域中，包含所有男孩的集合在范围上是不明确的。通过在非定指名词短语 *a boy* 中添加 *in my class*，就将该集合限定在言者的班级中，也就是通过指示代词将该集合与言者本人的身份联系起来（即进行锚定），从而大大缩小了集合的范围。作为该集合的一员，所指对象变得更易识别，因此也更容易理解为话题。在例4.35和4.36中，两个非定指名词短语之间存在语用和语义上的差异，以及由此产生的可接受性上的差异。我们需要将可识别性这一认知范畴，与语言特有的定指性（definiteness）范畴区分开来，而可接受性为我们提供了另一个证据（参见3.2节）。

请注意，4.34中的话题可接受性度标仅用来对句子可接受性差异进行解释。句子在可接受性方面的差异，是由语篇中话题所指对象在心理表征上的差异引起的。研究表明，还有其他一些因素会影响语篇中话题的选择，如科姆里（Comrie 1981）所讨论的生命度层级、霍金森和海曼（Hawkinson & Hyman 1975）所讨论的自然话题层级、吉翁（Givón 1976）所讨论的格层级（case hierarchy）等。而话题可接受性度标并没有考虑这些因素。这些层级与名词短语内在的语义属性有关，主要对所指对象在语篇中成为话题的可能性进行说明，而无法对 4.34 中所揭示的句子可接受性程度进行解释。

话题可接受性度标所表达的限制条件，仅用来对那些包含**话题表达**的句子进行解释，对于那些所指对象不是话题的名词短语而言，它们是**没有解释力的**。记住这一点很重要。对于非话题名词短语，4.34做出了不同的预测，而该预测是话题可接受性预测的必然结果：如果一个成分有所指对象，而该所指对象在语境中明显**不可及**，尤其是不可识别，但如果句子仍然具有正常的可接受性，那么该成分在句子中很可能不是话题表达。对**主语名词短语**而言，这一预测尤为重要，因为它们在句中承担的是无标记话题功能。

在有些句子中，其主语的所指对象是不可识别或者高度不可及的，但这些句子是可接受的。这样的例子通常出现在**整体判断型**句子中，尤其是出现于呈介性整体判断型句子中。考虑到呈介型句子的语篇功能，我们不需要对这类句子中为什么会出现不可识别的主语所指对象进行解释。如 4.37 是一个片段，其句首主语名词短语的所指对象是全新的，但它是一个可接受的句子：

（4.37）... and then a BOY came in...
……然后一个**男孩**进来了……

在例 4.37 中，名词短语 *a boy* 不是话题，因为该句的交际目的不是为了传递与某个男孩有关的信息，而是要将某个个体引入文本内世界。[30]与我们所分析的其他例子一样，主语的非话题状态在韵律上得到了突显（见

5.6.2 节）。

在**事件报道**类整体判断型句子中，也存在主语所指对象全新但可以接 169 受的例子。尽管 4.34 中的度标可以预测出 4.35（*A boy is tall*）这样的句子具有较低的可接受性，它却无法对以下语句做出相同的预测：

（4.38） A BOY was run over by a CAR!
　　　 一个男孩被车轧了！

与 4.35 相比，这个句子的可接受性更高，至少在没有语境的情况下是这样的。这是因为与 be tall 这样的状态谓语相比，像 be run over 这样的动态谓语更容易被理解为是对事件的表达。在例 4.38 中，主语名词短语没有被识解为话题，而是被识解为事件的参与者。由于这句话想表达的不是关涉性关系，句子的理解者会认为没有必要在心理上对主语名词短语的所指对象进行识别，以便对谓语所表达的信息的相关性进行评估。因此，这个句子更为自然。

像 4.37 或 4.38 这样的英语例子，其主语是位于句首的非定指名词短语。这类句子的可接受性会因语言不同而不同。在一种语言中，如果话题功能与主语角色和句首位置联系得越紧密，这样的句子就越不容易被接受。例如，在那些允许主谓倒装的罗曼语（Romance languages）中，整体判断型句子的非话题主语名词短语，必须出现在动词后的位置（参见 Hatcher 1956 和 Contreras 1976 对西班牙语的研究、Wandruszka 1981 对意大利语的研究和 Wehr 1984 对罗曼语的总体研究）。在法语中，主-谓倒装在句法上是受限制的，因此经常使用双小句 avoir- 构式（见 1.3 节），其中非话题名词短语出现于第一个小句的动词之后。请注意，在所有这些语言中，动词后的位置通常是留给**宾语**的，而宾语为无标记焦点成分。因此，在句法上将主语名词短语标记为非话题成分，就等于通过向其提供通常宾语才有的形态句法特征和韵律特征，剥夺了其最重要的无标记话题特征，即动词前的位置（见 Lambrecht 1987c）。

尽管 4.37 和 4.38 是完全可以接受的英语语句，但即使是英语，也有一种趋势，即当全新的主语所指对象不是句子的话题时，其非话题身份要通过句法以及韵律手段标记出来。在引出全新的所指对象时，最常用的英语语法构式，也许是表示指示和存在的 *there-* 构式和表示指示的 *here-* 构式。在这两个构式中，主语名词短语出现在动词之后而不是动词之前，而动词前面的位置由表示方位的成分填充。我们将在 4.4.4.1 节对呈介型句子进行讨论，到时候还会涉及这类构式。对于未使用的所指对象，英语也会运用涉及运动动词的方位倒装构式（locative inversion constructions），如 *Here comes the sun*（太阳出来了）或 *In hopped the rabbit*（兔子蹦蹦跳跳进来了）（参见 Bolinger 1977，Van Oosten 1978，Green 1980），尽管这些句子往往具有文体上的标记。

在同一个句子或小句中，对于不可识别或不可及的非话题所指对象，可引入的数量是有自然限制的。我们在第 2.2 节引用了一个例子，即 *A clergyman's opened a betting shop on an airliner*（牧师在一架客机上开了一家投注店）（例 2.10）。这句话的三个论元都是非定指名词短语，其所指对象也都是全新的。这样的句子在语用上非常怪异，只能在特殊的语境中使用（见第二章的注 17）。在自发性语篇（spontaneous discourse）中，当句子的主语为非话题所指对象时，谓语动词往往是**不及物的**，如例 4.37 及 4.2.2 节所讨论的整体判断型句子所示。

在许多语言中，对单个小句可容纳的不可及所指对象在数量上的认知限制，都是被语法化的。例如，法语口语对事件报道型句子有一个限制，即一个名词短语论元（在相应的典范句中作主语）必须出现于自己的小句中，如果再有一个名词短语，则必须在随后的小句中充当论元。在意大利语和西班牙语的事件报道型倒装句中，充当直接宾语或间接宾语的名词短语，不会与位于动词后的主语同现（见 Wandruszka 1981，Lambrecht 1987c）。[31] 对于德语中包含"非人称"*es*（它）和法语中包含"非人称"*il*（它）的整体判断型构式，以及上述英语倒装构式，也存在同样的限制。

我们所讨论的这些语言不能容忍 V-NP-NP 序列。因此，在 VS 构式中，所指对象不活跃的名词短语不能同现。对于这种限制，我们可以从结构上进行解释。这种根据结构进行的解释，与我们在此提出的语用解释并不矛盾。然而，请注意，与词汇性名词短语相比，**代词性名词短语**，即具有活跃的所指对象的名词短语，常常可以和位于动词后的非话题性主语同现；对于这一事实，我们需要从语用上进行解释（见例 4.20 及相关讨论，以及 Lambrecht 1987c）。如果第二个名词短语是动词的修饰语而非补语，那么 V-NP-NP 序列是可以接受的。因此，单纯从句法上对该序列的不可接受性进行解释，是无法对以上事实做出合理解释的。例如，在法语中，*Il a mangé un garçon une banane*（*吃了一个男孩一根香蕉）是不符合语法的，而结构完全相同的 *Il est arrivé un garçon ce matin*（来了一个男孩今 171天上午）却是可以接受的。

在有些英语构式中，主语为非话题名词短语，而这些名词短语的非话题身份仅仅通过韵律手段进行表达。在这类构式中，不能同时引入两个或两个以上具有非活跃所指对象的名词短语。这种限制在一定程度上也被语法化了。我们曾在 4.2.2 节注意到，只有当谓语为某些**不及物**动词时，形式上明确的整体判断型标记（thetic marking）才有可能（另见5.6.2 节）。在例 4.39 中，我们列出了一些英语实例，其中不及物事件报道句的主语所指对象是全新的或未使用的，因此也是不活跃的或不可及的：

（4.39）a. Every time I went over to his house a major CATASTROPHE happened.

　　　　　每次我去他家，都会发生一场大**灾难**。

　　　　b. I had a problem with my car. The BATTERY went dead.

　　　　　我的汽车出了问题。**电池**没电了。

　　　　c. (Sitting at a computer terminal:) Oh shit! The SCREEN's going dead.

　　　　　（坐在电脑前：）哦，该死！**黑屏**了。

　　　　d. If you was back East and you saw a sky like that you'd know SNOW was coming.

　　　　　　如果你回到东方，看到那样的天空，你就会知道雪要来了。

如果句子有一个直接宾语而不是非重读代词，且如果主语是定指名词短语，那么该句就会出现事件报道和无标记话题评述两种解读（如 *The boy is chasing the cat again*［这个**男孩**又在追那只**猫**］）。在事件报道小句中，如果出现多个带有焦点重音的词汇名词短语，那么第二个名词短语通常出现于介词短语中（如例 4.38），尤其是充当方位格角色的介词短语。4.40 是一些实例：

（4.40）a. Mommy, mommy! Diego's SHOE lace is stuck in his BIKE!
　　　　　妈妈，妈妈！迪亚戈的**鞋**带绞到**自行车**里了。

　　　 b. You know Tim redid the storefront? A CAR went through the WINDOW.
　　　　　你知道提姆重修了店面吗？**一辆汽车**从**窗户**撞进去了。

　　　 c. BACK LICHT's out, on RIGHT HAND SIDE.
　　　　　尾灯不亮了，**右侧**的。

4.40c 是一位公交车司机向另一位公交车司机的喊话，之前他一直开车跟在后者的后面。请注意，在这些例子中，方位焦点表达是可以省略的，省略后的句子仍然可以是整体判断型句子。在英语中，句子成分的组织在很大程度上受语法的制约；这种双重音突显句在英语中是很自然的，这也是英语和法语（口语）等语言不同的地方，因为法语（口语）这样的语言一般不允许作为信息焦点的主语出现在动词前的位置上。

172　4.4.3　作为首选话题表达的非重音代词

　　通过对 4.34 中话题可接受性度标的讨论，我们发现，具有活跃所指对象的话题是认知上**首选的**话题类型。因为听者除了付出一些认知努力来理解与该话题有关的命题外，通常不需要其他的心理投入，或只需再付出很少的心理投入。在正常情况下，活跃性在语法上的表现是不出现韵律突出，活跃的所指对象通常用代词形式进行编码（见 3.4 节）。因此，在认知上首选的话题表达拥有**非重音代词**形式。我们将非重音代词表达集合中的成员称为**非重音突显代词**（UNACCENTED PRONOMINALS）。该集合包括自由代词和黏着代词、屈折语素和零形论元。它还包括指称表达。在现代句法分析中，根据分布情况，指称表达分为物主"限定词"和指示"限定词"；而在传统语法分析中，根据概念内容，指示语分为物主"代词"和指示"代词"。我认为，从信息结构分析的角度来看，传统术语更为可取。兰布雷希特通过文本统计数据，证明了非重音突显代词是法语自然语篇中最常用的话题表达（Lambrecht 1986b, ch.6）。

"首选话题表达"这一概念有一大优点，即它允许我们将出现频率最高的话题表达识别为**自然类**（NATURAL CLASS）中的成员，从而在论元表达的语法形式和语用关系之间建立一种普遍的关联。当然，要将非重读突显代词视为一个自然类，前提是将韵律突出的在场或缺位视为语法上的区别，而这种区别与论元不同形态句法表现之间的区别相似。在很多语言中，"非重读突显代词"论元范畴，与词汇论元和重音突显代词论元构成的类别之间，存在显著的形式差异。通过将"非重读突显代词"范畴视为一个自然类，我们可以根据原则，来对这种形式上的差异进行解释。举一个众所周知的例子，在法语中，非重读代词论元即附着语素（clitic）论元，与词汇或代词性名词短语论元之间的形态句法差异，可以解释为首选话题表达与所有其他论元成分（无论是话题还是焦点）之间区别的直接反映。请对例 4.41 中两个句子之间的差异进行思考（相关 173 成分用斜体来突显）：

（4.41）a. *Marie* malheureusement a perdu *son* ARGENT. "Marie unfortunately lost her money."

玛丽不幸丢了*钱*。

b. Malheureusement *elle l*'a PERDU. "Unfortunately she lost it."

不幸的是，*她把它*弄丢了。

在 4.41a 和 4.41b 中，词汇论元和代词论元在位置上是不同的，而 b 句的主语代词与宾语代词在位置上是相似的。对此，我们可以简单归纳如下：

在法语中，词汇和自由代词论元占据名词短语的位置，即主语位于动词前、宾语位于动词后，而首选话题表达出现在动词正左侧非名词短语的位置，且不管它充当什么样的语法角色或语义角色。它们与谓词之间的语义关系不是表现在构型上（expressed configurationally），而是表现在形态上。在这种归纳中，我们将语法上的分类与功能分类结合起来。与仅将黏着代词归纳为具有特殊形式属性的代词类相比，可以说这种归纳是对法语代词的语法更深入的理解。在 4.7 节我们还会对话题表达在句中位置问题进行讨论。

将非重读代词识别为首选话题表达类型有一个明显的问题，即并非所有非重音代词都是话题表达。某些非重读代词不能充当话题，是因为（i）它们没有所指对象，或者（ii）其所指对象在语用上的突显程度不足以被识解为命题描述的内容，或者（iii）由于各自的语用原因，它们所在的小句无法被理解为话题-评述型小句。对于没有所指对象的非重读代词，我们曾提到过一个例子，即在英语或法语等语言中，用来充当天气动词主语的虚指语素（*It's raining*，*Il pleut*）。正如我们在 4.2.2 节中看到的，这些句子表达的是整体判断型命题，即它们的主语不是话题。

例如，在例 3.29 中，*Pat said they called her TWICE* 是对 *Has Pat been called yet?* 这一问话的一种回答；该答句中的 *they* 就是非重读指称代词，但其所指对象在语用上是不突显的。从直觉上看，该句中的非重读代词 *her* 是一个话题表达，而非重读代词 *they* 不是。这一点似乎很清楚。我们不会将这句话理解为它所传递的是与打电话者有关的信息，而是将其理解为它所传递的是与接电话者有关的信息。在例 3.29 中，*Pat said she was called twice* 是对 *"Has Pat been called yet?"* 这一问话的另一种回答，是与上一种回答大致同义的被动语态版本。在这一版本中，打电话的施事没有表达出来，因为不知道谁打的电话，或者谁打电话不重要。通过这一被动语态版本，进一步证明了我们应将 *they* 理解为非话题表达。在例 3.29 中，a 和 b 两个答句在语义上是等值的。然而，尽管 *John called Mary* 和 *Mary*

174

was called 是结构上相似的一对句子，在语义却不是等值的。

根据谓语的语义，有些非重读代词本来可以充当话题，但是由于它们所在小句的预设结构而不能成为话题。为找到这样的例子，我们可以将目光再次投向整体判断型句子。此类句子可能包含非重读主语代词，即使它们的词汇型主语名词短语不是话题。例如，西班牙语 *Lleg-ó JUAN*（**胡安**到了）是一个 VS 句，名词短语 *Juan* 不是话题成分，而第三人称后缀 *-ó* 没有要指称的话题所指对象，因此它本身不能作为话题表达。在我们的分析中，我们将第三人称后缀 *-ó* 当作非重读代词对待。我们观察发现，在 *Squill-a il TELEFONO*（例 4.19b）这个意大利语事件–报道型句子中，屈折后缀 *-a* 也存在同样的情况。

对于我们提出的非重读代词是首选话题表达的观点，这些都是明显的反例。对此，我们可以通过将这些句子中的主语代词理解为该语言语法系统所要求的**默认语素**（DEFAULT morphemes）进行说明。大多数语言学家都认为，在英语、法语或德语中，气象动词的主语要由代词充当，不是因为语义或语用上的原因，而是出于结构上的需要。我们可以用 *It's cold* 这句话描述天气状况，也可以用来描述某人手掌的温度。在这两种情况下，尽管主语代词 *It* 的位置和词形是相同的，两者的使用原因却不相同。在英语中，位于句首的 *there* 的情况与此相似。它既可以充当主语占位符（*There arrived three soldiers*［来了三个士兵］），也可以充当方位论元表达（*There is your brother*［那是你哥哥］）。

我们认为，对此类语素双功能现象的解释，都可用来对屈折语（inflectional languages）中有些语素的人称–数双功能现象进行解释。在上文引用的整体判断型句子中，非重读代词的默认身份，与我们对主语是无标记话题的分析一致（见 4.2.1 节）。在带有无标记预设结构的句子即话题–评述型句子中，非重读主语标记语素是话题表达，而在有标记的预设结构中，它们以默认的形式出现。

毫无疑问，主语语素的双重功能可以用编码经济性（coding 175

economy）的一般原则进行解释。编码经济性现在有时候也被称为"语法生态"（grammatical ecology）。对语法系统而言，和用两个不同的语素分别承担两个功能相比，用一个语素来承担这两个功能要更为经济。当然，这并不是说不存在通过形式来对这种区别进行标记的语言。[32]

宾语代词也存在非重读代词的功能歧义问题。下面我们以 4.42 中两个表面上相似的法语句子为例进行说明：

（4.42）a. Je t'ai vu TOI. "I saw YOU."

　　　　我看见你了。

　　　b. Je t'ai VU, toi. "I SAW you."

　　　　我看见你了。

我们可以将 4.42a 看作对"你看到谁了？"的回答，而例 4.42b 可能是在发出"别藏了！"这一命令后紧接着所说的话。在句 a 中，非重读宾语代词 t'（te）与强读式代词焦点名词短语同现，后者占据动词 voir（看到）的直接宾语位置。考虑到句子的功能，并考虑到 4.42a 的随行英语翻译并没有包含显性或隐性的第二人称非重音代词，将代词 t' 解释为话题表达似乎具有误导性。相反，此处 t' 的功能类似于表示一致的符号，宾语论元为 toi（你）。而在 4.42b 中，占据相同位置的相同非重音代词，本身就是直接宾语论元，而后焦点强读式代词 toi 则是一个句法上可选的逆话题名词短语（antitopic NP）。因此，在 4.42b 中，t' 属于首选类型的话题代词。

非重读代词的身份，尤其是屈折语素和黏着代词的身份，要么作为非论元的一致性标记，要么作为完全论元性代词语素，或者两者兼而有之，在生成句法中一直是争论的话题（详见 Van Valin 1985，Jelinek 1984，Bresnan & Mchombo 1987 的分析；这些分析试图克服早期形式分析中的某些缺点，即在这些分析中非重读代词不被视为论元表达）。在我看来，要想对这些语素固有的功能歧义做出令人满意的解释，只有将其放在这样一个理论框架中：该理论框架不会强迫语言学家仅凭**形式**就来断定一个非重读代词是一致性标记还是代词论元，而是要求语言学家在进行判断时要考虑语义因素和信息结构因素。以上提出的标记性分析方法，可以在一定程度 176 度上对这些代词的身份进行解释，因为它可以通过将非重读主语代词视为无标记话题表达来解释其内在的模糊性或"双重功能"（ambifunctional）性质。对于这个复杂问题，我们在此不作进一步的讨论，而是假定非重读代词**通常情况下都**是话题表达，这种普遍趋势之外的情况可以通过原则进行解释。

我们在上面对"一致性"代词的论元身份或非论元身份进行了观察。但是，这种观察还是没有解决在一个小句中与论元名词短语同现和"同指"（corefer）的黏着代词是否为**指称性**表达的问题。该问题与一个理论难题有关，即一个语义论元能否在同一个小句中由指称性成分实例化（instantiated）两次。在此，我们无法深入了解必要的细节，就姑且认为该问题的答案是"可以"吧。在 2.1 节，我们对双语篇世界模型进行了概述。对于 4.42a 中两个同指代词表达的同现问题，我们可以用这种模型进行解释。例如，我们可以将 4.42a 中的黏着代词 *t'* 看作在一个语篇世界中对所指对象的表征，而将自由代词 *toi* 看作在另一个语篇世界中对所指对象的表征。这两个表达所指称的是相同的个体。但这两个表达的指称功能，是根据它们在各自语篇世界中所扮演的角色实现的。因此，就需要在同一个小句中使用两个指称表达。

4.4.4 话题提升

我们将非重读代词视为认知上首选的话题表达，从而可以将许多跨语言的语法构式解释为受语用驱动的结构手段；这些得到广泛证实的语法构式的基本功能，是将语篇中的所指对象从话题可接受性度标上的不活跃层级（即全新的、未使用的或可及的）**提升到**（PROMOTE）活跃层级，从而将其在句子中的词汇编码**提升**到非重读代词编码。通过这种方式，这些构式将所指对象的身份进行提升，从而使言者将非重读代词作为首选的话题类型。在有些情况下，句法结构和信息结构无法做到自然重合，而这些构式的语法功能，就是来满足这些情况下句法结构和信息结构要求的。

我们在前面讨论过的**呈介性**构式，和经常被称为（左、右）**分离**或
177 **偏置**的构式，就是两个这样的话题提升构式。下面的文本最初是吉翁（Givón 1976）对语法一致性进行历时讨论时使用的，我们可以用它来对这两种构式进行例释；斜体部分表示其所指对象的激活状态正在从非活跃状态提升到活跃状态：

> （4.43）Once there was a *wizard. He* was very wise, rich, and was married to a beautiful witch. They had two sons. The first was tall and brooding, he spent his days in the forest hunting snails, and his mother was afraid of him. The second was short and vivacious, a bit crazy but always game. Now *the wizard, he* lived in Africa.
> 从前有一个**巫师**。**他**非常聪明、富有，娶了一个漂亮的女巫。他们有两个儿子。大儿子是个高个儿，沉默寡言，整天在森林里狩猎蜗牛，他的母亲害怕他。二儿子个矮而活泼，有点疯癫，但总是爱玩。至于**这位巫师，他**住在非洲。

本文的第一句话，即 *Once there was a wizard*，是一个**呈介型**句子。最后一句话，即 *Now the wizard, he lived in Africa*，是一个**左分离**句。下面我们将首先对呈介型构式进行讨论。

4.4.4.1 呈介性构式

正如我们之前所观察的（4.4.2 节），呈介型句子所表达的命题属于**整体判断型**的（THETIC）。这类句子的基本交际功能不是对一个论元的属性进行论断（predicate），而是将一个所指对象引入语篇，通常是为了能在随后的语篇中对其进行表述。赫茨伦对呈介型句子的基本语篇功能做了如下定义：

引起对句子中某个元素的特别关注，以便在随后的语篇或情境中进行回忆。这种回忆可能是必要的，因为在随后的语篇中，该元素将被直接或间接用到，或者因为稍后要说的话与该元素存在某种联系，抑或因为该元素与现实中将要发生或将要做的事情有关。（Hetzron 1975: 374）

赫茨伦没有使用激活和所指对象提升这两个概念，但其"在随后的语篇中进行回忆"的观念显然与这些概念相关。在例 4.43 中，名词短语 *a wizard* 的所指对象可以在第二句的开头以首选的话题形式 *he* 来表达，原因是这个所指对象是前一句话中刚刚用词汇表达过的，因此在语用上是已经激活的。所以，文本中第一句话的目的是将先前不活跃的、全新的所指对象"巫师"引入或"呈介"到文本内世界，从而使其在语篇内活跃起来，并为随后句子中的回忆做好准备。

　　例 4.44 是句法上合法的句子，其中不活跃的话题所指对象直接充当句子的主语。和这类句子相比，人们更为青睐由呈介型小句和对新引介所指对象进行描述的小句所构成的序列。这是自然语言使用中的事实。

（4.44）A wizard once was very wise, rich, and married to a beautiful witch.
　　　　一个巫师曾经非常聪明、富有，娶了一个美丽的女巫。

例 4.44 的怪异之处在于，按照 4.34 中的**话题可接受性度标**，当话题表达的所指对象不可识别时，其可接受性程度最低。如果人们认为这个句子没有什么问题，特别是将 *once* 去掉之后，那是因为我们所讨论的度标衡量的是语用上的可接受性，而不一定是句法上的可接受性。此外，正如我们稍后将要看到的，在某种程度上，我们能够对不可识别的所指对象进行语用顺应。[33]

　　因为呈介型小句的语篇功能是将全新的或未使用的所指对象提升到活跃状态，所以用来对"所呈介的"所指对象进行编码的表达，是不定指**重读词汇名词短语**或定指**重读词汇名词短语**。通常情况下，呈介型名词短语不会是代词，因为代词的所指对象已经是活跃的。[34] 在某些语言中，呈介

178

型小句是专门用于或优先用于引入全新（即不可识别）的所指对象的。例如，在汉语"倒装"构式、英语表示存在的 *there-* 构式、德语和法语的包含虚指主语标记 *es/il* 的呈介型构式中，可能只出现或主要出现于带有全新所指对象的名词短语。（有关法语 *il-* 构式的讨论，请参考 3.2 节中的例 3.18 和 Lambrecht 1986b 中的 7.4.4 节。）就英语、德语和法语而言，这就意味着出现在这些构式中的主要是非定指名词短语。这种准语法约束可以直接用话题可接受性度标来解释。鉴于全新话题所指对象在度标上的位置是最低的，也极有必要避免句子中出现这类话题。因此，在这些情况下也最有可能出现语法化。

179　对于呈介型句子的意义，一种常见解释是，它们明确表达动词后名词短语所指对象的**存在**（参见 3.2.1 节和 4.3 节中对存在型预设的讨论）。根据这种解释，*Once there was a wizard* 这句话的交际功能，就是断言某个巫师曾经存在过。因此，这类句子常被称为"存在"句（existential sentence）。但从信息结构分析的角度来看，"存在"这一标签有一定的误导性。单纯断言某一实体的存在是一种非常特殊的言语行为，其在日常交际中的作用是有限的。我们很难想象会有这样一种情境，尽管不是不可能：说"有蟑螂"这句话的唯一目的，就是声明存在这种生物。当蟑螂的存在已是司空见惯的事实，且该言语行为的目的是通过声言名词短语的所指对象在某个场所的**在场**，从而将该所指对象引入对话者的语篇世界（"不要进厨房，有蟑螂"），使用这样的陈述才是最自然的。因此，从语篇-语用学的观点来看，这些句子的功能是将所指对象呈介到或引入语篇的"场所"或"场境"，从而使其进入受话者的意识，而非仅仅就其存在进行断言。[35]

在 2.1 节，我们曾讨论过存在构式和**指示型**呈介构式（DEICTIC presentational construction）在形式上存在的相似性。上一段中的理解还有一个优点，就是它为这种相似性提供了解释。这两种构式，即指示型构式和存在构式，都是呈介性的，因为两者都是用来将先前不可识别或不活跃的所指对象引入语篇。二者在语用上的主要区别是，指示型 *there* 指向文本外世界中的某个所指对象，而存在型 *there* 则将某个所指对象引入文本内世界。我们之前曾提到过，在某些语言（如法语口语）中，存在构式的"已现名词短语"（presented NP）可以是一个定指描述，甚至是一个专有名词，即不仅预设该描述的所指对象是存在的，而且对受话者而言是已知的。将这两种构式都理解为呈介性的，与该事实是一致的。在这种情况下，仅仅断言所指对象的存在就是一种同义反复（tautology）。众所周知，存在句往往以地点状语开头，如英语的 *there*、德语的 *da*、法语的 *y* 等。这一事实使人们更加相信，呈介和定位实际上就是存在句的基本交际功能。[36]

在呈介型句子后面的小句中，刚刚引入的所指对象，会以非重读代词形式充当话题表达。呈介型句子及其后小句之间的语法关系，通常是一种句法从属关系，即后者在语法上从属于前者。4.43' 是对我们所引用的童话故事开篇语的改写，而在这种改写中有一种常见的构式，可以用来对上述句法从属现象进行例证：

（4.43'）Once there was a wizard who was very wise and rich.　　180
　　　　从前有一个巫师，他非常聪明和富有。

（另见上文例子 4.5）。在例 4.43 中，开头的两个小句是并列关系。与此不同的是，在 4.43' 中，第二个小句在语法上是从属于第一个小句的，并以关系从句的形式出现，其先行词是已经得到呈介的名词短语。现在的首选话题所表达的是第二个小句中的关系代词 *who*。我们将 4.43' 中的复合构式称为**双小句呈介型构式**。这个构式中的关系小句，虽然在语法上被标记为从属性的，但其句法、语义以及语用特征表明，它是一种特殊类型的小句，也许我们可以称其为"从属主句"（dependent main clause）（见 Lambrecht 1988b 对英语的形式分析及 Lambrecht 1986b 第 7.3 节对法语的形式分析）。因为具有这些特点，4.43' 中的双小句结构，就成了一种专门用于避免破坏话题可接受性度标的语法构式。在英语中，双小句呈介型构式也可能包含非限定（分词）小句，如 *There was a dog running down the street*（有条狗沿着大街跑去）或 *There was a man arrested by the police*（有一男子被警察逮捕了）。在汉语中，连动构式（serial verb construction）的第一个动词是存在谓词（existential predicate）"有"（参见 Li & Thompson 1981: 611ff 和 LaPolla 1990: 115ff）。

在不同语言中，呈介型小句最常见、语法标记最清晰的特点，是存在一个数量有限的谓词集，这些谓词的论元具有高度的非施事性（non-agentive），且通常充当方位格角色（locative case-role），如 BE、BE AT、LIVE、ARRIVE、HAVE、SEE 等（见 4.2.2 节中的例 4.18 及讨论）。[37] 所有的呈介型句子，无论是指示句还是存在句，都有一个基本的语篇功能，即它们不是对名词短语所指对象的某个属性进行断言，而是对所指对象在文本外世界或文本内世界的在场（presence）进行断言。呈介型句子的这一语篇功能，必然使上述类型的谓词具有跨语言的优势。在对新引入所指对象的描述中，该所指对象并没有参与某个行为、事件或处于某种状态，而只是通过将其提181 升到受话者的意识中，使其在随后的小句中能够成为展开论述的对象。

有时候，呈介型句子的谓词是不及物的（或是及物的，但其宾语论元未被表达出来），但其主语论元在一定程度上可以说具有施事性（agentivity）。在这种情况下，谓词的施事性从属于命题的呈介功能，而谓语在语用上是被识解为非施事的。下面的意大利语倒装句就是这种"拟施事"（pseudo-agentive）呈介型句子的例子：

（4.45）Ha telefonato GIOVANNI. "GIOVANNI called."
　　　　乔瓦尼打过电话。

例如，说这句话的目的可能是想告知受话者，在她不在的时候，有个叫乔瓦尼的人给她打过电话。这句话通过提到乔瓦尼打过电话这一事实，从而将"乔瓦尼"引入论域。在例 4.45 中，打电话的人是行为施事，但这句话的目的并不是传递有关他的信息。如果该信息是有意而为的，那么这句话就必须是话题-评述型的，而且其形式很可能是例 4.46 中的这种：

（4.46） Giovanni ha TELEFONATO.
　　　　乔瓦尼他**打过电话**。

或者是例 4.47 中的形式（词汇名词短语位于逆话题的位置）：

（4.47） Ha TELEFONATO, Giovanni.
　　　　他**打过电话**，乔瓦尼。

请注意，谓词的施事性可用于呈介功能并能以呈介型句法或韵律出现的程度是有限的。我们很难对其上限进行界定，但它显然是存在的。例如，尽管例 4.45 中的随行翻译 *JOHN called*（**约翰**打过电话），在上述意义上是可以理解为呈介型句子的，而像 *JOHN called his wife*（**约翰**给妻子打过电话）这类具有主语焦点的及物句不能这样识解，只能将其理解为识别型句子，句中的 *JOHN* 为"论元焦点"（见 5.2.3 节），而命题的其余部分为语用上预设的信息。[38]

4.4.4.2 分离型构式

在受话者的脑海中将所指对象的表征从非活跃状态提升到活跃状态、从而使言者能够将所指对象编码为首选的话题表达，并不总是需要将该所指对象引入其所在的呈介型小句中。在许多语言中，根据一定程度的语用可及性，可以用一个词汇名词短语来对尚不活跃的话题所指对象进行编码，然后将该词汇名词短语置于对该话题所指对象进行断言的命题的左侧或右侧（不太常见）。该词汇名词短语在句法上是自主的或者与话题命题相"分离的"。对这类词汇名词短语的所指对象而言，其语义角色是充当命题论元。该语义角色通常由小句内的"复指"（resumptive）代词，或其他非重读代词来表示。复指代词或重读代词与分离的词汇成分具有同指关系。这种小句内代词语素在类型上属于首选的非重读代词话题（见4.4.3节），而小句外词汇名词短语是一种**有标记的**话题表达。传统上，这种句法构式被称为左分离型构式（LEFT DETACHMENT）和右分离型构式（RIGHT DETACHMENT），也被称为偏置（DISLOCATION）构式。[39]

在世界上的许多语言中，分离型构式是一种常见现象，即使在那些因类型学特征使得名词短语分离比较困难的语言中也是如此。例如，尽管日语和土耳其语都是严格意义上的 SOV 型语言，但它们都有完善的右分离型构式，其动词对右侧小句的边界进行明确标记（请见 Kuna 1978 对日语的研究、Erguvanli 1984 和 Zimmer 1986 对土耳其语的研究）。在正式语域中，分离型构式常常被认为是不标准的，或至少是不恰当的。毫无疑问，这是因为在典范的句子中，主语是位于论元位置的纯词汇名词短语，而在传统上，这样的句子一直充当句子结构的基本模型（见下文）。为了在功能上顺应对名词短语分离的需要，书面语通常采用 as-for 构式（见上文4.3 节），而这些构式是经过乔装打扮的分离型构式。有趣的是，引介这种标准构式的标记，通常在句法上是不规则的，在语义上是不透明的（参见英语中的 as for NP，法语的 quant à NP［至于 –NP］或 pour ce qui est de NP［关于 –NP]，或者德语的 was NP anbetrifft［关于 –NP］，所有这些都是非组合性的 [non-compositional]）。在规范语法（normative grammar）中，相较于对典范结构的显而易见的违反，人们更能容忍句法上的不规则性和语义上的不透明性。

也存在不包含 as-for 标记的分离型构式，例 4.43 中短文的末尾句就是这样的例子：Now the wizard, he lived in Africa（至于这位巫师，他住在非洲）。我认为，分离型构式和呈介型构式在语用上存在根本性区别，如4.43 中的文本就是一个很好的例子。在这两种构式中，所指对象都由非活跃状态提升到活跃状态，而且这两种构式都是为了确立一个新话题。[40]但是，在呈介型序列中，名词短语的所指对象是全新的，或至少是未使用过的，而在分离型构式中，它通常是认知上**可及的**。（在例 4.43 中，分离名词短语的所指对象在文本中是可及的，因为其先前活跃状态已经"失活"[Chafe 1987]；而其活跃状态的失活，是由上下文中其他所指对象的激活导致的，在我们所举的例子中就是美丽的女巫和他们的两个儿子。）然后，我们可以从语用的角度，将分离或有标记的话题构式定义为一种语法手段，用来将一个所指对象在话题可接受性度标上的可及状态提升到活跃状态，并从这一刻起使其可以编码为首选话题表达即非重读代词。

　　必须强调的是，这种语用描述只对我所认为的分离型构式的基本语篇功能进行了解释。正如我们在第三章所看到的，对于所指对象在形态句法编码上的变化，我们并不总是能够直接根据所指对象在激活或可识别性状态上的相应变化来解释。例如，两个或多个活跃的所指对象处于相互竞争状态时，就会产生歧义；当有必要避免这种歧义时，已经处于活跃状态的所指对象往往以词汇名词短语的形式进行编码，而不是以非重读代词的形式进行编码（参见 3.3 节）。因此，左分离构式所标记的通常是注意力的转换，即注意力从两个及以上处于活跃状态的话题所指对象中的一个转换到另一个。这解释了为什么代词性名词短语会经常出现于分离位置（*Me, I'm hungry, Moi j'ai faim*）。这种分离的词汇或代词性名词短语，通常具有"对比"功能。对于这种情况，我们可以将其称为**对比型话题名词短语**（CONTRASTIVE TOPIC NPs）（见例 3.20 和下文 5.5.2 节中的讨论）。至于右分离构式（*He lived in Africa, the wizard* [他住在非洲，这个巫师]），也常用于活跃的或准活跃的所指对象，但从不用于对比功能。我们将在 4.7 节对左分离成分和右分离成分之间的差异做进一步的讨论。[41]

　　有时，即使在没有歧义的情况下，且非重读代词编码足以对活跃的所指对象进行识别时，这些所指对象也会被编码为分离的词汇名词短语。例如，恩奇（Enç 1986）所讨论的名词短语分离构式就涉及已处于活跃状态的所指对象。恩奇所使用的文本，与我们在例 4.43 中所引用的是同一个文本。恩奇观察发现，该文本可以进行调整；在调整后的文本中，即使没有任何会让话题所指对象失活的干预文本，左分离构式也会变得可以接受。下面是恩奇对吉翁的文本进行调整后的版本：

184　　（4.48）　CONTEXT:　Once there was a wizard. He was very wise, rich, and was married to a beautiful witch. He lived in a magnificent mansion by the lake, had forty-nine servants, and owned an impressive collection of rare books.

TOPIC SHIFT:　Now the wizard, he was very ambitious. He had been planning for years to conquer the world and finally he was ready.

上下文：　曾经有一个巫师。他非常聪明而富有，娶了一个漂亮的女巫。他住在一座位于湖畔的富丽堂皇的大宅里，有四十九个仆人，拥有一批令人印象深刻的珍本藏书。

话题转换：　现在那个巫师，他很有野心。他多年来一直谋划着征服世界，他终于准备好了。

恩奇认为，例4.48中的分离型构式是合适的，因为它标志着她所说的"语篇话题"的转换（SHIFT），即从对巫师的一般描述，转变到他征服世界的计划。在这里，恩奇采用了其他语言学家的方法，即用命题术语来对"语篇话题"进行定义。[42]

分离型名词短语所指对象在认知状态上的这种微妙变化，不影响呈介型构式和分离型构式在语用上的基本区别。尽管可能存在某种重叠，尤其是在可及性存疑的区域，就位于话题可接受性度标两端的所指对象而言，这两种构式是互补分布的：活跃的所指对象可能不会出现在呈介型小句中，全新所指对象可能不会出现在分离型构式中。这种分布上的差异在形式上也得到反映，即呈介型名词短语通常不会是代词，分离型名词短语通常不会是不定指的。

4.5　对句法理论的影响

在上文，我们对话题和语篇所指对象心理表征之间的关系进行了分析，该分析对句法研究会产生一定的影响。在本节，我想粗略地谈一谈其中的一些影响。

4.5.1 指称与角色分离原则

在典范句模型中，谓语的所有论元都会作为语法论元出现在小句结构层面。但正如我们之前所观察到的，双小句呈介型构式和分离型构式有一个共同点，那就是它们都会致使一个指称名词短语出现在典范句模型所指定位置以外的地方。通过这些非典范的指派，言者就可以将名词短语的**指称**功能（REFERRING function）与它们的指称对象在命题中的论元**关系**角色分离开来。词汇成分不是小句关系网络的一部分，而是出现在一个特殊的不及物小句中（如呈介型构式），或者完全处于一个与其他部分在句法形式上没有关系的位置（如名词短语分离型构式）。

话题所指对象的词汇表征，与该所指对象作为命题论元角色的标示是分开进行的。我们将这一语法原则称为话题表达的**指称与角色分离原则**（PRINCIPLE OF THE SEPARATION OF REFERENCE AND ROLE; PSRR）。我们可以用一个简单的语用准则，来揭示该原则背后的交际动因，即"对一个所指对象的引入和评述不能放在同一个小句中。"遵守这一准则有两个信息加工上的原因，一个是言者导向的（speaker-oriented），一个是听者导向的（hearer-oriented）。从言者的角度来看，如果对非活跃话题所指对象的词汇引入，与该所指对象所在命题的句法表达无关，那么构造一个复合句就更为容易。这一点在例 4.49 中表现得尤为明显。从听者的角度来看，如果对话题所指对象的评估，可以不用通过对该话题论元所在命题的理解，那么对该话题相关信息的解码就会比较容易。根据这些信息加工上的原因，我们就可以解释为什么分离型构式常常局限于口语领域了。事实上，因为书面语篇是经过精心安排的，在书面语中，此类信息加工上的要求就不是那么严格。

185

1984 年 8 月 25 日的《旧金山纪事报》(*San Francisco Chronicle*)刊登了罗纳德·里根(Ronald Reagan)的竞选演讲。下面是其中的一段话。这段话中的自然表现可以对指称与角色分离原则进行很好的说明。表示相关所指对象的成分用斜体表示,并用下标数字进行编号:

(4.49) *We₁* are the party of the new ideas. *We₁* are the party of the future. *We₁* are the party whose philosophy is vigorous and dynamic. *The old stereotype of the kind of pudgy, stolid, negative Republican₂* —there may be *a few cartoonists₃* around *who₃* still want to portray *us₁* as *that₂*, but *they₃*'re lying through *their₃* teeth if *they₃* do.

> 我们₁是新思想的政党。我们₁是代表未来的政党。我们₁是积极向上、充满活力的政党。*共和党人矮胖、冷漠、消极的旧印象₂*——可能还有几个漫画家₃仍然想把我们₁描绘成那样₂,但如果他们₃真那样做了,*他们₃*就是睁着眼睛说瞎话。

对于从 *The old stereotype* ... 开始的这部分(也是我所关心的部分),这篇报刊文章的作者进行了特别有趣的评论:"总统脱离了原先准备好的演讲稿,带着些许情绪补充说……"。这一评论表明,与引文开头字斟句酌的套话相比,这部分文本是自发性的言语行为。

在例 4.49 中,第一个话题所指对象及语篇话题是"共和党"。该所指对象是通过前三句中的 *WE* 这一首选表达进行编码的。第二个话题所指对象,是 *the old stereotype of the kind of pudgy, stolid, negative Republican* 这一分离名词短语引入的、推理上可及的所指对象;其状态是可以推理出来的,因为它与前面的 *new ideas*、*future*、*vigorous* 和 *dynamic* 四个概念之间存在极性对立关系。正是由于这种可推理的关系,这个话题才可以用一个分离名词短语成分进行表达。在这个文本中,首先引入第三个话题所指对象的是 *a few cartoonists* 这一名词短语。该名词短语在语篇中是全新的。因此,它首先作为呈介型 *there-* 构式的焦点名词短语表达出来,然后由非重读代词 *who*、*they* 和 *their* 进行编码。请注意,呈介型构式和话题–评述型结构在此是整合在同一个构式中的，其中呈介型 *there-* 构式所表达的，是对左分离话题名词短语所指对象的评述（详见 5.2.5 节中的讨论）。

在这篇短文中，存在两种受语用驱动的语法构式。我认为，这两种语法构式的使用是对指称和角色分离原则的体现：例 4.49 的话题所指对象尚未激活，因此不能直接编码为首选话题表达，只能作为词汇名词短语，放在与其相关的命题小句**之外**。在呈介型构式中，未激活的所指对象是作为动词后焦点名词短语或者单独的小句引入的（*there may be a few cartoonists around*）；在分离型构式中，所指对象 *the old stereotype of the kind of pudgy, stolid, negative Republican* 出现于小句左侧，即语义上自主的非论元位置。通过对法语口语的分析，我们将证明，决定法语句子结构的主要因素，是指称和角色分离原则，以及话题与焦点在形式上的区分（Lambrecht，待出版）。

指称与角色分离原则的提出，使我们能够在理论上对两种语法上完全不同的策略进行区分。而这种区分事实上也是必要的，通过这两种策略，我们可以将论域中的所指对象编码为句子的话题表达。在第一种情况下，话题表达通过一个词汇短语，对话题所指对象进行命名（NAME），其分布和组成结构与名词短语相同。这种词汇型话题表达属于以**指称为导向的** 187 （REFERENCE-ORIENTED）表达类型。它们在命题中的语义角色，通常无法通过它们在句子中的形式或位置辨认出来。在第二种情况下，话题表达是通过代词**回指**或**指示**的方式来标示话题所指对象的。这种代词性话题表达是**以角色为导向的**（ROLE-ORIENTED）表达。通过表明所指对象作为论元时的语义角色，即命题所表达的行动、事件或状态中的参与者，它们在话题所指对象和命题之间充当语法纽带。从句法上讲，这种代词性话题表达通常不是名词短语，而是附加在小句中另一个成分上的黏着语素。

在上述区别的基础上，我们再次对例 4.43 中的分离型构式进行分析。在这个语篇中，分离型名词短语 *the wizard* 只对其所指对象进行命名；它的后面是一个命题，传递的是与该所指对象相关的新信息。另一方面，代

词性话题表达 *he*，将其所指对象表征为命题中的论元。与此相似，在例 4.49 中，*the old stereotype of the kind of pudgy, stolid, negative Republican* 为词汇话题；该话题通过对其所指对象的命名，来确定话题的所指对象，从而使其能够用在后续小句的表述中。该所指对象在命题中的论元角色，是通过 *who portray us as that* 中的代词性话题表达 *that* 表示的。

　　这两类话题表达之间的差异，反映在语法形式和语法行为的差异上。我们在此只举两个这方面的例子。第一个例子是，在词汇话题与其所指对象的命题小句之间，可以保持一定距离（见例 4.49），而一个非重读代词话题必然是该小句的一个组成部分；第二个例子是，在不同语言中，非重读代词往往在形态句法上被整合到句子的谓词部分（见下文 4.7 节）。这也反映在一个众所周知的事实上，即在不同的语言中，代词往往在形态上都有格标记，而词汇名词短语通常没有格标记（参见 Greenberg 1963: 96）。这种形态句法行为上的差异与我们的分析是一致的。因为分离型词汇名词短语的主要功能是通过对其所指对象的命名，在语篇中确立话题所指对象，而代词性话题表达的主要功能在于表明话题在命题中的论元角色，所以，命题和格标记上的差异可被视为上述原则的必然结果。

188　　对于上述两种话题表达方式之间的区别，我们需要在术语上补充说明。因为分离型词汇话题成分在小句中不占据论元位置，所以，严格地说，所指对象与命题之间的语用关系不是通过词汇型话题名词短语来表达的，而是通过用于回指的代词性话题表达（参见上文 4.1.2 节中有关术语的讨论）。因此，将这样一个分离型词汇成分称为"话题名词短语"与事实有点不一致。它其实是一个"用来宣示话题的"名词短语。然而，我们将按照术语使用上的惯例（这种惯例的形成也有本人的一份功劳），仍将分离型成分称为话题名词短语，即出现在特殊句法位置上的名词短语；在目前的理论框架中，我们用 TOP 来标示左分离名词短语（left-detached NPs），用 A-TOP（right-detached NPs）来标示右分离名词短语。

　　我们在此提出的语用原则，与布伦塔诺和马蒂提出的范畴句和整体判断型句子二分的逻辑学观点有着惊人的相似（见 4.2.2 节）。我们曾在上文提到，根据马蒂的观点，主谓句的范畴判断既包括对主语的识别行为，也包括对谓语的肯定或否定行为。由于它涉及这两种独立的判断或认知行为，马蒂称之为"双重判断"（double judgment）。另一方面，整体判断型句子只涉及对某个判断材料的承认或者否认，而不涉及对某个已获独立识别的主体（subject）的判断。我们可以很容易地将马蒂的逻辑论证，转化为现在的认知语用论证："对主体的识别行为"（马蒂）对应于在语篇中确立话题所指对象的行为，而该行为和"肯定或否定谓语（predicate）对主项所作描述的行为"（马蒂）是两个认知任务；因为认知加工上的原因，这两个认知任务最好分开完成，即不将它们放在同一个最小小句单位中。因此，自然语言中就出现了呈介型和分离型两种构式。首选话题表达是非重读代词，标示的是命题中话题论元的语义角色，而非重读代词表达将我们对主体的"识别行为"减至最低程度。

4.5.2 PSRR 和典范句子模型

在语法哲学领域，有一个古老且值得尊敬的传统。根据这个传统，与其他类型的句子相比，某些类型的句子更适合充当语法和逻辑分析的模型。在这一传统中，首选的句子模型是动词的所有论元都是完全指称性的（full referential）词汇名词短语。建立在这种描述模型之上的传统，可以追溯到古希腊、古拉丁语法理论和中世纪语法理论。从柏拉图开始，语法分析的首选句子类型是 *Socrates currit*（苏格拉底在奔跑）这样的句子。拉丁语语法学家将此类句子称为 *oratio perfecta*（完美口述），即表达"完整思想"的句子。[43] *oratio perfecta* 之所以成为首选的句子模型，无疑是因为语法研究本质上是对思维规律的研究，而不是对句子形式属性的研究。显然，在没有语境的情况下，与 *Currit*（他／她／它在奔跑）这类没有词汇主语的句子相比，*Socrates currit* 这类句子的意义和真值条件更容易进行说明。"无主句"描述的是一个奔跑行为，但句中没有给出行为主体的姓

189

名。因此，单凭这句话，我们无法判断其内容的真假。

在现代语言学和哲学的论证中，上述词汇显性句也一直经常使用。典型的例子包括罗素的 *The present King of France is bald*（［现在的法国国王是秃子］1905），我们曾在 4.3 节中讨论过的乔姆斯基的 *The man hit the ball*（［那名男子击球］1957），或者萨丕尔（Sapir）的 *The farmer kills the duckling*（［那个农夫杀小鸭］1921: ch.V）。萨丕尔明确称他的模型为"典型的英语句子"。对形式的专注是二十世纪语言学的特点。因此，作为一个杰出的语言学家，他选作语法模式的句子，从常规的语言使用上看，应该是一个公然违背我们直觉的句子。我们很难（当然也不是不可能）想象出能恰当使用这句话的情境。毫无疑问，正是因为这个原因，语言学家们在引用萨丕尔的例子时，往往错误地写成 *The farmer killed the duckling*（那个农夫杀了小鸭），动词用的是过去时态，无意中试图使语法和现实世界联系得更为紧密。[44]

我们将这类句子称为**典范句**。在这类句子中，动词的所有论元位置，特别是主语位置，都由词汇名词短语进行填充，而且这些名词短语的所在位置都是无标记的。在法语和英语这样的语言中，如果 S 和 O 像往常那样被理解为纯词汇名词短语（FULL LEXICAL NOUN PHRASES），它们也可称为 SV(O) 句（见 Greenberg 1963）。"典范句"这个术语在这里的使用方式，与我们之前一直使用的方式稍有不同，尤其在 1.3.2 节中；"典范"是"无标记"的准同义词。在这两种用法中，"典范"是形容词，都会让人想到一个名词概念（在希腊语中，*kanon* 表示"直线""尺子""规则""法律"）。但在其中的一种用法中，规范是由语法系统本身提供的，而在另一种用法中，规范是元语法性（metagrammatical）的，即语法学家出于语法和逻辑分析的目的而做出的选择。这种歧义让人想起众所周知的"语法规则"概念存在的歧义。

在上一节，我们提出了指称和角色分离原则，以及话题表达类型的二分法。从这两点来看，如果在典范句中出现话题性主语名词短语，就是一种反常现象。事实上，这种词汇主语表达结合了两种语义功能，即指称导向功能和角色导向功能，而按照指称和角色分离原则，这两种语义功能是要分开实现的。在某种意义上，它们属于聚合表达（aggregate expressions）。而正是这些聚合表达，在以典范句模型为基础的句法理论中，被视为基本的句子成分。在这些理论中，由于结构主语位置被一个纯词汇名词短语占据，并且由于这个名词短语被视为句子的必要组成部分，句法上不需要出现主语名词短语的语言，往往被理解为表层结构**缺**少重要元素的语言。

例如，在最近的句法讨论中，管约论（the Government-and-Binding theory）中的"主语脱落参数"（Pro-Drop Parameter）假设一直处于显著位置。我们可以将该假设视为另一假设的直接延伸，即在某个分析层面上每个句子都必须有一个主语名词短语。像西班牙语、意大利语等不需要主语名词短语的语言，被称为主语脱落型语言，因为正常情况下在句中某个位置上应该出现的元素会出现"脱落"（drop）现象。我认为，语法结构与信息结构是相互依存的，在以此为基础的理论框架中，主语脱落参数假设存在理论上的不足，因为它首先忽略了为什么相关元素不出现的问题（见例 3.31 及相关讨论，以及 5.5.2 节中的论述）。在基于信息结构的研究路向中被视为例外的现象，在主语脱落参数假设中却被视为规则。

我所提出的指称和角色分离原则，与学界公认的语言描述传统相冲突，也与许多句法框架的基本理论假设相冲突。我对此并不觉得难堪。我观察发现，典范句子模型是根据逻辑标准而非句法标准建立的。因此，对该模型的背离，并不意味着是对结构分析科学方法的背离，而只是对某些前理论假设的背离。另外，统计证据表明，在世界语言中，只有极少数的语言要求名词短语充当主语。例如，吉利根（Gilligan 1987）的研究表明，"主语脱落型语言"在世界语言中占绝大多数。吉利根指出，在由 100 种不同语言组成的统计样本中，只有 7 种语言不允许在限定小句（finite clause）中使用"零形主语"。

191

在不同语言中，词汇主语名词短语与"分离型"名词短语相比，确实是一种更为反常的现象。语言事实可以证实这一点：在有些语言中，词汇名词短语从不充当主语论元（Van Valin 1985，Jelinek 1984，Mithun 1986）。另一方面，似乎不存在禁止名词短语分离的语言。杰里内克（Jelinek）将缺少"主语名词短语"范畴（但未必是"主语"范畴）的语言称为"代词型论元"（pronominal argument）语言。对指称和角色分离原则的有效性而言，这些语言当然是极好的支撑证据。此外，即使在"非主语脱落型"语言中，带有话题性词汇名词短语的典范句也是罕见的，因此在自然语篇中出现"统计学上的异常"。我（Lambrecht 1986b）在对法语口语的研究中反复观察到这一点，并给出了有力的论证。最后，正如我们在前面所看到的，使用词汇名词短语，通常不是因为名词短语所指对象缺乏活跃性，而是因为其他的因素，如消除两个或多个活跃的所指对象之间的歧义等。许多自然出现的词汇论元话题，在语用上都具有"准代词"特征。因此，这类话题名词短语的存在，并不会对我们所提出的话题表达类型二分法的合理性产生影响。

192　4.5.3 分离成分的句法地位

有些语言学家对语言变化和语言类型之间关系感兴趣，他们一直认为，在一种语言中，名词短语分离构式的频繁使用，标志着新兴的主谓一致范式的出现；在这种范式中，复指代词（resumptive pronoun）被重新解释为一种语法一致性标记，而分离式名词短语正在成为小句内的主语名词短语（见 Wartburg 1943，Hyman 1975，Givón 1976，Harris 1976）。我通过历时分析发现，分离式名词短语的功能是充当主语，这似乎是一个确凿的历史事实；然而，频繁使用名词短语分离形式，与新的主谓一致范式的兴起之间没有必然的联系，尽管语言变化可能会导致使用频率的提高。承认这一点是很重要的。有许多语言，如德语或土耳其语，尽管有功能完备的主谓一致系统，却经常使用名词短语的分离形式。在这些语言中，我们找不到将分离型话题名词短语重新理解为主语名词短语的证据。事实上，鉴于土耳其语有非常突出的 SOV 特征，如果将土耳其语右分离式名词短语理解为主语，将是类型学研究中的一件惊人大事。

一个似乎普遍存在的观点是，在典范句子模型中，谓语的所有语义论元都会出现在一个小句中，所以语法上被称为名词短语"分离"或"偏置"的话题标记构式，是一种结构性异常。这种结构性异常往往会随历史上的变化而发展，而语法会力图通过将其吸收到典范句子模型中进而将其消除。我想强调的是，与此普遍观点相反，这种话题标记构式不是结构性异常。[45] 在现行的理论框架中，小句被看作自然语言的处理单位，而分离型名词短语被看作"普通类型的"主语。与此相反的观点是，正是将分离型名词短语理解为"普通类型的"主语才是不正常的。后者更接近事实。它在不同语言中的泛化，与分离构式的功能动因相矛盾。分离构式的功能就是将词汇型话题成分置于小句**之外**，而在小句中，词汇型话题成分的所指对象充当的是论元语义角色和句法角色。

在这里，我想向大家展示一些研究成果，其中既有跨语言的，也有具体语言的。这些研究成果证实了这样一种观点，即至少在某些语言中，分离型话题名词短语，不能作为在语用上与其关联的小句的组成部分，无论是作论元还是作修饰成分。相反，它必须被看作句法上自主的小句外成分；它与小句的关系不是主语或宾语这样的语法关系，而是关涉性和关联性的语用关系（见 Gundel 1976，Dik 1978）。对于话题名词短语不占据论元位置的观点，本人（Lambrecht 1986b）对法语口语的研究提供了更为具体的支撑论据。[46]

第一个论据涉及一个构式，我们称之为**无连接话题构式**（UNLINKED TOPIC CONSTRUCTION）。在我所熟悉的语言中，这种构式经常出现在自然口语中，却不能出现在书面语中。它包含分离型词汇名词短语，这类短语与小句的代词性话题表达之间没有照应关系。下面是几个选自英语会话的例子（为方便起见，我们用逗号将无连接话题名词短语和与其相关的小句分开；此逗号不一定表示停顿）：

（4.50）（一个 6 岁的女孩，在解释为什么非洲大象的耳朵比亚洲大象的大）

The African elephant, it's so hot there, so he can fan himself.

非洲大象，那里太热了，所以它可以给自己扇风。

（4.51）（摘自《旧金山纪事报》中有关佛罗里达州戴德县一个富裕小镇的文章，该小镇成为"反犯罪的堡垒"）

"What we are trying to do here is keep this community what it is, a beautiful, safe place to live," said police chief Dick de Stefani. "Dade County, you just can't believe the rise in crime." [47]

"我们正在努力做的是保持这个社区的现状，一个美丽、安全的生活场所，"警长迪克·德·斯特凡尼说，"戴德县，你简直不敢相信犯罪率在上升。"

（4.52）（选自有关儿童保育资源的电视采访）

That isn't the typical family anymore. The typical family today, the husband and the wife both work.

那不再是典型的家庭了。今天的典型家庭，夫妻都工作。

（4.53）（谈如何养花）

Tulips, you have to plant new bulbs every year?

郁金香，你每年都要种新球茎吗？

（4.54）（语言学导论课上的老师）

Other languages, you don't just have straight tones like that.

其他语言，不只存在那样的直声调。

在所有这些例句中，分离式名词短语的所指对象都应被理解为话题，因为人们可以将其后的一个或几个命题识解为传递的是与其相关的信息。此外，在所有的例子中，话题名词短语的所指对象，都有语用可及性这一必备属性。但是，除了例 4.50 中的第二个小句外，在任何与话题相关的命题中，话题名词短语与命题论元之间都没有回指性连接，无论是显性论元（overt argument）还是零形论元（null argument）。因此，话题短语不能充当与其相关的小句中的论元。既然无连接话题名词短语与有连

194

接话题名词短语一样出现于相同的位置，结果就是后者不必在小句中充当论元。

　　德语的句法可以为我们提供第二个证据，来证明分离型词汇话题不是小句的成分，也不是小句的论元。众所周知，在德语中，主句的限定动词总是第二个成分。因此，动词前面的任何短语都必须是单个的句法成分。如果主语以外的成分出现在句首位置，主语就必须放在动词的后面。现在请思考下列例子：

（4.55）a. Hans isst den Apfel. "Hans eats the apple."　　（SVO）
　　　　　　汉斯吃苹果。

　　　　b. Den Apfel isst Hans.　　　　　　　　　　　　（OVS）

　　　　c. *Den Apfel Hans isst.　　　　　　　　　　　　（OSV）

　　　　d. Den isst Hans. "Hans eats it."　　　　　　　　（OVS）
　　　　　　汉斯吃它。

　　　　e. Den Apfel den isst Hans. "The apple Hans eats it."　（TOVS）
　　　　　　苹果汉斯吃它。

　　　　f. *Den Apfel isst Hans den.　　　　　　　　　　（TVSO）

　　　　g. Jetzt isst den Hans. "Now Hans eats it."　　　　（AdvVOS）
　　　　　　现在汉斯吃它。

　　　　h. *Jetzt den isst Hans.　　　　　　　　　　　　（AdvOVS）

通过对例 4.55 中 a、b 两句与 c 句的比较，我们发现，只有当动词占据小句的第二个位置时，句子才符合语法。但在 e 句中，动词之前出现了两个成分。尽管如此，这个句子是符合语法的。因此，如 d 所示，只有第二个成分（即话题化的宾语代词 *den*）才能成为小句的成分。g 与 h 的对比表明，分离型话题名词短语不像副词 *jetzt*（现在）那样具有谓语的附加语地位，因为后者占据的是小句内的位置。因此，分离型成分 *den Apfel* 就是小句外的一个话题性词汇名词短语。

　　大家可能已经注意到了，在例 4.55e 中，词汇名词短语和话题化代词都有宾格（accusative case）标记。对词汇名词短语而言，这种格标记是

可选性的，对代词而言却是强制性的。这种双格标记现象让人想到杰里
内克（Jelinek 1984）所描述的瓦尔皮里语（Warlpiri）中的双格标记模式，
只是在瓦尔皮里语中，词汇名词短语拥有作格–通格（ergative-absolutive）
标记，而小句内的"一致性"标记是主格–宾格（nominative-accusative）
标记。无论对 e 句中名词短语的宾格标记作何解释，都不影响我们的句法
论点，即词汇型话题成分和代词不能出现在同一个小句之中。

　　以上德语例子向我们提出了一个问题，但我们在此无法进行深入探
讨。该问题是，b 句中的话题化宾语名词短语 *den Apfel* 或 d、e 两句中的
den，与 e 句中的分离型话题名词短语 *den Apfel* 之间存在什么样的语用差
异。在语法上，话题化构式和分离构式都将名词短语标记为话题，但只
有分离型话题才完全符合指称与角色分离原则。我没有听说过不考虑具
体语言而能从功能上对这两类构式的差异进行解释的；我也没有听说过
不考虑具体语言而允许我们向每类构式指派其自己的不变的信息结构属
性。这种差异似乎至少部分属于名词短语所指对象在认知可及性状态上
的差异。与左分离构式相比，话题化构式所需的可及性程度通常似乎
更高，但在对这一印象做出实质性结论之前，我们还需要做更多的实证
研究。[48]

　　就词汇型话题编码的不同策略而言，无论它们之间存在什么样的差
异，都不会影响我们通过经验观察所得出的一般结果，即具有 SVO 句型
或其他典范的成分模式的语言，在具体的语用条件下，词汇型话题名词短
语，特别是潜在的主语，具有较强的置于小句外的倾向，从而背离这种典
范模式。这种趋势不是由历史变化带来的压力造成的，而是源于基本的功
能需要。在某些语言中，包括法语口语，这种倾向非常强烈，以至于在自
然言语行为中很少使用典范模式。这类语言的基本模式或典范模式在语言
使用中的分布受到限制，因而在语序类型学和句法理论中具有重要的理论
意义。它们特别尖锐地提出了抽象语法模型和实际句子结构之间关系这一
普遍性问题。

4.6 话题和语用顺应

我们在前几节一直想要论证的是，在说话之时，一个表达的话题地位与听者所假定的话题所指对象的认知状态之间存在系统性关联，尽管这种关联比较灵活。我们一直试图用 4.34 中的话题可接受性度标，来解释这种关联。通过观察我们发现，一些跨语言的句法构式，具有将所指对象在该度标上进行提升的功能，从而使言者尽可能使用认知上首选的话题类型，即用非重读代词进行表达。

一些语言学家一直不认可语用可及性是发挥话题功能的必要条件，如莱因哈特（Reinhart 1982）就明确反对这一观点。[49] 尽管莱因哈特承认，话题表征"旧信息"的倾向很强，但她认为这种倾向与话题的实质无关。为了证实自己的观点，她引用了一些英语例子。在这些例子中，话题性主语名词短语都出现在报刊文章的开头，因此从任何意义上讲，其所指对象都是不可及的。下面是莱因哈特的两个例子（相关话题表达用斜体进行突显）： 196

（4.56）(= Reinhart's 2la) Because they wanted to know more about the ocean's current, *students in the science club at Mark Twain Junior High School of Coney Island* gave ten bottles with return address cards inside to crewmen of one of New York's sludge barges. (*The New York Times*)

因为他们想更多地了解洋流，**康尼岛马克吐温初中科学俱乐部的学生们**，将 10 个装有回信地址卡的瓶子，交给纽约一艘污泥驳船的船员。(《纽约时报》)

（4.57）(= Reinbart's 2lb) When she was five years old, *a child of my acquaintance* announced a theory that she was inhabited by rabbits. (*The New York Times*)

在她五岁的时候，**我认识的**一个小孩宣称她体内住着许多兔子。(《纽约时报》)

我们将自然口语看作基本的语言应用，并将其作为研究对象，而莱因哈特提到的例外情况，恰好局限于某些类型的书面语篇，不在这一研究范围之内，因此并不会对我们的论点产生直接影响。然而，在发现例外情况与特定体裁相关之前，我们既没有对该例外进行解释，也没有解释为什么书面语体裁比口语体裁更能容忍例外。在某种程度上，话题可接受性度标所体现的，是对自然语言信息加工的一般性认知限制，而任何对此限制的违反，原则上讲，在不考虑体裁的一般认知基础上，都是可以解释的。

我认为，像例 4.56 和 4.57 中对话题可接受性度标的违反，可以解释为在特定体裁中对预设结构进行的语用顺应（见 2.4 节）。请注意，在莱因哈特的例子中，既包括具有全新所指对象的话题名词短语，又包含非重读回指代词；这些非重读回指代词被置于它们所指代的话题名词短语之前。如果没有这些代词，这些句子就有可能被识解为事件-报道型句子，类似于例 2.10 中的新闻句（A clergyman's opened a betting shop on an airliner［一位牧师在一架客机上开了家投注店］）。在这种情况下，主语名词短语就不是话题。例 4.56 中的代词 they 和例 4.57 中的代词 she，分别指代后面的不定指主语短语 students in the science club at Mark Twain Junior High School of Coney Island 和 a child of my acquaintance。这种对语用上不可及事物的下指照应，是一种常用的修辞手段，而这种修辞手段是基于语用预设顺应规则的。虽然某些所指对象在语篇语境中是新出现的事物，但由于是阅读情境，读者更容易将它们顺应为活跃的或可及的事物。

作家通过语言表达或语法构式来介绍所指对象，而该语言表达或语法构式通常预设该所指对象已经得到引介。对于这一常见现象，克拉克和哈维兰（Clark & Haviland 1977）以"添加"（addition）的名义进行了讨论。例如，如果故事的第一句话就是 The old woman died（这个老妇人死了），读者会在有意识或无意识的状态下发现，她要处理的是故意违反信息结构原则的言语行为。这种对信息结构原则的背离是可以接受的，因为故事的作者为了让读者进行配合，就通过为 *the old woman* 这一名词短语构设一个先发事件，以使其所指对象**好像**已被读者了解，从而将该名词短语的所指对象"添加"到故事的文本世界之中。就例 4.56 和 4.57 而言，读者更容易顺着作者的意图来理解这些句子，因为两例中的主语名词短语分别由介词短语 *in the science club at ...* 和 *of my acquaintance* 限定，其所指对象在语用上**受到锚定**（见 3.3 节）。请注意，如果去掉这些介词短语，这两句话的可接受性程度将会大幅下降（参见例 4.35 和 4.36 及相关讨论）。因此，我认为，这类例子不能作为论据，来批驳话题功能与话题所指对象认知可及性之间存在固有联系的假设。相反，这些例外情况的约定俗成性特征，间接证实了这种联系。预设结构通常与话题评述型句子相联系。正是基于这种背景，我们才可以对这类例外情况进行解释。[50]

让人感兴趣的是，当不可识别的所指对象在语法上被标记为话题时，与其被标记为焦点成分相比，其语用顺应会较为容易。上文所引用的故事开场白 *The old woman DIED* 为话题评述型句子，是一种惯用的结构，而与其相应的整体判断型句子 *The old WOMAN died*，则很少使用。乍一看，这种差别很令人惊讶。因为话题的所指对象必须是可及的，而焦点的所指对象并没有这样的要求（见 5.4.1 节），所以我们可能希望第二个版本更加自然。可事实并非如此，原因在于主语是无标记话题（见 4.2.1 节）。由于人们一般认为主语就是话题，而且话题在语用上必须是可及的，因此，在话题-评述型版本中，唤起顺应的表达比整体判断型句子更为强烈，因此更容易被读者接受。顺便说一句，人们经常声称，呈介型句子通常出现在语篇的开头位置，但上面的事实却表明，这种说法是没有根据的。

在对话题可及性约束的违逆方面，我们再举一个突出例子。我认为，我们最好将该例子解释为出于修辞目的而对惯常用法的偏离。下面的例子选自一篇关于美国兵役登记问题的报纸文章（相关话题表达仍用斜体进行突显）：

198

（4.58）Of equal importance is the fact that objecting registrants can say they oppose the policy of registration and will not cooperate with a draft. *The letter of protest I sent to the Selective Service at the time I handed my registration card to the post office clerk* stated exactly that. (*The Daily Californian*, September 1982)

同样重要的是，反对兵役登记的人可以说他们反对登记政策，是不会配合征兵的。**在我把登记卡交给邮局职员时，我寄给兵役登记处一封抗议信**，信中明确声明了这一点。(《加州日报》1982 年 9 月)

在第二个句子中，承担话题功能的主要候选词是句末的代词 *that*，其所指对象是第一个句子中最后两个小句的命题内容，且当 *that* 在语篇中出现时这两个小句的命题内容是处于活跃状态的。然而，*that* 不是话题表达，因为它与"表位化"（rhematizing）副词 *exactly* 和随后的（隐含的）焦点重音相关联。如果没有这个副词，这个句子就可以表达为 *That was stated in the letter ...* 或 *I stated that in the letter ...*。因此，例 4.58 中的预期话题，必须是斜体部分的复合主语名词短语。该短语在风格上非常独特，因为它至少需在四个预设上进行语用顺应：(ⅰ) 由定冠词所唤起的预设，即读者知道并能识别文章作者所写的某封信（这封信在文章前面并没有提到）；(ⅱ) 由 *I sent* 所在的限定性关系从句表达的命题所唤起的预设，即作者在某个时间，向兵役登记处寄出一封信来对征兵法提出抗议；(ⅲ) 作者将其登 199 记卡交给邮局职员这一预设；(ⅳ) 由整个句子的话题-评述结构所唤起的预设，即该信件是文本所讨论的话题。这个包含复杂主语短语的句子，通过其预设结构，向读者传递了为快速交流而合作行动的请求，就好像有关所指对象确实可以在语篇中检索到一样。这句话是为了达到修辞目的而对较为清晰版本的简略，如 "*I sent a letter of protest to the Selective Service at the time I handed my registration card to the post office clerk, and in this letter I stated exactly that.*"（在我把登记卡交给邮局职员时，我向兵役登记处寄了一封抗议信，我在这封信中明确陈述了这一点。）在理解该句时会出现加工困难，这可能表明，在这种情况下，句子原本不应这么大。尽管如此，与前面所讨论的例子一样，我们可以将这句话中对话题可及性约束的违背视为存在这种约束的证据，而非反证。

4.7 话题和语序

在 4.5.2 节，我们在理论上将话题表达分为两类，一类是角色导向的，另一类是指称导向的，从而澄清了一个备受争议的问题，即话题表达在句子中的**位置**问题。人们一直认为，话题表达是句子的第一个成分，这是一个普遍原则，或至少是一种明显的跨语言倾向（见 4.1.1 节）。对这一问题的争论，与对主语位置的传统讨论一样由来已久，因为在传统语法中，主语等同于话题。在这一问题上的争论，至少可以追溯到 18 世纪普遍语法有关"最佳"语序的辩论。例如，在里瓦罗尔（Rivarol）1784 年的《论法语的普遍性》（Discours sur l'universalité de la langue française）（转引自 Grevisse 1959）中，法语的 SVO 顺序被认为是理想的语序，因为该顺序与逻辑思维的顺序相同。在十九世纪，这个争论在语言学中依然存在，并和相对于法语主语的"心理主语"在句中的位置问题结合起来。[51] 到了二十世纪，以布拉格学派的学者和受该学派影响的语言学家为主，一直强调话题初始位置的重要性（参见 Firbas 1966a 中的总结）。事实上，在所 200 谓的"自由语序"语言中，如俄语或捷克语等，有关这种倾向的证据非常丰富；在这些语言中，任何成分都可以放在句首位置，而句子结构却不会像带有话题化宾语的英语句子那样得到标记。对于这类语言，有人提出了令人信服的论据，即当一个成分位于句首位置时，通常表明该成分就是句子的话题。

众多学者基于不同的理由，一直质疑"话题优先原则"的普遍性。其中的一个理由是存在 VOS 或 VSO 语序的语言，即在看似无标记或基本的句型中，动词占据第一个位置。一种理论认为，句首位置是对话题名词短语的基于认知的自然要求。但这种理论却无法解释 VOS 和 VSO 语序的语言为什么通常将天然的非话题成分即动词置于句首的问题。即使可以证明所有动词开头的语言都有一个允许名词短语出现在动词之前的话题化规则，这个问题仍然存在。事实上，对这样一个规则的应用，可能会导致有标记构式的产生。然而，话题优先原则要解释的，是有关话题配位（placement）的最一般情况。

针对话题优先原则的普遍性，可以在英语或德语等语言的基础上提出第二个论据。在这些语言中，焦点成分可以作为主语，自由地出现于句首位置，而话题性非主语成分，可以出现在动词之后典范的论元位置，也就是说，在没有任何相应的**句法**标记的情况下，这些句子的信息结构只在韵律上进行标记（见下文 5.3.3 节）。[52] 我们可以回顾一下 4.2.2 节中讨论的各种整体判断型句子。或者考虑一下叶斯柏森的 *PETER said it* 这样的句子（见 2.2 节），其中主语是焦点成分，句末代词 *it* 是话题表达。请注意，位于动词后论元位置上的话题成分，不一定像叶斯柏森例子中的那样是代词。我们很容易用词汇短语替换这一代词，如 *PETER made that remark*（**彼得说了那句话**）。这种非重读词汇型话题成分，与代词有一个重要的共同属性，即它们的所指对象在语篇中必须是活跃的或者准活跃的。在有些语言中，会避免非重读话题名词短语出现于宾语位置，如在法语口语中，非重读话题名词短语通常出现在右分离位置（见下面 5.3.3 节）。最后，有学者认为"基本语序"这一观念在有些语言中并不适用（Mithun 1987）。根据米森（Mithun）的观点，在这类语言中，对于句法所提供的各种可选语序，所有已知的语用原则都不能作出合理的解释。如果该观点是正确的，话题优先原则就无法应用于这类语言。

我们在上面提到的句首焦点句，又让我们回到了句法结构与信息结构关系的讨论（见 1.4.2 节）。鉴于句首位置在认知上是一个特别突出的位置，如果与此位置相关的显著性只能用来实现一种功能，如仅用来标记话题关系，会让人感到匪夷所思。正如我们之前观察到的，在英语、德语和法语中，当然还有许多其他语言，可以将传统上称为"话题化结构"的构式，用来对前移的非主语名词短语进行"话题化"（topicalizing）和"焦点化"（focalizing），而两者之间的差异只能通过重音配位进行标记。布拉格学派的学者也注意到，即使在斯拉夫语中，为了"强调"等原因，可以将非主题成分（non-thematic constituent）放在句首位置（见 Firbas 1966a 等）。

我想指出的是，如果我们按照所建议的那样，对词汇型话题表达和代词型话题表达进行类型上的区分，那么在是否遵守话题优先原则方面，语言之间的一些明显差异就会消失。在这里，我们不想对此进行深入细致的探讨。我们在前面进行过阐述，认为非重读代词性论元是首选的话题表达；非重读代词性论元的功能是指代一个语法角色和语义角色，而真正承担该角色的是小句中已**在语用上得到明确**的话题所指对象；因此，这种代词表达在句中的位置，与其功能是**不相关的**。一旦话题所指对象在语用上得到确立，即一旦该话题表达的功能不再是**宣告**（ANNOUNCE）话题所指对象，而是标记其命题论元角色，那么就不再有任何功能上的理由将话题置于句首了。

对首选话题表达而言，从功能上讲，它与谓语的密切相关，要比出现在句首位置更为重要，因为在小句中支配语义关系和句法关系的是谓词。因此，非重读代词型话题往往出现在动词本身所在的位置或者附近，即在动词位于句首（verb-initial）或位于第二个位置（verb-second）的语言中，非重读代词型话题出现在靠近句首的位置，在动词位于句尾（verb-final）的语言中出现在靠近句尾的位置。[53] 当非重读代词通过历时变化，发展成黏着代词语素和屈折语素时，它们往往附加在动词或者助动词上，而不是附加在句子的其他成分上。带有时态的谓词是小句的语义中心，也是论元成分的参照点，其位置是固定的。因此，非重读代词在句中的位置也往往是**固定的**，而名词短语、介词短语、副词短语等短语成分的位置分布相对自由，两者形成对比。然而，正如我们在第一章所强调的，在语用语序分析上，有一个基本要求，即必须能够与可替换语序形成对比，即和可能会出现的句式变体形成对比。由于非重读代词在句中的位置基本上是固定的，这些表达无法满足这种基本的语用标准。因此，对优先话题表达而言，不应就句首位置提出功能上的要求。

对**重读话题表达**而言，无论是词汇型的还是代词型的，情况都大不相同。只有这些表达，才能置于句首的话题位置，也应该置于句首的话题位置。由于它们的主要功能是宣告一个新的话题，或者对话题之间的转换进行标记，因此从认知上讲，这类话题表达**出现在**对其所指对象进行描述的句子**开头**是很重要的，最好是**位于**对其所指对象进行描述的句子的**前面**。很难想象出一种有效的话题编码策略，来使话题所指对象在语用上的确立总是与该所指对象的信息传递同时发生或者随后发生。这种策略也会违背指称和角色分离原则。我们的结论是，只要将话题优先原则限定于具有话题宣告功能的重读词汇型话题表达和代词型话题表达，我们就可坚持认为话题优先原则是一种普遍的词序趋势。

对于话题优先原则的修订和严格限制版本，我们有必要在此提到一个明显的例外情况。对于这个例外情况，我们有充分的跨语言证据。该例外情况就是前面提到的右分离构式或逆话题构式。在这种构式中，一个词汇型话题名词短语被置于包含话题所指信息的小句末尾。该构式在文献中有各种不同的叫法，如"附加说明"（epexecesis；古典语法中的一个术语）、"倒装语序"（土耳其学者所用术语 *devric cümle* 的翻译；见 Erguvanli 1984）、"外置结构"（extraposition；Jespersen 1933/1964: 154ff）、"右偏203 置结构"（right dislocation）等。分离成分本身被称为"去焦点化名词短语"（de-focused NP）、"事后想法名词短语"（afterthought NP）、"谓语后成分"（post-predicate constituent）、"尾部成分"（tail）（Dik 1980，Vallduví1990b）和"逆话题"（antitopic）（Chafe 1976）。我本人一直采用的是最后一个术语，即"逆话题"。令人感到好奇的是，这一重要构式在生成句法理论中却几乎没有受到关注。[54] 下面是有关逆话题构式的英语例子。

（4.59）He is a nice GUY, your brother.

　　　　他人不错，你哥哥。

在这个句子中，句内非重读代词型话题表达 *he* 位于词汇型话题表达 *your brother* 之前，而后者位于后置焦点位置（post-focal position）。请注意，这个逆话题名词短语本身是**非重读的**。在语用上，逆话题构式的独特之处在于，当我们以词汇形式提到逆话题表达的所指对象时，我们已在与其有关的命题小句中以非重读代词的形式提到过它了。

　　重要的是，我们要认识到，逆话题构式中的分离成分，并没有以其本义来表达某个**事后想法**（AFTERTHOUGHT）。这与人们经常声称的不一样。[55] 右分离构式是一种完全规约化的语法构式。该构式是言者在特定的语篇环境中遵循指称和角色分离原则的体现。使用逆话题构式的言者通常完全"明白"，在从句中仅提及未标记的话题性代词是不足以让听者理解命题是关于何人或何事的。在交际双方相互合作的正常条件下，只有当非重读代词的所指对象处于活跃状态的时候，它的使用才是合适的。所以，逆话题构式一旦得到约定俗成，就可以作为言者向听者发出的隐式请求，将命题信息"暂停"，直到言者说出逆话题。在逆话题构式的预设结构中，有一个预示信号，即尚未激活的话题所指对象将在句末说出来。如果所指对象已经处于准活跃状态，或至少具有较高的可及性，那么对命题的"暂停"请求当然是最容易满足的。这就解释了为什么在不同的语言中，要想恰当使用逆话题构式，所指对象都必须具有较高可及性的问题（见 Lambrecht 1986b 第 8 章对法语口语的讨论）。与左分离构式相比，右分离位置上的词汇型或独立代词型话题表达，不能表示新的话题或者话题转换（topic shifts）。鉴于逆话题成分总是非重读的，因此不会有任何对比功能。我们对话题优先原则的修改，是为了准确解释新话题或话题转换，所以逆

204

话题构式与我们提出的话题性名词短语在句中位置的一般观点并不矛盾。

在不同的语言中，右分离构式倾向于用在话题所指对象已经非常突显的语篇语境中，而左分离构式倾向于用在宣布话题或转换话题的语境中。在德语中，这种倾向在语法上具有反射作用（reflexes）。德语有两组第三人称代词，一组是 *er*、*sie*、*es*、*sie*，另一组是 *der*、*die*、*das*、*die*，都表示"他、她、它、他们"。这两组代词都可以重读突显，尽管重音强调更常见于 *der-* 系列。一般而言，*er-* 系列的代词在所指对象活跃而且已经成为话题时使用，而 *der-* 系列的代词在所指对象活跃但尚未确立为话题时使用。因此，在大多数回指语境中，只能使用 *er-* 序列代词，如：

（4.60）Wenn er/der isst, macht er/*der so komische Geräusche. "When he eats he makes kind of funny noises."

他吃东西的时候会发出奇怪的声音。

如果主句中的代词与从句的主语具有共指性（coreferentiality），则主句禁止使用 *der* 系列代词形式。如果第二个 *der* 型代词表示话题转换，则句子是符合语法的。以下是包含左分离和右分离的例子：

（4.61）a. Die Müllers, die wohnen im dritten Stock. "The Müller's (they) live on the third floor."

穆勒家（他们）住在三楼。

b. *?Die Müllers, sie wohnen im dritten Stock.

（4.62）a. Die wohnen im dritten Stock, die Müllers.

他们住在三楼，穆勒家。

b. Sie wohnen im dritten Stock, die Müllers.

他们住在三楼，穆勒家。

如 4.61 所示，左分离形式需要使用 *der-* 系列代词中的回指话题性代词，也就将所指对象标记为活跃但尚未确立为话题的代词。[56] 然而，如 4.62 所示，右分离构式没有这样的限制。因此，通过德语中的数据，我们可以确认确实存在一个普遍的信息结构原则；根据这一原则，与左分离形式相

比，右分形式离需要话题所指对象在语用上的突显程度更高，而左分离形 205
式主要用于语篇语境中尚未确立话题地位的所指对象。

我们曾在前面提到，逆话题构式的加工结果，会对其句法结构产生影响。在许多语言中，逆话题成分必须紧跟在含有共指代词型话题表达的小句之后，也就是说，在句法标记上，逆话题成分从属于含有回指代词的小句。[57] 在这里，逆话题构式与左分离构式存在显著区别：在左分离构式中，词汇型话题成分与相关命题的距离是不受限制的，而回指性代词可以出现在任何嵌套层级的小句中。在法语中，逆话题成分与命题有着紧密的联系。这种紧密联系还体现在逆话题名词短语必须与代词型话题一致，而对位于句首的话题没有这种要求（见 Lambrecht 1981）。德语也有类似的情况。

主语居尾型语言（subject-final languages），也就是说无标记话题出现在小句末尾的语言，很少在世界语言中得到证实；通过与逆话题构式相关的加工限制，我们也可以了解其背后的原因（见 Greenberg 1963, Universal #1）。在对马达加斯加语这种 VOS 型语言的分析基础上，基南（Keenan 1978: 303ff）沿着这种思路提出了自己的解释。尽管我认为，基南对主语居尾型语言的罕见性所做的认知解释具有很强的启发性，我却不会轻易下这种一般性结论。在普遍语序类型学（universal word-order typology）方面，学界提出了多种解释。但这些解释都存在一个问题，即它们都没有考虑到本研究所讨论的信息结构差异（代词型码化与词汇型码化的差异、话题与焦点的差异等）。我们要厘清这些基本区别，并切实弄清楚在 VOS 型语言中位于句尾的主语成分是如何在语篇中编码的。在此之前，对主语在 VOS 型语言中认知地位的所有推测，都似乎是不成熟的。[58]

第五章

语用关系：关注焦点

5.1　焦点的定义

5.1.1　焦点、预设和断言

在第四章，我们为了方便，将"焦点"这个术语作为一个简略的表达方式，来表示某些句子成分的身份。这些句子成分在语用功能和形式表达上与话题表达存在系统性区别。因此，将焦点定义为"话题的补充部分"似乎是很自然的。这两个概念的互补性让我们联想到主位／述位（theme/rheme）这一对概念。人们常常认为这两个概念之间是一种互补关系。切夫将话题性主语描述为"新知识的拴马桩"（参见 4.1.1 节）。因此，我们可以说句子的焦点就是"被拴在话题这根桩子上的新知识"，即与某个话题相关的新信息。

在目前的理论框架中，至少因为两个方面的原因，我们没有采用这一定义。首先，如果我们假设焦点与传递新信息有关，并且所有的句子都传递新信息（我本人就是这样假设的，见 2.3 节），那么所有的句子都必须有焦点。然而，并不是所有的句子都有话题（见 4.2.2 节和 4.4.4.1 节）。因此，我们不能简单地将焦点定义为对话题的补充。其次，在目前的框架中，"新知识"或"新信息"相当于"语用断言"（pragmatic assertion）。在第二章，我们将语用断言定义为**叠加在**语用预设上的命题，且该命题**包括**其所叠加的语用预设（见 2.3 节）。然而，句子的焦点通常被视为一种信息元素，是被**添加到**语用预设中的，而不是叠加在语用预设上的。话题包含于预设之中，两者不会完全相同（见 4.1.1 节和 4.3 节）；同样，焦点是断言的一部分，但不会与断言重合。

在本书提出的框架内，我们将句子的焦点，或者更准确地说，句子在 207 语篇语境中所表达的命题焦点，视为**将预设和断言区分开来**的信息元素。焦点是在讲话之时命题中不能被视为理所当然的那一部分。它是话语中**不可预知**的部分，或语用上为**前文不可溯**的部分。焦点使话语成为断言。

之前有许多对焦点和相关现象的研究，从中我们可以看到这种焦点观的影子。例如，博林格早期曾提出过句子"信息点"概念，其定义中就隐含着这种观念：

> 可以说，韵律重音……所标记的是句子的"点"，即信息最集中的地方，也是听者在没被告知的情况下最不可能进行推测的地方。（Bolinger 1954: 152）

韩礼德对焦点的定义更为明确地表达了这一观念：

> 信息焦点是一种强调，即当言者希望听者将信息块中一部分或者整个信息块理解为新信息所在的时候，他就会对这部分进行标记。焦点信息都是"新"信息；这并不是因为它不能是之前已被提及的事物，尽管通常如此，而是因为言者认为在之前的话语中无法对其进行追溯……有人认为，信息的焦点就是言者将其作为文本上和情境上不可推导的新信息而进行表征的信息。（Halliday 1967: 204f）

焦点是句子信息的元素，通过它可以将言者和听者共有知识和非共有知识区分开来。这一概念也与杰肯多夫所使用的概念密切相关。杰肯多夫的分析是建立在韩礼德和乔姆斯基（Halliday & Chomsky 1970）的分析基础之上的，他将"句子预设"定义为"言者认为他和听者共享的句子信息"，而将"句子焦点"定义为"言者认为他与听者非共享的句子信息"（Jackendoff 1972: 230）。因此，在杰肯多夫看来，焦点就是句子预设的**补充信息**（COMPLEMENT）。

我们所采用的"焦点"概念，在许多方面与前辈们所使用的概念相似。但是，乔姆斯基、杰肯多夫及其他学者主要将此焦点概念应用于所谓的"焦点-预设"句，而我们将在前几章提出的理论性概念基础上，尤其是在激活概念和话题概念的基础上，将焦点概念推广到所有类型的预设结构。在"焦点-预设"句中，焦点对应于预设的开放命题中的变元（variable）。我们还将证明，乔姆斯基-杰肯多夫传统中的"预设"实际上只是语用预设的一个子类，以及这些学者所提出的重音规则不足以解释大多数的焦点预设关系（见 5.4.3 节）。

最后，我想强调的是，某些被归入"焦点"这一大标题下的韵律现象，事实上与本书所定义的焦点无关，而是对语篇所指对象的**激活状态**的标记，而这些激活状态反过来又表明语篇中的**话题非连续性**（TOPIC DISCONTINUITIES）。在生成语法文献中被作为语音焦点标记进行分析的现象，在这里仅作为一个普遍现象中的实例，即通过韵律突出手段，来对语用上识解的语义域进行标记。在本章的最后部分即 5.7 节，我们将论证的是，句子重读的主要目的不是对焦点进行标记，而是对各种指称对象与其所属的命题之间的关系进行标记。将某个已被激活的指称对象理解为焦点或者话题，通常取决于形态句法标准，而非语音标准。对于本章所讨论的重音突显的位置，我想提醒读者的是，我们不能将重音突显的配位等同于焦点标记。

在已有的文献中，许多焦点研究都可以在概念上或至少在术语上描述为我们之前提到过的信息"切分"（segmentation）观（见2.2节）。请回顾一下，按照这个观点，句子所传递的信息可以切分成"新"和"旧"两部分；这两个部分可以直接通过句法进行识别，即一些成分表达"新"信息，而另一些成分表达"旧"信息。而焦点韵律的功能，就是将句子的有些成分标记为"新"信息。例如，杰肯多夫认为，句子的焦点是"与 F 所支配的表层结构节点相关的语义材料，其中 F 代表"非共享信息"（Jackendoff 1972: 240）。塞尔柯克认为，"聚焦成

分"（focused constituent），即被赋予音高重音的成分，为语篇提供 209
"新信息"，而非聚焦成分则是"旧信息"（Selkirk 1984: 206f）。短语
重音必须和短语指称对象在对话者头脑中的状态建立关联。虽然我同意这
种观点，但简单地将重音突显等同于新信息是不够的，尤其当"新信息"
这一概念用作未经分析的基元（primitive）的时候。[1]

　　这种建立在信息切分基础上的焦点研究方法，与我们在第二章提出
的分析方法相冲突。我在第二章提出，信息不是通过词项或单个的句子
成分传递的，而是只能通过在指称对象和命题之间建立**关系**来传递。因
此，如果焦点与信息的传递有关，那么对于语法焦点的标记而言，其功能
必须是用来表达此类关系，而不是将"新"这一属性赋予单个句子成分的
指称对象。和许多其他情况一样，我们在此必须将**语用关系**和**语用属性**区
分开来，这一点非常重要。焦点和话题一样，是一种语用关系。就句子成
分的指称对象而言，其语用属性（如其在话语中"是新的"这一属性）要
通过语法手段进行表达。根据定义，这些语法手段所标记的是语篇所指对
象在**可识别性**和**激活**状态上的差异，而不是指称对象和命题之间关系上的
差异。在 5.4 节，我们将对焦点和所指对象激活状态之间的具体关系进行
讨论。

　　下面我们再以 2.7 为例进行说明。为方便起见，我们在此将其重新编
号为 5.1：

（5.1）　Q: Where did you go last night?
　　　　　你昨晚去哪里了？
　　　　A: I went to the MOVIES.
　　　　　我去**看电影**了。

从直觉上讲，我们完全有理由赞同博林格的说法，认为答句中的 *movies*，
或者短语 *the movies*，标示的是"信息最集中的地方"，或者同意韩礼德
的说法，认为该词是一个元素，"通过它，言者将信息块中希望被理解为
新信息的部分标示出来"。然而，如果新信息是用来识别焦点的手段的

话，将这个词或这个短语称为"焦点"是不准确的。在例 5.1 中，只有当 *(the) movies* 作为整个句子所表达的命题中的一个元素时，才具有信息价 值。"新的"不是该成分，也不是其标示对象，而是在"言者去了 X"这 一语用上预设的开放命题中，作为谓词 *go to* 第二个论元的角色。如果说 表达新信息的是介词短语 *to the movies*，也同样是不准确的，因为介词 *to* 的方向义已隐含在问句的 *where* 中了。

在例 5.1 中，答话所传递的信息既不是 *movies*，不是 *the movies*，也 不是 *to the movies*，而是抽象命题 *"The place I went to last night was the movies"*（我昨晚去的地方就是电影院）。只有作为该抽象命题的谓语，*the movies*，或者更确切地说是它的指称对象，才可以称为例 5.1 中的焦点。 因此，当我们说 *the movies* 是例 5.1 答语的焦点时，我们的意思是，这一 短语的指称对象与该命题之间存在通过语用识解建立的关系，即添加这一 短语之后，句子所表达的就是新的信息。对于指称对象与命题之间的这 种语用关系，我们称之为**焦点关系**（FOCUS RELATION）。在例 5.1 的答 话中，正是在 *the movies* 的指称对象和命题的其余部分之间建立了这样一 种焦点关系，才在听者的头脑中创生了新的信息状态。因此，**焦点标记** （FOCUS MARKING）的功能不是将一个成分作为新信息进行标记，而是 表示命题的一个元素与整个命题之间的焦点关系。如果不存在这种关系， 即焦点元素与整个命题相互重合，那么，焦点标记的功能就是表明焦点- 预设对比上的**缺位**（见 5.7.2 节）。

"旧信息"和"新信息"这两个概念，从直觉上讲，是很有吸引力 的，作为术语，使用起来非常方便，以至于即使在精心设计的分析中它们 也经常被误用。例如，下面是杰肯多夫用来解释焦点和预设概念的问答 （Jackendoff 1972: 229）：

（5.2）a. Is it JOHN who writes poetry? (Jackendoff's (6.1))

　　　　写诗的人是**约翰**吗？

b. No, it is BILL who writes poetry. (Jackendoff's (6.2))

不是，写诗的人是比尔。

杰肯多夫认为，在 5.2a 这一问句中，"预设是有人写诗，*John* 是焦点"；在 5.2b 这一答句中，"预设也是有人写诗，*Bill* 是焦点，是要传递的新信息"（Jackendoff 1972: 230）。将答句中的焦点成分 *Bill* 称为"新信息"是错误的。为更好地理解这一点，请考虑另一个更为自然 211 的答句：

（5.2'）No, BILL.

不是，是比尔。

与 5.2b 中的答句一样，本答句所传递的新信息显然不是专有名词 *Bill*。之所以说 *Bill* 这个词能够提供有用信息，是因为听者已经知道"有人写诗"这一命题，并在 *Bill* 这一个体与该命题中的主语论元之间建立关系，或者更准确地说，在名词 *Bill* 的所指对象和命题函项"X 写诗"之间建立关系，即用 *Bill* 替换变元 X。在本例中，因为"被聚焦的"词和焦点的语义域是重合的，我的评论也许只是在术语使用上提出的吹毛求疵的意见。然而，正如我们稍后将会看到的，焦点重音和其所象征的语义域之间的关系，通常相距甚远。在这种情况下，将"被聚焦的元素"等同于"新信息"，就阻碍了对焦点标记机制的正确理解。

此前在对焦点元素和命题之间语用关系进行描述的时候，我们使用的是"不可预测的"和"前文不可溯的"这两个比较模糊的术语。虽然模糊，但与"新的"这一术语相比，这两个术语似乎更能反映焦点关系的本质。下面我们以例 5.1 的变体进行说明：

（5.1'）Q: Where did you go last night, to the movies or to the restaurant?

你昨晚去哪儿了，去看电影了还是去餐馆了？

A: We went to the RESTAURANT.

我们去**餐馆**了。

在 5.1' 中，由于问句已经提到了 *the restaurant*，我们完全有理由认为在说话之时，该名词短语在答句中的指称对象具有语篇活跃性。作为命题的论元，我们不需要将其激活就能对其进行有效加工。因此，在这个意义上，它是"旧信息"，而非"新信息"。尽管如此，该指称对象与命题之间存在焦点关系，因此对其进行编码的成分是一个焦点表达，而焦点表达必须进行重读突显。使该成分成为焦点的，不是其所指对象在受话者头脑中的假定认知状态，也不是它与谓语之间语义关系的性质（在答句中，无论是 *the movies* 还是 *the restaurant* 充当焦点论元，其语义角色都应具有指向性），而是因为该指称对象而非其他任何可能的事物，被选作"言者去了X"这一开放命题中缺失的论元。正是基于这种关系，我们才提出焦点元素在说话之时是"不可预测的"或"前文不可溯的"。

我想顺便提醒大家注意，在例 5.1' 中，名词 *restaurant* 的重音突显显然不是用来表示"对比"的。这一观察结果对 5.5 节中的论述具有重要意义。我们将在 5.5 节提出，有些成分的指称对象在讲话之时是语篇活跃的（如例 5.1' 中的 *the RESTAURANT*），却出现了重音突显，而我们无法用对比概念对此进行解释。

阿克马吉安（Akmajian 1973）在解释回指表达时，对焦点的角色进行过讨论。其在讨论中明确指出，传递新信息的不是重读成分本身，而是该成分的指称对象与抽象命题之间关系的建立。阿克马吉安用下面的例子来说明焦点和预设之间的关系：

（5.3）MITCHELI urged Nixon to appoint Carswell.
米切尔敦促尼克松任命卡斯韦尔。

阿克马吉安用下面的复合语义结构来对该句所表达的命题进行分析：

（5.3'）"[x urged Nixon to appoint Carswell], [X = Mitchell]"
［X 敦促尼克松任命卡斯韦尔］，［X= 米切尔］

他接着写道：

> 请注意……语义解读的焦点成分是一种语义关系，而非一个单词……。句子的焦点成分代表的是新信息；这不是因为该成分必然是新的，而是因为该成分所建立的语义关系相对于特定的论域而言是新的……。因此，"[X=Mitchell]"这一表达式所表征的，就是言者认为听者不知道的新信息。（Akmayian 1973: 218）

在这里，阿克马吉安将焦点明确定义为一种语义关系，而非一种成分属性。[2]

我所提出的焦点概念，与阿克马吉安提出的焦点概念相似，但在术语和概念上有两个附带说明（provisos）。第一个附带说明涉及"建立语义关系"这一表达。在阿克马吉安的例子中，我们通过语义解读的预设成分已知，缺失的论元将在命题中充当施事的语义角色。因此，严格来说，论域中的新出事物并不是焦点的指称对象所建立的**语义关系**。更准确地说，新出现的是某个指称对象被选作施事论元这一事实。这就是我们在上面提到的**焦点关系**。将这种焦点关系描述为语用关系，也许要比将其描述为语义关系更为合理。 213

阿克马吉安称之为"语义解读的焦点成分"，与我们在第二章中提出的"语用断言"密切相关。第二个附带说明与这一事实有关。我们认为，"语用断言"和"焦点"是两个不同的概念，而阿克马吉安将这两个概念混为一谈。"敦促尼克松任命卡斯韦尔的个体或群体"不是焦点指称对象；鉴于 X 代表的是该个体或群体，[X= 米切尔]这一表达式表示属于该预设的一个元素与不属于该预设的一个元素之间的关系。要对焦点是预设的**补充**这一事实进行说明，我们有必要将该关系的两个术语分开。

我认为，对阿克马吉安例子的分析要做如下修改：例 5.3' 中的表达式"[X 敦促尼克松任命卡斯韦尔]"是**语用预设**（即"旧信息"）；表达式"[X= 米切尔]"是**断言**（即"新信息"）；而构成断言的等式的右侧是**焦点**。在这种分析中，焦点实际上是一个词语，但该词语是处于语用关系中的词语。因此，我们应该将"焦点"一词理解为"断言的焦点"或"新信息的焦点"的简称。

例 5.4 是我们提出的"焦点"定义。其中，"（语用）预设"和"（语用）断言"这两个术语的定义与第二章例 2.12 中的定义相同：

（5.4） Focus: The semantic component of a pragmatically structured proposition whereby the assertion differs from the presupposition.

焦点：命题具有语用上的结构，而焦点是命题的语义成分，通过它可以将断言和预设区分开来。

例 5.4 中的定义表明，如果一个句子无法唤起任何预设，那么焦点和断言是叠合在一起的。这种情况经常（但并非总是）出现在 It's RAINING（下雨了）这类整体判断型句子中。

例 5.4 将焦点描述为一个语义–语用范畴，而非形式范畴。理解这一点是非常重要的。我们是在命题的语义层面而非句子的语法层面对其进行定义的；而命题具有语用上的结构，句子具有句法上的结构。"焦点"是一个语用范畴，在句子中通过语法手段体现出来，即"焦点"的句法体现；焦点的句法体现就是焦点所在的句法域和对该句法域进行标记的韵律手段，即句子重读手段。我们必须将焦点和其在句子中的语法体现严格区分开来。焦点和句子重音之间的区分尤其重要，因为如前所述，句子重读本身不是焦点标记手段，而是在具有语用结构的命题中对语义部分进行标记的通用手段，无论该语义部分是否为焦点部分。在对命题的焦点进行识解时，起决定作用的语法因素有多种，而韵律因素只是其中一个。

命题具有语用结构；我们认为，作为命题焦点一部分的语义元素位于焦点之中（IN FOCUS）或是焦点性的（FOCAL），而不管对该语义元素进行编码的成分是否得到重读突显。例如，如果我们用例 5.1 中的句子 *We went to the MOVIES*（我们看电影去了）来回答"你昨晚干什么了？"这一问话，其中的 *went* 和 *to* 为非重音突显成分，其标示对象将与重读成分

movies 的标示对象一起位于焦点之中。"位于焦点之中"或"焦点性的"与我们在第四章 4.3 节中介绍的"位于预设之中"（in presupposition）相反（是否还记得，"得到预设的"这一形容词是专门用来对命题性指称对象进行标示的）。不在焦点之中的指称对象必然位于预设之中。如在例 5.1中，充当话题的代词 *we* 是位于预设之中的。

我们将带有焦点重音的单词或最小成分称为**重音突显成分**（ACCENTED CONSTITUENT）， 如例 5.3 中 的 *Mitchell* 或 例 5.1 中 的 *movies*（为了在版式上保持清晰，我们将携带音高重音的单词或单词中的词素大写，而不是将携带音高重音的音节或音段大写）。有些文献会使用"得到聚焦的成分"（focused constituent）这一术语，但我们将避免使用该术语，因为重音突显成分未必是焦点表达，而且该术语往往会模糊语用范畴（焦点）和韵律范畴（音高突出）之间的区别。从我们已做的论述来看，显然重音突显成分与焦点性元素未必同延（coextensive）。在例 5.3 中，焦点、焦点性元素和重音突显成分都聚集在同一个词即专有名词 *Mitchell* 上。然而，这种汇聚现象绝非常态。本章要讨论的主要问题之一，就是焦点域和韵律突出之间的复杂关系。我们可以套用霍勒（Höhle 1982）的术语，将该问题称为**焦点投影**（FOCUS PROJECTION）问题。

命题在语用上具有结构，而命题的焦点成分是通过句子中的句法域来表达的。我们将该句法域称为**焦点域**（FOCUS DOMAIN）。如在例 5.1 和 5.3 中，焦点域是名词短语 *the movies* 和 *Mitchell*。[3] 根据我们对"焦点"的定义，焦点域必须是句子中的一些成分；当这些成分添加到预设中时，其指称对象能够产生（produce）断言。正如我们将看到的，这样的指称对象要么是**谓词**或**论元**（包括附加语），要么是完整的**命题**。这意味着焦点域必须是**短语性**范畴（动词或形容词短语、名词短语、介词短语、状语短语和句子）。焦点域不能是**词汇性**（LEXICAL）范畴。之所以如此，是因为信息结构关注的不是单词及其意义，也不是单词意义与短语或句子意义之间的关系，而是语篇情境中实体和情势之间关系的语用识解。实体和情

233

势在句法上表现为短语性范畴而非词项（lexical items）。

下面我们通过例子进行说明。谓词短语（predicate phrase）可以表达命题的焦点，单独的谓素（predicator）却不能用来表达命题的焦点。如：

> （5.5） And then, when we'd finished talking about pigs, we started talking TO the pigs.
>
> 于是，我们谈论完猪之后，我们又开始**跟**猪谈话。

在主句中，只有介词 *to* 是重读突显的。我们赞同博林格的说法，认为这个介词在某种意义上构成了该句的"信息点"，因为剩下的元素 *we*、*talk* 和 *pigs* 以及它们之间的语义关系在语用上是前文可溯的。然而，谓素 *to* 本身不能成为该小句的焦点成分。其所指对象完全是关系性的，所以它无法提供信息元素。而信息元素添加到预设后，才能进行断言。"we talked x the pigs"这一字符串并不是一个切实可行的预设。因此，尽管例 5.6 中的问答给人一种不自然的感觉，但还是可以接受的：

> （5.6） a. What was the relation between you and the pigs? — A talking relation.
>
> 你和猪之间是什么关系？——谈话关系。
>
> b. What did you do to the pigs? —Talk to them.
>
> 你对猪做了什么？—— 跟它们谈话。

但例 5.6' 中的问答令人无法接受：

> （5.6'） a. *What was the talking relation between you and the pigs?　— A to-relation.
>
> *你和猪之间是什么样的谈话关系？—— 和的关系。
>
> b. *What did you talk the pigs? —To.
>
> *你什么猪谈话？——和。

在例 5.6 中，名词短语 *a talking relation*（谈话关系）和动词短语 *talk to them*（和它们谈话），能够为问话所创生的预设提供有意义的补充。但在例 5.6' 中，与光杆介词 *to* 有关的表达却无法为问话所创生的预设提供

有意义的补充。在例 5.5 中，焦点域是 *to the pigs* 这一介词短语，或者 216
started talking to the pigs 这一动词短语（见 5.6.1 节），而不是介词 *to*。

　　上评述论使我们得出一个重要结论。因为，一方面，介词补语所标
示的所指对象（*the pigs*）在句子中不仅是语篇活跃的，而且是话题性
的——该句是关于言者和猪之间关系的——然而另一方面，该名词短语是
焦点域的一部分，因此，焦点域必须包含非焦点性元素。（正如我们将会
看到的，反向情况并不成立，即焦点元素可能不是话题领域的一部分。）
在 5.3.3 节，我们还将谈到这一重要结论。

　　下面是另一个例子。该例的焦点域包含了一个修饰语：

（5.7）a. Which shirt did you buy? —I bought the GREEN one.

　　　　你买了哪件衬衫？——我买了**绿色的**那件。

　　　　　　　The GREEN one.

　　　　　　　绿色的那件。

　　　　　　　*GREEN

　　　　　　　* **绿色的**。

　　　b. What color is your shirt? —GREEN.

　　　　你的衬衫是什么颜色的？——**绿色的**。

在例 5.7a 中，可以用一个完整的句子来回答提问，也可以用一个完整的
名词短语来回答，但不能只用形容词修饰语来回答，即使将第二个版本的
回答和第三个版本的回答区分开来的成分，即 *the* 和 *one*，是答话中完全
可以预测的元素（定冠词是所指对象具有可识别性的符号，非重音突显代
词 *one* 是话题表达，其所指对象在话语中是活跃的；见 4.4.3 节）。因此，
答话的焦点域必须是名词短语 *the green one* 或动词短语 *bought the green
one*，而非形容词 *green*。事实上，信息接受者被告知的不是衬衫的颜色，
而是所购物品的特征。字符串"我买了 X 衬衫"不是一个可行的前提。这
是因为，名词短语中的修饰关系必然是语用上得到预设的，运用谎言检测
法（见 2.3 节）可以检测出来。因此，单独的形容词性修饰语不能构成焦

点域。然而，请注意，例 5.7a 中第三个答话的不合法性并不是因为形容词不能充当焦点域。如例 5.7b 所示，如果我们将形容词短语 green 的指称对象识解为断言命题的谓词，那么它真的可以构成合法的焦点域。在这句话中，受话者被告知的确实是衬衫的颜色。字符串"衬衫是 X 色的"构成了一个可行的预设。

217   焦点域中可能包含一些成分，这些成分指称的是在语用上得到预设的命题。从一开始就明确指出这一点是很重要的。我们看到，在例 5.7a 中，*the* GREEN *one* 这一修饰构式所唤起的命题，即"衬衫是绿色的"，是在语用上得到预设的。然而，对该命题进行编码的名词短语位于焦点之中。同样，在例 5.3 的变体中，专有名词 Mitchell 替换为一个非定指名词短语：

> （5.3'）One of his close COLLABORATORS urged Nixon to appoint Carswell.
> 尼克松的一位密切合作者敦促尼克松任命卡斯韦尔。

主语 one of his close collaborators 的所指对象位于焦点之中，但焦点名词短语所唤起的命题，即尼克松有亲密合作者，是在语用上得到预设的。如果有人想对例 5.3' 中的说法提出质疑，说"那不是事实"，那么这一质疑涉及的是敦促者的身份，而非尼克松有密切合作者这一想法。还要注意的是，在例 5.3' 中，指称"尼克松"这一个体的所有格限定词 his 是话题表达，因其是非重音突显指示代词，其语用地位得到明确表达（见 4.4.3 节）。该限定词的地位与例 5.5 中的名词短语 the pigs 和例 5.7a 中的代词 one 类似，即它们都是焦点域内的话题表达。

焦点域不仅包含对语用预设命题进行编码的成分，而且还可能与这些成分同延。在例 2.8 中，回答 "When did you move to Switzerland?" 这一问句的状语从句 When I was seventeen 就是一个典型例子。在语篇中，when 所表达的时间关系和 I was seventeen 这一命题都是"旧的"。正如我们之前所强调的，创生断言的不是焦点指称对象本身，而是指称对象与命题之间关系的确立。在例 2.8 中的答话中，是通过在两个已知情况之间确立时间关系来创生断言的。在 5.4.3 节，我们还会涉及焦点域中的预设问题。

下面我们来对本节所作的分析进行一下总结。命题通过语用获得结构，而焦点是命题的一个要素。有了焦点，表达命题的句子才能提供信息。在一个断言中，将预设部分减去后，剩下的就是焦点。如果一个句子没有预设，那么其焦点和断言是叠合在一起的。与话题一样，焦点与命题之间也存在通过语用识解而确立的关系。但是，对受话者而言，在言说之时，话题与命题之间的语用关系是可预测的，或者说是前文可溯的，而焦 218点元素与命题之间的关系是不可预测的，或者说是前文不可溯的。焦点关系将命题中语用上不可溯的部分，与语用上可溯的部分联系起来，从而在受话者的头脑中创生一种新的信息状态。因此，焦点**标记**（MARKING）是一种形式手段，以此来表明通过语用识解而确定的指称对象与命题之间的焦点关系。在对命题焦点进行标记时，我们可以采用韵律手段、形态手段或句法手段，也可以采用韵律和形态句法的组合手段。在第一章的 1.3 节中，我们概述了语法分析的多层面路向（the multiple-level approach）。按照这种分析路向，对于焦点标记，我们将在讨论中强调韵律手段和形态句法手段之间的关系，以及焦点标记与信息结构其他方面的关系，尤其是与激活、可识别性和话题之间的关系。

5.1.2 焦点和句子重音

在此之前，我们曾间接提到一个问题。对我们的焦点分析法和焦点标记法而言，该问题可能有点棘手。因此，对该问题进行简要的阐述将会大有裨益。在 5.4 的定义中，我们提到预设和断言之间存在对比这一至关重要的关系，因此焦点重音或其他焦点标记手段，必然只出现于命题**得到断言**的句子中。然而，即便命题的内容已经得到预设，即假定受话者已经知道了该内容，也会出现表达该命题的成分携带重音的情况，如上一节末尾所提到的情况。这样的语境有很多。其中有一种情况我们已在前面提到过，就是用来唤起预设的成分在断言中充当焦点论元。

但是，即便表达预设命题的成分**不是**关注焦点，也有可能携带重音。当一个预设命题在一个断言命题中充当**话题性**论元或修饰成分（adjunct）时，会经常出现这种情况。如例 4.2d 所示：

（4.2）d. (John was very busy that morning.) After the children went to SCHOOL, he had to clean the HOUSE and go shopping for the PARTY.

（约翰那天上午很忙。）孩子们上**学**后，他要打扫**房子**，为**聚会**去买东西。

219　　在第 4.1.1 节，我们对该例进行了讨论。我们发现，时间状语从句中的命题 "the children went to school" 在例 4.2d 的语境中没有得到断言，但从信息上讲，该命题被认为是理所当然的。言者认为其所标示的事件对受话者而言是已知的，其功能仅作为主句命题所表达的事件的时间参照点。正如我们在讨论中所看到的，从句命题的预设性会影响主语名词短语 the children 的话题身份。一方面，我们可以将这个名词短语视为一个话题，因为该命题与这个名词短语的所指对象有关；另一方面，它不是一个话题，因为对该话题的评述对受话者而言不是新的，即不会加深听者对话题所指对象的了解。

　　对于例 4.2d 中的谓语 went to school，我们可以对其语用情况进行类似的观察。一方面，这个谓语属于焦点性的，因为它表达的是对主语所指对象的评述；另一方面，它不是焦点性的，因为在 4.2d 的语境中，该评述并不构成断言。在韵律上，它与例 4.2a（The children went to SCHOOL）这一独立句中的焦点重音相似，但后者的命题是被断言的。因此，将 school 上的重音称为焦点重音是不恰当的。更准确地说，该重音的功能是重新激活预设命题的所指对象，并宣告其角色是充当话题，用来设置主句命题的场景。正如我们在 3.1 节中所看到的，命题的所指对象可能像实体一样存储于长期记忆之中，而且它们像实体一样，必须得到激活，才能在新断言中用作论元。因此，对于我们所讨论的重音而言，一个比较恰当的称谓是**激活重音**（ACTIVATION ACCENT）。我们将在 5.7 节继续讨论焦点重音和激活重音之间的区别问题。届时我们将对句子重读（sentence accentuation）进行统一说明，并将这两类重音视为同一个话语功能的两种表达，即在标示对象和命题之间建立话题性关系或者焦点性关系。

请注意，在合适的语篇环境中，即使是 4.2d（*The CHILDREN went to school*）这样的识别型句式变体（identificational allosentence），也可以出现在像 "*After the CHILDREN went to school, he had to clean the HOUSE...*" 这类句子的话题型状语从句即非焦点状语从句中。孩子们离开家去上学是一个已知事件，当这一已知事件与其他人离开家的已知事件形成对比时，这句话是合适的。最后，状语从句也可以完全不带重音。在言说之时，如果预设命题的所指对象既是话题性的，又在语篇中具有活跃性，这种情况也是合适的。例如，如果有人问约翰的孩子上学后约翰做了哪些事，我们可以回答，*He had to clean the HOUSE after they went to school*（他们上学后，他要打扫**房子**），其中的后置状语从句完全不重读。

220

下面我们再举一例说明。请再思考例 5.3 及其名词短语焦点域。例 5.3 所表达的命题是对话者之间的共有知识；在这样的语篇语境中，重音仍有可能落在主语名词短语 *Mitchell* 上。针对例 5.3 中的句子，可能会有几种不同的反应。请思考例 5.8 中言者 B 的答复：

（5.8）A: MITCHELL urged Nixon to appoint Carswell. (=(5.3))

米切尔敦促尼克松任命卡斯韦尔。

B: a. Well if MITCHELL did it, then what's the problem?

哦，要是**米切尔**这样做了，有什么问题吗？

b. I wonder why MITCHELL did it.

我不明白**米切尔**为什么要这样做。

c. Surprise, surprise. So MITCHELL was the one.

真没想到。原来**米切尔**是那个提议者。

言者 B 的话语重音与言者 A 的话语重音位于相同的成分即主语 *Mitchell* 上。通过这种方式，言者 B 将言者 A 断言中的焦点结构作为自己断言的出发点，来对言者 A 的话语作出回应，有点类似于"二审"（second-instance）焦点音显。例如，我们可以将言者 B 回应中的 a 版本大致解释如下："基于先前已知的事实，即有人敦促尼克松任命卡斯韦尔，以及现在已知的事实，即那个人是米切尔，我提出有什么问题的疑问。"可以说，在这类句子中，所唤起的预设是"分层的"。

这类分层预设现象并不局限于言者将前面出现过的焦点韵律原封不动地再现一遍的语境。如果例 5.8 中 A 的话语与例 5.9 相同，那么例 5.8 中 B 的回答也是可能的：

（5.9）A: Mitchell urged Nixon to appoint CARSWELL.
　　　　米切尔敦促尼克松任命**卡斯韦尔**。
　　　B: I wonder why MITCHELL did it.
　　　　我不明白**米切尔**为什么这样做。

在例 5.9 中，言者 A 话语中的语用表达是一个话题评述型句子，其中敦促尼克松任命卡斯韦尔这一事实不是预设的，而是断言的。在其回应中，言者 B 选择了不同的命题焦点表达形式，就好像在他言说之时所预设的情境事实上已在例 5.3 中被唤起（在 5.3 中，有人敦促尼克松任命卡斯韦尔这一事实是已知的），并以此来诱导其受话者在论域中顺应这种不同的预设情境。[4]

5.2　焦点结构和焦点标记

5.2.1　焦点结构的类型

我们认为，句子的焦点表达可以分为许多不同的**类型**，而这些不同类型的焦点表达，与通过语用得到结构化的不同类型的命题相对应。我们在此采用的焦点语法的研究方法就是建立在该观点基础上的。交际情境不同，所使用的焦点类型也不同，而且在不同的语言中，这些焦点类型会表现为不同的形式类型。在英语中，因为命题的焦点表达常常只需通过韵律手段完成，还因为我们可以将重音配位视为从左到右的线型连续体，所以在研究英语的文献中，人们一直广泛忽视不同焦点类型的存在。因此，我们分析韵律型焦点标记的方法，与当前大多数的分析方法不同；我认为之间的区别在于，我们不能将焦点重音的位置理解为连续统上从最窄式焦点到最宽式焦点的不同点上的标志，而是将它们视为少数离散信息结构**类型**在韵律上的关联词；每一种离散信息结构类型表达一类焦点意义。既然焦点重音的位置在数量上可能比焦点类型多，那么不同的重音位置可以是同一焦点类型的不同表现。

我们的方法有两个主要优点。一个优点是，用主要的语法和语义类型来对焦点域进行识别，就可以解决我们在 5.1.1 节中提到的信息"切分"问题。另一个优点是，对于形式上不同但功能上相同的句子，不论是跨语言的，还是同一种语言的，我们都可以用该方法来对它们之间的语义相似性进行描述；对于韵律上有焦点标记的句子和韵律上无焦点标记的句子之间的语义相似性，该方法尤其具有解释力。在 5.6 节，我们将详细讨论焦点类型的韵律表达。在本节，我们的目标主要是通过对跨语言焦点标记机制进行对比，来确定这些类别的存在。

在我们将要讨论的一组例子中，有许多在前几章已经出现过。这组 222 例子与我们在第四章用来说明话题类型的例 4.2a-c 相似。根据之前的这些例子，我们识别了三个语用类型，即"话题-评述型句子""识别型句子"和"事件-报道型句子"或"呈介型句子"；下面我们将根据这些句子的**焦点结构**重新进行描述。句子的"焦点结构"就是焦点意义与句子形式之间的常规性关联。例 4.2a 属于无标记主谓句，即话题-评述型句子。该句的谓语是焦点，而主语（加上其他话题元素）位于预设之中。我们将这类句子称为具有**谓语焦点结构**（PREDICATE-FOCUS STRUCTURE）的句子。例 4.2b 属于识别型句子。该句的焦点就是预设的开放命题中缺失的论元。我们将这类句子称为具有**论元焦点结构**（ARGUMENT-FOCUS

STRUCTURE）的句子。事件-报道型句子或呈介型句子的焦点涵盖主语和谓语两部分（除去所有话题性非主语元素）。我们将这类句子称为具有**整句焦点型结构**（SENTENCE-FOCUS STRUCTURE）的句子。[5]

众所周知，"谓词""论元"和"句子"这些术语的含义是模糊的，因为它们既是语义范畴，又是句法范畴。而"谓语焦点""论元焦点"和"整句焦点"这些术语就是利用了这种模糊性，来兼指语义范畴和句法范畴。在句法上，有 VP、NP、PP、S 等焦点域，在通过语用构建的命题中，有谓词、论元、句子这样的焦点部分。因此，"谓语焦点""论元焦点"和"整句焦点"这些术语所体现的既是句法焦点域之间的差别，又体现了命题的焦点部分之间的差异。（英语单词 sentence 源自拉丁语 *sententia*［判决］；sentence 现在几乎只用来标示形式范畴，但 *sententia* 在某些用法中仍然保留了原始的"判决"义。）请注意，我们在使用"主语""谓语"和"句子"这三个术语时沿用的是其传统义，即用来标示语义上的范畴而非语用上的范畴（详见下文 5.2.3 节中对术语的评述）。交际功能包括就某个会话话题进行评述的功能（谓语焦点）、对所指对象进行识别的功能（论元焦点）、对事件进行报道或对新的语篇所指对象进行呈介的功能（整句焦点）等，而我们将"谓词""论元"和"句子"这些语义–句法术语，与"焦点"这一语用术语组合起来的目的，就是对某些形式和语义范畴与这些类型的交际功能之间的相关性进行描述。因此，焦点结构类型和交际情境类型之间存在相关性。

我们通过以下三组英语、意大利语、法语（口语）和日语例子，来对
223 这三种焦点结构进行说明。在例 4.2 这一英语例子中，预设结构中的某些差异没有明显标记出来，但这里讨论的示例集是一组句子变体，即它们是通过韵律或形态句法上的差异来对信息结构差异进行表达的。在例 5.11 和 5.12 中，有些实例在形式上是完全相同的。我们将其称为受功能驱动的同音异义现象。在 5.6.2.3 节我们还会对这种现象进行解释。与惯常一样，例句前面的疑问句表明可以恰当使用这些结构的话语情境：

（5.10） PREDICATE-FOCUS STRUCTURE

　　　　谓语焦点结构

　　　　What happened to your car?

　　　　你的汽车怎么了?

　　　　a. My car/It broke DOWN.

　　　　　　我的汽车 / 它出**故障**了。

　　　　b. (La mia macchina) Si è ROTTA.

　　　　c. (Ma voiture) Elle est en PANNE.

　　　　d. (Kuruma wa) KOSHOO-shi-ta.

（5.11） ARGUMENT-FOCUS STRUCTURE

　　　　论元焦点结构

　　　　I heard your motorcycle broke down?

　　　　我听说你的摩托车出故障了?

　　　　a. My CAR broke down.

　　　　　　我的**汽车**出故障了。

　　　　b. Si è rotta la mia MACCHINA. / E la mia MACCHINA che si è rotta.

　　　　c. C'est ma VOITURE qui est en panne.

　　　　d. KURUMA ga koshoo-shi-ta.

（5.12） SENTENCE-FOCUS STRUCTURE

　　　　整句焦点型结构

　　　　What happened?

　　　　出啥事啦?

　　　　a. My CAR broke down.

　　　　　　我的**汽车**出故障了。

　　　　b. Mi si è rotta (ROTTA) la MACCHINA.

　　　　c. J'ai ma VOITURE qui est en PANNE.

　　　　d. KURUMA ga KOSHOO-shi-ta.

5.10 中的例子都是谓语焦点型句子。显然，在我们提供的最小语境中，当主语是代词或空形式的时候，这些句子是最自然的。这些例句都是符合语法的可供选择的表达，其话题也都是词汇型名词短语。在话题所指对象的语用可及性较低的语篇语境中，就可能需要这样的表达。例 5.11b 中的两个意大利语句子代表了两个形式类型。在我们所提供的最简语境中，这两类形式都是可以接受的（有些言者认为其中的分裂句略显生硬）。我们并不是说这两种类型在所有的语篇语境中都是等值的（见下文）。

值得注意的是，在这种语境中，例 5.10 中词汇名词短语的可选性是其话题身份（即非焦点身份）的证据。按照定义，焦点成分不能省略，如果省略就会使话语丧失部分或全部信息值。有人可能会认为，词汇型话题表达的句子，与代词型话题表达或语音上为空形式话题表达的句子之间的差异，也应视为焦点结构上的差异，因为在许多语篇语境中，像例 5.10 中的这类话题名词短语，如果省略，就会导致"信息损失"。然而，在这些例子中，损失的不是本书意义上的命题信息，而是受话者对话题所指进行激活的能力。受话者是依据话题所指对象来识解命题信息的相关性的。话题表达的所指对象在语用可及性上存在的差异，与句子的焦点类型没有直接关系。

对于例 5.11 中的论元焦点，我们要强调指出的是，将语法主语选为焦点论元是阐述的结果。原则上讲，对任何句子而言，只要其焦点是论元而非谓词或整个命题，"论元焦点结构"这一术语都适用。然而，在本章快要结束的时候，我们将会发现，论元焦点的形式标记与论元的主语角色之间具有内在的联系。我们还应注意的是，"论元焦点"中的"论元"是一个概括词，在此用来指称命题中任何非论断性（non-predicating）表达，即它是时间词、地点词和方式词的统称。在谓词配价（"次范畴化"）和论元-附加语的区别问题上，该词是中性的。

对于以上几组例子所表明的焦点标记方法，我们可以概括如下：（1）完全通过韵律手段（英语）；（2）韵律手段和形态手段（日语中加在主语/话题名词后面的提示助词 wa 和格助词 ga）；（3）韵律手段和句法手段（意大利语语序变化）；（4）构式手段（法语和意大利语）。[6]对于不同类型的音高重音或其他语音变化，不管是跨语言的还是一种语言内部的，我们都不会进行描述，因为我们认为它们与焦点标记问题无关（详见下文 5.3.1 节）。

总体而言，对于伴随主焦点重音的次重音，我们也不会关注，除非这些重音是用来标记信息结构对比的。在例 5.10 至 5.12 中所展现的焦点标记策略，并不能穷尽不同语言中所有的语法手段。对于焦点标记机制的类型学而言，如要更为完整，就必须考察更多语言中的焦点标记情况，例如在各种非洲语言中，焦点结构标记在动词形态中的差异（参见 Givón 1975a，Sasse 1987，Watters 1979）。以上 225 分析也没有穷尽英、法、意、日四种语言中的形式手段。例如，在某些条件下，英语和法语都允许将充当焦点的宾语成分放置在主语前面的位置上，即"话题化"的位置上，从而形成普林斯称之为"焦点移位"的论元焦点构式（Prince 1981 b），如 *MACADAMIA NUTS they're called*（澳洲坚果他们被称为）（另见 Stempel 1981）。和法语一样，英语也会使用分裂构式，尽管不像法语那么随便；法语和意大利语一样，会在数量有限的整体判断型句子中使用一种主谓倒装结构（详见 Lambrecht 1986b，7.5 节）。对于同一个大的焦点类型，焦点标记的手段会有多种，至于这些标记手段在什么条件下合适，以及合适程度如何，是一个非常复杂的问题，超出了本章讨论的范围。

我们有必要指出，焦点结构的同音异义现象，不仅存在于像例 5.11 和 5.12 中英语句子的韵律系统，也存在于形态句法系统，如在意大利语和其他罗曼语中，主谓倒装结构不仅可以用于例 5.12 这样的整体判断型句子，还可用于某些论元焦点型句子（参见例 5.11b 中可供替代的意大利语句子，或者下文例 5.51 中的西班牙语句子）。这种同音异义现象与第 1.4.2 节中对句法结构多重语篇功能的观察结果是一致的。

只有一种焦点标记方法是所有例子共有的，那就是对句子中的某个音节进行**韵律突出**（PROSODIC PROMINENCE）。它也是唯一一种不需要借助其他编码系统而单独可以发挥作用的焦点标记手段（如英语中就是如此）。因此，从某种意义上看，在进行焦点标记的功能上，韵律手段似乎比形态句法标记手段更为重要。音高突出与命题焦点部分在交际中的重要性之间存在相似性关系，而韵律手段比形态句法标记手段更为重要无疑是这种相似性关系的结果（详见 5.2.2 节）。然而，在焦点结构的标记方面，对韵律手段重要性进行强调的同时，我们不想宣称焦点和韵律之间的关系具有普遍性。我们也无法在语言类型和焦点标记的手段之间建立系统性关系。我们认为，语言在韵律结构上的差异，至少在一定程度上对某个焦
226 点标记系统的使用进行了说明。例如，在法语中，人们似乎普遍使用分裂构式来对焦点差异进行标记，这至少部分因为该语言具有相对严格的语序和相对严格的韵律结构（我们在 1.3.4 节对这种现象进行过评论）。然而，我们有必要展开广泛的类型学研究，以证实这些想法。在本章剩余部分，我们将主要探讨韵律标记的实质。

5.2.2 谓语焦点型结构

在例 5.10 的**谓语焦点型结构**中，答话所唤起的相关预设是言者的汽车在语用上可以作为讨论的话题，即该命题可以识解为对该话题的评述（见第 4.3 节）；断言是在话题所指对象和谓语所指称的事件之间建立一种关涉关系，而焦点是谓语"出故障了"。句子重音将谓语的指称对象标记为命题的焦点。我们可以将例 5.10 中的信息结构展示如下：

（5.10'）Sentence: *My car broke DOWN.*

句子：我的汽车出**故障了**。

Presupposition: "speaker's car is a topic for comment x"

预设："言者的汽车是 X 这一评述的话题"

Assertion: "x = broke down"

断言："X= 出故障了"

Focus: "broke down"

焦点："出故障了"

Focus domain: VP
焦点域：动词短语

（关联性）预设被表征为一个没有真值的开放命题，而在语用上，预设命题的性质又被视为理所当然的。但这两者之间并不矛盾，因为我们在此讨论的不是命题的真值，而是其在言语行为发生之时受话者头脑中所假定的命题的可用性（见 2.2 节）。

　　从形式上看，例 5.10 的谓语焦点型结构在所有四种语言中都是通过对谓语中的元素进行韵律突出，将谓语短语标记为焦点域，从而最低程度地表达出来。如要将命题识解为谓语焦点型结构，这种韵律突出是一个必要条件（然而，它不是充分条件；参见 5.6.1 节）。句子的主语被标记为话题，从而被排除在焦点域之外。该事实也是整句焦点型结构的一种表现。该话题要么以非重音突显代词这一首选形式出现（参见 4.4.3 节），要么以词汇名词短语的形式出现，或者同时以两种形式出现。在法语、日语和意大利语中，词汇名词短语的话题功能在形态句法上得到标记（左分离、*wa* 标记、位于动词前的位置）。在英 227 语中，它通过重音突显的缺位，仅在韵律上得到标记。请注意，与谓语短语上韵律突出的在场不同，主语名词短语上重音突显的缺位不是谓语焦点的必要条件。在谓语焦点型句子中，充当话题的主语是可以重读的（参见例 4.2c' 及下文 5.5.2 节）。[7]

　　5.10 是谓语焦点型句子，所以在 5.10' 中的描述中，我们只考虑了将该焦点类型与其他焦点类型区分开来所必需的句子结构信息。要想对例 5.10 中不同句子的信息结构进行更完整的描述，我们就要涉及其他预设特征。例如，英语例句的主语是词汇型名词短语（*My car break* DOWN），除了 5.10' 中罗列的特征外，它还会唤起以下预设特征：（1）所有格名词短语 *my car* 所唤起的预设是言者拥有一辆汽车；（2）名词短语 *my car* 的定指性所唤起的预设是该名词短语的所指对象是可识别的；（3）第二个所指对象是言者本人，而非重音突显代词 *my* 唤起一个预设即言者是话题；

（4）限定词 *my* 和名词短语 *my car* 共同唤起的预设是，这些表达的所指对象（即言者和她的汽车）在受话者的头脑中是活跃的：第一个所指对象的活跃性通过代词形式表明，第二个所指的活跃性通过非重音形式表明。

言者的汽车出了问题这一内涵义，不应描述为 5.10' 中句子所唤起的预设。通过这个问句所创生的内涵义，仅仅是该语篇语境的属性，而非句子的语法属性。它源自语篇情境，而非预设结构。回想一下，按照第二章对"语用预设"的定义，"通过词汇语法手段唤起的"命题，才能成为信息结构意义上的预设。

在本研究所提出的理论框架中，例 5.10 中的各种句子结构，以及下面将要讨论的例 5.11 和 5.12 中的句子结构，被视为构式语法意义上的**语法构式**（GRAMMATICAL CONSTRUCTIONS）（见 1.4.3 节）。语法构式是形态句法特征和韵律特征相结合的语法构形（grammatical configurations），是形式、功能、使用的统一体。在例 5.10 中，句子所表达的命题信息结构是一种语用识解，即谓语是对话题性主语的评述。这种命题结构也是语法构式的一个内在属性。这是一个语法事实，而非仅仅是一个语用上中性的语法结构和某个特定语篇功能之间相互兼容的个例。例 5.10a 中的英语构式也可以出现在不需要话题–评述或谓语–焦点意义的语篇语境中（如句子主语为非指称性词语时）。我们可以通过一个事实对此进行解释，即谓语焦点型结构是**无标记**语用音显。下面所讨论的有标记语用音显，在分布上会受到更多限制。

5.2.3 论元焦点结构

对例 5.11 中**论元焦点结构**的分析，与前面对例 5.3 的讨论相似（*MITCHELL* urged Nixon to appoint Carswell［米切尔敦促尼克松任命卡斯韦尔］）。在例 5.11 中，答句所唤起的相关知识预设是言者所拥有的某个东西临时出现了故障，断言是该事物是言者的汽车，而焦点是"汽车"。重音突显将"汽车"这一论元标记为命题的焦点。以上分析可以大致呈介如下：

（5.11'）Sentence: *My CAR broke down.*

句子：我的**汽车**出故障了。

Presupposition: "speaker's x broke down"

预设："言者的 X 出故障了"

Assertion: "x = car"

断言："X= 汽车"

Focus: "car"

焦点："汽车"

Focus domain: NP

焦点域：名词短语

与 5.10' 对谓语焦点的描述一样，5.11' 中的描述也忽略了定指名词短语 *my car* 所唤起的各种预设，因为这些预设与焦点类型之间的区别无关。按照我们的定义，焦点域为短语性范畴（见 5.1.1 节）。因此 5.11' 中的焦点域用 NP 而非 N 来表示。焦点论元，以及表达它的成分，不是 *car*，而是 *my car*。但是，和前面所讨论的情况一样，该焦点成分包含一个非焦点表达，即所有格限定词 *my*。由于它是一个非重音突显指称代词，所以必然是话题表达（参见上文对例 5.3" 的讨论）。该限定词的所指对象为言者，其话题身份在例 5.11' 中表达为一个事实，即言者作为被讨论的实体出现于预设行。

我想强调的是，在 5.11' 的描述中，漏掉了句子信息结构的一个重要 229 特征："X 出故障了"这一开放命题不仅预设了其标示对象为受话者已知的事物，而且通过音高突出的缺位手段将其标记为当前的讨论对象，也就是说在语篇中**处于活跃状态**。在 5.4.3 节，我们将进一步论述预设与激活之间的关系这一重要问题。届时我们将提出，例 5.11 中英语例句的知识预设得到识解，实际上就是开放命题被激活的结果。

从例 5.11 所在的实际交际情境来看，5.11' 中的图式性描述显然不够具体。在给定的语境中，言者和受话者之间的共有知识不仅仅是言者的东西坏了，还包括受话者认为该物品是言者的摩托车这一知识。因此，言者这样说，所断言的不仅是对 X 为言者的汽车的识别，而且是对受话者错误看法的纠正。然而，预设情境中的这一方面并没有通过句子结构中的形式手段得到激活。所以，即便受话者没有这种错误看法，5.11 中的话语也是适用的。例如，我们可以用 5.11 来回答"什么出故障了？"这一问题。因此，5.11' 中的描述不必考虑这些方面。

这并不意味着选择不同的语境问题不会对答话的信息结构产生影响。例如，对于刚才提到的用于替换的语境问题 *"What broke down?"*，可以用 *My CAR* 这一简单的名词短语作为答案，但在例 5.11 所提供的语境中该答案并不合适。在这种情况下，对于同一个问题，两个回答在适切性上的差异通过形式得到反映（其中一个是完整的句子，而另一个是句子片段）。这种形式上的差异势必导致预设结构上的差异。因此，对于 *My CAR* 这一句子片段的信息结构，我们需要进行不同的描述。[8]

从语法上讲，在例 5.11 中，句子的焦点结构是以不同的方式得到表达的。在英语中，我们发现，除充当焦点的主语名词需要重读突显外，所有其他成分都不重读。在日语中，我们发现，充当焦点的主语名词除了需要重读突显外，还要加上 *ga* 这一标记，而句子其余部分都不重读（但是
230 请参见本章的注释 6）。法语和意大利语两个版本中的一个使用了分裂构式，即命题的语义内容在句法上由两个小句序列表示。（在法语中，分裂构式是强制性的，但在意大利语中不是强制性的；在意大利语中，更常用的是主谓倒装构式。）请注意，在分裂构式的两个小句（*E la mia MACCHINA, C'est ma VOITURE*）中，第一个小句具有谓语焦点构式的句法和韵律形式，而第二个关系小句中完全没有重音，也就是没有焦点。换言之，通过语用构建的命题的焦点，在语法上是通过两个小句组成的序列进行表达的；命题的焦点和语义结构中的一个论元相对应，而两个小句在形式上都没有论元焦点结构的标记。因此，对于这些由两个小句组成的序列，其焦

点意义为非组合性的（non-compositional），因为其焦点意义不是由其组成部分的意义简单相加。相反，它是作为整体的复合性语法构式的属性。该构式显然受语用目的驱动，然而根据语法的一般句法属性和语义属性，我们却无法对其形式和解读进行预测。

在例 5.11 中，我们发现这些句子所运用的不同焦点标记手段有一个共同的形式特征：在所有四种语言中，用来表达焦点指称对象的名词短语是句子中唯一的重读成分。因此，根据韵律，即重音配位，我们可以将论元焦点结构看作谓语焦点型结构的**反转**（REVERSAL）；在谓语焦点型结构中，仅谓语需要重读。话题-评述型句子与识别型句子在韵律上的差异，是交际功能差异的直接反映。在语用上，例 5.10 表明言者的汽车出了故障，而例 5.11 表明出故障的是言者的汽车。（该阐述方式不太严谨，所以我们会在下文进行修改。读者还可以参考我们在 4.1.1 节对开放性预设命题非话题身份的评述。）在前一个句子中，语义-句法上的主语位于预设之中，而语义-句法上的谓语是信息焦点。在后一个句子中，语义-句法上的主语是信息焦点，而语义-句法上的"谓语"位于预设之中。

在上一句中，"谓语"一词是加了引号的。之所以加上这种吓人的引号，是因为我们面临着一个术语和定义上的两难之境："谓语"和"预设"[231]似乎是相互排斥的。在 2.2 节的末尾，我们引用了叶斯柏森《语法哲学》中的论述；在该段中，叶斯柏森想到的就是这一困境。对于"谁说的？"这一问题，我们可以用 *Peter said that*（彼得说的）这样的论元-焦点句来回答。根据叶斯柏森及他那个时代的其他语言学家的观点（见本章的注 9），对于此类论元焦点型句子，句子谓语是"作为新事物添加在主语上的元素"这一定义并不适用（与此术语上的困境相比，"主语位于焦点中"这种表达方式所面临的困境不是那么严重，因为和"谓语"不同，"主语"一词通常既指语法关系又指句法成分）。

这个术语上的两难之境，涉及一个更为深层的概念问题。该问题很容易引起误解和困惑，因此需要进行说明。在目前的分析中，"论元焦点型结构"这一术语所适用的句子构式是，句子中的某个标示对象在命题的语义层面充当论元，而在信息结构层面充当焦点。在例 5.11 中，谓语 *break down* 所需的语义主题论元是句法上充当主语的名词短语 *my car*，在语用构建的命题即"发生故障的是言者的汽车"中是焦点元素（该命题的极简版在例 5.11' 的断言行中表征为"X=car"）。请注意，在这个通过语用构建的命题中，我们实际上将焦点识解为**谓语**，即"（是）言者的汽车。"这意味着在例 5.11 这样的论元焦点型句子中，主语名词短语的指称对象（此处为 *my car*）同时被识解为语义层面上的论元和信息结构层面上的谓语。

　　为了从术语上对我在此所做的概念区分进行描述，我们可以使用其他标签，来替代"焦点"和"预设"；这样我们就可以防止将谓语等同于焦点、将主语等同于预设，同时也可以对我们所认为的平行关系进行描述。由于没有更好的选择，我建议使用**语用谓词**（PRAGMATIC PREDICATE）和**语用主语**（PRAGMATIC SUBJECT），从而跟**语义谓词**和**语义主语**形成对比。因此，我们可以说，在例 5.11 中，句法谓语短语或动词短语 *broke down* 既是对语义谓词 broke down（出故障）的编码，又是对语用主语 the x that broke down（出故障的 X）的编码；而句法主语短语 *my car* 既是对语义主语 speaker's car（言者的汽车）的编码，又是对语用谓词 (is) the speaker's car（［是］言者的汽车）的编码。请注意，"语用谓词"和"语用主语"这两个术语，与"评述"和"话题"并不同义，后者仅用于具有某类语用表达的命题。[9]论元焦点型句子中的语义谓词和语用谓词不完全相同。这种非同一性（non-identity）在例 5.11' 中通过信息结构的表现形式得到描述。"X= 言者的汽车"这一断言表示"发生故障的 X 是言者的汽车"这一通过语用构建的命题。在这一断言中，语用主语和语用谓词之间的关系不是话题–评述关系，而是一种等式关系。如果说语用谓词"是言者的汽车"是对语用主语"发生故障的 X"的评述，是不正确的。由于这个主语在语义上是不完整的，它不能对一个可识别的语篇所指对象进行标示，所以无法充当话题。语用主语和语用谓词之间的关系不是一种述谓关系，而是一种**识别关系**（IDENTIFICATION），正如"等于"号所示（参见 4.1.1 节中对例 4.2b 这类识别型句子的评述）。

我们在此讨论的术语和概念问题，可以追溯到古希腊-罗马的语法传统，后又成为困扰生成语法的难题。尽管乔姆斯基试图用结构主义的术语来对语法功能进行定义（Chomsky 1965: 71ff），尽管他后来将"动词短语"一词替换为"谓词短语"（predicate phrase），这一难题依然没有解决。在经典传统中，命题的"谓项"就是"对主项进行的说明"（参见希腊词 *katēgórēma* 和拉丁词 *praedicatum* "所揭示或表达的"），而非后弗雷格（post-Fregean）逻辑学中的"对主项而言为真的事物"。经典术语无疑受无意识的语用考虑支配。由于大多数句子中的主语是话题（见 4.2.1 节），出于语法分析的目的，因而也是出于逻辑分析的目的，人们自然而然地将主谓关系等同于话题-评述关系。不幸的是，正如叶斯柏森、保罗和许多其他现代语法学家所指出的那样，对于论元焦点结构的句子，这个等式是具有误导性的。

总而言之，在例 5.11a 这样的句子中，句法和语义类型（语义谓词 = 动词短语）与句法和信息结构类型（语用谓词 = 主语名词短语）之间存在非同构映射关系；这种非同构关系会引发混淆，因此需要我们对术语进行区分。这种非同构关系的存在不是我们分析的产物，而是直接反映在句子结构中。这也是一个语法问题，而不仅仅是会话推理问题。在法语的"分裂"构式以及意大利语的一个版本中，这一点尤为明显。在分裂句中，"我的车"是语用谓词，以句法谓语短语即系动词右侧补语的形式出现；"出现故障"是语义谓词，在句法上通过关系从句表示，而该小句构式通常（尽管未必）用于语用预设命题编码。在意大利语的 VS 版本即 *Si è rorta la mia MACCHINA* 中，也在句法上对语义谓词和语用谓词的非同一性进行了标记，即语用谓词（*la macchina* 的指称对象）出现

233

在通常为语义谓词保留的句末位置。我们可以将分裂构式和主谓倒装看作为克服语义结构和信息结构不一致而采取的语法策略。

5.2.4 整句焦点型结构

接下来我们将对例 5.12 中的整句焦点结构进行讨论。这些结构有一些非区别性预设特征，如"言者有一辆汽车""言者是一个话题"等命题。这些也是例 5.10 或 5.11 的非区别性特征。除此之外，这些结构没有通过形式唤起任何语用预设。有人可能会认为例 5.12 预设"有事发生了"这一命题。然而，这种预设只是一种情境暗示，而非通过句子的词汇语法手段所唤起的预设。与例 5.10 和 5.11 所获得的相关预设相比，例 5.12 通过形式所唤起的是这些预设的**缺位**：5.10 在语用上预设主语是话题，而 5.12 没有这种预设；5.11 在语用上对"X 出了故障"这一开放命题进行了预设，而 5.12 也没有对此进行预设（在英语和意大利语的非分裂版本中，后一个特征在形式上是没有任何表现的）。由于断言的范围涵盖了整个命题，因此在这些结构中断言和焦点是重合的。正是由于预设的缺位，命题才会有"突发事件"的解读。概括分析如下：

（5.12'）Sentence: *My CAR broke down*

      句子：我的**汽车**出故障了

      Presupposition: —

      预设：——

      Assertion: "speaker's car broke down"

      断言："言者的汽车出故障了"

      Focus: "speaker's car broke down"

      焦点："言者的汽车出故障了"

      Focus domain: S

      焦点域：句子

234 与 5.10' 及 5.11' 中的描述一样，5.12' 没有提到由 *my car* 这一定指名词短语所唤起的预设，因为它们与焦点域的确定无关。在例 5.12 中，焦点域是整个句子。请注意，与 5.10' 和 5.11' 不同的是，5.12' 没有将断言表示为一种关系，即断言与焦点相重合的关系。这种重合关系反映的是整体判断型命题的非二元语用结构（4.2.2 节）。

　　从语法上看，例 5.12 的整句焦点型结构在四种语言中的表达方式存在相当大的异质性。[10] 在英语中，5.12 的整句焦点型结构在韵律和句法上与例 5.10 的论元焦点型句子完全相同。将重音放在主语上属于我们在 1.3.2 节中提到的"韵律倒装"现象（prosodic inversion）（在 5.6.2.3 节我们将对"韵律倒装"做进一步的讨论）。如果不改变焦点类型，就不可能对任何其他成分进行重音强调。在意大利语中，焦点结构是通过主语重读和主谓倒装的组合手段进行表达的。与英语句子不同的是，意大利语句子可能在谓词（分词 rotta）上有一个次重音，而句子的焦点类型不变。之所以如此，是因为在意大利语中，韵律不是对焦点结构进行标记的主要手段，因此动词上的重音未必是谓语焦点的标志。法语使用的是 avoir- 分裂构式。该构式与论元焦点结构一样，通过两个小句的组合来对其底层的简单命题进行表达（参见 1.3 节）。在这两个小句中，重音都落在了谓语短语上。用纯粹的形式术语来说，这两个小句都具有谓语焦点型结构。此外，人称代词 je 和关系代词 qui 在分句中都是话题性主语，而且关系从句中的命题是被断言的而非预设的。法语句子的焦点结构是通过作为整体的语法构式进行表达的，这种表达方式与例 5.11c 中分裂构式的表达方式相同。最后，日语句子的结构与例 5.11d 中的句子结构相似，即主语是重音所在成分，并用 ga 进行标记。然而，与例 5.11d 不同的是，谓语成分 koshoo 在韵律上也很突显。[11]

　　尽管四种语言采用的编码策略存在较大的异质性，例 5.12 中的几个整句焦点构式都有一个重要的形式属性，即无论是通过韵律手段、形态手段，还是句法手段，都将主语标记为**非话题成分**。主语是最高级别的论 235 元，其话题身份是对无标记话题–评述型结构即谓语焦点型结构而言进行定义的标准。因此，我们可以将例 5.12 中的句子描述为谓语焦点型结构的**缺位**。在 4.2.2 节，我们讨论过整体判断型句子和范畴句之间的差异在形式表达上的表现，并就主语在这方面的作用进行过评述，而以上观察结果是对这种评述的补充。

就话语功能的语法码化目的而言，将主语标记为非话题成分似乎比将谓语标记为非预设成分更为重要。例 5.10 至 5.12 分别代表了谓语焦点、论元焦点和整句焦点的三个版本；在对这三个版本的形式进行全面比较后，我们才得出了以上结论。在一种语言中，所有的论元焦点结构和整句焦点型结构，都与相应的谓语焦点型结构存在明显差异。然而，每种语言的整句焦点型结构和论元焦点结构并不一定彼此不同；也就是说，它们可能是同音异义的（如英语），或者近似同音异义的（如日语和意大利语的一个版本）。换言之，焦点结构的同音异义现象似乎只能出现在非谓语焦点型结构之间。基本的范畴边界就是话题-评述音显的在场与缺位之间的边界。这一观察结果证实了我对话题-评述结构作为无标记语用音显的分析，以及因为背离该基本类型而有标记的其他焦点类型的分析（见 4.2.1节）。正如我反复强调的那样，为了充分理解焦点标记和焦点意义之间的关系，我们有必要理解作为**句式变体**的不同句子结构的地位；所谓的句式变体，就是由形式和语用对立所构成的系统中的不同元素。

5.2.5 总结

表 2 总结了三类焦点结构的语用表达。请注意，第一行中的"论元"和"谓语"分别指语义论元和语义谓词。

表 2 中的特征分布反映了上述事实，即论元-焦点类型是对谓语焦点类型的反转（reversal）。至于句子焦点类型，它反映了作为整体判断型命题特征的非二元语义结构（见 4.2.2 节）。整句焦点型结构既没有表现出谓语焦点型结构的话题-评述音显，也没有表现出论元焦点结构的焦点-预设音显。

表 2　三类焦点结构的语用表达

	位于焦点的论元	位于焦点的谓语
谓语焦点型结构	−	+
论元焦点结构	+	−
整句焦点型结构	+	+

在谓语焦点类型和整句焦点类型中，以"主语"这一语法范畴（或级别最高的论元）作为参照点都是标准做法。因此，表 2 中的表头"位于焦点的论元"所指称的必然是这两种音显中的主语论元。我们曾在前面提到过，对论元焦点范畴而言，这种结论是不正确的。因为从原则上讲，命题的任何论元成分都可以充当焦点-预设关系中的焦点。然而，我们稍后将会看到，论元焦点的韵律标示，与论元成分的主语身份之间存在着形式上的关联（见 5.6.1 节）。

值得一提的是，表 2 中的描述没有出现"负号-负号"这一特征组合，即没有考虑仅对语用预设命题进行码化的结构。事实上，一个结构想要成为一个独立的句子，它必须表达一个断言，即它所表达的命题必须有一个焦点。仅对语用预设进行表达的独立句子是不存在的（即使像 *I love you* 这样一个对同一受话者说过千百遍的句子，该论断也是正确的）。对语用预设命题的表达通常采用从句的形式，如 5.11 中法语和意大利语分裂构式中的非重音突显关系从句。[12]

在前面的章节中，我们讨论了三类主要的焦点结构。然而，焦点结构类型肯定不止这些。迪克等人（Dik *et al.* 1980）提出的"反断言"（counterassertive）或"反预设"（counterpresuppositional）类型可能是第四种焦点结构类型。该焦点结构类型涉及命题的极性（polarity），而不是命题中的某个语义域（参见下文例 5.25）。我们也可以在同一个句子构式中将不同的焦点类型结合在一起，如将韵律手段和形态句法手段结合起来。例如，在某些条件下，具有整句焦点音显或论元焦点音显的命题，可以充当某个话题的评述，从而导致话题-评述型音显（即谓语焦点）与整

237 体判断型音显（即整句焦点）或识别型音显（即论元焦点）的组合。

　　将两种焦点结构类型组合到一起的例子是 *The kitchen, YOU have to clean*（厨房，你必须清理）。我们将通过下文的例 5.54 和 5.54'，对这种构型进行详细讨论。在这种构型中，有一个论元焦点结构，其焦点是"你"，其预设的开放命题是"X 必须清理厨房"，作为焦点的"你"为该开放命题提供缺失的论元；与此同时，该论元焦点结构还充当"厨房"这一话题的评述，从而形成一个将谓语焦点元素和论元焦点元素组合起来的句子。另一个焦点类型组合的例子是第二章所讨论的例 2.1，即 *Here comes the CAT*（猫来了），和例 2.2"，即 *Here the cat COMES*（猫来了）。在这两个例子中，我们看到的是句子焦点标记手段（即指示词 here- 构式）与谓语焦点标记手段（即主语名词短语的韵律和位置手段）的组合。也存在谓语焦点型结构和整句焦点型结构相组合的例子，如例 4.49 所引用的里根的讲话。在其即将出版的著作中，拉波拉（LaPolla）讨论过一个有趣的汉语例子，在该例中整句焦点和谓语焦点是结合在一起的。拉波拉观察发现，在"他死了父亲"这样的句子中，"死了父亲"这一序列是一个以事件为中心的整体判断型句子，用来充当位于句首的话题名词短语"他"的评述部分。在将来的研究中（Lambrecht，撰写中），我打算用构式语法和其他单层句法理论中的继承（INHERITANCE）概念来解释这种焦点结构组合。按照这种分析，各种信息结构特征是从一种语法构式传递到另一种语法构式的。[13]

　　焦点语法还有一个重要方面，到目前为止我们一直没有提到，而且遗憾的是，在本书中我们也几乎不会论及。该方面是，在同一个句子或小句中，一个焦点重音可以表示多少命题信息和表示什么类型的信息问题。用一个例子就足以说明我所考虑的问题。请想象你与某人进行一次趣味盎然但非常简短的谈话。在此之前你并不认识这个人，也不确定将来是否还会见到。请进一步想象，你想向那个人表达你希望将来再次相会，且会面的时间不会那么简短。毫无疑问，你可以用一个英语句子来表达想要表达的命题内容，如 *I hope we will meet again for more than five minutes*（我希望我们再次相会五分钟以上）。然而，这句话并没有表达你心目中通过语用构建的命题。在句法上，这句话似乎只与不符合相关情境的语用解读一致。

在对这句话的一种解读中，你和对话者将会再见，是通过语用进行预设的，所断言的只是你的希望，即下次会面将会比第一次的时间长。在这种情况下，重音将会放在时间状语短语上（*I hope we will meet again for more than five* MINUTES［我希望我们再次相会五分钟以上］）。在另一种解读中，所断言的是你希望将来进行一次会面，引出了一个不那么令人愉快的预设，即你当前的会面是超过了五分钟的。在这种情况下，重音将会落在 *again* 上（*I hope we will meet* AGAIN *for more than five minutes*［我希望我们**再次**相会五分钟以上］）。无论哪种情况，你的话所传递的都是错误信息。那么，我们可以同时对两个相关部分进行重读强调，以避免这两种误导性解读：*I hope we will meet* AGAIN *for more than five* MINUTES.（我希望我们**再次**相会五分钟以上）。和前两个版本相比，虽然这句话的误导性要小一些，却似乎有点怪异。在第一个重音之后，我们会有停顿一下的欲望，这表明后面的介词短语与前面的部分不属于同一个小句，而是属于另一个不完整的小句，而该小句表达的是另一个断言。如果以 *I hope we will meet* AGAIN *and I hope it'll be for more than five* MINUTES（我希望我们会**再次**相见，我也希望我们的再次相会超过五分钟）这种双小句序列进行表达，意欲传递的信息才会更加清晰，尽管这种表达不是那么简洁。[14]

此类事实表明，与相关小句结构兼容的断言信息，在数量上是有限的。尽管该话题非常有趣，我们必须将其留待以后研究了。在第 4.4.2 节末尾，我们曾对单个小句可以引入的不可识别所指对象的数量进行过评述，而此处提出的问题与该评述相关。该问题还与指称与角色分离原则有关（见 4.5.1 节）。就单个小句能够打包多少信息的问题，吉翁（Givón 1975a）、切夫（Chafe 1987）和杜布瓦（DuBois 1987）给出了令人振奋的建议。

5.3　韵律重音：象似性、规则、默认

5.3.1　重音、语调、重读

讨论句子重音的实质和功能之前，我想先谈几个一般性观察结果。首先，我想提醒读者的是，我只关心韵律，因为按照本书第一章所述的研究
目标，它所标记的是句子**信息结构**中的对比。我不关心语调；语调标示的
是其他类型的语义目的或语用目的，如疑问语调与祈使语调这种**言语行
为的区别**（参见 Culicover & Rochemont 1983: 125），或**言者对命题的态度**
（见 1.4.3 节）。我们用一个例子就足以证明言语行为标示和焦点标示之间
的区别：

（5.13）a. Your car broke DOWN.
　　　　　你的汽车出**故障**了。

　　　b. Your CAR broke down.
　　　　　你的**汽车**出故障了。

　　　c. Did your car break DOWN?
　　　　　你的汽车出**故障**了吗？

　　　d. Did your CAR break down?
　　　　　你的**汽车**出故障了吗？

例 5.13a 是谓语焦点型结构，而例 5.13b 是整句焦点型结构，两者在重音
上的差异在例 5.13c 和 5.13d 两个疑问句中得到保留，尽管后者的语调轮
廓与其相应的陈述句的语调轮廓有着很大的不同。句子 a 和 c 有着相同的
韵律，句子 b 和 d 有着相同的韵律，但这两对句子的语调不同。

　　言者对命题的态度可以通过语调进行码化。对此我们也可以进行和
上面类似的说明。我们沿用拉德（Ladd）的术语，将语调的这种用法
称为**表达性**（EXPRESSIVE）用法。正如拉德所观察到的那样，"焦点
只由重音的**位置**来表示；通过加大音量和扩大音域等各种语调特征，也

可以表示所谓的'强调'"（Ladd 1978: 213）。塞尔柯克做过类似的区分，她建议我们将"语调意义"的域分为两个部分，即"表达性成分"（expressiveness component）和"焦点结构成分"（Selkirk 1984: 198f；另见 Woodbury 1987）。在对塞尔柯克所谓的"焦点结构成分"进行标示时，我们更青睐"信息结构成分"这一术语。通过 5.4 节中的论述，大家就会明白这样做的原因。届时我们将指出，塞尔柯克的术语所涵盖的重音并非都是焦点重音。

　　虽然信息结构成分、言语行为成分和表达性成分等语调意义成分在功能上是不同的，但它们都有一个重要的共同语法属性，即它们都可以通过韵律以外的形式手段进行表达，至于采用何种形式手段取决于具体的语言。例如，是-非疑问句可以用疑问词素或词序变化进行标记，而不是用 240 "疑问语调"来标记，或者在"疑问语调"的基础上用疑问词素或词序变化标记；言者的态度可以用语调进行标记，也可以用各种类型的小品词标记，如现代德语的信息来源小品词（evidential particles）。这表明语调意义的不同成分之间的关系，可能比我们在本研究中所认为的更为密切。在更为详尽的论述中，将句子重读研究和句子语调研究结合起来可能会有好处。[15]

　　不同语言都有各自的语音规则，而按照语音规则给个体词项指派**重读**是没有意义的。因此，上述有意义的韵律对比，与无意义的单词重读指派之间具有理论上的区别。我们对句子重音强调的分析，就是将这种理论上的区分视为一种理所当然。接下来，我要详细阐述这一点。与韵律重音（prosodic accents）的指派不同，单词重读（word stress）的指派没有意义。因此，当一个词的重读发生变化时，往往会出现不合语法性（ungrammaticality）上的对比，而不是出现有意义的语用对比。举一个简单的例子，请比较英语单词 *exIStence*（存在）和德语单词 *ExistENZ* 在重读上的差异。在这两个单词中，重读指派的变化导致不合语法，而非新的意义：英语的 **exisTENCE* 和德语的 **EXIStenz* 在语音上都是不正确的。由于句子重音是对命题和其组成元素之间的语用关系的形式表达，它们必然对两个或两个以上的有意义元素之间的关系进行标记。而这样的元素通常以不同的词或词组出现。

然而，由于单词可能包含不止一个有意义的片段即语素，与焦点相关的对比有时也会**在**单词**内部**得到表达，尤其是在复合词和派生形式中。如 *That's not an advANtage*（那不是一个**有利**条件）与 *that's a DISadvantage*（那是一个**不利**条件）之间的对比。另一个例子是 *I didn't say AFfirmation but CONfirmation*（我没有说**肯定**，而是**识别**）中的元语言区分（Chomsky 1970）。[16] 在无标记的情况下，韵律重音将与语音重读规则所赋予的单词重读重合。在有标记的情况下，句子重音会凌驾于单词重读之上，在英语这类"重音位置比较自由"的语言中就是如此。在普通语言类型学中，将"重音位置自由的语言"，与已经确立的"语序自由的语言"进行对比是很有意义的，因为重音位置和成分位置具有类似的语用功能。对于单词内部信息结构的对比，进行表达的可能性会因语言不同而不同。请将英语句子 *There are advANtages and DISadvantages*（有**优点**和**缺点**）与西班牙语句子 *Hay venTAjas y desvenTAjas* 进行对比；在英语句子中，第二个名词的重音出现了"对比性"转移，而在西语句子中，尽管话语环境完全相同，却没有重音转移。请再看一个例子：英语允许在 "*Is she chiNESE? No, she's JAPAnese*" 这种派生词对中进行韵律焦点对比，德语中不可能有这样的对比，尽管德语形容词的派生结构是相似的：除了常规的 *chiNEsisch, jaPAnisch* 之外，不可能出现 **CHInesisch* 或 **JApanisch*。英语和德语之间的这种差异，可能源于德语的语序比英语更为灵活，因而可以在句法上而非语音上表达某些语用对比。[17]

5.3.2 象似理据与语法规则

本书赞同信息结构在语法中的作用。根据这种观点，我们不能用指派单词重读的语音规则，来对句子重音强调进行解释。不考虑特定语篇情境中言者的交际意图、完全依据组成结构制定的规则，也不能对句子重音强调进行充分解释。

博林格一直反复强调，句子韵律取决于交际意图而非形式规则。下面的段落摘自其早期的一篇文章［下段引文中的术语"韵律重读"（prosodic stress）相当于博林格后期著作中的"韵律重音"（prosodic accent）］：

> 韵律重读不**必**像我描述的那样落在句子成分上。问题的核心是，韵律重读的位置非常灵活，一会儿落在这儿，一会儿落在那儿，落在何处完全取决于言者的态度。机械的规则要求我们直接预测它会落在哪里，而功能规则会进行间接预测：它可能会落在这里，也可能会落在那里。**如果**意义是如此这般的话，它就不是自动出现的，而是因为我们才有意义。（Bolinger 1954: 153）

现在，尽管不同学者在观点上还存在很大差异，但大多数学者认为，对焦点韵律的解释不能完全依靠对语义因素或语用因素"耳聋目盲的"语音规则。[18]施梅林（Schmerling 1976: 4lff）所讨论的整体判断型句子和范畴句组成的对子就是一个著名的例子，它有力地证明了这一点：*JOHNSON died*（**约翰逊死了**）和 *Truman DIED*（**杜鲁门死了**）。这两个表层字符串在句法上完全相同，但两者的韵律结构大相径庭，表达的是两个不同的焦点意义，即一个是整句焦点、一个是谓语焦点。

用不同的句法结构来表达某个命题内容，会产生句法性句式变体，而 242 将不同的重音模式指派给某个句法结构也会产生韵律性句式变体；我们不能完全用句法术语来描述句法性句式变体，同样，我们也不能完全用语音术语对韵律性句式变体进行描述（见 1.4 节中的讨论）。在韵律上突出强调的元素在交际上也会比较重要，所以韵律峰点会指向话语中最重要的交际元素。从交际意图的角度来解释句子韵律，就是以韵律突出与重要性之间存在关联这一观点为基础的。因此，从某种意义上看，韵律标记具有**相似性**（ICONIC），因为它或多或少涉及意义和语法形式之间的直接关系，而不是纯粹的象征关系（参见 3.3.1 节中关于重音激活的评述）。

说到这里，我要赶紧补充一点，即我认为不借助形式语法规则是不能对句子韵律进行解释的。很明显，韵律突出和交际重要性之间的关系，充其量只具有**部分象征性**（PARTIALLY ICONIC）。句子重音必然会落在一个单词上，或者更确切地说会落在一个单词中的某一音节上，而由重音所标记的语义域通常会涵盖由多个单词构成的序列，在这个序列中并不是所有的单词都得到重读强调（参见 5.1.1 节中有关这一点的初步介绍）。上文所提到的施梅林的整体判断型句子，即 *JOHNSON died*，就是很好的例子。在这类句子中，焦点涵盖了整个命题，但只有句子的主语受到了重音强调。因此，无论是用"纯语用的"观点，还是用"纯形式的"观点，来解释句子重音强调，整体判断型句子的韵律都是一个难题。

某个单词的指称对象在交际中的重要性，与其承载的重音之间存在象似性同构（iconic isomorphism）。所以，从这个意义上讲，虽然重音指派受语用原则驱动，却并不是没有约束。对于分裂构式等句法结构，我们无法通过对其语篇属性的解释进行充分说明；同样，对于句子的韵律结构，我们也无法通过对其在某些交际情境中恰当性的解释进行充分描述。对于博林格的名言，即**焦点重音**的"位置非常灵活，一会儿落在这儿，一会儿落在那儿，落在何处完全取决于言者的态度"，我们不应拘泥于其字

243 面含义。对英语如此，对其他语言亦是如此。句子重音和交际意图之间不可能存在一对一的关系。韵律突出是一种传递信息的相似性信号（iconic information signal），而语法结构本质上是表达意义的非相似性系统（non-iconic system）。因此，我们必须揭示韵律突出是如何通过在语法结构上的映射来转化为信息意义的。这是我们对句子韵律进行描述的任务之一。（这种转换过程就是 Höhle 1982 所说的"焦点投射"。）句子韵律的象似性类似于拟声表达的象似性。众所周知，标示动物叫声的单词，通常与动物发出的声音相似，或人们认为它们与动物发出的声音相似。但是，从公鸡的啼叫，到英语的 *cockadoodledoo* 或德语的 *kikeriki*，首先要经历一个过程，而这个过程会受这两种语言的语法约束。也许句子重读强调的基础是相似性，但它经过了语法系统的过滤。

命题中的指称对象要通过语言进行表达，而重音是表达意义的一种手段。在表达的**结构域**（STRUCTURE DOMAIN）中，重音落在何处，要受形式原则的支配。因此，在分析韵律结构时，我们还要关注形式原则。具体而言，就韵律突出和韵律背后的意义而言，要想解释两者之间的关系，就有必要假定两者之间存在一个形式层，该形式层的功能是对两者**进行协调**（MEDIATES）（见 Selkirk 1984: 197ff）。

不同语言的语序可能不同，而通过比较不同语言中的重音位置，我们可以证明该中间层面的必要性。下面两个句子分别是英语和法语简单谓语焦点型句子：

（5.14）a. She doesn't have a particularly interesting JOB.

　　　　她没有特别有趣的工作。

　　　b. Elle n'a pas un métier particulièrement INTERESSANT.

　　　　她没有工作特别有趣。

在例 5.14 中，两个句子的含义是相同的，可以用在相同的语篇语境中，传递相同的信息。这两个例句的宾语都是位于句子末尾的名词短语。而用来确定焦点域的重音，都落在宾语名词短语的最后一个词上。但是，英语句子的最后一个词是短语的核心，而法语句子中的最后一个词是修饰短语核心的形容词。造成这种差异的原因显然不是交际意图。表面上看，英语中的名词 *job* 是信息点，而法语中的修饰语 *intèressant* 比较重要。事实并非如此。在英语例句中，如果我们把重音放在 *interesting* 上，将会导致不同的重音解读。（在法语中，该韵律结构兼有这两种解读。）在两种语言中，保持不变的不是重音与一个狭义所指的关联，而是重音位于焦点域 244 最后位置（此处是动词短语）。

我们很容易找到更多的例子，来证明对句子重音位置的解释需要借助语法规则。

请思考 5.15a 这一英语问句及 5.15b 这一对等的法语问句：

（5.15） a. Who's ᴛʜᴀᴛ?

那是谁?

b. C'est ǫᴜɪ ça? (Lit. "it is who that?")

字面意思: 它是**谁**呐?

这两个句子有着相同的意思，可以用于相同的话语环境，如言者可以指着代词 *that* 所标示的个体，提出这个问题。然而，在这两种语言中，承载句子重音的词是不同的。假如句子的韵律完全取决于象似性，即韵律所突显的信息点与语用信息峰点相重合，那么英语和法语所突显的应该是同一个单词。事实上，在 *WH-* 疑问句的预设结构中，非 *WH-* 部分通常是语用预设的，有鉴于此，重音突显似应落在疑问词上，就像法语中的情况一样。然而，与之前一样，这里的重音突显也是根据结构进行指派的。也就是说，它们落在句子最后一个可以携带重音的成分上（法语代词 *ça* 是一个逆话题单词，即它是一个位于小句后的成分，因此不能携带句子重音，参见 Lambrecht 1981）。对于 *WH-* 疑问句的重音强调问题，我们将在 5.4.4 节进行具体说明。

在例 5.15 中，两个句子的重音位置是不同的。要想对此进行解释，我们可能需要考虑不同语言背后的语义理据。例如，笼统而言，*who* 和 *what* 在语篇中都是"新的"，因此有人会认为，每种语言都只是从两个新元素中选择一个，来充当重音的承载者。选择具有随机性，而随机性与相似性理据这一观念相悖。因此，这种解释除了给相似性理据观带来不受欢迎的随机性之外，它无法对法语中为什么还存在 5.15b 的另一个版本做出解释:

（5.15b'）Qui c'ᴇsᴛ ça?

这**是**谁啊?

在 5.15b' 中，重音既不落在指示词上，也不落在疑问代词上，而是落在了动词上，但我们很难将动词看作命题的"新元素或交际重点"。与前面的

245

例子一样，重音之所以落在 5.15b' 中的位置，是因为动词恰好是重音所在域中最后一个可以携带重音的元素。[19]

我们再以 5.16 为例进行说明。设想有一个砌墙工，站在梯子上让人给他一块一块递砖：

（5.16）a. ... every time he NEEDS one.

……每次他**需要**砖的时候。

b. ... chaque fois qu'il en a besoin d'UNE.

有人可能会说，英语谓词 *need* 上的重音至少间接受相似性理据的影响：代词 *one* 不是重音单词，因为所指事物"砖"在上下文中是活跃的；但对法语而言，我们无法提出这样的论断。法语中的 *une* 是重读的，这与狭义的相似性描述背道而驰（请注意，该法语句中没有任何"对比"含义，因为 5.16b 的重点不是要**一块**砖，而是要两块或多块砖）。的确，代词 *en*（它的，它们的）没有话题回指表达所应有的突显性。但是，重音出现在 *une* 上的理据，与英语中的理据并不一样。

对于重音位置，狭隘的相似理据观具有一定的局限性，这些局限性也可以通过单一语言的韵律系统进行证明。我之前曾举过一个典型的例子，即英语整体判断型句子与范畴句对比在韵律上的表达，如前面提到的 *JOHNSON died*（约翰死了）与 *Truman DIED*（杜鲁门死了）的对比，或者例 5.10a 与例 5.12a 之间的对比，即 *My car broke DOWN*（我的汽车出故障了）与 *My CAR broke down*（我的汽车出故障了）之间的对比。这种对比显然不能用象似性理据进行解释。事实上，这种对比也无法通过单纯的句法进行解释。如在例 5.17 中，三个法语句子是"你要去哪里？"这一问句的三个句式变体。a 句和 b 句为法语的口语形式，而 c 句为标准的书面语形式（请注意，a 句不是"*You're going WHERE?*"这样的反问句）。

（5.17）a. Tu vas OU?　"Where are you GOING?"

你哪里去？

b. Où tu VAS? "Where are you GOING?"

c. Où vas-TU? "Where are you GOING?"

a 句和 b 句之间可能存在细微的语用差异，a、b 两句与 c 句存在明显的语
域差异，但这些差异并不是焦点结构中的差异。按照"强调"一词的明确
246 意义，它们也不是这个方面的差异。人们很容易认为 5.17a 的语用意义源
自其重音的位置，因为 ou 这个单词在某种意义上代表了问题的焦点（在
语用上该问句预设了受话者要去某个地方这一事实；见下文 5.4.4 节）。
但是，如果 ou 所标示的对象是语用焦点的话，为什么在 5.17b 和 5.17c 两
句中，被重音强调的分别是动词 vas 和黏着代词 tu 呢？当然，答案是考
虑到这些疑问句的焦点结构类型，法语语法要求重音落在**句子**的特定**位置**
上，即句末位置，而非表示某个**指称对象**的**单词**上。该要求完全属于语法
上的。在 5.17c 中，这一特征更加引人注目，因为在该句中，句子重音落
在一个黏着语素即所谓的"附着"（clitic）代词上，而根据语法传统，该
语素一直被看作非重音突显语素，或不可强调语素。语法传统的这种观点
是对的。[20]

通过这些跨语言观察和语言内观察，我们起码可以得出这样的结论：
尽管重音位置具有语用理据，语用意义的韵律表达却受语法规则的调节。[21]
我们不能说，将句子重音指派到短语中的某个位置，完全取决于语义
原则或语用原则。我们最起码要考虑到某些**短语重音规则**（PHRASAL
ACCENT RULES）。如果要对一个语义域进行表达，这些规则将重音指派
到表示该域的短语成分中的某个位置。

韩礼德是较早提出这样一个短语重音规则的学者。在对焦点进行定义
之后（见上文 5.1.1），韩礼德陈述了以下一般规则："语调核心落……在
焦点项的最后一个重音音节上"（Halliday 1967: 206）。韩礼德的规则揭示
了一个重要的一般规律。我认为该规则基本上是正确的，只是在对一些
重要的例外情况进行解释时，该规则还需细化。杰肯多夫修改了韩礼德
的规则，他通过短语的句法结构重申了"焦点项"（item under focus）概

念："如果短语 P 被选为句子 S 的焦点，S 中的最强重音将落在 P 的音节上，因为根据规则 P 的重音最强"（Jackendoff 1972: 232）。杰肯多夫的观念是，"一般重音规则"会在句法成分中自动指派重音。但是，正如施梅林（Schmerling）、拉德（Ladd）、塞尔柯克（Selkirk）等学者所指出的，在有些句子中，重音并没有出现在所预测的焦点短语中的位置，该规则却无法对此类句子做出解释（见下文 5.3.3 节）。

最终，与施梅林（Schmerling 1976）和塞尔柯克（Selkirk 1984）一样，拉德（Ladd 1978: 85）拒绝接受"一般重音规则"这一观念，并提出 ²⁴⁷ 了一个新的版本，他称之为"修订的焦点规则"："重音落在焦点成分中最容易重读的音节上。"我认为，经过适当的修改之后，拉德版的短语重音规则对英语、法语及许多其他语言而言是成立的。就像韩礼德的声调配位规则（tonic placement rule）一样，拉德版的短语重音规则揭示了一个重要的一般规律，当然，前提是它要提供一个根据原则做出的解释，即构成"焦点成分"的是什么成分，这种成分中"最容易重读的音节"是什么样的音节。拉德并没有提供这样的解释。在当前的分析中，提供这样的解释是我们的目标之一。我们希望读者记住的是，在目前的框架中，任何重音配位规则既适用于焦点域，也适用于所有在语用上得到识解的语义域（见5.1.2 节中的引言）。

人们普遍承认，尽管没有统一的解释，拉德所谓的"焦点成分中最容易重读的音节"一般位于该成分的末尾，或接近该成分末尾的位置，至少在英语和法语这样的语言中如此。作为一个一般规则，我们可以说句子重音充当了语用上识解的语义域的右侧边界。该语义域可以向左延伸到句首，即它的主要部分可能位于重读强调词**之前**。信息结构即语法的一个基本原则是，句子重音标记着语义域的**末端**，而语义域的**起点**是通过非韵律手段标记的，特别是通过短语结构进行标记的。我将把这一基本原则称为**短语重音的一般原则**（GENERAL PHRASAL ACCENT PRINCIPLE）。我们可以将该原则表述如下：

（5.18）GENERAL PHRASAL ACCENT PRINCIPLE: A phrasal accent marks the right boundary of a syntactic domain expressing a pragmatically construed portion of a proposition.

短语重音的一般原则：短语重音标记的是表达命题中语用识解部分的句法域的右边界。

请大家注意，在 5.18 中，我们将拉德的"焦点成分"这一比较简单的术语，替换为有点冗长的"表达命题中语用识解部分的句法域"。这是必要的，因为我们所讨论的域既可以是焦点域，也可以是话题域。还请大家注意的是，5.18 中提到的"句法域"未必与"句法成分"相同。正如我们所看到的，由短语重音所标记的已激活标示对象并不总是与带重音的句法成分同延。我们将在下一节对此进行更详细的说明。

值得指出的是，一般短语重音规则中所描述的语法机制不是"自然的"，因为它不遵循一般的语言外感知或理解机制。声响表明某个事件的开始，如同发令枪的声音标记短跑开始一样。这是自然的机制。但事实上，一般短语重音规则所描述的机制与这种自然机制相反。在体育比赛中，通过声音所标志的是短跑的开始，而其结束，即跨过终点线，是通过机械的或电子的非声音手段测量的。在句子韵律中，声音信号表明所示域 248 的结束，从而使重音后面的成分被理解为该域之外的元素。**短语重音一般规则**是语法原则，必须如此说明。

5.3.3 缺省重音强调

我们在上一节提出，韵律重音的配位取决于两个因素，即语用功能和语法规则。现在，我们有必要探讨影响焦点重音配位的第三个因素。我在前面的讨论中曾多次暗示过这一因素。该因素就是拉德所说的**默认**重音配位（Ladd 1978: 81ff）。默认重读强调是一种韵律现象，即一个重音被指派给一个成分，既不是出于语用原因（即因为该成分的名词要突出显示），也不是出于结构上的原因（即因为该成分占据未标记的重音位置），但是，因为任何其他成分的重读都会导致对该命题的一种不同的、非故意的语用识解。

在句子中，我们最容易观察到的一种现象是，因为语用的原因，有时是语音的原因，一个本可以接受重音的成分出现拉德称之为"去重音"（deaccented）的现象，导致重音被转移到其前面的成分或音节，或者其后面的成分或音节。为解释缺省重音强调，拉德举了不少例子，下面是其中的一个：

（5.19）A: Has John read **Slaughterhouse Five**? (=Ladd's (19))

约翰读过**第五屠场**吗？

B: No, John doesn't READ books.

不，约翰不**读**书。

拉德观察发现，"人们常常认为例 19 中的重音表示'对比'，但它表示的 249 绝非对比：B 的回答不是'约翰不读书，他写书（写书评、收集书、焚烧书等）'这样的明确的对比。这种重音模式的真正目的是将 *books* 这一单词去重音化；该焦点属于宽式焦点，但在默认情况下重音落在动词 *read* 上（Ladd 1978: 81）。因此，*read* 上的重音没有狭义上的象似性理据，因为它并没有强调一个具体的指称对象，它也没有通过句法结构直接表现出来，因为焦点域是无法用一个句法成分进行识别的。相反，它取决于句子中某个其他成分的指称对象的语用地位。

对于例 5.19 中的"去重音化"现象，我们可以通过本书所界定的激活、预设和话题等概念进行直截了当的解释。[22] 在 5.19 的问话中，提到了具体书籍《第五屠场》，从而将答话中 *books* 的类属性所指对象激活（见 3.4 节中有关类符自动协同激活、形符特定激活的讨论）。因此，我们可以将其编码为一个非重音突显名词短语，其所指对象可能具有话题与命题之间的语用关系（该句内容与 John 和 books 之间的关系有关）。我们可以对例 5.19 中答句的焦点结构做如下分析：由于该句是一个话题-评述型句子，其主语是话题，所以其焦点必然在谓语中进行表达；因此，其焦点域是动词短语，而该动词短语必然要携带重音。然而，在该动词短语中，宾语名词短语是话题表达；该名词短语没有音高重音，通过这一手段，表明其所指对象在语篇中是活跃的，因此不在焦点域中。在例 5.19 中，由于 *doesn't read* 这一单词序列不是单一成分，也由于该句中的动词短语表达了信息的焦点，我们必须将该动词短语看作焦点域，同时免除其中一个成分的焦点状态。所以，我们可以将例 5.19 中 B 的回答描述如下：

（5.19'）　TOP [John] FOC [doesn't READ TOP [books]]
　　　　话题 [约翰] 焦点 [不**读**话题 [书]]

我们可以对上文的例 5.16 进行类似分析。在 *every time he NEEDS one* 这一小句中，位于焦点后的宾语 *one* 是话题表达，代表"一块砖头"，具有与例 5.19 中名词短语 *books* 相同类型的活跃所指对象。这些非重音突显话题成分的行为与例 5.3"、例 5.11' 和例 5.5 中的所有格限定词 *his* 和 *my* 以及非定指代词 *one* 的行为类似，它们在焦点名词短语 *one of his close COLLABORATORS*、*my CAR* 和 *the green one* 中具有话题表达的功能（另见 4.2.2 节中的例 4.20 及相关讨论）。

250

在英语中，焦点域中的非重音突显话题成分也可能位于重读成分**之前**。我们可以用拉德的例子（Ladd 1978: 84）进行说明：

（5.20）　I'm leaving for Crete TOMORROW. (= Ladd's (31))
　　　　我明天要去克里特岛。

在例 5.20 中，名词短语 *Crete* 的所指对象在话语语境中必须是活跃的，并通过去重音化标记为话题成分，因而被排除在焦点之外。因此，焦点重音必须落在句子的其他部分上。在默认情况下，它落在焦点域的最后一个组成部分即动词短语上。[23] 我们可以将例 5.20 的焦点结构描述如下：

（5.20'）　TOP [I] FOC ['m leaving for TOP [Crete] TOMORROW].
　　　　话题 [我] 焦点 [要去话题 [克里特岛] 明天]

碰巧的是，话题 *Crete* 后面的句尾重读成分是"明天"这一时间状语，而这类表达通常不会吸引焦点重音（见下文 5.6.1 节）。由于这类副词通常是非重音突显的，5.20' 中 *tomorrow* 上的重音往往被理解为"用来表示对比的"。根据 5.6.1 节中的分析，重要的是要认识到例 5.20 与例 5.16、例 5.19 一样，其重音位置的转移不一定表示识别型句子的论元焦点具有对比含义，如 *I'm not leaving for Crete* TODAY 与 *I'm going there* TOMORROW 之间的对比。在"你说我从来没去过克里特岛**是什么意思**；我明天就要去那里"这样的语境中，这句话同样适用。在这个语境中，言者要去克里特岛的事实并不是语用上预设的，而是断言的。我认为，这些焦点域中话题性成分的韵律状态，有力地证实了"话题"范畴是英语语法中的形式范畴。

5.16a、5.19 和 5.20 等例子证实了我们在 5.1.1 节中的观察（例 5.5 和例 5.6 及相关讨论），即具有活跃所指对象的话题性非主语成分可能会出现于焦点性动词短语中。对于韵律焦点标记和句法结构之间的关系，我们可以根据该事实得出一个重要结论。在前面几节中，我们曾反复暗示过这一结论：只有当句法焦点域可以包含非焦点元素的情况下，才有可能将焦点结构和短语结构匹配起来。[24] 两域之间不可能有一对一的映射关系。在我所提出的焦点分析框架内，这个结论是没有问题的。我曾在第二章的第 2 节和第五章的第 1 节提出命题信息具有不可切分性观点，而该结论与这一观点是一致的。焦点结构和成分结构之间存在非对称关系，而重读指称成分和非重音突显指称成分在标记上的差异，是反映这种不对称关系的语法机制（见 3.3.1 节）。因为非重音突显成分因具有"活跃"特征而被正向标记，而且活跃性加上非突显性就意味着话题状态，所以这些成分在焦点域内的非焦点状态得到明确标记。

该结论的一个优点是，我们可以保留拉德的**修订的焦点规则**（ Revised Focus Rule；见 5.3.2 节）所表达的和**短语重音一般原则**（ General Phrasal Accent Principle ）所隐含的一般规律。根据短语重音一般原则，焦点重音在绝大多数情况下会落在焦点域中**最后一个可重音突显**的成分上。然而，很明显，我们必须从语用而非语法的角度来理解"可重音强调"一词。焦点域中的非重音突显话题成分是"不可重音突显的"，并不是因为它们的词汇性质使它们不能通过重音进行突显，而是在特定的语篇语境中，考虑到言者的交际意图，它们是不能重读的。这些成分不能重读，是因为重读它们会导致句子出现非言者本意的焦点表达。在5.4.2节，我们将对焦点和谓语之间的关系进行分析，而在5.7节，对于无重音指称成分可以出现的条件，我们将提出一个修订的解释。届时我们都会再次涉及"可重音强调成分"的概念。

话题表达在何种程度上可以出现在焦点域中，会因语言类型的不同而不同。例如，在第一章，我们对例1.1到1.3进行了分析，从中发现，英语中的拥有者话题（possessor-topic），在焦点性名词短语即例1.1的 *my CAR* 中，被编码为所有格限定词，而在意大利语和法语中，会被编码为位于句首的论元表达，即意大利语的 *mi* 和法语的 *je*。在对法语口语进行分析时（见 Lambrecht 1986b，ch.6, ch.8），我们发现法语有一个总体特征，即它会系统性地避免5.19′ 或 5.20′ 这样的结构；在这些结构中，话题成分会出现在焦点域内。在法语口语中，具有活跃所指对象的非代词话题成分，通常被置于右分离（逆话题）位置，而不是直接置于句子 S 或动词短语 VP 之下。例如，5.19 和 5.20 的法语口语版本可能是 5.21a 和 5.22a 这种形式，而非相应的 5.21b 和 5.22b 形式；后者的基本结构在相关方面与英语相似：

（5.21） a. Jean [il en lit PAS] de livres. "J. doesn't READ books."

   Jean he of-them read not of books.

   约翰不**读**书。

   b. ?Jean [il lit PAS de livres].

（5.22） a. [J'y vais DEMAIN] en Crète. "I'm going to Crete TOMORROW."

   I there go tomorrow to Crete.

　　我明天要去克里特岛。

　　b. [Je vais en Crète DEMAIN].

在这些例子中，与英语补语 books 和 Crete 相对应的话题成分，在小句后作为逆话题（即非论元）成分出现，从而使焦点重音落在小句的结尾位置。[25] 因此，在法语中，分离构式的信息结构在功能上不仅要遵循指称和角色分离原则（见 4.5.1 节），而且通过将话题性名词短语从谓语或评述域中剔除，使焦点结构和短语结构更为一致。例 5.19 与 5.21 之间的差异，或例 5.20 与 5.22 之间的差异，代表的是一个重要的类型学参数。我认为，这个参数在语言类型学研究中一直没有得到足够重视。

　　我觉得有必要指出，焦点域中的非重音突显成分并非都是话题表达。将焦点重音放在焦点域末尾之前的位置，也可能是由非话题预设元素引发的。下面我将举一个典型的例子。该例子中有一个语义上比较复杂的单词，在该单词中出现了重音左"移"现象（参见 5.3.1 节）：

（5.23）　Jerry Brown also smoked pot twenty-five years ago. But he forgot to EX-hale.

　　　　　杰瑞·布朗 25 年前也吸大麻。但他忘了**呼气**。

在对例 5.23 第二句的重音模式进行解释的时候（本章注释 16），将重音后的黏着语素 -hale 作为话题表达进行分析是有违直觉的，因为该语素在语篇中并没有所指对象，如它不能用回指代词来表示。我们很难说这个语素就是命题的内容。要理解例 5.23 中的韵律模式，请回想一下，在话语语境中被激活的除了第一句所表达的命题外，还有以下两个命题，因此我们可以将这两个命题视为预设命题："Bill Clinton smoked pot twenty five years ago."（比尔·克林顿 25 年前吸过大麻。）和 "Bill Clinton did not inhale the smoke."（比尔·克林顿没有将烟吸进去。）（请回想一下，将一个命题视为预设命题，并不意味着对话者必须将其视为真命题；见 2.3 节）鉴于这种对话背景，我们可以说例

253

5.23 中的第二句话引发了"杰瑞·布朗以 X 的方式呼吸（大麻）"这一预设。这句话所表达的断言是"X= 向外"，焦点是"向外"。由于表达焦点的是黏着语素 *ex-*（向外），它是唯一可以承载焦点重音的成分。在例 5.23 中，指派焦点重音的机制与例 5.19 和例 5.20 中的机制基本相同，尽管非重音突显元素的语用地位略有不同。在这两种情况下，正是因为在焦点域中出现了非焦点元素，才导致重音占据了该域中的非最终位置。在我们所举的句子中，*books*、*Crete* 和 *-hale* 的指称对象有两个共同之处，即它们在语篇中是活跃的，而且位于预设之中。

还要请大家注意的是，出现在非重音突显语素 *-hale* 之前的焦点重音并不是"对比性"符号，而只是英语形态句法的一个结果。要想理解这一点，将拉丁语单词 *exhale* 替换为日耳曼语的准同义词 *breathe out* 就足够了：

　（5.23'）He forgot to breathe OUT.

　　　　　他忘了**呼气**。

例 5.23' 在语义上近似于例 5.23，而且在相关语篇语境中或多或少是合适的（尽管不是那么诙谐）。在该例句中没有出现重音"转移"，也没有产生对比含义。在例 5.23 中，焦点重音出现在前缀 *ex-* 之前属于缺省重音强调，而非"对比性重音转换"。在第 5.5 节，我们还会就对比性问题进行更为详细的说明。

我们可以用一个事实来揭示缺省重音强调的实质。该事实是缺省重音可能落在某些语法性语素上，而这些语法性语素的意义（或没有意义）似乎与焦点状态不相容。请看例 5.24 中 a、b 两句所构成的否定句对：

　（5.24）a. I DIDn't.（我没有。）

　　　　 b. I did NOT.（我没—有。）

　　　　 c. *I DID not.（* 我没—有。）

在 5.24a 和 5.24b 中，否定语素的重读形式和非重音突显形式（附着语素）

之间的差异，无疑可以解释为象似性差异，即强调上的差异。但是，正如我们之前所观察的，强调不是信息结构问题，而是表现力问题。从焦点结构来看，这两个句子是相同的，即两者都是从语用上断言讲话者没有做某个动作。在 5.24 中，让人感兴趣的并不是否定语素的附着形式（enclitic）和非附着形式（non-enclitic）之间的差异，而是动词 *did* 在韵律状态上的差异。对于 *did* 在这两个版本中重读和非重音突显之间的差异，我们无法通过象似性理据进行解释。在 5.24a 中，将 *did* 重读并不是因为这个单词重要，或者因为它是新信息，而是因为附着语素 *n't* 不能重音强调，从而使重音无处可放。5.24c 之所以不合规范，就是因为这个原因。请大家注意，与前面的缺省重音强调例子不同之处在于，例 5.24 中的 *n't* 不突显，不是因为语用原因（如所指对象的活跃性和话题状态），而是因为附着性否定语素本身就是不可重读的。

　　缺省重音甚至可以落在某些功能词上，而这些功能词是没有独立词汇意义的。如在例 5.25 的简短对话中，答话的焦点重音落在没有语义的虚词 *to* 上。[26]

　　（5.25）A: Let's go to the KITCHEN and get something to EAT.

　　　　　　我们去**厨房**弄点东西**吃**吧。

　　　　　B: There's nothing TO eat.

　　　　　　没东西**可**吃。

在例 5.25 中，除介词 *to* 之外，整个句子都是非重音强调的。言者 A 的话语唤起一个错误的语用预设，即"厨房里有东西吃"，而 *to* 上面重音的作用，是将"（厨房里）没东西可吃"这一命题标记为对前一个错误语用预设的修正，并不是将 *to* 这一单词标记为句子中最新或最重要的元素（因此，这种情况与例 5.5 即 *We started talking TO the pigs* 中的重音介词不同，从某种前理论意义上说，例 5.5 中的介词 *to* 确实可以说是句子中"最重要的语义元素"）。

　　显然，我们不能用重音配位的象似性理据，来解释例 5.25 的韵律。

例 5.25 具有特殊的理论意义，因为它明白无误地表明，将重音强调的成分理解为"新信息"或"新成分"是具有误导性的。同时，它也同样清楚地表明，焦点重音指派不可能是一个成分结构问题，至少在部分句子中如此。这并**不是**说 *to* 上的重音是随机指派的。它具有**间接**理据，因为任何其他位置都意味着要对句子进行不同的焦点解读。让单词 *to* 上的重音充当焦点标记所在位置的，既不是它的指称对象，也不是它在句子中的句法身份，而是例 5.25 的重音模式与同一命题的其他句型之间所蕴涵的对比，因为每个句型都有自己的焦点识解（如 *There is nothing to EAT* 中的模式）。

我认为，在生成语言学文献中，焦点语法的一个非常重要的方面一直没有得到充分强调，而通过缺省重音突显现象，我们可以对这个方面进行强调。我们已经看到，当句子的焦点结构含有缺省重音的时候，我们对其理解既非仅仅取决于形式规则，又非仅仅取决于语用原则；也就是说，既非仅仅取决于由句子结构属性所定义的规则，也非取决于对句子中不同标示对象在交际中重要性的衡量。对缺省重音进行解读的认知机制是一种完全不同的类型。我们不是在某个结构中对此类重音的价值进行理解的，而是以表达同一命题却未被使用的其他语法结构为背景进行理解。换言之，对重音模式的理解取决于通过语法产生的其他**韵律句式变体**（见 1.1 和 1.4.3 节）。按照这种理论观点，拉德的术语"去重音化"（deaccentuation）具有一定程度的误导性（尽管非常方便），因为"去重音化"让人联想到一个过程，在这个过程中一种重音模式向另一种重音模式转变。对重音的默认指派不是一个过程，即在这个过程中，焦点重音被指派到句子中一般情况下较少出现的位置。正如许多研究人员（如施梅林、塞尔柯克等，也包括拉德本人）所指出的那样，"正常重读"或"正常重音"这一概念本身被带入了歧途。语法因素是相互独立的，因而将缺省重音指派给某个成分是其必然结果，特别是当语篇中活跃却不是信息焦点的标示对象出现在短语末尾时。

焦点意义通常是以一组句式变体为背景进行识解的。德语中的一些事实可以作为支持这一观点的证据。就我所知，我向大家展示的这些事实以前从来没人注意到。在德语的事件-报道型句子中，重音强调的主语名词 256 短语既可以像英语中的那样出现在句首位置，也可以在某些句法条件下像意大利语中的那样出现在句尾位置（见1.3节和4.2.2节），如例5.26所示。5.26 a 与 4.10 a 中的英语 SV 构式相似，5.26b 与 4.10b 中的意大利语 OVS 构式相似：

（5.26） a. Mein HALS tut weh. "My THROAT hurts"
　　　　　 my throat does pain
　　　　　 我嗓子疼。

　　　　 b. Mir tut der HALS weh. "My THROAT hurts"
　　　　　 me-DAT does the throat pain
　　　　　 me-与格 does the throat pain

5.26a 和 5.26b 都可能有整体判断型（thetic）解读，其语序上的差异主要是由句法因素引起的。在 5.26b 中，重读主语名词短语之所以能出现在动词之后，是因为表示拥有者的词被从限定词"提升"为与格论元，从而占据了句首位置；参见例 4.49 及相关讨论。[27]

　　现在请大家注意以下事实。在 5.26b 中，如果将动词前的话题性代词，与动词后重读名词短语互换位置，且使颠倒位置后的结构与 5.26a 不同，也就是如果将 5.26b 变为 5.26b' 这一完全符合语法的结构，那么由此产生的句子只有一个论元焦点解读，也就是说它只有识别型解读，而非事件-报道型解读即整句焦点型解读：

（5.26b'）　Der HALS tut mir weh. "My THROAT hurts."
　　　　　 我嗓子疼。

尽管 5.26b' 与 5.26a 在韵律和词汇上相似，两个句子的焦点解读却不相同。在语用上，5.26b' 与 5.26a 和 5.26b 形成对比。

　　很明显，如果仅仅根据 5.26 的句法、韵律或词汇特征，我们是无法解释为什么会出现不同解读的。这句话本身没有任何形式元素与对命题的整体型识解相排斥。如例 5.27 是一个句法上相似的句子，确实可以进行整句焦点型解读：

（5.27） Die POLIZEI ist hinter mir her.
　　　　 警察正在追缉我。
　　　　 the police is after me-DATPART
　　　　 the police is after me-与格部分

之所以 5.26b′ 没有整体判断型解读，是因为在例 5.26 中存在 a 句和 b 句两种整体判断型结构，从而被这两种整体判断型结构所取代。在 5.26b 中，表示拥有者的词被从限定词"提升"为与格论元。该提升构式的意义在于，话题性成分 *mir* 可以出现在句首位置，由此可以使焦点重音出现在257 动词后的位置，从而保留话题焦点的无标记信息结构序列。如果不同时产生焦点识解上的变化，对这种倒装语序的句法反转（reversal）或"再倒装"（re-inversion），是没有语用动机的。安蒂拉（Anttila）有一句至理名言，即"头脑回避无目的的变化。"

　　这些德语事实清楚地表明，至少在某些情况下，只有在形成对比的句式变体系统中，我们才能正确理解句子的焦点结构。谓语焦点型句子和整句焦点型句子之间存在明显的差异，而这种差异会在韵律上得到标记。在分析这种韵律标记时，韵律性句式变体概念将会显得尤为重要（见 5.6.2节）。我们在此提出的解释机制采用的是"结构主义路向"（structuralist approach）而非"生成主义路向"（generativist approach），即在对某个结构进行解释时，要将其放在形式上的对立体系中进行，而不是通过一套规则。这种焦点解释方法与莱因哈特在对英语中黏着回指表达和自由回指表达进行解释时采用的方法大致相同（Reinhart 1983: ch.7）。在有关回指的生成语言学文献中，这种现象被称为"分离指称"（disjoint reference）。莱因哈特认为，对这种现象的描述不能仅仅依据相关句子的结构属性，而是要以语用推理为基础；后者又取决于对替代结构的无意识觉察。[28] 然而，我们的方法与莱因哈特的方法有所不同。莱因哈特认为，言者在句式变体中做出的选择，以及听者对这种选择的理解，都是由语用推理决定的。而我认为，言者在句式变体中做出的选择直接取决于言者和听者的**语法知识**。就我们所讨论的现象而言，该语法知识就是言者和听者在信息结构规则和惯例方面的知识。言者在句式变体中进行选择时不必依赖会话含义。

5.4 焦点与指称对象的心理表征

5.4.1 焦点关系与激活状态

我在前面的章节中提出句子重音强调的狭义语用观存在着不足，并对这些缺点进行了阐述；根据句子重音强调的狭义语用观，韵律突出是"新信息"的直接信号，而我认为重音位置至少取决于三个因素：象似性理据、语法规则和默认指派。在句子重音强调的语用功能观中，有一个观点是许多语言学明确支持或含蓄承认的。我们将在本节对这一观点进行讨论。根据该观点，"新信息"在韵律上有标记，而在信息接受者心目中，重读成分的**所指对象**具有"新出性"，两者之间存在着直接关联。这一观点也许在华莱士·切夫的著作（如 Chafe 1974，Chafe 1976，Chafe 1987）中表现得最为一致。根据该观点，句子的韵律可以通过所指对象的激活功能得到充分或部分解释。我将这种观点称为"焦点-新出性互联观"。我们可以用两种方式来理解这种观点，我称之为"强"版本互联观和"弱"版本互联观。根据强版本互联观，任何携带重音的成分都必然表达语篇（即受话者的心智或意识）中新出现的所指对象。根据弱版本互联观，对于语篇中任何新出现的所指对象，与其相应的句子成分都需要进行韵律突出。

在评估焦点-新出性互联观两个版本时，回顾一下第三章的内容对我们是有帮助的。我们在第三章末尾及此后反复提到两类信息结构在理论上的区别，即一类表示的是话语所指心理表征的认知**状态**（激活和可识别性），另一类表示的是命题及其元素（话题和焦点）之间通过语用识解建立的**关系**。这两类信息结构相互关联，但不能等同。（它们之间的差异之所以常常被忽视，就是因为它们之间存在关联。）在韵律分析中，我们需要将认知状态标记和语用关系标记区分开来。这种需要源自两个观察结果。第一个观察结果是，标示对象具有相似激活状态的成分，通常具有不同的重音属性；第二个观察结果是，具有相同重音属性的成分与命题之间可能具有不同的语用关系，即它们要么是话题关系，要么是焦点关系。

重音的在场或缺位通常不是因为标示对象在激活状态上存在差异。我们最早用来印证这一观点的例子是 3.27，为方便起见，我们再次抄录一遍：

（3.27）I heard something TERRIBLE last night. Remember MARK, the guy we went HIKING with, who's GAY? His LOVER just died of AIDS.
我昨晚听到了**可怕**的消息。还记得**马克**吗，曾和我们一起**远足**的那个人，那个**同性恋**？他的**爱人**刚刚死于**艾滋病**。

259 我们在对本例的最初讨论中指出，从"概念"激活的角度来解释 *heard* 和 *went* 这两个非重音突显形式，与 *HIKNG* 和 *GAY* 这两个重音形式之间的韵律差异是毫无意义的，因为这些表达的指称对象在话语中同样都是"新的"。在接下来的一节中，我们将向大家展示的是，在其激活状态成为句子韵律结构的决定因素方面，这些表达没有必须的指称属性（referential properties）。

例 3.27 还说明了一个事实（尽管不那么明显），即重音可能会落在焦点外的成分上。在对 3.27 的识解中，最后一句中的主语名词短语 *his lover* 是一个得到重音突显的话题性表达，因此被排除在焦点域之外（在该语境中，我们是不大可能会对主语名词短语进行话题性识解的，但对其进行的话题性识解仍然可以与句子的韵律结构兼容）。在这种情况下，*lover* 上的重音不是焦点重音，而是激活重音。透过这种现象，我们可以认为，尽管主语名词短语的所指对象在语篇中是话题性的，但在言说之时，它还没被确立为句子的话题。这句话的焦点重音位于 *AIDS* 上。

在例 3.27 中，主语名词上的重音和介词宾语上的重音在功能上是不同的。对于这种不同，我们可以通过修改句子的韵律模式来证明。如果我们去掉 *AIDS* 上的重音，只保留 *LOVER* 上的重音，焦点结构就会从谓语焦点变为论元焦点，也就是说，这个句子必然会唤起有人死于**艾滋病**的预设。但如果我们去掉 *lover* 上的重音，把句子改成 *His lover just died of AIDS*，句子的焦点结构保持不变，即句子仍然是谓语焦点型结构。唯一的变化在于话题所指对象的假定激活状态（该句有两个韵律峰点，从原则上讲，我们也可以将其用于事件-报道型语境，但这与我们的讨论无关）。在谓语焦点型结构中，谓语重音是标准的重音模式，但主语重音不是（见 5.6.1 节）。

在焦点重音和激活重音之间的区别方面，与例 3.27 相比，在 3.31 这一范例中表现得更为清楚。在该例中，焦点音显不仅在韵律上得到编码，在形态句法上也得到编码：

（3.31）a. IO PAGO. —— MOI je PAYE.

　　　　　我来付钱。

　　　b. Pago IO. —— C'est MOI qui paye.

　　　　　我是付钱的人。

在 3.31a 中，代词 *IO* 和 *MOI* 在句法上被标记为话题表达。因此，这两个代词上的重音不可能是焦点重音。对此，我们可以通过以下事实证明：这两个代词可以去除重音，而焦点结构并不会出现相应变化（*Io*

260

283

PAGO. — Moi je paye.）。事实上，不管是从语义上讲，还是从句法上讲，这些代词都可以省略，从而使其所指对象的焦点状态在逻辑上是不可能的（见 5.2.1 节中的例 5.10 及相关讨论）。另一方面，在例 3.31b 中，代词出现在动词后的位置上，从而在句法上被标记为位于焦点位置。因此，代词上的重音是焦点重音。如果将这些代词上的重音去掉，就必然导致句子在韵律上出现劣构性结果，更不用说将这些代词省略掉了。因为每个句子都必须有一个焦点才能提供有用信息，所以每个句子都必须至少有一个重音，而这个重音必然是焦点重音（对于带有非韵律焦点标记的句子，最后一句话未必适用；请参见下面有关 *WH-* 型疑问句的讨论）。[29]

　　现在我们再回过头来谈一谈焦点和新出性之间存在互联关系的观点。很明显，在焦点与"非活跃"认知状态之间的互联性方面，任何主张都只能针对可以应用激活参数的焦点成分，即 3.1 节意义上的指称成分。我们很容易证明，即便对于此类成分，焦点-新出性互联观的强版本也站不住脚。指称成分可以携带焦点重音，即使它们的所指对象与"新"没有任何关系。例如：

（5.28）Q: Who did Felix praise?

　　　　　菲利克斯称赞了谁？

　　　A: a. He praised HIMSELF.

　　　　　他称赞了**他自己**。

　　　　b. He praised YOU.

　　　　　他称赞了**你**。

　　　　c. He praised his BROTHER.

　　　　　他称赞了他的**哥哥**。

　　　　d. He praised a woman you don't KNOW.

　　　　　他称赞了一个你不**认识**的女子。

　　　　e. He praised NOONE.

　　　　　他**谁都**没有称赞。

例 5.28 是例 4.3 的变体。在例 5.28 的答话中，焦点都是论元焦点，即它们提供了问句中 who 所询问的所指对象（如果删除这些答话中的主语和动词，剩下的部分在语义上都是可接受的）。请大家注意的是，只有在 d 中，焦点短语的所指对象是语篇中的新出事物：不定冠词表明该所指对象是未得到识别的，因而必然为不活跃的。在 a 和 b 中，因为剩下的部分要么在文本内世界中发挥回指作用（himself），要么在文本外世界中具有指示功能（you），所以其所指物对象处于活跃状态。[30] 在 c 中，从原则上讲，名词短语 his brother 的所指对象无论如何都是处于激活状态的，因为重音突显的定指名词短语在活跃-非活跃的区别上是无标记的（见3.3.1 节）。至于 e，激活标准根本不适用，因为我们无法对 noone 的指称对象进行激活。

因此，在例 5.28 中，直接宾语成分的所指对象在语篇中是从活跃到全新渐变的。但它们都是重音突显的。所有例子有一个共同的语用特性，那就是其直接宾语的标示对象与命题存在焦点关系。在 b 中，直接宾语的所指对象是活跃的，在 d 中，直接宾语的所指对象是全新的，而在 e 中，直接宾语完全没有所指对象。然而，b 与 d 或 e 的焦点关系完全相同。另外，表达该焦点关系的形式手段是完全相同的，也就是将句子的最后一个成分进行韵律突出。因为例 5.28 中的所有重音突显成分都是焦点表达，而且因为只有其中一部分具有非活跃所指对象，所以我们可以得出这样的结论，即至少在这些示例中，焦点韵律优先于激活韵律。

尽管 5.28 中的回答各不相同，其交际目的是相同的：都是为受话者识别在语用预设命题中缺失论元的所指对象（也正是这个原因，我将论元焦点型句子称为"识别型"句子，见 4.1.1 节和 5.2.3 节）。焦点重音的功能是将某个成分标记为指称该所指对象的成分。不管缺失论元的所指对象在语篇中是"新"还是"旧"，从句子韵律形式的观点来看都是无关紧要的。不知道哪个所指对象适合开放命题中相关论元的位置，与不熟悉或没想到该所指对象属于完全不同的心理状态。在例 5.28 中，言者在提出问

261

题的时候，可能对所指对象相当熟悉，如在 c 句中；她甚至可能想到了该所指对象，如在 a 句中。重要的是，她并不知道该所指对象是与命题中缺失的论元相对应的。给焦点成分增添"新"元素特色的，不是其指称对象在语篇中的地位，而是对其进行言说之时它与所断言的命题的关系。对信息结构而言，焦点和非活跃性是两个相互独立的参数，所以我们必须对它们的语法表现进行细致的区分。因此，我们的结论是，强版本的焦点-新出性互联观（focus-newness correlation view）是站不住脚的。现在让我们

262 将目光转向弱版本。根据这一版本，只要是语篇中新出现的所指对象，其相应的句子成分必然具有焦点地位。我认为该观点基本上是正确的，尽管在对焦点语法的理解方面它并不能给我们提供多少帮助。语篇中所指对象的新出性，与其编码的焦点突显性（prominence）之间存在必然的关联。要理解这一点，我们有必要回过头来再看一看例 4.34 中的话题可接受性度标。根据该度标，位于较低位置的所指对象，尤其是全新的所指对象，从认知上讲就是"糟糕的"话题。因此，我们通常将此类所指对象编码为非话题形式，即编码为焦点成分。当所指对象的不活跃性达到某种程度时，我们更容易将该所指对象编码为焦点表达，而非话题表达。正是这种不活跃性（或不可识别性）和焦点地位之间的关联，才促使人们使用呈介型句子的话题提升构式（参见 4.4.4.1 节）。从这个意义上说，话题的激活状态和焦点所指对象的激活状态之间存在某种互补性关系。但这种互补性仅存在于局部：虽然话题成分必须有一个所指对象，而该所指对象必须是可识别的，且在语篇中具有一定程度的语用显著性（salience），但从原则上讲，焦点成分不受可识别性和激活性的制约。

如果语篇中的所指对象无法通过语用推理进行理解，这些语篇所指对象往往被编码为焦点成分。对于话题和焦点成分在文本中的分布，我们进行了统计学上的观察，而该观察结果有力地证实了我们在上面所进行的理论观察。例如，兰布雷希特（Lambrecht 1986b: ch.6）统计过法语的口语文本，结果显示，绝大多数主语是由代词充当的，而绝大多数宾语则是由

词汇性名词短语充当。一方面，代词编码和活跃性之间必然存在关联，另一方面，非活跃性和词汇编码之间必然存在关联（ch.3）；一方面，主语和话题之间存在关联，另一方面，宾语和焦点之间存在关联（ch.4）。由此我们可以得出结论，指称性焦点成分在语篇中必然有一种强烈的倾向，即具有"新的"所指对象。[31] 而这种倾向对句子的句法结构会产生重要影响。然而，焦点与所指对象的激活状态之间没有必然的关联。

通过本节的讨论，我们可以得出一个重要结论，即韵律上的突显点未必是焦点关系的标志，也未必是所指对象非活跃性的标志。它可能是其中一个的标志，或另一个的标志，也可能同时是两者的标志。我们认为，必须在功能上（但未必在语音上）将非活跃性标记和焦点标记区分开来。该观点既与切夫（Chafe 1976, 1987）的分析不同，又与杰肯多夫（Jackendoff 1972）或塞尔柯克（Selkirk 1984）的分析有别。前者在解释韵律突出时，仅仅根据激活状态的标记，而没有考虑焦点概念和预设概念；后者在分析音高重音时，仅仅根据焦点标记。请大家注意，描述音高突出的"激活法"和"焦点法"都是基于同一个观点，即重音强调是表达句子"新信息"的一种手段。因此，会有人认为所有的句子重音都属于"新信息"，从而重新定义"新信息"这一概念，并以此将"激活法"和"焦点法"等同起来。例如，有人可能会说，在受话者的头脑中激活一个所指对象是一种信息行为，从本质上讲，这种行为与向受话者传递新的命题知识是相同的，因此所有句子重音都具有同一个功能，即对新信息进行标记。[32]

这种观点试图将句子韵律中的非活跃性标记功能和焦点标记功能叠合在一起。这与我们在第二章中提出的信息概念不一致，对于为什么这两种重音在句子的语用理解上具有截然不同的影响，它也无法提供解释（参见上文对例3.31中的代词 io 和 moi 不同身份的讨论）。此外，我们曾在第3.3节中首先指出，重音突显成分和非重音突显成分之间在标记上存在非对称性，而这种观点会忽略这一重要现象。重音突显的指称成分，无论是代词还是词汇名词短语，都必然具有活跃的所指对象，即它们是对"活跃所指对象"这一语用特征在形式上的标记。另一方面，重音突显成分在激活方面是无标记的，也就是说，它们既可以有活跃的所指对象，也可以有非活跃的所指对象。因此，从原则上讲，我们无法仅凭成分上的重音来判断其所指对象是"新出事物"还是"旧有事物"。但是，如果不考虑句子的其他语法方面，我们同样不可能仅凭重音来判断重音突显成分表示的是焦点关系还是非活跃所指对象。仅凭焦点参数，或仅凭激活参数，都不足以解释信息结构中韵律的作用。这两个参数有一个共同之处，即它们都通过韵律结构来对命题中在语用上得到识解的部分进行标记。在第 5.7 节，264 我们还会探讨该问题。届时我们将对这两个重音功能做出解释，而该解释不受焦点-激活二分观的影响。

5.4.2 谓词与论元

迄今为止，我们对焦点与激活状态之间关系的讨论，主要集中在语篇所指对象的身份上。在本节，我们将要考察的是焦点重音在第三章意义上的非指称表达尤其是论断性表达（predicating expressions）上的指派。

谓素（predicators）在语篇中的状态，和名词短语、代词、名词化从句、非限定性动词短语等指称表达在语篇中的状态相比，两者对焦点韵律的影响存在根本性差异。当动词和名词同时位于句子的焦点域时，就会出现这种差异。这种差异在例 3.27 中表现得非常明显（我们在 5.4.1 节开头之处复现过此例）。在此例中，我们发现 *something terrible*、*Mark* 和 *AIDS* 这些指称表达是重音突显的，而谓语动词 *heard*、*remember*、*went*、*died* 则没有得到重音突显，尽管所有这些表达的标示对象在语篇中都是"新的"。名词和动词在韵律上具有不同的表现，这种现象不唯英语所独有，德语也有类似现象。如：

（5.29）Q: Why is he so upset?

他为什么这么不高兴？

A: a. He bought a CAR from one of his NEIGHBORS and now it's not RUN-NING.

　　他从一个邻居手里买了一辆汽车，现在发动不了了。

b. Er hat von einem seiner NACHBARN ein AUTO gekauft, und jetzt LÄUFT es nicht.

这些句子向我们提供的是与问话中 he 的所指对象相关的信息，所以这些句子的信息结构属于谓语焦点型结构，即两个小句中的焦点域为不包括话题性表达 his/seiner 在内的动词短语。有鉴于此，这些动词和名词的指称对象在语篇中显然都是新的。在第二个小句中，携带主重音的是动词（running/lauft），而在第一个小句中，只有名词得到重音突显。在德语过去分词 gekauft 身上，这种差异表现得尤为突出。尽管这一动词形式占据了小句的最后位置，却没有得到重音突显。与英语及法语一样，德语中的句末位置是谓语焦点重音的无标记位置。[33]

　　在回指语境中，我们也可以观察到名词和动词在焦点韵律方面的不同 265 行为。与名词性论元不同，谓语在第二次被提及时未必不会得到重音突显。请大家思考一下例 5.30 与 5.31 之间的对比：

（5.30） a. He promised to go SHOPPING but he forgot to GO.

　　他答应去购物，但他忘去了。

b. #He promised to go SHOPPING but he FORGOT to GO.

　　他答应去购物，但他忘去了。

（5.31） a. He promised to buy FOOD but he forgot to GET the stuff.

　　他答应买食物，但他忘了去拿东西了。

b. #He promised to buy FOOD but he forgot to get the STUFF.

　　他答应买食物，但他忘记去买这些东西了。

在 5.30a 中，尽管第二个 go 与句子第一部分中的 go shopping 存在回指关系，由于它处于 forgot to go 这一焦点 VP 的末尾，因而受到重音强调。如 5.30b 所示，尽管 forgot 所指称的是命题中的"最新"事物，取消 go 上的重音而将主重音放在其上也是不合适的。另一方面，在 5.31a 中，名词 *stuff* 是对先行词 *food* 的回指，尽管它在词汇上与其先行词不完全相同，却必然是无重音突显的。如果像 5.31b 中那样得到重音突显，它的回指身份将被取消，*stuff* 所指称的将不再是所讨论的食物，而是另有所指。

同样的情况也出现在下列对话中：

（5.32）A: I know what INSTINCT means.

我知道**本能**是什么意思。

B: Oh yeah? What does { instinct/it} MEAN?

哦，是吗？｛**本能** / 它｝是什么意思？

Oh yeah? #What does INSTINCT mean?

哦，是吗？ #**本能**是什么意思？

（5.33）A: I know where ANNA is.

我知道**安娜**在哪儿。

B: Oh yeah? Where is { Anna/she} ?

哦，是吗？｛**安娜** / 她｝在哪儿？

Oh yeah? #Where is ANNA?

哦，是吗？ #**安娜**在哪儿？

在例 5.32 的 B 句中，*instinct* 或 *it* 是回指性论元，属于第二次提到，因此必须为非重音突显成分。另一方面，谓词 *mean* 在第二次提到时必须进行重音突显，即使它的指称对象与论元表达的指称对象一样处于明显的激活状态。在答话的第二个版本中，论元 *instinct* 出现了两次，如果对该论元进行重音突显将会导致前后两次之间的回指关系被取消，从而导致该版本的不可接受性，因为在论域中没有其他所指对象可以用 *instinct* 这一名词进行标示（该名词标示的是种类而非个体）。例 5.33 与之类似，不同的是，在 B 的答话中，谓词和论元的顺序是相反的，表明决定重音所在的位置不是该成分在句中的位置，而是其在谓词-论元结构中的功能。

这些例子表明，根据信息结构差异在表达上的反映，在某种意义上，动词的语用地位不如名词的重要。诚然，正如博林格（Bolinger 1972）所

266

290

言，动词何时需要进行重音强调取决于其相对的"语义权重"。博林格对 *I have a* POINT *to make*（我有一点要说）和 *I have a* POINT *to* EMPHASIZE（我有一点要强调）这样的句对进行了讨论。在这一句对中，动词 *make* 不需要通过重音突显就可以进入焦点域，但动词 *emphasis* 要想进入焦点域则需要通过重音突显。如果 *emphasis* 没有得到重音突显，它必然会被理解为已在预设中出现过了。无论何种原因导致了这种差异，都不影响这样的观点：如果指称表达没有得到韵律突出，表明其所指对象必然是活跃的，或至少具有较高的可及性，但如果断言表达没有得到韵律突出，则未必会有类似的含义。换句话说，非重音突显的指称表达是"活跃所指对象"的标记，而非重音突显的断言性表达在其指称对象的激活状态方面是无标记的。

那么，在活跃-非活跃之间的对比方面，**重音突显性**表达总是非标记性的，无论该表达是指称性的还是非指称性的。我们可以由此得出的结论是，激活参数与动词韵律编码之间不存在相关性，或至少相对而言不是那么重要。带有"新出"指称对象的动词必须接受重音突显是有前提条件的，即它所在的句法位置因为各不相关的一些原因而导致重音的移入，例如，因为没有出现论元表达，或者因为出现的论元带有活跃的所指对象，充当的是话题角色而无法进行重音突显。因此，断言表达上的韵律突出通常是默认指派的，而非受相似性理据的驱动。谓素上的重音表明，在命题中有一个更大的焦点性标示对象，而非仅仅表明谓素本身的焦点身份。

切夫（Chafe 1974）和施梅林（Schmerling 1976）很早就注意到，在句子重音强调方面，名词和动词的表现存在差异。对于这一事实，施梅林试图通过以下陈述（她的"原则 2"）进行解释：

> 如果动词受到重音突显，其重音强度要比主语和直接宾语的低；换言之，不管谓词在表层结构中的线性位置如何，它们所受到的强调都比其论元的弱。
> （Schmerling 1976: 82）

267 施梅林是在对乔姆斯基和哈勒提出的核心重音规则进行分析时，做出上述评论的，并没有使用焦点和激活概念。像 *TRUMAN DIED*（杜鲁门死了）或 *JOHN SURVIVED*（约翰幸存下来了）这样的句子是其"原则 2"的反例。为了对此类句子做出解释，她假设"新闻句"和"话题–评述型句子"在语用上存在区别，并提出她的"原则 2"对话题–评述型句子即主语名词短语充当话题的句子不适用。显然，施梅林对新闻句和话题–评述型句子所作的区分，在本质上与我们在第 4.2.2 节中对整体判断型句子和范畴句所作的区分类似。

塞尔柯克对施梅林的研究做了进一步的分析，并得出以下结果（引文中的"焦点"相当于我提出的"焦点重音"，而"被聚焦的"相当于我的"重音强调的"）：

> 在对焦点进行解释时，我们有一个重要的发现，那就是对于焦点缺失我们并没有一致的解释。非焦点名词短语必然被理解为旧信息，但非焦点动词则未必……我们认为，概括起来，只有当论元成分充当焦点时才和语调意义相关；而语调意义表征的是语篇中新旧信息之间的区别。（Schmerling 1984: 213）

塞尔柯克没有对"论元"进行界定，而是将论元与"修饰语、量词等"进行对比。她将"修饰语""量词"称为"附加语"（adjuncts），这让人感到有点惊讶。她没有讨论包含词汇名词短语的方位或时间附加短语的身份。这些方位或时间附加语的焦点属性在许多方面都与论元的焦点属性相似，因此她可能会将其归入"论元"范畴。根据塞尔柯克的概括，只有论元的行为与对焦点结构的解读相关，因此她称之为"焦点解读原则"（Focus Interpretation Principle）。

施梅林和塞尔柯克等学者注意到，名词与动词或论元与谓词具有不同的韵律行为。而我的信息结构理论将语用关系和语用属性区别开来，可以为不同的韵律行为提供合情合理的解释。对语篇指称表达和非指称表达进行处理的方式存在固有的差别，而名词和动词在韵律上的差异可以看作这种差异的一个结果。对指称表达的处理涉及对心理表征的创建、识别、记忆和修改，而对断言表达的处理最多只需想起某个谓词在之前所说的句子中出现过（如我们在 3.4 节所提到的重复动词省略和其他省略情况）。前者涉及长期记忆，而后者仅涉及短期记忆。在下一节，我们将看到这种区别的另一个重要表现，即表达完整命题的成分和表达非完整或开放命题的成分在韵律行为上是不同的。 268

当论元的指称对象处于非活跃状态时，才需要韵律突出，而谓词的激活状态不会对句子韵律产生相似的影响。正是论元和谓词在加工处理上的差异，才对该事实提供了解释。动词、形容词或介词不需要对所指对象进行心理识别。通过该事实，我们就可以解释为什么在不同的语言中这些范畴在语法上都没有定指（DEFINITENESS）标记。该事实还和不存在有谓素的呈介型构式或分离型构式（同样不包括名物化结构）相一致。由于命题中的谓素不会对语篇所指对象进行语义角色编码，因此"指称和角色分离原则"（见 4.5.1 节）对其而言是不适用的。对韵律突出点分布起决定性作用的不是在语义层面，也不是句法层面；在语义层面上，谓词和论元之间形成对比，在句法层面上，名词短语和动词短语之间形成对比。决定韵律突出点分布的是在信息结构层面；在这一层面上，实体和情势的心理表征会依其在对话者心目中的身份而得到标记，也会依其所在的语用关系而得到标记，而该语用关系位于语用上构建的命题之中。

前面的评述并不意味着谓词的语篇解读不涉及回指加工，也不意味着谓词的语篇解读与句子在话语中的结构化无关。例如，如果我说 *I'm going HIKING tomorrow*（我明天要去**徒步旅行**），回来后你问我 *"How was your HIKE?"*（你的**徒步旅行**怎么样？），正是因为我在第一句话中使用了动词 *hike*，你才能用 *your hike* 这一短语来指称我的活动。我的话激活了你脑海中的某个东西，从而使 *hiking*（徒步旅行）和 *hike*（去徒步旅行）之间的照应关系成为可能。但是请注意，在你的回答中所提到的东西并不仅仅是动词 *hike* 的指称对象，而是一个预设命题，即 *you hiked*（你徒步旅行了）。该预设命题包含一个谓词和一个论元。这就是为什么在适当的情况下，你也可以用"*How was it?*"（怎么样？）这样的问句来询问我的外出情况。在该问句中，回指代词 *it* 标示的是一个话题所指对象。它是一个命题的指称对象，而非仅仅是谓词的指称对象；该指称对象通过我的话语

269 得到激活，而且正是该命题性指称对象，才可以用回指表达进行指代（该回指表达可以是重音突显的，也可以是非重音突显的）。

我们在本节对论元和谓词的不同韵律行为进行了观察，而汉卡默和萨格（Hankamer & Sag 1984）运用不同的理论对该现象进行过观察。我们的观察结果与两位学者的观察结果是一致的。这两位作者对模型阐释回指（*model-interpretive anaphora*）（或"深层"回指）与省略（或"表层"回指）进行了区分，而我们对指称范畴的语篇解读与非指称范畴的语篇解读进行了区分。我认为这两类区分是有关联的。汉卡默和萨格并没有对后者进行区分，也没有使用激活和可识别性概念进行分析，但他们所提到的省略现象即动词短语省略（VP ellipsis）、截省（sluicing）、省略重复动词（gapping）和剥落（stripping）都涉及动词，这绝对不是巧合。汉卡默和萨格观察发现，对此类省略现象的理解，要参照"**最近语篇的命题结构的表征形式**"（强调是我加上去的）。对于相邻句子或相邻小句之间存在回指关系的元素，其省略会受到一定的限制。这与我的观察是一致的：不管语篇多么长，心理表征都可以在语篇中得到激活并保持下去，但谓语不是以心理表征的形式进行储存的。

5.4.3 焦点关系、激活和预设

有些韵律现象在以前的研究中一直是难点（参见 Schmerling 1976: 74ff），或在已有的研究中一直得不到重视。我们在 5.4.1 节中对"焦点"的形式标记和"非活跃"认知状态的形式标记进行的区分，可以对这些韵律现象做出解释。在我的心目中，这些现象都与激活状态标记和语用预设标记之间的差异有关。而我们在此所做的论述，是对 5.1.2 节中引言的展开。

将焦点定义为命题中使断言与预设区分开的部分，意味着焦点和预设是相互排斥的。由于焦点重音必然落在焦点域内，我们就很自然地得出这样的结论，即表达语用预设命题的成分无法在韵律上得到突显。许多与焦点和预设有关的研究并没有对焦点和激活进行区分，却都隐含着这一结论 270（如 Chomsky 1970，Jackendoff 1972）。然而，这一结论显然是错误的。我们不能因为语用预设命题的内容是受话者已知的信息，就说表达语用预设命题的成分不能进行重音突显。这种错误就和因为定指名词短语的所指对象是可识别的事物而声称该类短语不能进行重音突显一样。正如我们反复强调的那样，不知道某事和不思考某事是两个不同的心理状态，对两者进行表达的语法范畴也不一样。在本节，我将向大家展示的是，如果小句或小句的一部分没有音高突出，仅仅是对**处于活跃状态的**命题指称对象的标记，就像我们在 3.3 节中所分析的那样，将该指称对象识解为语用预设仅仅因为它处于激活状态。我们将分两部分展开讨论。在第一部分，我们将讨论表达完整或饱和（saturated）预设命题的成分的重音标记；在第二部分，我们将讨论表达不完整或开放性预设命题的成分的重音标记。

5.4.3.1　完整预设命题

在 3.1 节中，我们观察发现，语篇所指对象既可以是实体又可以是命题。与实体一样，命题的所指对象可能处于各种激活状态。因此，表达预设命题的成分具有与名词短语和代词一样的韵律对比。与名词性成分一样，它们所携带的重音要么是焦点重音，要么是激活重音。焦点重音表明，预设命题的所指对象与该所指对象嵌入的较大命题之间建立了焦点关系，而激活重音表明，预设命题的所指对象在语篇中从不活跃状态（或可及状态）被提升到活跃状态。正如我们在 5.4.1 节所看到的，音高突出的两个功能可以相互重合，即建立焦点关系可能会涉及焦点成分所指对象的激活，但我们不能将它们等同。此外，我们曾在 5.1.2 节中简单提到，语用预设命题是可以"分层"激活的，从而在对其进行编码的句子成分中产生默认重音，而这种默认重音与名词短语中可能出现的默认重音类似。

271 表达预设命题的成分可以携带重音。在 2.3 节，我们在对"语义"预设和"语用"预设之间的差异进行讨论时曾提到过这一点。我们在此节观察发现，即使在语用上得到预设的情况下，句子补语也是可以携带重音的。下面让我们再来看一看例 2.15。我们对其进行了修改，然后以例 5.34 的形式呈介如下：

（5.34）a. I didn't realize [that you LIED to me].

我没想到［你对我**撒谎**］。

b. I didn't REALIZE [that you lied to me].

我没想到［你对我撒谎］。

c. I didn't REALIZE [that].

我没想到［这一点］。

在对例 2.15 进行的讨论中，我们发现，像 *realize* 这样的叙实性动词（factive verb），尽管其补语的命题内容总是在语义上得到预设，但未必在语用上得到预设。请大家记住，例 5.34a 可以用于两种情境：在一种情境中，"你对我撒谎"这一命题已经是言者和听者共有信息中的一部分；在另一种情境中，这只是通过话语创造出来的共有信息。但在这两种情境中，句子的形式是相同的。因此，我们不能用预设命题和非预设命题之间的对比，来对该句的韵律结构进行解释。

在例 5.34b 和 c 中，"你对我撒谎"这一命题显然是语用预设的，因为它在韵律上被标记为有活跃的所指对象；在 c 中，它还在形态句法上被标记为有活跃的所指对象。在我们的心目中，活跃的东西必然是我们已知的或至少可以识别的东西（在 b 中为词汇编码，在 c 中为代词编码，两者之间的差异取决于语篇因素。对于这些因素，我们无法根据这些构造的例子进行解释）。在 b 和 c 中，*realize* 的补语是话题成分，其所指对象在语篇中是活跃的；该话题成分与例 5.19 的非重音突显话题成分 *books* 和例 5.20 的非重音突显话题成分 *Crete* 属于同一类型。这些句子的内容都涉及言者和有人对她撒谎这件事之间的关系。

因此，在例 5.34 中，只有当所预设的指称对象在语篇中也具有活跃性时，在语用上得到预设的补语命题的身份才能在形式上得到标记。因此，我们可以得出结论，在这些句子中，决定其焦点重音位置的，是预设命题在语篇中的活跃认知状态，而非命题得到预设这一事实。我们可以将 272 例 5.34b 和 c 中的信息结构描写如下：

（5.34b'）[TOP [I] FOC [didn't REALIZE TOP [that you lied to me]]]
　　　　　[话题 [我] 焦点 [没有 **想到** 话题 [你对我撒谎]]]

（5.34c'）[TOP [I] FOC [didn't REALIZE TOP [that]]]
　　　　　[话题 [我] 焦点 [没有 **想到** 话题 [这一点]]]

例 5.34b 和 5.34c 是我们在 5.3.3 节讨论韵律类型时所引用的两个例子。在这两个例子中，谓语型焦点域含有话题性宾语成分，从而导致焦点重音默认落在话题性宾语前面最后一个"可以重音突显的"音节上。

现在让我们更细致地对例 5.34a 进行考察。在该句中，补语从句的命题内容可能是共享的知识，也可能不是共享的知识。让我们首先假设，该句中补语从句所表达的知识或命题不为言者和受话者所共有，也就是说，言者说这句话的目的是让受话者意识到言者知道受话者对她撒谎了。在这种情境中，5.34a 的话语确立了一个新的共有语篇所指对象，即"你对我撒谎"这一命题的所指对象，然后将其添加到语篇语域中。在确立之后，这个语篇所指对象必然具有"可识别性"。在确立的过程中，该所指对象也必然在听者的心目中得到激活，因此在 5.34a 中必然会出现一个重音。请注意，该激活重音同时也是整个句子的焦点重音。它将更高层级的动词短语 *didn't realize that you lied to me* 标记为谓语焦点型句子的焦点域。与 b 句和 c 句相反，a 句中 *realize* 的补语与矩阵命题（matrix proposition）之间存在**焦点关系**。

接下来让我们假设，在 5.34a 中，补语从句的内容已经在语用上得到了预设，即言者被受话者欺骗了这一事实在两人之间已是共有知识。在这种情况下，*lied* 上的重音的功能仍然是在补语从句和命题的其余部分之间建立焦点关系，将较高层级的谓语标记为句子的焦点域，而将补语标记为焦点。与此同时，在补语从句中已经具有可识别性的所指对象，因为有了该重音，其在受话者心目中的不活跃状态被提升到活跃状态。因此，该补语从句是一个焦点成分，具有语用预设命题的指称对象。

273　　　　最后，对于补语的所指对象在讲话之时已处于语篇活跃状态（因此必然是可识别的）情境，5.34a 也同样适用。例如，如果有人问你"我对你撒了谎，或者我欺骗了你，这两者当中哪一个你没有意识到？"（不可否认，这样的问话有些奇怪），用 5.34a 作为答话就是这种情况。例如，在第三种情境中，补语命题是预设的、活跃的、受关注的。针对以上三种情况，我们可以将例 5.34a 的信息结构描写如下：

（5.34a'）[$_{TOP}$ [I] $_{FOC}$ [didn't realize that $_{TOP}$ [you] LIED to $_{TOP}$ [me]]]
[话题 [我] 焦点 [没有想到 话题 [你] 对 话题 [我] **撒谎**]]]

（在第三种情况下，*didn't realize* 的指称对象不会是关注的焦点，但这一事实对句子的韵律结构没有影响；参见上文 5.4.2 节和下文 5.6.1 节）。因此，尽管使用 5.34a 的三种交际情境之间存在差异，但三者之间的差异并不影响句子的形式。5.34a 的三种解读的共同之处，不是补语从句命题的预设情况或可识别情况，也不是命题所指对象的激活状态，而是这样一个事实，即补语从句的所指对象在所有三种情境中都与主要命题存在**焦点关系**，也就是说，在说话之时，该所指对象在命题中的论元角色是不可预测的，或无法在前文追溯的；决定句子韵律结构的同样不是补语从句命题的预设情况或可识别情况，也同样不是命题所指对象的激活状态，而是上面的这一事实。例 5.35 的信息结构和韵律形式与 5.34a' 的大致相同，区别在于前者母句谓语的补语是名词短语：

（5.35）[$_{TOP}$ [I] $_{FOC}$ [didn't realize the DANGER]].
[话题 [我] 焦点 [没有意识到**危险**]]。

例 5.34a′ 和 5.35 的重音位置都遵循了"短语重音的一般原则"，也就是说，焦点重音落在焦点域即谓语短语的最后一个可以重音突显的音节上。在 5.34a 中，重音突显的音节在焦点域中并不是位于最后的音节，因为位于从句末尾的论元 *me* 具有活跃的所指对象，且与命题存在话题关系，因此它不能携带重音。如果我们在例 5.35 的焦点名词短语中添加一个活跃的话题所指对象，如 *I didn't realize the MACCHINA for you*（我没有意识到你面临的**危险**），也会出现同样的情况。

我们有必要将小句指称对象的预设状态与该指称对象与命题中剩余部分之间的语用关系区分开来。在一个语法构式中，当小句的内容作为语用上预设的信息在预设结构上得到标记时，这种必要性尤为明显。此类小句 274 与叙实性补语从句不同，因为叙实性补语的语用状态是无标记的）。我们曾在 2.3 节讨论过限制性关系从句构式，而这种构式就是以上现象的一个例子。我们再以 2.11 为例对此进行说明。为方便起见，我们在此为其重新编号，并为短语结构加上方括号和信息结构标签：

（5.35） TOP [I] FOC [finally met [the woman [TOP[who] moved in DOWNSTAIRS]]].

话题[我]焦点[终于遇到了 [话题[Ø] 搬到我**楼下的**] 那个女人]]。

在例 5.36 中，即使其关系从句不表示断言，也就是说，即使某人从言者之处搬到楼下这一事实已是交际双方的共有知识，该从句也携带有重音。该重音是必需的，因为含有限定性关系从句的整个复合名词短语的所指对象与命题之间存在焦点关系。在例 5.36 中，较大的句子是一个带有谓语焦点型结构的话题–评述型句子，因此，在 *met the woman who moved in downstairs* 这一较高层级的动词短语中需要有焦点重音。"短语重音的一般原则"将此重音指派到焦点域的最后一个成分，即充当直接宾语的名词短语的最后一个成分，而该宾语名词短语碰巧包含一个对语用预设命题进行编码的从句。如果句子是 *I finally met my new downstairs NEIGHBOR*（我终于遇到了楼下的新**邻居**），其宾语名词短语中是没有关系从句的，但重音也会被指派到相同的位置。

现在让我们假设有这么一个语篇情境，在该情境中，一男一女从言者所在的位置搬到了楼下，而且最近才在语篇中提到该事实。在这种情况下，言者可能会说：

（5.36'） I've only met the WOMAN who moved in downstairs.
我只遇见了搬到楼下的那个女人。

与例 5.36 不同的是，例 5.36' 中的关系从句没有得到重音突显。例 5.36 中的关系从句和 5.36' 中的关系从句在韵律上存在差异，根源在于，在这两种情况下，*who moved in downstairs* 的指称对象和命题的其余部分之间存在不同的语用关系。在例 5.36 中，预设的关系从句命题是焦点指称对象的一部分，而在例 5.36' 中，预设的关系从句命题则是语篇中的话题。这两句话的共同之处是，*the woman who moved in downstairs* 这一复合名词短语的所指对象与命题之间存在焦点关系，因此该名词短语必须接受一个重音。它们的另一个共同之处是，关系从句所表达的命题是语用上预设的。它们之间的区别是，在 5.36' 的焦点域中，由关系从句表达的指称对象在语篇中处于活跃状态，但该指称对象不是焦点，从而导致焦点重音落在先行名词上。我们可以将例 5.36' 的信息结构解述为 "*Speaking of the couple who has moved in downstairs, I've only met the woman.*"（说起搬到楼下的那对夫妇，我只遇到过那个女人。）

在例 5.34a 和例 5.36 中，焦点重音和激活重音是重合在一起的，但在例 5.37 中，这两类重音则不是重叠在一起的：

（5.37） Oh my God! My new downstairs NEIGHBOR is a PIANIST!
哦，我的天哪！我楼下的新邻居是个钢琴家！

在例 5.37 中，主语名词短语 *my new downstairs neighbor*（我楼下的新邻居）是一个话题表达；我们要将其解读为其所传递的是与该名词短语所指对象有关的消息。话题成分之所以得到重音突显，是因为其所指对象在语篇中处于不活跃状态。（如果它处于活动状态，它可能会以非重音突显代词 *she* 的形式出现。）我们可能认为，*neighbor* 上的重音不如 *pianist* 上的那么突出，但 *neighbor* 上的重音不是焦点重音，而是激活重音。我们可以将例 5.37 的信息结构描述如下：

（5.37′） ₜₒₚ [My new downstairs NEIGHBOR] ꜰₒꜯ [is a PIANIST].
　　　　　 话题[我楼下的新**邻居**]焦点[是个钢琴家]。

与 5.4.1 节所讨论的激活重音例子即例 3.27 和 3.31 一样，例 5.37 的话题成分的重音是可以省略的，省略之后对句子的焦点结构不会产生影响。另一方面，非指称性谓语名词 *a pianist* 的重音是焦点重音，表明动词短语是焦点域。如果将这个重音省略掉，从而使 *neighbor* 成为唯一一个能承载重音的突显点，那么焦点结构将从谓语焦点型结构变为论元焦点型结构。

还有一个语法语境，也可以出现具有活跃所指对象的预设命题与具有不活跃所指对象的命题相对比的情况。该语法语境就是在生成语言学文献中被称为"外置结构"（extraposition）的构式（或构式族）。在这种构式中，位于动词前的句子主语被"外置"（extraposed）出来，附加到动词短语的右侧，动词前的主语位置则由代词 *it* 进行填充。对于这种外置的句子主语，如果其所指对象在语篇语境中是活跃的，那么外置从句将是非重音突显的，如例 5.38 所示：

（5.38） A: I'm afraid the president might be lying.
　　　　　 恐怕董事长在撒谎。

　　　　 B: What do you mean. It's OBVIOUS that he is lying.
　　　　　 你是什么意思，**显然**他在撒谎啊。

当言者 B 使用外置结构构式时，"董事长在撒谎"这一命题的所指对象在 276 语篇中处于活跃状态，并且与该命题存在话题关系。（B 的话语是一种简略的说法，是通过语用上的顺应，对"你说'**恐怕**董事长在撒谎'是什么意思。他在撒谎。这是显而易见的。"这样更为详细的说法的简化。)

下面是一个真实的例子。言者是一位习惯肩上挎包的妇女，但那天上午她把包交给了一位修理工：

（5.39） It's so STRANGE not carrying a PURSE around.
身上不带**钱包**感觉怪怪的。

（说话的时候还用肩膀做了一个示意动作，给人一种滑稽的感觉）在例5.39 的言语情境中，言者没有带钱包这一事实是语用上预设的。然而，这一事实在对话中还没有得到激活，即言者并不认为她的受话者在当时想到了这一点。该事实已为对方所知，但尚未成为讨论的话题。因此，"没带钱包"这一引发语用预设的名词化动词短语成分得到了韵律突出。我们要再次强调的是，重音的在场或缺位，取决于指称对象与命题其余部分的语用关系，而非取决于指称对象的预设状态。与前面的例子一样，在表达预设命题的小句中，突显点的位置是由"短语重音的一般原则"决定的。"*I'm not carrying a PURSE around.*"（我没有带钱包。）是该小句相应的断言性谓语焦点型句子，而该小句的韵律结构与相应的断言性谓语焦点型句子的韵律结构相同。[34]

总而言之，对于表达语用预设命题的成分，要想理解其重音强调方面的情况，我们就必须对本书所讨论的不同类型的信息结构进行严格区分。首先，我们必须将两个问题区分开来：命题是语用上**预设的**还是**断言的**问题，即它所表征的语篇所指对象是否为**已知的**或**可识别的**的问题；语用预设命题的所指对象在某个特定时间是**活跃的**还是**非活跃的（未被使用的）**问题，即言者在言说之时是否认为它处于受话者意识最前沿（或至少在认知上具有高度可及性）的问题。只有后者对句子的韵律结构具有潜在影响。其次，一旦我们确定某个指称对象在语篇中是活跃的还是非活跃的，我们就必须弄清楚该所指对象与主要命题之间的关系是**话题关系**还是**焦点关系**。只有当该所指对象在语篇中既是活跃的又是非焦点性的时候，表达

277

命题的成分才可以不用携带重音（大家是否还记得，在第3.3.1节，我们曾讨论过非标记性韵律突出既能与所指对象的活跃状态兼容又能与其非活跃状态兼容的情况）。

因此，对于用来给语用预设命题进行标记的成分而言，决定其韵律状态的只有两个因素：其所指的激活状态，以及其与矩阵命题（matrix proposition）的语用关系。韵律状态并不取决于命题本身的"知识"预设。在预设和可识别性这两个语篇范畴中，韵律并不是一个区别性因素。这些范畴仅通过词汇或形态句法手段进行表达，尤其是通过对表达预设命题的动词成分的名词化手段。

5.4.3.2 开放性预设命题

我们在上一节所讨论的预设命题都涉及从句，这些从句的功能是充当上一级谓词的论元（补语从句），或充当名词修饰语（关系从句）。这类命题在语义上是**完整的**或**饱和的**（SATURATED），必须和语义上**不完整的**或**开放的**预设命题区分开来；后者如例5.3中的 *(MITCHELL) urged Nixon to appoint Carswell* 或例5.11a中的 *(My CAR) broke down*。[35] 在饱和型命题中，整个从句的指称对象都是预设的，因此从句本身并没有引发焦点部分和预设部分之间的对比。相反，预设命题作为一个整体，在一个断言命题中充当论元角色或修饰语角色。如果这样的从句带有重音，那是因为它与矩阵命题之间的语用关系，而不是因为其指称对象内部的焦点和预设的对比。

自乔姆斯基（Chomsky 1970）之后，在研究焦点和预设的生成语言学文献中，最受关注的是第二种类型，即语义上不完整的预设命题或开放性预设命题。**没有得到足够重视的**，是此类开放命题在语篇中的**激活状态**。与饱和命题相比，在开放命题中被唤起的语篇预设，通常被解读为在语篇语境中**刚刚得到激活**（WH- 疑问句除外，因为其预设结构在句法上是有标记的；见下文第5.4.4节）。对于标示对象在受话者的心目中处于**非活跃状态的**开放性预设命题，英语语法并没有规定要对其进行明确的标记。278

请大家思考以下例子之间的对比：

  （5.40）a. MITCHELL urged Nixon to appoint Carswell. (= (5.3))

     米切尔敦促尼克松任命卡斯韦尔。

    b. MITCHELL urged NIXON to appoint CARSWELL.

     米切尔敦促**尼克松**任命**卡斯韦尔**。

    c. The one who urged NIXON to appoint CARSWEL was MITCHELL.

     敦促**尼克松**任命**卡斯韦尔**的是米切尔。

    d. It was MITCHELL who urged NIXON to appoint CARSWEL.

     是米切尔敦促**尼克松**任命**卡斯韦尔**的。

在例 5.40 的 a 句中，"X 敦促尼克松任命卡斯韦尔"这一开放命题既是语用上预设的，又是语篇中活跃的。如果有人敦促尼克松任命卡斯韦尔这件事并不是当下讨论的内容，在此情境中说这样的话就会显得很奇怪（当然，在这种情境中说这句话并非不可能；这仅仅表明言者认为受话者是能够顺应所需的活跃性预设的）。与此相对，在对 b 句进行解读时，我们似乎很难认为它所唤起的开放性预设命题是相同的，只是该命题的指称对象处于非活动状态。如果我们既要将 a 句中的谓语部分标记为预设信息，又要将其标记为不完全活跃信息，那么我们就有必要在形态句法上以从句的形式唤起预设，而该从句在内容上表达的是饱和命题，例如在 c 句中，该从句以名词化的话题论元形式出现在母句谓语（matrix predicate）的左侧，或在 d 句中，它作为关系从句出现在母句谓语的右侧（如想对带有重音关系从句的 *It-* 分裂句进行了解，请参阅 Prince 1978）。

  请注意，对于 5.40a 这样的句子，如果说其谓语指称对象在语篇中的活跃状态是通过动词突显的缺位进行标记的，是不准确的。这种说法与我们在第 5.4.2 节中提出的主张相矛盾。我们曾在第 5.4.2 节中提出，谓语在韵律上的突显方式与论元在韵律上的突显方式并没有不同之处。只有包含在谓语**之中**的论元（即 *Nixon and Carswell*）才这样进行标记。事实上，在预设的开放命题中，在对动词进行语用识解时起作用的并不是动词的韵律状态。对此，我们将以下面的句对为例进行说明。

（5.40'）a. [MITCHELL] urged him.

　　　　　[米切尔]敦促他。

　　　　b. He [was urged [by MITCHELL]]

　　　　　他 [被米切尔]敦促]。

在这两个句子中，动词都没有得到重音突显。但在 5.40'a 这一论元焦点句中，我们必须将开放命题"X 敦促他"的指称对象识解为最近刚刚得到激 279 活因而是预设的；而在 5.40'b 这一谓语焦点句中，"他被 X 敦促"这一开放命题的指称对象，在语义上等同于"X 敦促他"，可能是活跃的，因而可能是预设的，也可能是非活跃的，因而可能不是预设的。5.40'b 可以用来回答"他被谁敦促？"，又可以用来回答"他为什么那样做？"。这表明，将谓语指称对象解读为语篇活跃的，并不取决于动词成分本身的韵律状态，而是取决于出现在句子中**其他地方**的重音。在 5.40'a 中，将动词的指称对象识解为焦点，不是因为动词上**没有出现重音**突显，而是因为在谓语短语的前面**出现了**焦点重音。谓语焦点识解要求谓语短语中的一部分携带重音，因此这种突显的缺位必然表明在谓语中是没有焦点的（我们将在 5.6 节对这一点做进一步的阐述）。

　　在英语中，我们不能将预设的开放命题明确地标记为非活跃命题，然而，在一定条件下，我们是可以将重音突显的定指动词短语的指称对象识解为预设性的。请对比 5.41a 中的法语分裂句、b 中与其对应的德语句及 c 中与其对应的英语句。说 5.41a 这句话的是一位工厂经理，他所雇用的工人正在接受岗前培训，费用由法国政府承担；括号中的从句提供了必要的上下文：

（5.41）a. (ils TRAVAILLENT pour NOUS) mais c'est le GOUVERNEMENT qui PAYE

　　　　They work　　 for　us 　 but　it is the government　 which pays

　　　　他们为我们工作，但**付费**的是**政府**

305

b. (die ARBEITEN für UNS) aber BEZAHLEN tut　　die　REGIERUNG

　　they　work　　for us　　but pay-INF　　does　the government

c. (they WORK for US) but the GOVERNMENT PAYS

在话语的情境中，"X 为工人所做的工作付费"这一命题被视为预设的，但未必得到激活，而 X 是政府这一事实是被断言的。在法语中，该命题的语用音显在形式上是非常明确的。谓语短语 le GOUVERNEMENT 的指称对象是命题的语义主语，在句法上被明确标记为焦点，而关系从句 qui paye 是命题的语义谓词，通过句法被明确标记为预设性的，并通过韵律突出被明确标记为不活跃的。在 b 句的德语版本中，我们也发现了类似的明确标记效应：该句的谓语 bezahlen（付费）经过了话题化处理，因此成为预设性信息，但它带有重音；该句的主语 die Regierung（政府）是倒装结构，因此是信息的焦点。至于 c 中的英语句子，其语用音显在句法和韵律上都是无标记的。因为在使用上，它的语篇环境与 a 和 b 的语篇环境相同，谓语短语 pays 可以理解为非焦点性信息，而重音表明其指称对象仍处于非活跃状态。但是，这种语用识解仅仅与特定的结构兼容，并没有得到该结构的标记。同一结构也可以（通常情况下也确实）被解读为谓语焦点型结构。

　　对于开放型预设命题的指称对象，我们在上文对其激活状态的标记进行了观察，而命题指称对象会在论元类别上得到表达，我们在 3.1 节和 4.1 节对此进行了观察（参见例 3.1、3.2 和 4.2b 及相关讨论）。这两个观察的结果是一致的。例 5.40a 中的开放命题在语义上是不完整的。因此，这类开放命题的指称对象并不等同于可存储在语篇语域中的所指对象，即言语行为参与者长期记忆中的所指对象。只有那些与语篇所指对象相关的心理表征上的激活变化，才在第三章所讨论的形式对比中得到反映，特别是在词汇编码和代词编码的形态对比中得到反映。在 5.40a 中，带有时态标记的动词短语属于非论元范畴；对于这些非论元范畴，包括短期记忆加工在内的认知操作是不同的。我们在上文提到过汉卡默和萨格的研究

280

（Hankamer & Sag 1984），其所描述的就是这样的认知操作。

在乔姆斯基和杰肯多夫传统中，被称为"预设"的东西只是一种预设命题，即一种开放性命题，在该开放命题中有一个新近得到激活的指称对象。在这里，"预设"一词的用法相当特殊。因为这类命题是不完整的，从定义上讲，它们没有真值，或者用当前理论框架中的概念来描述，在言语参与者的心目中，它们并没有作为语篇所指对象得到表征。脱离其所在句子，这些命题没有独立的指称存在，所以它们不能作为可识别的实体存储在语篇语域中。因此，这些命题的指称对象无法得到准确预设，即我们不能将其视为言者和听者之间的共享知识。

上述对预设开放命题激活状态的分析，给我们提出了一个重要的问题，遗憾的是，我们在此只能进行蜻蜓点水般的介绍。该问题是，在语篇中，开放命题的可及性达到什么程度才能使表达它的成分不需要进行重音突显？下面请大家对例 5.42 中的简短对话进行思考：

（5.42）A: Where's my pencil?　　　　　　　　　　　　　281

　　　　我的铅笔在哪儿？

　　　B: a. JOHN's got it.

　　　　　约翰得到了。

　　　　b. JOHN took it.

　　　　　约翰拿走了。

　　　　c. ?JOHN stole it./ JOHN STOLE it.

　　　　　? 约翰偷走了。/ 约翰偷走了。

　　　　d. *JOHN put it in his pocket. / JOHN put it in his POCKET.

　　　　　约翰把它放进自己口袋里了。/ 约翰把它放进自己口袋里了。

在例 5.42 的四个答话中，显而易见的是，含有非重音突显名词 pocket 的 d 版本在可接受程度上是最低的。这个回答只能以谓语重音型句子的形式出现。方位短语 in his pocket 为疑问词 where 提供了所询问的对象，因此，它必须出现于答话的焦点域。但是，在 a、b、c 这些句子中，都没有词汇名词短语，如何对 a 和 b 之间的对比做出解释？又如何对 c 中两句之间的对比做出解释？这种对比表明，能否将谓语指称对象看作活跃的事物，不仅取决于是否出现指称表达，还取决于谓素的语义。

"我的铅笔在哪儿？"这一问题设定了一个答复预期，而该答复的焦点是铅笔的所在位置，其话题是铅笔。语法关系和句子位置之间存在关联。但在有些语言中，这种关联不像英语那么固定。在这些语言中，对"我的铅笔在哪儿？"这一问题的回答往往是话题-评述型句子。在这样的句子中，铅笔是位于句首的话题性名词短语，而位置表达是位于句尾的焦点表达。例如，在德语中，与 5.42a 最为自然的对等表达是 *Den hat* HANS（字面意思是"它有约翰"），其中，位于句首的话题是宾格宾语（accusative object），位于句末的焦点性名词短语是主格主语（nominative subject）。而在英语中，所使用的是论元-焦点型句子，其中铅笔的位置由位于句首的主语 *John* 表示。[36]

5.42b 与 5.42a 类似，但它在谓语上添加了某种语义内容。除了简单地说明铅笔的位置外，b 还指出铅笔是如何从原来的位置到现在的位置的。将 *be* 换成 *take* 之后，语义也发生了变化，但这种语义变化并不需要改变焦点结构。这大概是因为，根据常识推理，如果某些类型的物体没有位于其通常所在的位置，是因为有人将它们拿走了。有鉴于此，*take* 这一标示符号（designatum）在语用上可以顺应为语篇活跃的，因此动词 *took* 可以在句子中保持非重音突显形式。下面请思考一下 c 中的回答。该回答与 b 的相似之处在于，除了表明铅笔所处的新位置之外，它还对铅笔不在其惯常位置提供了某种解释。然而，在这一回答中，对物体从原来位置转移到新位置的标示，表明 c 句的焦点结构与 b 句的焦点结构是不同的：与 *take* 282 不同的是，我们不能想当然地认为 *steal* 的指称对象在语篇中是活跃的。因此，我们会自然而然地将其理解为焦点性成分。

我们很容易描述 *take* 和 *steal* 之间的语义差异，但我们无法通过这种语义差异来解释焦点结构上的差异。对指称对象或动词而言，是否存在这么一个分界点，超过这个分界点之后，除非它们最近得到激活，否则必将作为焦点得到编码，而不是在语用上被视为理所当然，编码时不带重音？很遗憾，我回答不了这个问题。至于如何找到答案，我只能提出一个初步设想。有些谓词属于"焦点吸引型"（focus-attracting），有些谓词属于"非焦点吸引型"。两者之间的差异可能与所谓的"基本层级"范畴和"下位"范畴之间的认知差异有关。埃莉诺·罗施（Eleanor Rosch）在许多著作中对基本层级范畴和下位范畴之间的认知区别进行过讨论（如 Rosch 1977，Mervis & Rosch 1981），其研究成果在语言分析中得到应用，如在乔治·莱考夫（George Lakoff）的著作中（尤其是 Lakoff 1987）。和下位范畴相比，可能因为基本层级范畴在认知上更容易理解，在语用上也就更容易被视为理所当然。我们可以将例 5.42 中的 take 视为基本层级范畴，而将 steal 视为下位范畴，由此我们就可以对两者在韵律行为上的差异做出解释了。我必须强调的是，这只是一种推测。[37]

5.4.4　焦点疑问句和信息疑问句

在本节，我们要对一个具体的构式展开讨论。在该结构中，形式结构和信息结构之间的关系具有某种特殊的地位。在此之前，我们曾反复地间接提到过该构式。它就是信息疑问句构式，或 WH- 型疑问句构式。

一般而言，将句子中的疑问表达（英语中的 WH- 表达）去除后会形成一个开放命题，而只有当该开放命题在语篇中得到语用预设时，使用信息疑问句才是合适的。例如，假设我问：

（5.43）Who ate the COOKIE?
　　　　谁吃了曲奇？

该问句不仅可以通过名词短语的定指性唤起这样一个假设，即我的受话者可以识别我心目中的特定曲奇。该疑问句还可以唤起另一个假设，即她知道有人吃了曲奇，也就是说，我认为"有人吃了曲奇"这一命题是 283

不存在争议的事实（除非这是一个修辞疑问句，暗示其答案是"没有人"）。第一个预设是由名词短语构式唤起的，而第二个预设是由整个句子构式唤起的。

例 5.43 中的断言表达了我的欲求，即想让受话者告诉我这个人是谁（请大家注意，在目前的论述框架中，断言并不局限于陈述句；见 2.3 节）。在我询问之时，我通常还会假定受话者知道所指对象的身份，即她可以回答我的问题。然而，这种假定并不是由信息问句的语法结构所唤起的预设，而仅仅是所有疑问句在使用时要具备的一个适切条件。一般而言，如果人们认为得不到答案，是不会提问的。而我们所关注的不是后一种假定。[38]

我们再以之前使用过的例子即 5.15a 为例进行说明：

（5.15a） Who's THAT?
　　　　　那是谁？

在询问的时候，通常情况下，我不仅会预设在论域中存在某个特定的、可被受话者识别的个体（例如在文本外世界中），而且还会预设该个体有着确定的身份（在该例中这种预设有些微不足道）。例 5.15a 中的问句预设了一个开放命题，即"可识别的个体具有 X 身份"，并对言者想要知道该身份的欲求进行断言。例 5.15a 确实唤起了这些预设。对此我们可以通过 *WH-* 疑问句进行检测。在 *WH-* 疑问句中，所指对象的可识别性并不是理所当然的。如果问 "*Who's someone?*"（谁是某个人？），或 "*Who's a guy over there?*"（谁是那里的一个家伙？），听起来就很怪异。

在预设开放命题中，是 *WH-* 表达为待填的论元位置唤起了一组可填词语。所以，在例 5.43 和 5.15a 中，可以充当焦点域的唯一成分是疑问词 *who*。那么，*WH-* 疑问句就是论元焦点型构式中的一种特殊类型。因此，我们会认为，主句重音应该落在 *WH-* 短语上。然而，在我们所举的例子中，重音却落在了句末成分 *cookie* 和 *that* 上。显然，这个句末重音不能充当焦点重音，而只能充当激活重音。在询问提出之时，对受话者而言，尽管名词短语即 *the cookies* 和 *that* 的所指对象是可以识别的，但在其头脑中尚未得到激活，或者更准确地说，尚未在语篇之中确立为询 284 问的目标内容。因此，名词短语要求携带激活重音或者下文 5.7 节所说的"话题确立"重音。如果所指对象是已经得到确立的活跃话题，那么句子的形式很可能是 *Who* ATE *them*（谁吃了它们）和 *Who* IS *that*（那是谁），其中 *them* 和 *that* 为首选的非重音突显话题表达，而动词携带的是缺省重音。但在这两种情况下，句末名词短语都是**话题**成分，而非**焦点**成分，因为疑问句询问的信息就与它们所标示的对象有关。例 5.15b 和 5.15b′ 中法语版疑问句，即 "*C'est* QUI *ça?*"（那是谁？）和 "*Qui c'* EST *ça?*"（这是谁啊？），证实了这一分析。这两个法语疑问句都具有话题-评述型句子的句法结构，其代词 *ça*（那）处于逆话题（A-TOP）位置。然而，如果说在 WH- 疑问句中，句末重音的功能就是用来激活位于句子末尾或小句末尾的话题成分的所指对象，那就会给人以误导。事实上，在有些可以使用英语句子的语篇环境中，也完全可以使用其对应的法语例子；在这些对应的法语例子中，用来指称问题所涉个体的代词，即黏着词素 *c'* 和逆话题 *ça*，是没有重音的。在这些疑问句中，被激活的不是由句末代词所标示的个体，或者说该个体至少不是主要的激活对象，而是整个预设命题。在本例中，该预设命题是"此人是某人"或"此人具有某种身份"。这样，我们就可以对例 5.44 这类疑问句的韵律结构做出解释了：

（5.44） Where are you GOING?
　　　　你**要**去哪儿?

在例 5.44 中，重音强调成分显然不是话题性表达，而是由重音标记的话题域的最后一个可携带重音的成分，也就是唤起"你正在去某地"这一预设命题的句法域。在语篇中得到激活的是该命题的指称对象。

请大家注意，如果信息疑问句的预设命题在前面的语篇中已经得到激活，那么重音必然会落在焦点论元上面，即落在 WH- 表达上面。如：

（5.45） a. WHO ate the COOKIES?

谁吃了曲奇？

b. WHO's that?

那是谁？

c. WHERE are you going?

你要去哪儿？

285　在例 5.45 中，这些句子的韵律结构与前一节所讨论的论元焦点型句子的韵律结构完全相同；在论元焦点型句子中，焦点之后的开放命题在语篇中作为语用预设的活跃信息得到标记。在 5.45 这样的例子中，开放命题在语篇中是活跃的。这一点可以通过以下事实得到证明：在适当的语境中，WH- 表达可以单独出现，如 "I'm going somewhere. —Where?"（我要去一个地方。——哪里？）或 "Someone ate the cookies. —Who?"（有人吃了曲奇。——谁？）[39]

因此，在例 5.43、5.44 和 5.15a 这样的 WH- 疑问句中，对激活状态的韵律标记优先于对焦点的韵律标记。对于本章前面所述的一般原则而言，这一事实属于例外情况。根据该原则，在任何句子中，如果只有一个重音，那么该重音必为焦点重音。对于该例外情况，人们很自然地从功能上对其进行解释。由于 WH- 疑问句的预设结构是通过构式进行标记的，即通过疑问词的形式和位置进行标记的，因此重音不需要对焦点进行标记，而是可以用于它的另一个主要功能，即对一个指称对象的非活跃性进行编码。

为了做到全面，我们应该向大家补充一点，即我们在上面所描述的 WH- 疑问句的正常预设结构存在例外情况。像 5.43 这样的疑问句通常预设有人吃了一块曲奇，而像例 5.46 这样的疑问句未必预设听众中有人想要一块曲奇：

（5.46） Who wants a COOKIE?/WHO wants a cookie?

　　　　谁想要一块**曲奇**？/**谁**想要一块曲奇？

在法语中，我们可以通过回答的形式，来明确区分哪些 *WH-* 疑问句能够唤起预设的开放命题，哪些疑问句不能唤起预设的开放命题。要回答 5.43 这样的问题，言者通常会使用例 5.43' 这样的分裂构式：

（5.43'） Q: Qui (c'est qui) a mangé le biscuit? "Who ate the cookie?"

　　　　　　谁吃了曲奇？

　　　　　A: C'est moi. "ME," "I did."

　　　　　　我。/ 我吃了。

另一方面，在例 5.46 的疑问句中，句末的名词短语是非定指的。对于这样的问句，我们通常会用一个简单的名词短语来回答，如例 5.47 所示：

（5.47） Q: Qui veut un biscuit? "Who wants a cookie?"

　　　　　谁想要曲奇？

　　　　A: Moi. "Me," "I do."

　　　　　我。/ 我想要。

在对例 5.46 和 5.47 这类句子进行分析的时候，我们最好将其看作较长序列的规约化简省形式，如对"有人想要曲奇吗，如果有，是谁？"这样 286 序列的简略。我认为，在英语中之所以能出现类似于 5.48 这样的疑问句，就是因为我们可以进行这样的简省：

（5.48） Where's a piece of paper?

　　　　一张纸在哪里？

当某人需要一张纸但他又不知道是否有的时候，就会这样询问。这类疑问句显得奇怪，我本人也认为它们在语用上是不可接受的。之所以如此，是因为两个相互排斥的预设结构之间存在冲突，即非定指名词短语的预设结构和 *WH-* 疑问构式的预设结构之间存在冲突：*WH-* 疑问构式间接唤起所指对象在论域中的存在，而非定指名词短语间接对该存在提出质疑。

5.5　对比性

在 5.4.1 节，我对语篇焦点与所指对象"新出性"之间必然存在关联的观点持不同意见。我认为，尽管焦点和激活之间是相互作用的，我们必须将其视为相互独立的参数。进行如此区分的原因之一是，具有"旧有的"即活跃的所指对象，通常带有焦点重音。在本节，我们将对"带有活跃所指对象的重读成分"做进一步的观察。在此分析的基础上，我们将建议对第三章中提出的"激活重音"概念进行修订。修订之后，我们就可以对句子的重音分布进行统一解释。届时我们将向大家证明，焦点韵律和激活韵律是同一个交际功能的两种不同的表现形式（见 5.7 节）。

5.5.1　对比性焦点

在之前的讨论中，我们用来说明带有活跃所指对象的重读成分的是例 3.30 和 3.31：

（3.30）a. Pat said SHE was called.

　　　　　帕蒂说有人打她电话了。

　　　　b. Pat said they called HER.

　　　　　帕蒂说他们打电话给她了。

（3.31）Pago IO. — C'est MOI qui paye.

　　　　我来付钱。

例 3.21 是具有活跃所指对象的非代词形式做焦点成分的例子。该例引自久野（Kuno 1972）：

（3.21）Among John, Mary and Tom, who is the oldest? TOM is the oldest.

在约翰、玛丽和汤姆当中，谁年龄最大？*汤姆*年龄最大。

对于此类回指代词重读、指示代词重读或名词重读的句子，学界一直将 287
它们视为**对比性**（CONTRASTIVE）重音突显（如 Halliday 1967: 206，
Chafe 1976，Schmerling 1976: ch.4）。韩礼德将"对比"这一概念定义
为"与某个预期或陈述相反"。韩礼德将涉及重读代词的两个对比性焦
点称为"结构上新颖的"。例 3.31 中位于动词后的代词，就是此类对比
性焦点的典型例子；通过这些代词，言者将自己和试图代替自己付账的
人做对比。

　　尽管按照韩礼德的观点，具有活跃所指对象的重读代词或重读名词通
常属于对比性的，它们却并非必然如此。下面通过例 5.49 来说明。对于
该句，相信读者们很容易就能想到适当的语境：[40]

　（5.49）(Sherlock Holmes to the butler) The murderer is YOU.
　　　　（福尔摩斯对管家说）凶手是你。

在侦探的话语中，"你"是焦点性所指对象。在对其进行理解时，我们将
其与某个先前被怀疑的谋杀案嫌疑人形成对比（"毕竟不是宠物短吻鳄；
凶手是**你**"）。如果侦探心中没有其他嫌疑人，这句话也同样合适。在两
种解读中，后者为非对比性解读，这种解读也许更具可能性。这一点可
以通过例 5.49 来说明：在 5.49 中，焦点重音占据了焦点域中通常的最后
位置。

　　例 5.49 给人的印象是其中包含了对比。这种印象在很大程度上可能
是因为该句的句法和语用构型有些不同寻常，而任何不同寻常的事物都可
视为在与较为寻常的事物进行对比。例 5.49 是不同寻常的，因为它涉及
两个语篇世界之间的联系（见第 2.1 节）。指示代词 you 的所指对象被想
当然地视为文本外世界的一个元素，而"凶手是 X"这一开放命题属于文
本内世界；指示代词 you 的所指对象在这一开放命题中扮演的是缺失论元
的角色（参见例 2.5 和 2.6 及其讨论）。对当前的讨论而言，有一点比较

重要，即我们不用将例 5.49 视为对比性句子。因此，我们不能用对比性这一语用概念来对该句的重音模式进行解释。

288　　　在 5.49 中，如果言者心中另有具体的怀疑对象，即如果他明确将这个句子所表达的命题与某个备选命题进行对比，在该备选命题中，言者断言凶手另有其人，那么例 5.50 这一带有论元焦点结构标记的句子可能更为合适：

（5.50）You are the murderer!
　　　　你就是凶手!

上文例 3.21 的情况与此类似。在上文例 3.21 中，*TOM is the oldest* 是有标记结构，另一个可能结构是 *The oldest is TOM*，其焦点重音位于无标记的句末位置，而命题的其余部分可能位于焦点之中，也可能位于焦点之外。与后者相比，前者更强烈地传递了"与所宣称之人相反"的含义。然而，对于这种句对，人们的直觉并不是那么明确，而且似乎不可能确定哪种结构是对比结构，哪种结构不是对比结构。上述例 3.30 中的两个版本也存在类似情况。在此情境中，韩礼德有关对比的描述也不一定适用。这些句子中的断言并不表明存在某个之前就已想到的候选之人，而对于该候选之人，焦点性名词短语的所指对象是其正确的替换者。

在对重读代词用法进行解释的时候，韩礼德所界定的对比不可能是唯一的因素。对此，我们也可以通过西班牙语的例子进行说明（引自 Silva-Corvalán 1982: 107；韵律标记是我们添加的）：

（5.51）Q:　Quien hizo el queque, tu o mamá? — A: Lo hize YO.
　　　　"Who baked the cake, you or your mother? — I did."
　　　　是谁烤的蛋糕，你还是你妈妈?　——我做的。

在例 5.51 中，回答者是制作蛋糕的人，其断言与之前就已声明或想到的某个替换之人并不矛盾。这是一个中立的回答，由回答者从两名候选人中选出一个。在倒装结构中，作为焦点的主语 *YO*（我）位于动词之后，作为话题的宾语 lo（它）位于动词之前，话题论元和焦点论元都出现在各自的无标记位置。根据其信息结构，例 5.51 不是一个论元焦点型句子，而是一个话题–评述型句子，其中宾语是话题，主语则是焦点。

　　一个句子能否被视为具有对比含义，与命题信息结构是否为论元焦点型结构没有直接关系。如例 5.52 所示：

（5.52）My life was MEANINGLESS until I met you.
　　　　在遇到你之前，我的生活**毫无意义**。

在本例的第二个小句中，焦点域是动词短语 met you，而不是名词短语 you（除非从上下文中知道言者在遇到合适的人之前遇到过各种各样的人）。[289] 包含"对比性"焦点论元的焦点域甚至可能是整个句子，如例 2.5 这一整体判断型结构（thetic structure）：

（2.5）　Look, here's ME.
　　　　看，这是**我**！

　　对于此类具有宽式焦点（broad foci）的句子，韩礼德所提出的对比性概念显然无法使用，因为这类句子的焦点域不仅包括一个所指对象（即"作为替代的候选者"），而且包括一个情势。动词短语 met YOU（遇到你）和句子 Here's ME 并不表示"所预测或声明的替换事物"。

　　韩礼德给对比所下的定义没有涵盖具有活跃所指对象的重读代词或名词。为对这类代词或名词做出解释，切夫（Chafe 1976）给对比性下了一个定义。与韩礼德的定义相比，切夫的定义不仅更加明确，而且最大区别在于该定义没有将"与某个所预测或宣称的替换事物相反"作为一个定义标准。在切夫看来，对比性包括三个因素：（i）某种背景知识，如言者和听者都知道某人做了某事（在当前的理论框架中，这种背景知识就是语用上预设的开放命题）；（ii）一组可能的候选者，用来对比的元素在句中的角色由这组候选者中的一个来充当；（iii）与其中一个候选者有关的断言是正确的。切夫认为对比性是一种特殊的特征,这种特征让他放弃了回指代词或指示代词的使用、所指对象的活跃性和低音高(low pitch)之间通常存在的相关性(见 3.3 节)。根据切夫的观点,对于语篇中的活跃项(items),只有当它们是这种修正意义上的对比时,才能接受重音。

我发现,切夫的定义也存在一定的问题,即它所定义的认知范畴并没有在相应的语法范畴中得到反映。症结在于条件(ii),即与焦点角色有关的一组可能的候选者。切夫认为,"对比句通常在表面上无法与所谓的 *WH-* 疑问句的答句区分开来"(Chafe 1976: 36),并认为后者**不是**对比句。然后他观察发现,他所举的对比句例子,即 *RONALD made the hamburgers*(**罗纳德**做了这些汉堡包),实际上不必是对比型句子,也可以用来回答 "*Who made the HAMBURGERS?*"(谁做的**这些汉堡包**?)这一问题。该问题并没有隐含存在一组人数有限的候选者。切夫对这两种情况进行区分的标准是,在对比解读中,"言者假定在受话者的头脑中有一组数量有限的候选者"(Chafe 1976: 34),而在非对比解读中,没有这种假定。然而,带有言者假定的句子与不带言者假定的句子在形式上是无法区分的。在西班牙语例子 *Lo hize yo*(**我做的**)和意大利语例子 *Pago IO*(**我来付钱**)中,候选人的数量在言语情境中确实是有限的(只有两个)。然而,即便有无数个可供替换的候选人,我们也同样可以这么说。事实上,对于上文所引用的疑问句 "*Who made the HAMBURGERS?*" 的非对比解读,我们可以用 *Las hize yo*(带有复数阴性宾格代词)进行回答。根据切夫的定义,*Lo (las) hize yo* 既可以是对比的,也可以是非对比的,依具体情况而定。但是,这两种解读的区别并没有在语法上得到标记,因为无论哪种解读,代词 *yo* 都带有重音。[41]

综上所述,对于带有活跃所指对象的成分,我们不能用对比性概念来对其所携带的重音进行解释(无论是切夫意义上的对比性,还是韩礼德意义上的对比性),而只能通过焦点结构进行解释。鉴于"对比"概念在定义上存在问题,我们还是不要将其看作一个语法范畴为好。我认为,当我们听到这样的句子时所感觉到的对比性,源自特定交际语境下所进行的推理。我赞同博林格（Bolinger 1961）的观点，认为对比性是一个梯度概念：

> 从广义上讲，每一个语义峰点都是对比性的。很明显，*Let's have a picnic*（我们去野餐吧）是一个突如其来的建议，其中不存在与晚宴进行的对比，但野餐与其他可能的活动之间存在着对比。随着选择范围的逐渐缩小，我们就越来越接近我们所认为的对比重音。（Bolinger 1961: 87）

对比性梯度观有一大优势，就是它既考虑到了明确的对比性实例，也考虑到了不那么明确的对比性实例，而且它还为我们的直觉提供了解释：直觉告诉我们，当焦点的指称对象明确与所陈述或预测的备选事物相矛盾的时候，对比意图最为清晰，也就是韩礼德在阐述其定义时所想到的那些实例。[42] 重音代词特别容易被视为对比性表达。在当前的理论框架中，我们可以对该事实进行合理的解释。由于在无标记焦点结构中，代 291 词的普遍角色是充当首选的话题表达，也就是在通常情况下，代词在语篇中是不带重音的。所以，当代词受到重音突显的时候，就偏离了常规，自然被理解为特殊的交际信号。

  总而言之，与焦点不同的是，对比性不是一个语法范畴，而是"会话含义"这类一般认知加工的结果。在下文中，我们应在这种一般的非语法意义上，来理解"对比性"一词，如"对比性焦点"或"对比性话题"等。我们就对比性的实质所下的结论，在本质上与霍恩（Horn 1981）提出的一般论点有关。霍恩认为，所谓的 *it-* 分裂句的"穷尽性"条件（其他语言学家认为它是一种蕴涵或规约含义），实际上是一种泛化的会话含义，在没有语境触发因素或阻碍因素的情况下，所有"聚焦构式"（可替换为"论元焦点构式"）都会自然而然地出现这种含义。

5.5.2 对比性话题

到目前为止，我们只研究了**充当焦点的**重音代词，以及在语篇中具有活跃所指对象的重音词汇成分。但是，我们知道，重音突显成分的所指对象也可能是话题。我们在 4.4.4.2 节讨论了**对比性话题**，在上一节讨论了重音代词和名词所表达的**对比性焦点**。将对比性话题与对比性焦点区分开来是很有意义的。在对例 3.20b 进行讨论的时候，我就已经对此进行过暗示：

> （3.20b）I saw Mary and John yesterday. SHE says HELLO, but HE's still ANGRY at you.
>
> 我昨天见到**玛丽**和**约翰**了。她说你好，但他还在生你的气。

在这句话里，后面的两个小句各有一个重音突显代词，分别指称一个活跃的话题性所指对象，而这两个话题性所指对象是相互对比的。这种对比性话题的功能，与对比性焦点的功能是完全不同的，尽管有关对比性的某个前理论概念可能同时适用于两者。有一种观点认为，对比性焦点的功能是进行纠正或反驳。事实上，话题概念与这一观点并不相容。对一个陈述的反驳或纠正，意味着对它进行否定，或对它的某一部分进行否定。**然而，** 292 正如我们在第 4.3 节中所看到的，话题位于否定范围之外。[43]

在有些语言中，对比性话题与对比性焦点不仅在韵律上存在差异，而且在形态句法上存在不同。因此，在这类语言中，我们很容易将对比性话题和对比性焦点区分开来。我们再以 3.31 为例进行说明：

> （3.31）a. IO PAGO. —— MOI je PAYE.
>
> 我来付钱。
>
> b. Pago IO. —— C'est MOI qui paye.
>
> 我来付钱。

在 3.31a 中，重音代词是对比性话题表达。这两个重音代词位于动词之前，后面必然还有一个重音突显成分，而后者的重音表明它是句子的焦点。在 3.31b 中，重音代词是对比性焦点表达，被置于动词之后；除了这些代词得到重音突显，句中别无其他韵律峰点。

这两种对比元素之间的差异在日语中也有形式上的表现。久野（Kuno 1972）将这种表现称为"对比性 *wa*"和"详尽列举性 *ga*"，前者用来表明对比性话题，后者用来表明对比性焦点。下面以 5.53 为例进行说明：[44]

（5.53）Roommates Hanako and Mary discussing household chores:
室友花子和玛丽讨论家务

H: Mary-san,　anata-wa　osoji　shite kudasai, watashi-wa oryori
　Mary-VOC　you-TOP　cleaning　do　please　I-TOP　　cooking
　（Mary（呼语）you（话题）cleaning do　please　I（话题）　cooking
　shimasu kara.
　do　　CONJ
　do　　连词）

"Mary, YOU do the CLEANING, I'll DO the COOKING."
玛丽桑，你做清洁，我来做饭。

M: Ie,　watashi-ga oryori　shimasu　kara;　anata-wa hoka-no shite kudasai.
　no　I-NOM　cooking　do　　CONJ　you-TOP other thing do please
　（no I（主格）　cooking　do（连词）you（话题）other thing do please）

"No, I'll do the cooking; YOU do something ELSE."
不，我来做饭；你做其他事情吧。

花子的话是由两个话题–评述型小句组成的序列。代词 *anata*（你）和 *watashi*（我）是对比性话题，通过话题助词 *wa* 进行标记。然而，在玛丽的回答中，带有"主格"助词 *ga* 的代词 *watashi* 表达的是对比性焦点，"X 来做饭"这一开放命题在语用上并没有得到预设。在玛丽话语中，第二个小句也是一个话题–评述型句子，其中代词 *anata* 所扮演的角色是对比性话题。在法语口语中，对比性话题和对比性焦点在形态句法上的区别，与日语中的情况非常相似：

（5.53'）H: Mary, TOI tu fais les NETTOYAGES, MOI je fais la CUISINE.
　　　　Mary YOU-TOP you-SUB do the cleanings I-TOP　I-SUB do the
　　　　cooking.

Mary YOU（话题）you（主语）do the cleanings I（话题）I（主语）
do the cooking.）

293　　M: Non, c'est MOI qui fais la cuisine, TOI tu peux faire autre CHOSE.

No it is I who do the cooking YOU-TOP you-SUB can do other thing

No it is I who do the cooking YOU（话题）you（主语）can do other
thing

在例 5.53' 中，位于小句句首的重音突显成分是对比性话题表达，而位于
动词之后的重音突显成分，无论是代词还是名词，都是对比性焦点表达。

在 5.53 这一日语例句中，玛丽答话的第一部分也可以采用例 5.54 中
的形式：

（5.54）M: Ie, oryori-wa watashi-ga shimasu kara.

no cooking-TOP I-NOM do　CONJ

(no cooking（话题）I（主格）do（连词））

"No, the COOKING, I'll do."

不，做饭嘛，我来。

在例 5.54 中，位于句首的是话题性名词短语 oryori-wa（做饭嘛），其后是
对比性焦点名词短语 watashi-ga（我 -ga）；在这种结构中，话题–评述型
表达（谓语焦点型表达）和识别型表达（论元焦点型表达）出现在同一个
命题之中（见 5.2.5 节）。在 5.54 的英语注解中，名词短语 the cooking（做
饭）位于话题化位置。该注解听起来有点不自然，而法语口语的版本却与
日语的说法完全匹配：

（5.54'）M: Non, la CUISINE, c'est MOI qui la fais.

no the cooking-TOP it is I who do it

（no the cooking（话题）it is I who do it）

左分离名词短语 la cuisine（烹饪）表示话题，而分裂名词短语 moi（我）
表示论元焦点，与日语中由 ga 标记的名词短语相对应。和日语一样，法

语也在形态句法上对这两类对比性表达进行区分。

在法语中，也可以使用 5.54" 这样的替代版本：

（5.54"）M: Non, c'est MOI qui fais la CUISINE.
不，我做饭。

与例 5.53' 和 5.54' 一样，例 5.54" 中也有一个分裂构式，将分裂代词 *MOI*（我）标记为焦点论元。但与 5.53' 和 5.54' 不同的是，5.54" 中的关系小句带有重音。5.54" 的信息结构与 5.54' 的信息结构非常相似，只是在 5.54' 中，词汇名词短语出现在句首的话题位置，在关系从句中用代词进行回指，而在 5.54" 中，词汇名词短语只是关系小句中的一个论元。在 5.54" 的关系小句中，CUISINE（烹饪）上的重音是一个激活重音，表明关系小句所表达的情势在语篇中并没有完全得到激活（我们将在第 5.7 节对后半句的阐述方式稍作修改）。[45]

下例是另一种类型的双重音句子。这类句子的话题是名词化的短语；294 在此话题性名词短语**内部**会出现对比性解读。此例摘自《华盛顿邮报》的一篇文章，作者在文章中讲述了他在英国的一所高中学习法语的经历：

（5.55）Our French teacher, a crusty character named Bertram Bradstock made clear that SPEAKING French was an unnecessary LUXUPY: foreigners were expected to speak ENGLISH.
我们的法语老师贝特伦·布拉德斯托克是个脾气暴躁的怪人，他明确表示**说**法语是一种不必要的**奢侈**：外国人应该说**英语**。

（在原文中，只有 *speaking* 这个词得到突显。）在例 5.55 中，补语从句 *speaking French was an unnecessary luxury* 属于谓语焦点型表达，其定指动词短语是对 *speaking French* 这一话题的评述。*made clear that speaking French was an unnecessary luxury* 这一更大的动词短语是对法语老师的评论，而整个补语从句在其中充当的是焦点性论元。因与当前所讨论的问题无关，我们先将其搁置一旁。例 5.55 中的 *speaking French* 是主语，对于

speaking 的指称对象，人们会自然而然地将其理解为是与 *writing*（写）或 *reading*（读）的指称对象进行对比的。然而，和我们前面所讨论的对比性例子一样，这种解读不是由话语的韵律结构直接决定的，而是通过上下文推理得出的，这种推理可能掺杂有读者本人学习外语的体验。在 *speaking French* 这一成分中，按照默认要求，重音落在分词上面，因为宾语名词短语的所指对象"法语"是一个已经得到激活的话题。

对于例 5.55 中的话题–焦点型表达，我们可以在下面的解释中对其句法结构进行标示（不可否认，这种标示显得有点粗糙）：

(5.55′) (Our teacher made clear that) $_{TOP}$ [in studying FRENCH] $_{TOP}$ [SPEAKING it] $_{FOC}$ [was an unnecessary LUXUPY].

(Our teacher made clear that) $_{话题}$ [in studying FRENCH] $_{话题}$ [SPEAKING it] $_{焦点}$ [was an unnecessary LUXUPY].

例 5.55′ 有两个话题成分，一个是用来设定场景的状语，一个是论元；两者都包含"法语"这一所指对象。在第一个成分中，该所指对象从非活跃状态（或可及状态）提升到活跃状态；在第二个成分中，该所指对象已经处于活跃状态，因此以代词形式进行编码。请大家注意，对 5.55′ 的解释未必有对比性。例 5.55 同样如此：重音落在 *speaking* 之上，不是因为动词的指称对象需要进行突显（尽管在此语境中这种突显是一种令人满意的结果），而是因为它后面的论元成分由于语用原因在语篇中是"不能重音强调的"（见 5.3.3 节）。因为按照短语重音的一般原则，重音不会落在句末的位置，又因为论元突显的缺位是一个有标记的韵律特征（见 3.3.1 节），所以主语成分中的重音模式被认为是对比性的。[46]

在对英语中的对比性进行讨论的时候，常常忽视对比性话题和对比性焦点之间的区别。如切夫（Chafe 1976: 49）对英语话题化构式的分析就是一个很好的例子：

（5.56）The PLAY John saw YESTERDAY. (=Chafe's (13))
约翰昨天观看的**演出**。

切夫认为，在 5.56 这样的句子中，"所谓的话题只是一个用于对比的焦点，由于某种原因，它被置于句首这个异常的位置"。根据直觉，我们会认为名词短语 *the play* 是对比性的。然而，它却不是切夫意欲表达的对比性。他提出了三个定义标准，即背景知识（一个语用上得到预设的开放命题）、一组可能的候选项，以及有关正确选项的断言；他认为在这三个定义标准中，真正起作用的只有第二个标准（大家是否还记得，就是因为这一标准，他的定义不具备可操作性）。在例 5.56 所示的话题化构式中，没有任何想当然的背景知识。也就是说，除去话题化论元之后的开放命题并没有在语用上得到预设。焦点域是除去话题化成分之后的谓语短语，而话题化成分通过在句中的位置得到标记，从而表明其位于焦点之外。因此，我们不能说话题化名词短语为我们提供了"正确的候选项"，即预设开放命题中缺失的论元。

我们在上文所引用的切夫的描述，以及和第二个标准相关的提示性说明，仅适用于句法上相似但韵律上不同的"焦点移位"构式（Prince 1981b）。对此，我们将通过例 5.57（业已证实的话语）进行说明；其中的前置成分表示论元焦点域：

（5.57）FIFTY SIX HUNDRED DOLLARS we raised yesterday.
我们昨天筹集了五千六百美元。

在例 5.57 中，位于句首的宾语名词短语是句子的焦点，而在例 5.56 中，它是对比性话题。然而，在这两种情况下，我们都不必将位于句首的重音名词短语视为对比性成分。普林斯（Prince 1981b）和瓦尔德（Ward 1988）对此做过令人信服的论述。

5.6 有标记和无标记焦点结构

296

我们在 5.2.1 节介绍了"焦点范畴"的概念，并提出要想透彻理解焦点韵律，就要将重音的位置看作与谓语焦点、论元焦点、整句焦点等少数几个范畴相关的因素，而不是作为从最窄式焦点到最宽式焦点之间连续统上的不同点。在本节，我们将就这些焦点类型在英语中的韵律表现方式提出具体的描述方法。将该描述方法加以必要的修改之后，也可用于信息焦点带有韵律标记（prosodic focus marking）的其他语言。我将向大家证明的是，大多数重音位置都与"宽式"焦点解读和"窄式"焦点解读兼容；我认为最好用**有标记性**（MARKEDNESS）概念来分析这种兼容性。我将谓语焦点型结构作为**无标记**焦点结构进行分析，而将论元焦点型结构和整句焦点型结构作为**有标记**焦点结构进行分析。

由于谓语焦点型句子在焦点音显上是无标记的，因此整体而言它们会有多种解读。谓语域（predicate domain）会有多个备选解读，而这些备选解读就是这种无标记状态的自然结果。导致这类解读的是根据语境推理出来的会话含义，而非用于焦点识解的语法规则。当谓语重音突显型句子的备选焦点解读要在形式上进行明确的时候，焦点的韵律标记就必须通过语序变化，或通过分裂构式、与格转移、焦点前置等特殊语法构式，用形态句法标记进行补充或替代。

谓语作为无标记焦点域时的状态，与话题-评述型结构作为无标记语用音显时的状态是相互关联的（见 4.2.1 节）。除非有特殊情况，否则对动词短语进行重音突显的句子将被理解为话题-评述型结构。为了排除对句子的话题-评述性解读，就必须在韵律上对突显的缺位进行标记。在大多数情况下，这又要求主语携带重音。为简单起见，在本节我们将主要讨论断言命题的语用音显。然而，对大多数通过语用进行识解的语义域而言，无论是断言的还是预设的，我们在此描述的重音配位原则都是适用的。

5.6.1 谓语焦点和论元焦点

正如我们之前所见，我们一般可以通过提出特殊疑问来确定命题的焦点，因为特殊疑问句的 *WH-* 成分与答句中所假定的焦点成分相对应。在 4.1.1 节，我们曾讨论过确定句子话题的问答检验，即所问之事就是假定的话题所指对象。焦点的问答检验与话题的问答检验相似。在讨论焦点在语言类型学中的作用时，科姆里（Comrie 1981: 57）通过下列问答，对焦点结构上的主要差异进行了说明（这些例子在其专著中的序号是 13 到 16；重音标记是我们添加的）：

（5.58）a. Who saw Bill?　　—JOHN saw Bill/ him.
　　　　　谁看见比尔了？　　—**约翰**看见比尔 / 他了。

　　　　b. Who did Bill see?　—Bill/he saw JOHN.
　　　　　比尔看见谁了？　　—比尔 / 他看见**约翰**了。

　　　　c. What did Bill do?　—Bill/he went straight HOME.
　　　　　比尔做了什么？　　—比尔 / 他径直回家了。

　　　　d. What happened?　　—BILL went straight HOME.
　　　　　发生了什么？　　　—**比尔**径直回家。

根据科姆里的论述，在例 5.58 的四个答句中，a 句和 b 句的焦点（相当于我们的术语"焦点域"）是 *John*，c 句的焦点是 *went straight home*，d 句的焦点是 *Bill went straight home*。例 5.58 说明了一个众所周知的事实，即句子重音所标记的语义域可能大于重音突显成分的语义域：在 a 和 b 句中，目标焦点域与重音突显词同延；而在 c 句和 d 句中，重音突显词所表征的只是焦点域的一部分。按照科姆里的观点，c 句的焦点域是动词短语，而 d 句的焦点域是整个句子。科姆里没有提及为什么 d 句中的主语得到重音突显的问题，我们将在下文对此进行讨论。

　　在焦点解读方面，例 5.58 的 a 句与 b、c、d 三个句子之间存在重要差异。a 句只有一种解读，其重音落在主语上面，而"John"是识别型句子的论元焦点；该句的信息结构与例 5.11（*My CAR breakdown*）的信息结构相同。b、c、d 三个句子的重音落在动词短语的最后一个音节上，这三个句子在不同的语境中可能有不同的解读。例如，按照科姆里的分析，b

是论元焦点型句子，该句同样可以用来回答 c 语境下的提问，即它也可以接受谓语焦点型解读。c 中的问题和 b 中的回答之间存在明显的不相容性，这种不相容性与动词 *do* 的施事格角色有关，而与 *see* 的施事格角色无关。因此，这种不相容性纯粹是语义上的问题，而非信息结构上的问题。b 中的回答也可以用来回复 d 中的提问。*What happened* 这一疑问不一定需要整句焦点型回答，但原则上与任何类型的焦点句都是兼容的，例如，也可以用 c 中的答句进行回答。此外，如果用来回答 "Where did Bill go?" 这样的提问，c 例中的答句不需要具有谓语焦点，但可以有论元焦点。最后，在适当的语境下，即使 d 例答句中的主语携带有次重音，也与 c 例中的问句相兼容。例如，我们可以通过在后面添加 *But his SISTER stayed at the PARTY*（但他**妹妹**继续参加派对）这样的句子来创设此类语境。d 句既可以接受整句焦点型解读，也可以接受谓语焦点型解读；其主语既可以是对比性话题，也可以是焦点。

因此，在 5.58 的 b、c、d 中，科姆里所提到的不同焦点识解，并非仅仅取决于句子的韵律结构，而是至少部分取决于由背景提问所创生的预期。[47] 通过这一观察，我们可以得出一个重要的一般性结论，即除了 a 句之外，b、c、d 都具有歧义性或模糊性。因此我们可以得出一个初步结论，即如果句子的谓语短语得到重音突显，那么这类句子可以有两个及以上的焦点解读，而如果句子的谓语为非重音突显成分，那么这类句子只有一种焦点解读（对于主语得到重音突显的句子，我们暂时不考虑其整句焦点型识解问题）。动词短语得到重音突显的句子会有多种解读。之所以会有这种现象，是因为韵律突出存在固有的象似性，而短语重音的一般原则是非相似性的，或只有部分相似性，两者相互竞争就会导致多种解读；根据韵律突出的相似性，任何重音突显的成分都可以理解为焦点性成分，而根据短语重音的一般规则，由重音标示的域可以向前扩展到非重音突显成分。谓语域有此类可替换的解读，而论元没有。之所以如此，自然是因为谓素的指称对象处于活跃状态因而这些动词为非标记性成分（见

5.4.2 节）。

5.58' 是对 5.58 中不同答句的焦点结构的描述。d 项描述的是话题–评述型解读，而 d' 项所描述的是主语重音突显型句子的事件性解读（eventive reading）：

（5.58'）　a. ₉ₒc [JOHN] saw ₜₒₚ [Bill/him].

（ _{焦点}[JOHN] saw _{话题}[Bill/him] ）

b. ₜₒₚ [Bill/he] ₉ₒc [saw ₉ₒc[JOHN].

（ _{话题}[Bill/he] _{焦点}[saw _{焦点}[JOHN]. ）

c. ₜₒₚ[Bill/he] ₉ₒc [went ₉ₒc[straight HOME].

（ _{话题}[Bill/he] _{焦点}[went _{焦点}[straight HOME]. ）

d. ₜₒₚ[BILL] ₉ₒc [went ₉ₒc[straight HOME].

（ _{话题}[BILL] _{焦点}[went _{焦点}[straight HOME]. ）

d'. ₉ₒc [BILL went straight HOME].

（ _{焦点}[BILL went straight HOME]. ）

在 5.58' 的 b、c、d 中，动词短语成分上的焦点标签出现了两次，从而表明 b、c、d 在焦点上具有上述的模棱两可的情况。焦点既可以是谓语，也可以是谓语中的论元（稍后我们将提出，嵌套的焦点标签实际上是不必要的）。我们提供 d 和 d' 两种描述，并不是说对 5.58d 而言，话题–评述型解读和事件型解读之间的差异会在形式上得到标记。恰恰相反，我们想说的是，同一个韵律结构可以同时与两种类型的焦点识解兼容。在主语名词短语和动词短语均得到重音突显的句子中，主语上的重音既有可能表示主语所指对象是信息的焦点，又有可能表示主语所指对象是话题，但在语篇中是一个非活跃成分（参见 4.4、5.4 等节内容）。

下面我们再来看一些数据。对于焦点的模棱两可现象，杰肯多夫（Jackendoff 1972: 225）以一组有趣的问答为例进行说明（杰肯多夫的序号为 6.51—6.53）：

（5.59）a. Was *The Sound Pattern of English* reviewed by the New York TIMES?

《纽约**时报**》是否对《英语语音模式》进行了评介？

b. No, it was reviewed by the Reader's DIGEST.

不，是《读者**文摘**》对其进行评介的。

c. No, it was made into a MOVIE.

不，它被拍成了**电影**。

　　这两个回答都与问话兼容，但它们所依据的语用预设不同。在 b 中，由问话所创生的预设是"《英语语音模式》得到了 X 的评介"；在 c 中，由问话所创生的预设是"用《英语语音模式》做了某事"，或者只是"《英语语音模式》是评论的话题"。我们了解相关著作的性质，也知道《读者文摘》是什么样的杂志，因此 5.59b 中的回答仅在语义内容上就具有戏谑色彩。5.59c 中的答话同样具有戏谑色彩，不仅因为它的语义内容，还因为该答话所选的语用预设与问话最具可能性的预设即书籍是传播媒介相冲突。

　　例 5.60 是我女儿告诉我的小学一年级学生的脑筋急转弯，这个玩笑利用的也是焦点的歧义性。请大家注意，A 的第一句话是一个 *WH-* 疑问句，因此该句所表达的命题减去 *WH-* 成分就是提问时的共享知识，因此这句话中的重音强调属于重新激活或"二次聚焦"问题（见 5.1.2 节和 5.4.4 节）：

（5.60）A: Dad, why do birds fly SOUTH?

爸，为什么鸟儿飞往**南方**？

B: I give up.

我答不上来。

A: Because it's too far to WALK.

因为太远了，不能**走着去**。

300　　在例 5.60 中，由于答话中的信息结构与问题的信息结构不一致，听起来有点滑稽。因此，这个笑话是建立在非合作会话行为上的。A 提出问题后，将 B 脑海中"鸟儿向南飞"这一预设命题的所指对象激活。因为在谓语短语中存在重音突显成分，就可以进行"宽式"和"窄式"两种解读。在"宽式"解读中，所询问的是鸟类在秋季的行为，也就是飞向南方过冬或待在原地过冬的问题；在"窄式"解读中，所询问的是鸟类飞行的方向，也就是向南飞还是向北飞的问题。在宽式解读中，理解是以短语重音的一般原则为基础的；在窄式解读中，对重音的理解是以象似性原则为基础的，即焦点与最小的重音突显成分相重合。

在这两种解读中，方向论元 *south* 的指称对象与动词的指称对象一起得到激活。这个玩笑的关键在于，A 给出的答案需要一个语用情境，在这个语用情境中，鸟类迁徙的方向实际上已经得到激活，而所询问的内容却是移动的方式。如果将问句换成例 5.60' 中的形式，就会恰当地唤起所需的预设：

（5.60'）Why do birds FLY south?
　　　　为什么鸟儿飞往南方？

在 5.60 和 5.60' 中，问题所预设的都是和"鸟儿向南飞"这一命题有关的知识。然而，在 5.60' 中，问题所激活的不是整个命题，而是其中的一部分。这个句子需要一个语篇情境，在这个情境中，方向论元在提出问题之前就已经得到激活。

对于例 5.60 和 5.60' 中两个韵律模式的理解，我们将在下面进行进一步的观察。为便于观察，我们将只保留两句话中的陈述部分：

（5.61）a. Birds fly SOUTH.
　　　　　鸟儿飞往南方。
　　　　b. Birds FLY south.
　　　　　鸟儿飞往南方。

如上所述，例 5.61 a 有两种解读。它既可用来回答"鸟儿做什么？"，又可以用来回答"鸟儿飞向哪里？"。那么例 5.61b 呢？根据上述的归纳，我们认为这个句子也有两种解读，因为得到重音突显的动词短语所表示的焦点域是无标记的。事实证明确实存在着两种解读。我们最容易想到的一种解读属于"窄式"解读。在这种解读中，飞翔被用来与某种其他移动方式形成对比，即例 5.60 中答句所表明的那样。在这种解读中，该句可以用来纠正之前表达的错误观点，即鸟类是步行迁徙的。第二种解读属于"宽式"解读。在这种解读中，如果某人说鸟类完全停止迁徙了，该句就可用来对其进行反驳。在这种情况下，对该句的理解类似于 *Birds DO fly south*（鸟类确实飞往南方）。

301

如果换一个语篇场境，我们可能更容易领会第二种解读。我们可以想象在纽约的某个机场，一位旅行者走向一个机票柜台，提出购买飞往达拉斯的航班机票。航空公司的员工有可能这样回答：

（5.62） I'm sorry, Sir, we don't FLY south.
　　　　对不起，先生，我们不往南飞。

例 5.62 中的目的并不是将飞行与其他交通方式进行对比（"我们不往南飞行，我们只有大巴前往那些目的地"），而是要传递和航空公司有关的一般信息。这是一个话题-评述型句子，其谓语焦点域包含一个带有活跃所指对象的话题元素。因此，5.61b 的两种解读类似于例 5.19 *John doesn't READ books*（约翰不**读书**）的两种解读，或类似于例 5.55 *SPEAKING French was an unnecessary LUXURY*（**讲法语**是一种不必要的**奢侈**）的两种解读。在两个例子的谓语域中，重读动词后面都跟有话题论元。

在 5.61a 的情况下，这两种解读很容易解释，因为正如我们在 5.4.2 节所述，在句子重读方面，动词和名词有着根本不同的行为表现。非重音突显论元必须是话题，而非重音突显谓素的语用身份是开放性的，因此才有可能出现两种解读。更值得注意的是，即便得到重音突显的动词是谓语域中唯一的焦点元素，5.61a 也可能有两种解读。事实上，即便这句话简化为 *Birds FLY*（鸟儿飞），也会有两种解读。

重要的是，我们要看到，谓语重音突显型句子的这种焦点歧义性（或者说模糊性）不仅仅是因为动词短语的指称对象在语义上比主语的指称对象"更为复杂"，从而为焦点解读留出了更大的空间。同样，主语重音突显型句子的非歧义性解读，不仅仅因为焦点域是句中最左边的元素，从而不能包含任何在其前出现的内容。相反，焦点识解的差异是两类焦点结构所固有的。我们可以通过意大利语等允许主谓倒装的语言对此进行论证。像例 5.11 *Si è rotta la mia* MACCHINA（我的汽车出故障了）或 *Ha mangiato* GIOVANNI（约翰吃了）这样的句子，是没有谓语焦点解读的，即使名词短语不是句子最左边的成分（尽管按照一些语言学家的观点，倒装的名词短语是动词短语的一部分）。*Birds* FLY 有两种解读方式，而 BIRDS *fly* 只有一种解读方式（我们仍然忽略对该句整体判断型解读）。这种差异是主语域和谓语域之间在标记性上差异的自然反映。

　　我们在上面对谓语焦点型句子的内在歧义性进行了概述。这种概述与一个普遍信奉的观点相矛盾。例如，拉德（Ladd 1978: 75）在讨论"正常重读"（normal stress）概念时所作的陈述。在提及韩礼德（Halliday 1967）、乔姆斯基（Chomsky 1970）和杰肯多夫（Jackendoff 1972）的研究时，拉德这样写道：

> 这些研究有一个最重要的共同点，即句子中所能配位的大多数重音都是对窄式焦点的标示，只有一个重音是对宽式焦点或未明焦点的标示。尽管我们很难说焦点是一个界定明确的概念，但它在对话中的作用为那些不满足于直观定义的人提供了坚实的数据。我们可以通过韩礼德的例子对此进行说明。我们可以用例 8 即 *John painted the* SHED *yesterday*（约翰昨天给这间**棚子**刷了油漆）中的焦点，来回答 *What's new*（最近怎么样）、*What did John do*（约翰做了什么）、*What did John paint yesterday*（约翰昨天给什么刷了油漆）等一系列问题。与此形成对比的是，其他成分上的重音可以缩小焦点的范围，如例 9 即 JOHN *painted the shed yesterday*（**约翰**昨天给棚子刷了油漆），只能用来回答 *Who painted the shed yesterday*（谁昨天给棚子刷了油漆），而例 10 即 *John painted the shed* YESTERDAY 只能用来回答 *When did John paint the shed*（约翰什么时候给棚子刷了油漆）。

302

在拉德的例 9 中，重音位于主语之上，其对该例的解释似乎不存在争议。但其例 10 并没有证实引文开头所提到的"最重要的共同点"。在例 10 中，得到重音突显的成分 yesterday 是论元焦点域，因此该例的确具有所表明的功能（the indicated function）。但是，例 10 也存在谓语焦点型解读。例如，当有人抱怨约翰没有好好照料他后院中的棚子时，我们可以用例 10 进行回应："*What do you mean, John's not doing anything about the shed. He just painted it* YESTERDAY!"（你什么意思，约翰现在是没有对棚子做什么维护工作。但他昨天刚给它刷过油漆啊！）在这种情况下，动词 painted 之上可能会出现次重音，但这种重音并没有辨义作用（non-distinctive）。按照这种解读，句 10 与例 5.20 即 "*I'm going to Crete* TOMORROW"（我明天要去克里特岛）有相似之处。再如，当我在街上看到一个长相古怪的人时，我可以说 "*I saw that guy* YESTERDAY"（我昨天看见过那个人），而不必将昨天与今天进行对比，或与其他某一天进行对比。

303　　　　和前面我们讨论的例 5.19 或 5.62 等情况一样，人们倾向于将此类句子的焦点理解为"窄式"焦点或"对比性"焦点，不是由于焦点理解规则，而是由于一般会话含义（generalized conversational implicature）。人们之所以首先想到的是对比性解读，有两个方面的原因：一是因为如果谓语焦点域中出现非重音突显话题成分，就会导致实际的焦点标示对象要比句法结构允许的狭窄；二是因为对比性意味着语义域会相对狭窄。拉德的例 10 和例 5.20 相似，人们倾向于将其焦点识解为窄式焦点；像 yesterday 或 tomorrow 这样的指示副词在绝大多数情况下是非重音突显的，并且往往与命题之间存在话题关系，这一事实又使窄式焦点识解的倾向得到加强。因此，如果这样的指示副词在句中既得到重音突显又充当焦点的话，其所在的句子会被认为是特殊的。只要是特殊的事物，都有可能被认为是在与常规进行对比。这些观察结果并没有改变这样一个基本事实，即谓语重音突显句有两个焦点解读，其中一个必然是"宽式"焦点解读。

尽管存在言过其实的风险，我还是想说，事实与拉德所声称的情况相反。对于"句子中所能配位的大多数重音都是对窄式焦点的标示，只有一个重音是对宽式焦点或未明焦点的标示"，我们有更为充分的理由将其改为"句子中所能配位的大多数重音都是对宽式焦点或未明焦点的标示，只有一个重音是对窄式焦点的标示"。该窄式焦点位于主语之上。

当 yesterday 或 tomorrow 这样的副词出现在"出乎意料"的话语中时，为什么可以不用重音突显，而其他副词短语想要在句中不带重音，就需要在语篇中事先将它们的指称对象激活？这是一个有趣的问题，但我们无法在此做深入的探讨。在对该问题进行讨论时，韩礼德（Halliday 1967: 207ff）认为，John saw the PLAY yesterday（约翰昨天观看了**演出**）是不需要事先将副词的指称对象激活的，而 John saw the PLAY in June（约翰在六月观看了**演出**）是需要事先激活的，我们可以将 yesterday 这一指示词看作指示代词，以此来解释两者之间的差异。然而，对于这些与重音强调有关的事实，单凭指示词的身份进行解释是不够的。例如，ago 是一个时间性后置词，但像 John saw the PLAY three hours ago（约翰三小时前看过**演出**）这样的句子，似乎需要事先将时间所指对象激活。但我们当前无法讨论这个问题，只能留待以后研究了。

在上文所引拉德的论述中，还有一个经常听到的观点需要澄清。根据 304 拉德的说法，如果韩礼德的例句 John painted the SHED yesterday 是用来回答"What's new?"（最近怎么样？）的，那么它的焦点就是"整个句子"。科姆里的陈述也表达了同样的观点，即当 5.58d 句（Bill went straight home）用来回答"发生了什么？"这一问题时，它的焦点就属于整句焦点型。然而，正如我们早些时候所观察发现的，对语境疑问句的回答并不需要明确的焦点结构，因为它们只是表明优先解读的大致方向。如果以上两个句子中的主语 John 和 Bill 是非重音突显的，那么它们所充当的角色必然是话题，即使这两个句子是用来回答"发生了什么？"这一提问的。因此，这些句子不能有整句焦点型结构，也就是说它们的主语不能充当焦点。下面再举一例进行说明。我们可以用 *I lost my* WALLET（我的钱包丢了）这句话来回答"你好吗？"或"发生了什么事情？"这样的提问。在这两种情境中，我们所用的句子都是话题-评述型表达，其信息结构是谓语焦点型结构。对这种表达的解读往往是"事件型"的。然而，事件型解读仅仅是命题语义内容的一个功能，并不取决于句子的韵律结构。如果一个句子要想具备整句焦点信息结构，其主语则必须通过韵律突出手段进行标记。但是，正如我们之前反复看到的那样，对主语进行重读强调，并不是该句得到整句焦点识解的充分条件。在英语中，只有同时具备重音突显主语和非重音突显谓语的句子，我们才能说在某些语义条件下它属于"整句焦点型结构"这一形式范畴（详见下文 5.6.2 节）。

在上述观察的基础之上，我们提出动词短语重音句的一般解读原则：

（5.63）**谓语型焦点解读原则**。动词短语携带有重音的句子，其信息结构为谓语焦点型结构。谓语焦点型结构是无标记焦点结构，允许备选性焦点解读的存在。这些备选性解读是根据语境确定下来的。

在动词短语重音突显型句子中，语义谓词和语用谓词是（完全或部分）重合的，而在主语重音突显型句子中，这两个层面的解读是不同的（见上文 5.2.3 节）。谓语作为无标记焦点的身份，与主语作为无标记话题的身份密切相关，也就是说，主语通常是充当话题的成分，但其指称对象可以得到非话题性识解。

对动词短语重音突显型句子而言，会有一些备选解读；在这些备选解读中，不仅包括前面提到的论元焦点型解读，还包括谓语是焦点但主语不是话题的解读，如非指称主语或量化主语（见 4.3 节），或事件中心性整
305 体判断型句子中的空主语（参见 4.2.2 节）。最后，正如我们在例 5.41 中所看到的，动词短语重音突显型句子可能存在这样的识解，也就是整个动词短语的指称对象都位于预设之中。然而，在所有情况下，拥有这种备选焦点解读的句子都具有话题-评述型句子的语法形式。

在谓语焦点解读原则中，还隐含着一个重要的观点，即对动词短语重音突显型句子备选焦点识解，不是由备选焦点的**结构**决定的，也就是说，它不是由规约性形式-意义对子产生的。而是因为谓语域是无标记的，该属性自然导致这一结果。因此，我们不必通过信息结构**规则**来对这些解读进行说明。因此，在对动词短语重音突显型句子进行的论元-焦点型识解中，如果说相关句子的语用音层已经从谓语焦点"变为"论元焦点，则会产生误导。论元成分上的重音不会将论元**标记**为焦点。重音之所以落在某个位置上，是有其独立原因的；我们可以通过会话，推理出一个备选的象似性解读；而重音的位置只与该象似性解读（iconic-reading）兼容。因此，与其说是谓语域存在"焦点歧义性"，不如说谓语域存在"焦点模糊性"。[48]

根据该解释原则，无标记韵律结构是可以有多个备选语用识解的。为了更好地理解该原则的本质，我们可以将焦点识解的事实与无标记**句法构型**的解读进行比较（参见 1.3.2 和 1.4.2 两节中的讨论）。我们可以用一个简单的英语例子，即以典范的 SV "陈述性"语气模式和其相应的主谓倒装模式为例，来说明无标记句法结构和有标记句法结构之间的对比。像 *She is beautiful*（她漂亮）这样的典范 SV 句可以说是无标记的，因为适当变换一下语调，它就可以用来表示疑问或感叹，即疑问句 *"She is beautiful?"*（她漂亮吗？）和感叹句 *"She is beautiful!"*（她真漂亮！）。然而，*Is she beautiful* 这一倒装序列是对"陈述"特征的否定标记，因为无论如何修改语调，它都不能用作简单陈述句（对于"陈述"特征而言，我们与其说典范模式是无标记的，不如说相关特征是"非陈述性的"，而倒装模式是对该特征的明确标记）。

请大家注意，就上面所提到的与句法标记性有关的例子而言，如果因为典范的 SV 模式存在陈述性和非陈述性两种解读我们就认为它具有"歧义性"，似乎有违直觉。如果我们将 SV 结构在陈述性上的区别描述为语义上的模糊，或者语义上**明确性不足**，将会更为合理。如果一个言者将典范的 SV 结构用于疑问，那么他利用的不是另外的形式-意义对应。他只 306

是利用了模糊性。在此发挥作用的解读原则，与对众所周知的**词汇**对子的解释原则相似；这类词汇对子包括英语的 *dog*（狗）和 *bitch*（母狗）或德语的 *Katze*（猫）和 *Kater*（公猫）等。在这些词汇对子中，第一个成员在性别上都是无标记的动物，而第二个成员在性别上都有明确的标记。我们可以用 *dog* 这个词来指称雄性狗，也可以用它来指称雌性狗，两者在**意义**上并无差别。我们所使用的是同一个词汇结构，但它在某个方面的语义区分没有得到明示。

因此，我们认为，在这种句法标记对立或词汇标记对立中发挥作用的语义解读原则，在谓语重音突显型句子的备选焦点识解中也发挥作用。下面再以 5.61a 即 *Birds fly SOUTH*（乌儿**向南飞**）为例进行说明。不论我们说这句话的目的是纠正某人对鸟类飞行方向的错误认识，还是为了告知某人鸟类的迁徙行为，句子的信息**结构**都是一样的。这个例句在语义上是模糊的，而不是具有歧义性。因此，我们不必用某个规则来说明解读上的差异。所以，在对 5.61a 的两个解读进行描写的时候，是不需要 5.64 中的两个结构的：

（5.64） a. TOP [Birds] FOC [fly SOUTH].

（话题 [乌儿] 焦点 [向南飞]）

b. TOP [Birds] fly FOC [SOUTH].

（话题 [乌儿] 飞 焦点 [向南]）

5.64b 中的描述是不必要的，因为所要描述的解读已经包含在 5.64a 中了。同样，例 5.65 是对拉德例 9 两种备选焦点解读的描述，但 a 就足够了：

（5.65） a. TOP [John] FOC [painted TOP [the shed] YESTERDAY].

（话题 [约翰] 焦点 [油漆 话题 [棚子] 昨天]）

b. TOP [John] painted TOP [the shed] FOC [YESTERDAY].

（话题 [约翰] 油漆 话题 [棚子] 焦点 [昨天]）

鉴于谓语在句子韵律中的一般角色，b 所描述的解读是"免费赠送的"（参

5.6.2 整句焦点

在上一节，我们证实了有标记焦点结构和无标记焦点结构之间存在区 307
别，并观察到作为无标记的谓语重音突显型句子，都会有多个焦点解读。
谓语重音强调是谓语焦点型结构的必要条件。这就意味着，在对任何其他
焦点结构进行韵律标记时，谓语短语都不能进行重音突显。这等于说，在
非谓语焦点型句子中，我们必须对主语进行重音突显。既然话题-评述型
表达（谓语焦点）不仅与识别型表达（论元焦点）形成对比，而且与事件
报道型表达或呈介型表达（整句焦点）形成对比，那么从原则上讲，对于
像英语这样的语言，带有非重音突显谓语的句子都有歧义性解读，尽管通
常情况下，人们是可以借助语义手段和语用手段将歧义排除。

在本书中，对于句子的谓语短语为非重音突显成分的情况，我们已反
复讨论过其论元焦点识解的解读原则，尤其是第 5.4.3 节中有关预设和激
活之间关系的讨论，因此无需再做进一步的阐述。有待解释的是，为什么
表达主语论元焦点的韵律结构也可表达整句焦点？这与带有焦点性标示对
象的谓语短语必须在韵律上进行突显这一普遍规则相矛盾。以下各节专门
讨论这一问题。

5.6.2.1 理论上的难题

博林格（Bolinger 1954）早期曾发表了一篇引人注目的论文。在这
篇论文中，博林格将英语句子重音的可变位置，与西班牙语短语成分重
音的可变位置进行了比较。例 5.66 是其用来说明英语句子主要重音位置
的例子：

（5.66） Why didn't she come to work today? (Bolinger 1954)
为什么她今天没来上班？
a. Her husband is sick.

　　她丈夫病了。

  b. Her husband made a scene.

　　她丈夫大闹了一场。

  c. Her husband is to blame.

　　要怪她丈夫。

  d. Her husband fell off a ladder.

　　她丈夫从梯子上摔下来了。

  e. Her husband broke his neck.

　　她丈夫摔断了脖子。

  f. Her husband had an accident.

　　她丈夫出了事故。

  g. Her husband died.

　　她丈夫死了。

  h. Her husband is responsible.

　　她丈夫要为此负责。

308 i. Her husband is irresponsible.

　　她丈夫不应为此负责。

  j. Her husband is in jail.

　　她丈夫在监狱里。

博林格指出，根据问话所创生的最小语境，答话中的"韵律重音"很可能落在 a、c、g 和 h 的主语名词 husband 上面，在余下的六个答话中会落在句末单词上，即分别落在 scene（场景）、ladder（梯子）、neck（脖子）、accident（事故）、irresponsible（无责任的）和 jail（监狱）上。例 5.66' 和 5.66" 对这两种模式进行了对比：

（5.66'）a. Her HUSBAND is sick.

　　她丈夫病了。

  c. Her HUSBAND is to blame.

　　要怪她丈夫。

  g. Her HUSBAND died.

　　她丈夫死了。

h. Her HUSBAND is responsible.

她丈**夫**要为此负责。

（5.66"）b. Her husband made a SCENE.

她丈夫大**闹**了一场。

d. Her husband fell off a LADDER.

她丈夫从**梯子**上摔下来了。

e. Her husband broke his NECK.

她丈夫摔断了**脖子**。

f. Her husband had an ACCIDENT.

她丈夫出了**事故**。

i. Her husband is IRRISPONSIBLE.

她丈夫**不应**为此负责。

j. Her husband is in JAIL.

她丈夫在**监狱**里。

很明显，我们必须将例 5.66' 中的主语重音型句子细分为两组：c 和 h 属于论元焦点型句子，而 a 和 g 属于整句焦点型句子。在 c 和 h 中，谓语的指称对象在语用上是可溯的，因为问话已经隐含了某人或某事应该对该女士的缺席负责，或该女士的缺席应归咎于某人或某事。我们可以说，得到重音突显的主语识别了 "她因 X 原因而缺席" 这一命题中缺失的成分。另一方面，在 a 和 g 中，我们完全无法对谓语进行预测。这两个句子具有事件-报道功能。那么，我们可以将例 5.66 中的不同答话分为以下三组：

（5.67）谓语焦点型句子：

a. Her husband made a SCENE.

她丈夫大**闹**了一场。

b. Her husband fell off a LADDER.

她丈夫从**梯子**上摔下来了。

c. Her husband broke his NECK.

她丈夫摔断了**脖子**。

d. Her husband had an ACCIDENT.

她丈夫出了**事故**。

e. Her husband is IRRESPONSIBLE.

她丈夫**不应**为此负责。

f. Her husband is in JAIL.

她丈夫在**监狱**里。

（5.68）论元焦点型句子：

a. Her HUSBAND is to blame.

要怪她**丈夫**。

b. Her HUSBAND is responsible.

她**丈夫**要为此负责。

309 （5.69）整句焦点型句子：

a. Her HUSBAND is sick.

她**丈夫病**了。

b. Her HUSBAND died.

她**丈夫死**了。

对于例 5.67 中的谓语焦点型句子，我们应该注意的是，鉴于主语所指对象在语篇中不活跃（见 5.4.1、5.4.2、5.6.1 节），在已有的最小语境中，谓语和主语都有可能得到重音突显。与例 5.67a、b、c 等相似的还有例 5.67′中的版本：

（5.67′） a. Her HUSBAND made a SCENE.

她**丈夫**大**闹**了一场。

b. Her HUSBAND fell off a LADDER.

她**丈夫**从**梯子**上摔下来了。

c. Her HUSBAND broke his NECK.

她**丈夫**摔断了**脖子**。

请大家注意，例 5.67′中的双重音突显句，与例 5.67 中相应的单重音突显句之间存在语音上的差异，而例 5.67 和例 5.67′中的谓语重音句与例 5.69 中的单重音结构之间也存在语音上的差异；从感性上判断，前一种语音差异远不如后一种语音差异清晰。这种感性差异与激活标记和焦点标记在功能上的不同作用有关。在谓语重音突显型句子中，主语上是否出现第二重音，与在主语重音突显型句子中谓语上是否出现重音相比，对句子类型的界定所产生的影响是不同的。例如，将5.67a改为5.67'a并不需要改变焦点结构；它只是将主语所指对象标记为语篇中的非活跃成分，从而使句子在使用时能够一定程度上脱离语境。然而，如果在5.69a中添加一个重音，也就是将其改为 *Her ʜᴜsʙᴀɴᴅ is sɪᴄᴋ*，那么就需要改变焦点的类型。我们将这句话识解为带有非活跃或对比性话题所指对象的话题-评述型句子，而不是将其识解为带有非活跃或对比性谓语的整句焦点型句子。

下面我们再举一例。在5.70a中，两个版本之间的对比只是激活对比，但在5.70b中，两个版本之间的对比却是两个焦点类型之间的对比：

（5.70） a. Johnson ᴅɪᴇᴅ. / ᴊᴏʜɴsᴏɴ ᴅɪᴇᴅ.

 约翰逊**死**了。/ **约翰逊死**了。

 b. ᴊᴏʜɴsᴏɴ died./ᴊᴏʜɴsᴏɴ ᴅɪᴇᴅ.

 约翰逊死了。/ **约翰逊死**了。

a的两个版本都有谓语焦点，但b的版本并不都有整句焦点。这是因为，在谓语焦点型句子中，在类型界定上起决定性作用的是谓语上的重音，这就给主语论元上出现激活重音留下了可能性。另一方面，在有标记的整句 310 焦点型句子中，对类型界定起决定性作用的是主语重音突显的在场和谓语重音突显的缺位。通过例5.70中的对比，我们证实了在英语中谓语焦点和整句焦点之间存在和语法相关的范畴边界。

通过例5.70中的对比，我们还证实了我在第5.3.3节末尾所讨论的观察结果，即韵律焦点识解通常取决于和潜在的韵律句式变体进行的对比。因为 *Her ʜᴜsʙᴀɴᴅ is sick* 或 *ᴊᴏʜɴsᴏɴ died* 可能有事件-报道性解读，所以 *Her ʜᴜsʙᴀɴᴅ is sɪᴄᴋ* 或 *ᴊᴏʜɴsᴏɴ ᴅɪᴇᴅ* 这两个动词短语重音突显型句式变体必然被解读为具有焦点结构而非整句焦点。双重音句的事件识解因存在事件性单重音句而被取代。这解释了 *Her ʜᴜsʙᴀɴᴅ is sɪᴄᴋ* 和 *Her ʜᴜs-ʙᴀɴᴅ had a ʜᴇᴀʀᴛ attack* 之间的细微差异。第二句话更容易理解为事件性的，因为它没有事件性单重音句式变体（*Her* HUSBAND *had a heart attack* 只有论元焦点）。

上述博林格例子中的对比向我们提出两个截然不同的理论问题。第一个是和**解读**有关的问题：为什么例 5.66 中不同的命题内容会偏好 5.67 到 5.69 中的焦点解读或强制进行这样的解读？特别是为什么 5.69 中两个句子的谓语都允许对命题进行事件性识解，而 5.67 和 5.68 中的谓语不允许对命题进行事件性识解？这一问题的答案涉及多种因素，其中包括谓素（predicators）的词汇性质、与这些谓素相关的论元数量以及这些论元在形态、语义和语用上所受的限制（详见兰布雷希特即将出版的著作）。这个问题过于复杂，我们在此无法充分论述（见第四章有关整体判断型命题的初步讨论）。在主语重音突显型句子中，有一类谓语允许对其所在的句子进行事件性解读。毫无疑问，这类谓语与"非宾格"谓语之间存在着关系（Perlmutter 1978），但两者并不同延（coextensive）。我还想指出的是，"事件性谓语"的类别范围，要比大多数研究过此类整句焦点型结构的语言学家所认为的大得多（见下面的简要说明）。事实上，这似乎是一个开放的类。如果读者想查阅这方面的详细论证，可参考福克斯（Fuchs 1980）和法伯尔（Faber 1987）所作的分析。

311　　第二个理论问题，也是我在本节中关注的问题，是整句焦点型句子的**解读与形式之间的关系**。我们可以将其阐述如下：假设整体判断型命题（即呈介型命题和事件–报道型命题）是一个普遍的语义和语用范畴，那么表达这类命题的句子为什么会在语言中呈介其所拥有的韵律形式（即在韵律上对该范畴进行表达），也就是说，如何将它们的韵律形式与其意义联系起来？我们认为，对于整句焦点韵律标记的解读，和对于谓语焦点型结构和论元焦点型结构的解读，起支配作用的原则是完全不同的。为说明句子重音配位的动因，我们向大家提出过三个原则，即象似性原则、规则原则和默认原则（见 5.3 节）。在此我们将提出第四个原则，即**典范**序列和**倒装**序列之间系统性对比原则。

5.6.2.2 前人的研究路向

在讨论 5.66 中的例子时，博林格通过观察发现，在我们归并于例 5.68 的句子中（*Her HUSBAND is to blame, Her HUSBAND is responsible*），谓语"在逻辑上只是对'为什么'这一最初问题的重复"，即他含蓄地将这些句子归类为论元焦点型结构。在谈到例 5.69 中的整句焦点型结构时，博林格写道：

> ［5.66a 和 5.66g 中的谓语］确实提供了某种信息。然而，它们所提供的信息是老生常谈的问题——疾病和死亡是缺勤的主要原因，几乎都可以用作缺勤的借口。真正的信息在于生病之人或死亡之人的身份……其余的谓语都与一些不寻常的事件即大闹一场、从梯子上摔下来、进监狱有关。（Bolinger 1954: 152）

如果说某人的丈夫大闹一场或从梯子上摔下来是普通的老掉牙的事情还可以理解，我不清楚为什么某人的丈夫死了也被看作普通的、老掉牙的事情。我也不清楚为什么将 5.66a 和 g 中丈夫的身份视为"真正的信息"，而在其他主语重音突显型句子中却不被视为真正的信息。

博林格的解释存在缺陷，因为他将句子的韵律峰点相似性地解读为他所说的"信息点"（参见 5.1.1 节中的总结部分）。他认为，与 5.66b、5.66d、5.66e、5.66f 和 5.66j 中的 *husband* 相比，5.66a 和 5.66g 中的 *husband* 更具信息性，只是因为该名词在前者中没有相对的韵律突出，而在后两句中有相对的韵律突出。由于整句焦点和窄式焦点模式在形式上是完全相同的，因此他得出的结论是，必须以相同的方式来对它们进行解读。假如它们在形式上不是完全相同的，也就是说，假如两个完全相同的韵律模式具有两个不同的意义，就会损害重音指派的相似性原则。意识到这一观点很重要，因为在许多后续分析中，包括较为形式化的分析中，它都会以这种或那种的形式再现。

接下来值得一提的是韩礼德（Halliday 1967）所做的分析。韩礼德没有讨论整句焦点模式本身，但很明显，他所构想的规则无法解释这种模式。正如本章开头所引用的韩礼德的观点所示，韩礼德将"信息焦点"定义为"当言者希望听者将信息块中的一部分或者整个信息块理解为新信息所在的时候，他就会对这部分进行标记。"韩礼德经过仔细观察发现，焦点有时可能是"（整个）信息块"，也就是说，他原则上考虑到了句子焦点。然而，根据其重音配位规则（我们在 5.3.2 节中进行了引用），"语调核心落……在焦点项的最后一个重读音节上"，即不允许出现整句焦点模式，因为如果谓语也是焦点项，它会阻止主语得到重音突显的。

由于受韩礼德的影响（见 5.1.1 节），杰肯多夫（Jackendoff 1972）的分析也存在同样的问题。人们领悟到重音指派与言者和听者的心理状态直接相关，而杰肯多夫试图将乔姆斯基和哈勒（Chomsky & Halle 1968）的核心重音规则（the Nuclear Stress Rule）与这一见解相调和。我们在第 5.3.2 节中引用过他的重音规则。该规则在形式上要比韩礼德的更加清楚，因为韩礼德定义中的"焦点项"（item under focus）现在是通过短语结构进行描述的。与韩礼德一样，杰肯多夫所关注的并不是整句焦点型结构本身。然而，很明显，其重音指派规则（stress-assignment rule）无法对整句焦点模式做出解释，原因与韩礼德的声调配位规则（tonic placement rule）无法对此做出解释一样。杰肯多夫提到的"一般重音规则"（regular stress rules）将重音指派给动词短语的最后一个音节，而不是主语名词。之所以如此，是因为这些规则没有对动词与名词或者谓词与论元进行区分。这种区分后来是由施梅林和塞尔柯克提出的（见 5.4.2 节）。

在重音配位研究方面，拉德（Ladd 1978）通过提出"缺省重音"的理论架构，从而避开了基于核心重音的研究路向所面临的陷阱（见 5.3.3 节）。通过这一架构，拉德既保留了韩礼德研究路向的基本见解，又弥补了其不足。如果因为语用方面的原因，导致通常承载重音的音节被"去重音化"（参见例 5.19 及相关讨论），那么，缺省重音原则允许焦点成分中

313

"最容易得到重音突显的音节"位于更靠近该成分开头的位置。然而，拉德的方法并没有对整句焦点型句子中的重音模式进行说明。与 *John does not READ books*（约翰不**读书**）这类话题-评述型句子中的非重读宾语名词不同，整句焦点型句子中的非重读谓词不是"去重音化"。它们的指称对象在语篇中为非活跃的，否则可以通过语篇进行追溯。

接下来我要提到的是库里卡弗和罗什蒙（Culicover & Rochemont 1983）所做的分析。两位作者遵循乔姆斯基-哈勒（Chomsky-Halle）的传统，将重读指派（stress assignment）视为纯粹的形式问题。焦点重读指派会以表层结构上不发音语素或占位符的语音形式，出现于句法成分之中。这类似于转换生成语法早期版本中的不发音句法疑问语素。作者声称，"焦点成分的识别既不能用韵律模式来表述，也不能用和焦点解读相关的语境信念（contextual beliefs）来表述；重读的指派不能是语境信念的一个功能"（Culicover & Rochemont 1983: 123）。

库里卡弗和罗什蒙的主要目的是驳斥其他语言学家所引用的焦点韵律证据，来捍卫语法理论的分层及"模块"路向（a hierarchical and "modular" approach）。但它们的论点过于复杂，三言两语很难概括。对于当前的讨论目的，两位作者在脚注中所做的观察足以说明问题：

> 这种对一般化呈介性焦点（presentational focus）的描述，有一个令人遗憾的结果，即当句子被用来启动语篇时，它认为下面的 a 句是合法的，却认为出现于类似语境中的 b、c 两句是非法的：
>
> （a）The CONSTRUCTION crew is DYNAMITING.
>
>   施工队正在**爆破**。
>
> （b）A strange THOUGHT just occurred to me.
>
>   我刚想到一个奇怪的**想法**。
>
> （c）A MAN appeared.
>
>   一名**男子**出现了。
>
> ……在 b 和 c 中，谓语不能作为呈介性焦点，因为它们没有得到重读强调……然而，当句子被用来开启一个语篇时，表示"出现"的谓语符合成为 314

呈介性焦点的条件。用我们的话说，它应该进行重读……像 b 这样的例子可能会使我们认为，*occur* 或 *appear* 这类真正表示"出现"的动词，无需成为焦点就可引入语篇。换言之，在用来开启语篇的 b 中，谓语避免成为焦点的前提是，言者刚刚想到的事物必须是语境中可识解的。根据我们对"语境中可识解的"定义，该命题必须能从言者和听者的共同信念中推理出来。可以说，在言者和听者的共同信念中，有一套类似于格莱斯（Grice 1975）会话准则（conversational maxims）的语篇原则。那么，我们可以假定，在我们所关注的语境中，与 b 相关联的语境中可识解的命题遵循了格莱斯的合作原则（Cooperative Principle）。（Culicover & Rochemont 1983: 156）

以上脚注的内容，与前面我们所引用的博林格的话基本相同，只是这次所援用的是格莱斯的解释原则。在上述两个句子中，谓语上是没有重音的，对库里卡弗和罗什蒙的规则而言这是一种例外。库里卡弗和罗什蒙对此的解释是，这两个谓语的指称对象是"语境中可识解的"，即可以通过语篇语境在语用上进行追溯。

施梅林（Schmerling 1976）、福克斯（Fuchs 1980）、法伯尔（Faber 1987）等所确定的事实是，整句焦点模式绝不局限于库里卡弗和罗什蒙的"表示'出现'的自然动词"（沿用 Guéron 1978 的叫法）。另外，我们也看不出如何运用格莱斯的合作原则，来证明这类动词的指称对象是语境中可识解的。通过格莱斯准则来处理句子焦点识解的方法存在不足。在库里卡弗和罗什蒙对下例进行的讨论中，这种不足也表现得非常明显：

（5.71） My ꜱᴛᴇʀᴇᴏ exploded. (= Culicover & Rochemont's (64))
我的立体声音响爆炸了。

两位作者声称，5.71 仅适用于这样的语境，即言者和受话者"都相信"之前出现过巨响。这种假设显然是错误的。因为，在适当的论域中，相应的**否定命题**也可以有整句焦点识解，这一事实很容易证明以上说法是不成立的：

（5.71'）Guess what! My STEREO didn't explode!

你猜怎么着！我的**立体声音响**没有爆炸！

很明显，我们不能认为，在 5.71' 中，话语的恰当性取决于交际双方都相 315
信在言语情境中没有出现巨响。

下面展现给大家的是塞尔柯克（Selkirk 1984: ch.5）所做的分析。塞
尔柯克提出了一个"基本焦点规则"（Basic Focus Rule），根据该规则，
"任何指派有音高重音的成分都是焦点"（Selkirk 1984: 206）。塞尔柯克的
"成分是焦点"等同于我们所说的"一个成分的指称对象成为关注焦点"。
为了解释单个重音为什么可以表示不同长度的焦点域，塞尔柯克提出"短
语焦点规则"（Phrasal Focus Rule）：

（5.72）塞尔柯克的**短语焦点规则**（1984: 207）：
　　　如果（i）或（ii）为真，或两者均为真，则一个句子成分可能是焦点：
　　　（i）短语的**中心词**成分是焦点。
　　　（ii）在短语中充当中心词**论元**的成分是焦点。

短语焦点规则具有递归效应（recursive effect），允许焦点重音域从较小的
成分"扩散"到较大的成分。在 5.72 中，之所以提出条件（ii），是因为
在对韵律突出进行解释时，需要对论元和谓词之间的非对称性进行说明
（参见 5.4.2 节中所引用的塞尔柯克的话）。举个简单的例子，5.73 中的
句子可以有 a 和 b 两种焦点解读，这一事实可以通过短语焦点规则做出
解释：

（5.73）　　She watched "KOJAK."
　　　　　她观看了"**侦探科杰克**"。

　　a.　She watched FOC ["KOJAK"]
　　　　她观看了焦点["**侦探科杰克**"]

　　b.　She FOC [watched "KOJAK"]
　　　　她焦点[观看了"**侦探科杰克**"]

在 5.73a 中，根据基本焦点规则，只有宾语论元 *Kojak* 被解读为焦点；根据该规则，任何重音突显成分"都是焦点"（大概也是根据 5.72 中的条件（ⅰ），因为名词 *Kojak* 是 *Kojak* 这一名词短语的中心词）。在 5.73b 中，根据短语焦点规则的条件（ⅱ），论元和谓词都位于焦点域。作为谓词论元的重音名词短语，能够将谓词包含在其焦点域中。[49]

对于整句焦点模式，塞尔柯克的短语焦点规则做出的预测是错误的。请看 5.74 中的结构：

316　（5.74）

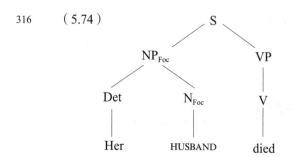

根据塞尔柯克的规则，我们可以预测，在 *Her* HUSBAND *died* 这一句中，只有主语名词短语可以是焦点，即它只允许进行论元焦点解读，而不允许进行整句焦点解读。主语名词短语的焦点不能扩展到动词上，因为重音突显的主语既不是动词短语的中心词，也不是该动词短语中动词的论元。注意到这个问题之后，塞尔柯克进行了以下解释：

> 有人声称，有些句子只在主语名词短语中有韵律突出，像 *The* SUN *is shining*（阳光灿烂）、*My* UMBRELLA's *been found*（我的伞找到了）、*My* MOTHER's *coming*（我妈妈要来了）这样的句子，在突然说出来的时候，是极其自然的……在突然说出这些话的时候，它们的适当性是否要求我们在此将动词短语视为焦点？并考虑这样一种可能性，即一个得到聚焦的论元位于带有中心词的成分之外（原文如此）却能使该成分成为焦点？我们认为事实不是这样的。这可能只是因为在恰当的语篇中，只有主语名词短语而非整个句子被聚焦时，才有可能突然说出这类句子。（Selkirk 1984: 217）

塞尔柯克的解释与上面所引用的库里卡弗和罗什蒙的观点一脉相承。当塞尔柯克说"在恰当的语篇中，只有主语名词短语而非整个句子得到聚焦时，才有可能突然说出这类句子"时，她事实上是在认为，一个非焦点成分可以同时既是"新信息"又是"旧信息"，结果使她自己的焦点定义站不住脚。[50]

我们最后向大家介绍的是古森霍芬（Gussenhoven 1983）的分析。古森霍芬将焦点描述为"一个二元变量，它强制性地将整个句子或句子的一部分标记为 [+ 焦点]……[+ 焦点] 所标记的是言者所声明的对会话的贡献，而 [– 焦点] 则构成了其认知起点"（pp. 380，383）。然后，古森霍芬 317 提出"对**焦点域**的指派起支配作用"的"句子重音指派规则"（Sentence Accent Assignment Rule; SAAR）。古森霍芬将焦点域定义为"其 [+ 焦点] 身份可以用重音来表明的一个或多个成分"（1983: 391 ）[51]：

（5.75）古森霍芬的"句子重音指派规则"(SAAR)

    （a）域指派： $P(X)A \rightarrow [P(X)A]$

                 $A(X)P \rightarrow [A(X)P]$

                 $Y \rightarrow [Y]$

    （b）重音指派： $[\;\;] \rightarrow [\;*\;]$。在 AP/PA 中，重音为 A。

（A= 论元，P= 谓词；X，Y = 其中任何一个；粗体字 = [+ 焦点]；[ ] = 焦点域；* = 句子重音）

例 5.75 的意思是，在一个谓词和一个论元所组成的焦点域中，被指派重音的都是论元。该规则是为了描述谓词和论元在可重音突显性（accentability）上的差异。在域指派规则中，方括号中的 X 包括 5.3.3 节所讨论的位于重音突显焦点域内的话题性论元。古森霍芬通过下面的例子来说明如何应用 SAAR：

（5.76） $AP \rightarrow [A * P]$ Our DOG's disappeared. (Gussenhoven's (30))
        我们的**狗**不见了。

鉴于 *our dog* 为论元，*has disappeared* 为谓词，而且对该命题的识解为整句焦点型识解，那么这两个成分就构成了一个单焦点域。在该焦点域中，重音落在论元上面。

我们在前面讨论过双重音句的情况，而这种情况对古森霍芬的分析而言是个难题。由于论元和谓词都可以承载重音，要想接受这两个重音，此类句子必须拥有两个焦点域。上文的例 5.58d、例 5.67' 和下面的例 5.77 都属于此类句子（摘自 Faber 1987）：

(5.77) a. TRESPASSERS will be PROSECUTED.

　　　　　非法进入者将受到起诉。

　　　 b. JOHN'S WORKING.

　　　　　约翰正在工作。

　　　 c. JOHN PROTESTED, etc.

　　　　　约翰提出抗议。

此类句子必须拥有两个焦点域才能接收两个重音。[52] 这在形式上是很容易实现的，即第一个焦点域只包含论元（运用 5.75a 中的 Y 选项），第二个焦点域只包含谓词，但问题是为什么在 5.77 中谓词是单独的焦点域，而在 5.76 中却不是。尽管古森霍芬的分析在形式上是正确的，但在理论上存在不足。因为它没有解释论元成分如何构成焦点域的问题。尽管古森霍芬没有用"新信息"概念来描述句子重音的功能，但他的分析与切夫、杰肯多夫、塞尔柯克等用新信息来界定焦点的学者的分析一样，存在同样的概念性问题（notional problems）。作者将双重音句子中的主语视为一个单独的焦点域，这意味着一个单一的所指对象，如例 5.77 中的主语 *trespassers*（非法进入者），本身就可以构成"言者所声明的对会话的贡献"。我们至少可以说这种表述令人感到困惑。正如我们在第 5.2.3 节所述，我们可以将一个所指对象称为焦点，因此只有当它在语用上作为谓词进行识解时，才能"对会话做出贡献"。一个命题不能有两个焦点。下面我们将通过例 5.85" 对此进行详细的讨论。施梅林对"新闻报道型句子"

318

和"话题-评述型句子"进行了区分。古森霍芬认为这种区分是一种循环论证。但事实上，他含蓄地识别了这种区分的必要性。声明焦点性谓语在某些句子中需要重音突显，而在其他句子中却不需要重音突显，就等于承认存在两类不同的焦点结构。

总而言之，我们在上面简要介绍的所有分析，无论是形式分析还是语用分析，或者将形式和语用结合起来的分析，似乎都不能对不同类型句子焦点的韵律结构给出令人满意的解释。之所以说这些分析存在不足，是因为这些分析中隐含着这样一种观点，即对所有句子而言，将韵律结构与焦点意义进行配对的语法机制都必须是相同的，也就是说所有焦点类型都可以用一条规则进行解释。在下一节中，我们将介绍另一种分析，在这种分析中，整句焦点型结构被视为一种不同的形式范畴。我们将这种形式范畴称为**韵律构式**（PROSODIC CONSTRUCTION）。相对构式语法中的"语法构式"而言，"韵律构式"是其在韵律上的对等结构（参见 1.4.3 节中的定义）。

5.6.2.3 韵律倒装

下面我们再来看一下例 4.10 中的整句焦点型句子和谓语焦点型句子组成的句对。为方便起见，我们在此将其重新排序：

（5.78） A. What's the matter?
怎么了？

a. My NECK hurts.
我的**脖子**疼。

b. Mi fa male il COLLO.
我的**脖子**疼。

c. J'ai le COU qui me fait MAL.
我的**脖子**疼。

d. KUBI ga ITAI.
脖子疼。

B. How's your neck doing?
你的脖子怎么样了？

a. My neck HURTS.
我的脖子**疼**。

b. Il collo mi fa MALE.
我的脖子**疼**。

c. Mon cou il me fait MAL.
我的脖子**疼**。

d. Kubi wa ITAI.
脖子是**疼**的。

319 在 4.2.2 节，我们通过对这些例子的讨论发现，这四种语言中的整句焦点型结构有一个共同特点，即名词短语作为非话题在形式上得到标记，也就是作为焦点域的一部分在形式上得到标记。

在例 5.78 的意大利语、法语和日语句对中，焦点标记采用了不同的形态句法手段。对于这些形态句法手段，现在几乎没有语言学家会认为，形成对比的每一对结构，是通过解释其意义相似性的某种转换**规则**或其他语法**规则**联系起来的。这些句对的成员都是独立生成的结构，每一个结构都有自己的语义属性。不同句子的信息结构属性也是如此。在意大利语中存在 SV 和 VS 序列上的对比，在日语中存在用 *wa-* 标记的名词短语和用 *ga-* 标记的名词短语形成的对比，而在法语中存在分离构式（detachment construction）和分裂构式（cleft construction）之间的对比。这些不同的信息结构有着不同的语用解读，而我们无法用规则来描述这些不同的语用解读。将这些对子中成员区分开来的是形式对比（FORMAL CONTRAST），而我们对这些对子中每一个成员的解读都是以这种形式对比为基础的。在每一个对子中，一个成员通常被视为无标记成员，另一个成员则被视为有标记成员；对每一个成员的解读都是根据另一个成员所没有的语法特征进行的。[53]

对 5.78b、c、d 中形态句法性句式变体进行语用解读时所采用的推理，也必须适用于 a 中的两个韵律性句式变体。我们没有任何规则或者原则，可以对英语中两个焦点重音位置的解读做出解释。我们是通过对比来理解这两个成员之间的差异的。如果我们观察英语和意大利语中谓语焦点和整句焦点之间的对比，就会发现这两种语言在形式编码方式上存在有趣的相似之处。在这两种语言中，如果一个元素出现在句对中一个成员的某一位置，那么它就不会出现在另一成员的同一位置。在意大利语中，该元素是一个句法成分；在英语中，它则是一个韵律特征。如果我们用字母 S 象征主语，用字母 P 象征谓语，用标有尖音符号的重音（acute accent）象征韵律突出，那么我们可以将这两种语言的对比系统概括如下：

（5.79）　　　　　谓语焦点　　整句焦点
　　意大利语：　　SṔ　　　　PŚ
　　英语：　　　　SṔ　　　　ŚP

这两种语言都使用了传统上称为"倒装"的排列方式，其中非倒装序列是 320
无标记语序。在这两种语言中，谓语焦点模式是无标记的，而整句焦点模
式是谓语焦点模式**在形式上的倒装**（FORMAL REVERSAL）。唯一的区
别是，意大利语的句法顺序是倒装的，但重音的位置保持不变；在英语
中，重音的顺序被倒装过来，但句法保持不变。因此，我认为我们应该将
英语的整句焦点构式称为**韵律倒装**（PROSODIC INVERSION）。在有标
记成员和无标记成员构成的相互对比的句对中，句法倒装和韵律倒装都是
极具特色的形式标志。

人们认为语言中的许多语序是"正常的"，将这些语序颠倒过来就是
"倒装"结构。在对我们所认为的成对表达进行解读时，要依据一定的解
释机制；而以上对这种解释机制的分析，就是以传统语法学家试图对"倒
装"概念进行描述的直觉为基础的。这种传统的倒装观与现在广为流行的
"非宾格假说"有着根本性区别（尽管不一定不兼容）；根据非宾格假说，
意大利等语言中的某些 VS 结构，在深层上实则为 VO 结构。传统观点强
调，倒装构式标志着对某个结构标准的偏离，而非宾格观则强调，明显的
结构偏离事实上可以归结为一种深层的形式规律（formal regularity）。即
便非宾格观是正确的，它也不能取代传统的分析，因为它没有对倒装的感
性本质（perceptual nature）和交际功能做出解释。

应该指出的是，尽管对整句焦点模式中重音位置的解读无法按照
规则进行预测，但它并不是**任意的**，而是在形式上**具有**高度的**理据性**
（MOTIVATED）。在英语及许多其他语言中，谓语焦点型结构的最小区
别性特征是谓语短语的某个元素携带重音。因此，为了对句子中谓语焦

点的**缺位**进行标记，就有必要通过移除谓语短语中的重音来改变这个最小区别性特征。因为最小的整句焦点构式只有一个主语和一个谓语，那么对谓语焦点缺位的标记就要求主语上有重音**在场**（PRESENCE）。英语属于重音比较灵活的语言。在这类语言中，可以通过改变重音的位置来实现主语位置和句子重音位置的映射（mapping）。意大利语属于句法比较灵活的语言。在这类语言中，可以通过改变主语的位置来实现主语位置和句子重音位置的映射。法语既没有句法上的灵活性，也没有韵律上的灵活性。在这样的语言中，可以通过重新组织句法结构或句子，来实现主语位置和句子重音位置的映射，这样可以同时保留句末的重音位置和句首的主语位置（见 Lambrecht 1988a）。在所有情况下，句子结构与其语用识解之间的关系不是由规则规定的，而是整个语法构式的一个属性。[54]

321

总而言之，在英语整句焦点模式中，主语得到重音突显，而谓语则没有，这并不是因为如博林格等语言学家所认为的，主语比谓语"更新"、更"重要"或更"适合充当焦点"，而是因为对谓语进行重音突显必然会导致对命题进行谓语焦点型识解。由于句子焦点在语用上是由主语和动词之间话题-评述关系的缺位进行界定的，所以在整句焦点型结构中对动词短语进行重音强调，会导致令人无法容忍的歧义。人们能够容忍整句焦点型结构和**论元焦点型**结构之间的歧义，是因为两个方面的原因。首先，这两种音显有一个至关重要的共同语用特征，而该特征使得这两种音显与谓语焦点型音显即主语与命题之间的非话题关系区别开来（参见 5.2.5 节表 2 中的特征描述）。其次，如果谓语在激活方面呈现无标记状态，那么根据构式，我们既可以对非重音突显动词进行焦点性解读，又可进行非焦点性解读（见 5.4.2 节）。

在英语中，整句焦点和论元焦点在形式上完全相同，但这并不意味着主语重读型句子在焦点识解上是**模糊的**（VAGUE），就像我们所说的谓语重读型句子在"窄式"焦点识解和"宽式"焦点识解之间存在模糊性一样。如果我们将这种形式上的完全相同看作一种**同音异义关系**（HOMOPHONY）会比较合理，也就是将其看作用同一种形式来对两个不同意义进行编码。整句焦点型句子和窄式焦点型句子之间存在部分同音异义关系或完全同音异义关系，这在各种语言中都是司空见惯的现象。例如，在日语中，这两类主语都由 *ga* 来标记。然而，与英语不同的是，在日语整句焦点型句子中，谓语可以进行重音突显，因为在这种语言中，形式上的可变项属于形态性，而不是韵律性。例 4.19d 即 *DENWA ga NATTE iru yo*（**电话铃响**啦）就是一个常见的例子，其中谓语 *natte*（**响**）是被重音突显的。同样，在意大利语的 VS 结构中，除了主句，谓语也可以在韵律上进行强调，因为在意大利语中，形式上的可变项不是韵律的，而是句法的。如我们可以将例 5.78b 与 *Mi fa MALE il COLLO*（**我的脖子疼**）这一可能的变体进行比较。在日语和意大利语中，动词上重音突显的缺位并不会带来功能上的变化，因此，韵律模式的上下波动，并不会导致像英语那样的令人无法容忍的歧义。 322

　　总而言之，在我们所提出的分析方法中，对于主语重读型句子和谓语重读型句子在韵律对比上的解读，起决定作用的基本认知原则，与意大利语、法语和日语中成对句式变体的语用识解原则是相同的。在英语中，对整句焦点模式的解读，既不取决于形式规则，也就是不取决于由句子的某个结构属性所界定的规则，也不取决于象似性，如根据句子中不同指称对象在交际中的重要性。对整句焦点型结构进行解读的认知机制属于完全不同的类型。对于主语上的重音，我们不能仅仅根据某个结构进行解读，而是要以一个未被使用的谓语重音型替代结构为背景进行解读。之所以如此，是因为英语的语法为我们提供了一个或多个韵律性句式变体（PROSODIC ALLOSENTENCES）。这种解读机制是一种"结构主义"路向而非"生成主义"路向；按照这种路向，在对某个结构进行解读时，要将其放在由形式对立体所构成的系统之中，而不是按照一套规则。

5.7　对句子重音强调的统一功能性描述

在本章，我们反复强调了焦点语法（the grammar of focus）的两个事实。第一个事实是，命题的焦点不仅可以用韵律手段标记，还可以用形态句法手段标记。第二个事实是，并非所有的句子重音都是焦点重音；重音突显还可以用来对所指象的激活状态进行标记。在句重读方面，因为没有一个统一的功能分析方法，从而给我们出了一个理论难题。现在是解决这个一般性理论难题的时候了。既然焦点和激活是两类不同的信息结构，为什么表达它们的语音形式常常是相同或相似的？换言之，因为这两类信息结构在语音上有着相同或相似的表现形式，那么这种语音相似性是否说明两者在功能上拥有共同的基础？我们认为答案是肯定的。在本节，我们
323 将对句子重音的一般功能进行统一说明。

5.7.1　再论激活韵律

我们曾在第三章分析过语篇所指对象激活状态与韵律之间的关系。为了能统一说明句子重音的一般功能，我们认为有必要重新阐述第三章中的部分分析。在本章的论述过程中，我们指出，对于韵律突出和所指对象的激活之间的简单关联，存在一个反复出现的例外情况，从而不断提示有必要对第三章的分析进行修订。该例外情况是，在句子中，有些成分（尤其是代词）的所指对象，在交际语境中明显处于语篇活跃状态，却能够携带句子重音（参见 5.5 节的内容）。我们曾在 3.3.1 节指出，有人将激活理解为一种认知过程。通过这一认知过程，先前不活跃的语篇所指对象在受话者的意识中被"点亮"（切夫语）。很明显，如果我们将激活理解为这样的认知过程，代词韵律突出的功能就不能是对代词所指对象的激活。从本质上讲，不管代词的韵律表现形式如何，其所指对象本身就是活跃的。因此，代词重音的功能不可能是将听者心目中的所指

对象激活。

对于所指对象具有活跃性的成分，尤其是代词，要理解其重音的功能，我们有必要再次强调需对以下两个方面进行理论上的区分：一个方面是在特定语篇情境中，语篇所指对象的心理表征的认知属性，另一个方面是这些心理表征与特定命题之间的语用关系（详见 4.4.1 节中的讨论）。对重音突显的代词而言，其所指对象的认知**状态**在语篇中是活跃的。当人们用言语将其表达出来的时候，这种活跃的认知状态就已经得到了确立，从而可以用代词进行码化。然而，它们在命题中的话题**角色**或焦点**角色**只能通过话语本身确立。因此，严格地说，重音不能作为对话者头脑中所指对象假定状态的一个功能。相反，它必须是所指对象在相关命题中的功能或语用**角色**。对于具有活跃所指对象的成分，无论是代词还是名词，其重音的功能都是为了在语用构建的命题中，将相关所指对象的角色确立为话题论元或焦点论元。

有些成分具有活跃所指对象，有些成分具有非活跃所指对象；既然我 324 们没有理由认为两者所携带的重音具有不同的功能，那么我们就可以将上述解释扩展到**所有携带激活重音的成分**上。为此，我们首先要对"激活"的定义进行修订。激活一个所指对象，并不是简单地在受话者的头脑中唤起它的表征，而是在它与一个命题之间**建立一种关系**。所指对象的假定心理状态只是一个**先决条件**，而不是对表达它的成分进行重音突显的**原因**。因此，所指对象的激活不仅是一个心理事实，也是一个地地道道的语言事实。

要重新解释关报激活重音的实质，就要重新阐述指示成分**不携带**重音的条件。对一个成分进行重音突显，就是在其所指对象和命题之间建立一种关系。因此，不对相关成分进行重音突显，就是认为这种关系已经建立起来了。切夫认为，如果一个成分的所指对象在语篇中是活跃的，那么它就不会得到重音突显。我认为，如果想让这类成分不被重音突显，就要满足以下两个条件：

（5.80） **非重音突显成分的语篇条件**：当且仅当言者假定（ⅰ）所指对象的心理表征在受话者的心目中是活跃的（或由受话者顺应成活跃的），且（ⅱ）受话者期望该所指对象在话语说出之时成为命题中的话题，才不会对指称成分进行重音突显。

我们之前曾将非重音突显描述成"对活跃特征的标记"（参见 3.3.1 和 3.4 节），但如果我们认可 5.80 中的公式，就要对之前的描述进行修订。严格地说，这类成分没有得到标记，不是因为其所指对象是"活跃的"，而是因为其所指对象是"既定话题"（ESTABLISHED TOPIC）。这一分析与我们将非重音突显代词定义为"优先话题表达"（见 4.4.3 节）是一致的。我们认为，在英语中，"话题"其实是一个形式语法范畴，而以上分析对该观点提供了进一步的支持。[55]

在修订指称成分非重音突显的条件之后，我们就可以运用**默认**（DEFAULT）概念从整体上描述句子重音了：除了 5.80 所适用的情况，无论一个成分位于焦点之中还是位于预设之中，都会携带重音。这种描述意味着，在所有句子重音强调中，重音所标记的是一个指称对象和一个命题之间的**前文不可溯语用关系**（NON-RECOVERABLE PRAGMATIC RELATION）。我所说的"前文不可溯关系"，是指当一个命题通过言语表达出来的时候，受话者无论如何都不能认为这种关系是理所当然的。现在，我们可以将所有句子重音的一般语篇功能描述如下：

（5.81） **句子重音的语篇功能**：句子重音表示言者向听者发出指示，要求听者在指称对象和命题之间建立一种语用关系。

按照 5.81 中的定义，句子重音强调代表的是一种关系。

焦点重音和话题重音是两类主要的重音。接下来，我们可以对它们进行区分了。如果我们将指称对象的激活理解为在该指称对象和一个命题之间建立关系，那么我们可以将这两类重音都看作"激活重音"。就焦点成分而言，所建立的关系是命题的焦点与非焦点部分（也可能为空）之间的关系。对于得到重音突显的成分，其所携带的重音表明该成分的所指对象已经与命题建立了焦点关系，也就是该成分的重音标志着这一重音是一个元素，该元素的在场就使命题成为断言（详见 5.1.1 节）。就话题成分而言，所建立的是话题所指对象和命题之间的关系。该重音所标记的，是重音突显成分的所指对象与命题建立话题关系，即标记着该所指对象是命题将要涉及的元素，或该所指对象的作用是为命题搭建时间、空间或工具框架（见 4.1.1 节）。在这两种情况下，句子重音都象征着言者希望听者在指称对象和命题之间建立关系。请注意，在一个句子中，话题重音必须与焦点重音同现，但焦点重音并不要求话题重音与其同现。

指称对象和命题之间语用关系的确立，包括对一个已经得到激活的指称对象向另一个指称对象进行**转换**的标记（我们可以将这种转换视为对比性的，也可以将其视为非对比性的）。对于具有活跃所指对象的话题成分而言，尤其是对代词成分而言，我们可以将韵律突出视为句子中预期回指关系**中断**（DISCONTINUITY）的象似性标志。话题转换的韵律标记与**切换参照**（SWITCH REFERENCE）现象有关。[56]

5.7.2 话题重音和焦点重音例析

在有些句子中，话题和焦点之间的区分，不是通过形态句法手段。这类句子的信息结构不太明晰（underspecification）。在找到话题重音和焦点重音的共同功能基础之后，我们就可以更好地理解这些信息结构明晰性不足的情况了。我们曾在前面提到过一种明晰性不足的情况，即在同一个句子中，谓语和主语都携带有重音（参见示例 5.67" 及相关讨论）。正如我们所看到的，这种句子原则上都有两种解读：一种为事件型解读，在这种解读中，主语是焦点的一部分；另一种为话题-评述型解读，在这种解读中，主语是具有非活跃所指对象的话题。正如我们通过例 5.41 所看到的，此类句子原则上还可能有第三种解读，在这种解读中，主语是焦点，谓语已经得到预设，但不活跃。我们在此将不讨论这种可能性。下面请看另一个已经得到证实的例子：

（5.82） That was a STUDENT of mine. Her HUSBAND had a HEART attack.
那是我的一个学生。她丈夫心脏病发作了。

在 5.82 中，话语的目的是解释言者要与相关学生交谈却在同事中谈论这件事的原因。在相关情境中，我们不应将例 5.82 第二句所表达的命题识解为传递与主语所指对象有关的信息，因为该所指对象在说话之时不是话题性成分。该句的话题是学生，用所有格限定词 *her* 来表示。但是，如果换一个语境，同样是这句话，却可以用来传递与学生丈夫有关的信息。如 *What about her family?*（她家人还好吧？）——*Her HUSBAND recently had a HEART attack but her KIDS are doing FINE*（她丈夫最近心脏病发作了，但她的孩子们都很好）。在这个例子中，两个重音中的第一个是话题性重音，其功能是将所指对象确立为话题，而命题将被解读为与其相关的信息。这两种解读有一个共同点，即主语上的重音表明主语成分的所指对象与命题的其余部分之间已经建立了语用关系。重音所表达的是这种关系，而不是话题和焦点之间的区分。根据句子结构是无法对话题和焦点进行明晰区分的。[57]

我们在 5.80 中提出恰当使用非重读指称表达的条件，并对话题重音和焦点重音在功能上进行了区分。在此基础之上，我们就可以直接对之前很难处理的一类句子进行解释了（见 Ladd 1978: 78ff）。我首先想到的是被拉德称为"往复型"（reciprocal）双重音模式。请看下面的例子（拉德的例 17）：

（5.83） A: Hey, come HERE.
喂，到这儿来。

B: No, YOU come HERE.
不，你到我这儿来。

在 B 的回答中，*you* 上的重音是一个话题重音，也就是说，它的作用是将所指对象确立为命题的话题。这种重音是必需的，因为 *you* 是话题表达，而在 A 的话语中，虽然没有出现 *you* 这一单词，但根据理解，其话题也是 "you"，然而 B 中的 *you* 和 A 中的 "you" 在所指对象上是不同的。因为它的所指对象与 A 中 "you" 的所指对象不同，所以我们不能将其视为已经得到确立的话题。另一方面，*here* 上的重音是焦点重音。这个重音是必需的，因为如果它缺位了，就会将开放命题 "X 到这儿来" 的标示对象标记为语用上已经得到预设的事物。因为在两个句子中，指示性 "转换词" *here* 的所指对象是不同的，所以该预设不成立。和我们在前面提到过的情况一样，在例 5.83 中，正是与具有不同信息结构的句式变体的隐性对比，才决定了重音的在场。

在 5.84 这一老生常谈的例子中，也有类似情况：

　（5.84）John hit BILL and then HE hit HIM.
　　　　约翰打了比尔，然后他又打了他。

在 5.84 中，对 *he* 的首选解读是它被用来指 *BILL* 而非 *John*，之所以有这种解读，直接原因就是重音的话题确立功能。由于 *he* 上的重音将该成分标记为一个尚未得到确立的话题，所以我们自然会把话题所指对象解读为与前面小句中的所指对象（即 *John*）不同。如果 *he* 没有得到重音突显，根据 5.80 中所描述的规律，我们就应将其解读为代指 *John*，因为 "John" 是命题的既定话题，而且同一话题的延续本身就是预期策略。另一方面，*him* 上的重音是一个焦点重音，与例 5.83 中 *here* 上的重音属于同一类型。如果这个重音缺位了，也就是说，如果这个句子是 *... and then* HE *hit him*（……然后**他**打了他）这种形式，那么我们就要将开放命题 "X 打了他" 理解为在语用上得到预设的。因为这样的预设是从前面的小句继承下来的，也因为在该小句中，被打的人是比尔，所以未被重音突显的 *him* 自然会被理解为代指比尔。为了避免这种不自然的解读，我们必须对这个代词进行重音突显。请大家注意，我并不是说对这两个重音突显代词的解读必然是上面我们所指出的那种。只有当这样的解读是首选解读时，我们的重音强调原则才对其进行说明。

下面是一个相关例子。该例摘自一篇有关法国旅行的《华盛顿邮报》328 文章：

（5.85）The American travel writer Paul Theroux once defined an Englishman as someone who apologizes if YOU tread on HIS foot. To extend the analogy, a Frenchman could be defined as someone who expects you to apologize if HE treads on YOUR foot.

美国旅行作家保罗·索鲁曾这样界定英国人，说英国人是你踩了**他**的**脚他**却向你道歉的人。我们可以由此类推，将法国人界定为如果**他**踩了你的**脚他**却要求你向他道歉的人。

与5.84不同的是，在本例中，因为第二人称代词和第三人称代词具有不同的形式，我们不需要通过语用推理来确定代词的所指对象，但在这两个例子中，句子的一般信息结构是相同的。在例5.85中，之所以不同代词得到重音突显，是因为根据公认的礼貌规则，在自然情况下，这些代词的所指对象并非填充相关命题论元角色的最佳选择。每个重音都表明，我们不能想当然地根据前面的语篇，来解读该代词的所指对象与命题之间的关系。

并不是只有在某一话题与前面句子或小句话题不同的时候，我们才能使用话题转换型重音。在论域中存在既定话题的所指对象，也存在其他所指对象，而重音所标记的非连贯性（discontinuity）表明，人们本应选择后者却出乎意料地选择了前者。我们先来思考一下例5.86中的对话：

（5.86）A: What is Mary's job going to BE?

玛丽接下来要**做**什么？

B: She's going to do the COOKING.

她要做**饭**了。

在答话中，主语代词 *she* 是没有音高突出的，这表明言者认为，因为前一句中提到了话题的所指对象，受话者期待所指对象来充当命题的话题，或者受话者将此视为理所当然。下面请思考例 5.86' 中的替代版本：

（5.86'）A: What is Mary's job going to BE?

玛丽接下来要做什么？

B: SHE's going to do the COOKING.

她要做饭了。

与前面的例子一样，在 5.86' 的回复中，主语代词的音高重音表明，在讲话之时，主语所指对象的话题角色还未得到确立。然而，由于所指对象在前面的句子中已经被提到了，它事实上是一个已经得到确立的话题，所以，该重音就意味着被选中的是"Mary"的所指对象，而非论域中某个潜在的备选对象。该含义是以信息量为基础的。这是因为，受到重音突显的代词所表达的信息量，要大于标示相关所指对象所需的信息量。用 329 霍恩（Horn 1984）的话说，这种含义是一种"言者说话时想表达的含义"（R-based implicature）。[58]

对于例 5.83 到例 5.86 中的双重音句子，我觉得有必要向大家介绍另一种分析方法。尽管该分析方法很有吸引力，我们的焦点理论却将其排除在外。我认为我们这样做是正确的。这种分析方法的提出者是塞尔柯克（Selkirk 1984: 200ff）和古森霍芬（Gussenhoven 1983: 380ff）等。该分析方法基于这样的假设，即一个句子可以表达多个焦点，因此可能有多个焦点重音。我们可以将这种分析法称为"多焦点分析法"（multiple-focus analysis）。根据我们提出的焦点定义，在同一个句子中是不能出现多个焦点的，因为一个命题只能表达一个断言，而一个断言只能有一个焦点。然而，由于"重音"和"焦点"之间并不是一对一的关系，在当前的分析框架中，我们是无法阻止多重音句子或小句出现的。我们可以对 5.85 中最后一个小句的多焦点分析描述如下：

（5.85'）句子：	HE treads on YOUR foot.（他踩了你的脚。）

预设： "x 踩了 y 的脚"
断言： "x = he ; y = you"
焦点： "he ; you"
焦点域： NP ; NP

我们可以用一个事实作为论据，来支持 5.85' 中的分析。该事实是，我们可以将 5.85' 中的句子视为对 *"Who treads on whose foot?"*（谁踩了谁的脚？）这一多项 *WH-* 疑问句的回答。因为疑问句中的 *WH-* 疑问词可用来确定答句中的论元焦点（见 5.4.4 节），有人会认为，在 5.85 中，与疑问句的两个 *WH-* 单词相对应的指称对象必然是焦点。

我们之所以拒绝接受多焦点分析法，主要是因为 5.85' 中的断言行存在问题。一个命题不能表达两个断言，因此也不能拥有两个焦点（参见我们在上文 5.6.2.2 节中对古森霍芬整句焦点分析的批评）。我们不赞同 5.85' 中的分析，并可以用两个语法事实来支持我们的观点。第一个语法观察是一个句子不能分裂两次（be clefted twice）。例如，像 5.87 这样的结构是不符合语法规范的：

（5.87）*It is YOUR foot that it is HE that treads on.
　　　　* 就是你的脚就是他踩的。

330

我们认为，对于 5.87 这样的句子，其不合语法性至少可以在语用上得到部分解释，因为这种不合语法性表现为对信息结构的破坏。单个命题，如此处的"He treads on your foot"（他踩了你的脚），不能包含两个语用断言，所以不能分裂两次。[59] 第二个语法事实与第一个语法事实相关，即在多项 *WH-* 疑问句中不能出现分裂构式。[60] 和英语相比，用法语的例子对该项限制进行说明似乎更为合理，因为在法语疑问句中分裂构式的使用比较自由。请思考以下例子：

（5.88）a. C'est qui a mangé le fromage? "Who ate the cheese?"
　　　　　谁吃了奶酪？

it is who who has eaten the cheese

吃了奶酪的是谁

b. Qui a mangé quoi? "Who ate what?"

谁吃了什么？

c. *C'est qui qui a mangé quoi? "It is who who ate what?"

*吃过什么的是谁？

5.88c 表明，如果关系从句中有疑问词，就不可能使用 c'est（这是）分裂构式。然而，如 5.88a 所示，如果关系从句中的宾语是词汇名词短语，那么这句话就非常自然。像 5.87 一样，5.88c 是不符合语法的，因为我们不可能将单个命题识解为表达两个断言、包含两个焦点。如果一个疑问句中有两个或两个以上的 WH- 疑问词，其中的一个必然与答句中的话题相对应，而不是与焦点相对应。通过 5.87 和 5.88 中的语法事实，我们可以识别的是，不能用多项 WH- 疑问句来论证多焦点句的存在。

因此，我们必须拒绝 5.85' 描述的分析。而在 5.85 中，相关句子被解读为谓语焦点型结构，其中主语是话题、谓语是评述。以下是例 5.85 中句子信息结构的正确描述：

（5.85"）句子： HE treads on YOUR foot.（他踩了你的脚。）

预设： "所指对象 he 和 foot 是评述 x 的话题"

断言： "x = treads on your (foot)"

焦点： "treads on your (foot)"

焦点域： VP

在断言行和焦点行中，foot 所标示的对象是放在圆括号中的。而圆括号表明，括号中的指称对象在焦点域中是一个话题成分，它的在场是谓语具备语义良构性和句法良构性的前提。和前面讨论过的例子一样，例 5.85 所传递的对比效应（constrastiveness effect）是由句子所描述的异常情况造成的，而非句子信息结构导致的结果。主语代词 he 得到重音突显，因为它还不是句子的既定话题。对名词短语 your foot 进行重音突显，因为它是

331

位于焦点域的指称表达。在这个焦点性名词短语中，限定词 *your* 上的重音突显是默认的，因为"脚"是一个话题性表达，拥有活跃的、得到预期的所指对象，可以满足 5.80 中的语篇条件。

　　区分出"话题重音"这一类型之后，我们就能更好地理解另一种在英语焦点研究文献中常被讨论的重音模式了。在谓语焦点型句子中，当动词短语包含两个韵律峰点时，会出现这一重音模式。下面的例子选自塞尔柯克（Selkirk 1984: 211ff），请大家思考一下其中的对比：

（5.89）a. She sent a BOOK to MARY. (Selkirk's (5.6))
　　　　　　她送给**玛丽**一本**书**。

　　　　b. She sent a/the book to MARY. (Selkirk's (5.7))
　　　　　　她送给**玛丽**一 / 这本书。

塞尔柯克将乔姆斯基、杰肯多夫等学者的分析称为"一般重读规则焦点分析法"（NSR-Focus analysis；Normal-Stress-Rule focus analysis）。但她反对这种分析方法，认为要对 5.89 中两个句子之间的语用差异做出合理解释，就要允许焦点域（如本例中的动词短语）中的论元成分本身既可以是关注的焦点又可以不是关注的焦点。她的论点与我们在上文所介绍的对默认重音强调进行的分析是一致的（参见例 5.19、5.20 及相关讨论）。然而，我认为，塞尔柯克对 5.89 中对比的解释存在瑕疵。大家是否还记得，我们在上文 5.6.2.2 节介绍过塞尔柯克的分析框架，在她的分析框架中既不包括话题概念也不包括激活概念；根据她的"基本焦点规则"（Basic Focus Rule），被指派音高重音的任何成分都是焦点成分，而她将焦点成分定义为"给语篇增添'新信息'"的成分（1984: 206）。塞尔柯克认为，表达信息焦点的成分才会得到重音突显。

　　塞尔柯克运用其提出的"短语焦点规则"（参见上文例 5.72 及相关讨论），来对 5.89 中的对比进行解释。根据塞尔柯克的"短语焦点规则"，较小的焦点成分可以嵌套在较大的焦点成分中。根据她对 5.89a 的分析，

a book 和 *Mary* 都是聚焦对象，而前者就是被嵌套在 *sent a book to Mary* 这一较大的焦点成分中的。的确，在 5.89a 中，得到重音突显的直接宾语名词短语，被解读为焦点域的一部分也是非常自然的。这句话似乎在回答"她做了什么？"时才是合适的，如果用来回答"她送给谁一本书？"[332] 则不合适。第二个问题似乎只适用于 5.89b 的语境。在 5.89a 中，两个得到重音突显的成分都是焦点。在目前的分析框架中，根据 5.80 中的原则，这些重音都是可预测的，因为两个成分的所指对象都与命题存在语用上不可追溯的关系（non-recoverable relation）。

但在对 5.89a 的语用识解中，两个得到重音突显的名词短语都位于焦点域。然而这种识解并不是唯一的。之所以这种识解得到高度青睐，是因为宾语名词短语具有不确定性，因此人们很容易将其解读为具有"新的"即无法识别的所指对象。由于无法识别的所指对象不能充当话题，我们不能将名词短语上的重音看作话题重音。但是，对重音突显的宾语名词短语进行话题性识解也并非不可能。我认为，5.89a 的韵律结构原则上与另一种解读兼容；在这种解读中，直接宾语是已经得到预设的事物。为说明这一点，我们可以将 5.89 和 5.90 中的对话进行比较：

（5.90）Q: What are you going to do with the DOG and the CAT while you're away?
  你不在的时候，你打算怎么安顿这条**狗**和这只**猫**？

  A: I'll leave the DOG with my PARENTS and the CAT can stay OUTSIDE.
  我会把**狗**交给我**父母**照料，而**猫**可以待在**外面**。

在 5.90 的答话中，*the dog* 和 *the cat* 是两个对比性话题表达，两者的所指对象都是活跃的。唯一的区别是，在一个小句中，话题是直接宾语，而在另一个小句中，话题却是主语。第一个小句涉及言者与狗之间的关系；第二个小句只与猫有关。在自发言语中，如果第一个小句中的直接宾语得到话题化，即 *The DOG I'll leave with my PARENTS*，会更为自然。但这在英语中并不是绝对要求。

在 5.90 中的答话中，即便两个话题表达的所指对象在前面的句子中已被提及，这两个话题表达都必须进行重音突显：因为在命题中存在两个对论元地位展开竞争的所指对象，其中一个被选出来与命题建立关系，所以在句子被说出之时，这一关系是不可追溯的。的确，在"狗"这一所指对象在第一个小句中被提到之前，"猫"这一所指对象在某种意义上已经成为第二个小句的可预测话题了。然而，从信息结构的角度来看，我们不能将其视为既定话题。通过以下观察，我们可以对此进行证明。如果我们将第二个小句中的名词短语 *the cat* 替换为回指代词 *it*，那么我们会自然而

333 然地将这个代词解读为对前一个小句中既定话题即 *the dog* 的指代。因此，根据 5.80 中的原则，在讲话之时，我们并不能将所指对象与命题之间的关系视为已经得到确立的关系。根据我们正在讨论的解读，*dog* 和 *cat* 这两个名词都不是焦点表达，而是话题表达。在这两个句子中，焦点重音都位于句尾，即 *parents* 和 *outside* 上的重音是焦点重音。

我们曾在 5.72 中引用了塞尔柯克的递归性焦点嵌套规则，但在我们所提出的分析方法中，这种规则就变得多余的，即使我们将例 5.89a 中的 *book* 和 *Mary* 都解读为关注的焦点，这种规则也是多余的。在后一种情况下，即使 *book* 为关注的焦点，由谓语构成的焦点**域**也只能由位于句尾的 *Mary* 上的重音进行标记。根据 5.80 中的描述，*book* 上的重音是必需的，因为该成分所表示的并不是具有活跃所指对象的既定话题。根据我们所采用的分析方法，一个小句只能有一个焦点域，所以我们不必对该域进行多次标记。

第六章

总结和结论

　　句子的形式结构，与通过句子传递命题信息的交际情境之间存在关系。在这本书中，我们一直试图对两者之间的关系进行完整的描述。我认为，信息结构是句子的一个组成部分，而支配句子形式结构与句子所在交际情境之间关系的，是信息结构中的语法原则和规则。命题是对事件状态的概念表征。在这种信息结构中，命题会根据语篇情境进行语用结构化。言者在对命题进行语用结构化时，要根据其在话语发出之时对听者心理状态的假设。当命题在语用上经过结构化之后，就会用适当的词汇语法结构进行匹配。

　　信息结构是语法的一部分，而不是人类一般交际能力的一部分。这一假设是以大量的语法特征和语法特征组合为基础的。这些语法特征包括形态句法特征、韵律特征和词汇特征。不同的语法特征和语法特征组合各自有着独特的目的，即用来体现信息结构上的差异。这些特征是语法性特征，因为对它们的解读取决于语言规约，而非取决于交际的一般原则。因此，总体而言，信息结构和会话语用学的研究对象不同，因为在会话语用学中，对句子的解读取决于非语言的语境因素。

　　信息结构有两个基本类型。第一类和语篇中实体的心理表征有关。这些心理表征取决于知识和意识这两个心理因素。言者在说话之时会对听者是否已经知道有关实体或命题进行假设，而知识因素与这种假设相关。拥有某个实体或状态的知识，就是在人的头脑中拥有其表征。如果一个实体 335

在听者的头脑中已存在心理表征，那么该实体就是可识别的；如果一个命题在听者的头脑中已存在心理表征，那么该命题被称为预设命题。（从广义上讲，"预设"一词也指言者对听者心理状态的假设在语法上的反映。）意识这一因素，是言者在说话之时，对听者是否了解某个实体或命题做出的假设。在讲话之时，如果实体或命题的表征处于听者意识的前沿，那么该实体或命题在语篇中是活跃的。

　　第二类信息结构范畴，涉及指称对象与命题之间关系的语用识解。指称对象与命题之间存在两种语用关系，即话题关系和焦点关系。话题关系是命题与语篇实体之间的关涉关系。如果一个命题所传递的是与某个实体相关的信息，也就是说能增加听者对该实体的进一步了解，那么该命题就是与该实体有关的。话题实体必须存在于命题世界（the universe of proposition）之中，即它必须是语篇中的一个所指对象。对一个实体而言，如果想要被识解为与命题存在话题关系，就必须是讲话之时正在讨论的对象，即对受话者而言它必须是可识别的，而且在语篇中它还必须具有一定程度的活跃性。当话题所指对象在语篇中的可及性不足时，可以使用特殊的话题提升构式（topic-promoting constructions），将其提升到活跃状态。从认知上讲，充分活跃的所指对象是首选话题。

　　在功能上，话题表达要么是命名语篇中的话题所指对象，要么是表达话题所指对象与谓语之间的语义关系。第一个功能以指称为导向，第二个功能以角色为导向。这两个功能在语法上往往有不同的码化，从而相互区分开来。话题表达的命名功能通常用词汇名词短语进行编码，话题的角色功能往往用非重音代词（包括屈折语素和空论元）进行编码。非重音代词是首选的话题表达。在语法上，它们的话题功能是有标记的。

　　在讲话之时，话题和命题之间的关系在语用上是可溯的，即对于充当336 话题的实体而言，它必须被想当然地视为相关命题的关联点。相反，焦点成分不能想当然地视为相关命题的关联点。焦点的指称对象和命题之间的关系，在讲话之时被认为不可溯且不可预测。因此，话题成分通常是非重音突显的或在语音上为空，而命题的焦点是一个语义成分，其功能是将命题变为断言，也就是使其成为一条潜在的信息。与话题不同的是，焦点的指称对象不必独立于其在相关命题中的角色而存在于论域之中，也就是说，它不必是指称性的。

焦点结构概念是本理论的一个重要方面。命题由句子表达，而命题的焦点需要通过识解进行识别。句子的焦点结构，就是句子结构与命题焦点识解之间的规约性关联。根据命题焦点的语义特征和表达句子焦点的句法特征，我们提出三种焦点结构，即谓语焦点型结构、论元焦点型结构和整句焦点型结构。在不同语言中，这三种焦点结构始终会以不同的形式表达，尽管论元焦点型结构和整句焦点型结构在发音上通常是相同的或近似的。

这三种焦点结构分别对应三种基本的交际功能：谓语焦点型结构承担话题-评述功能，即用来陈述相关话题的属性；论元焦点型结构承担识别功能，即用来识别相关命题的论元；整句焦点型结构承担呈介功能或事件-报道功能，即用来引入新的语篇所指对象或对某个事件进行宣告。不同的焦点结构可以在形式上进行组合，从而可以使同一个句子同时表达多个功能。除本书讨论的三种交际功能之外，焦点结构还可承担第四种交际功能，即对命题的真假极性（polarity）进行标记。

上面所列的语用范畴都通过相应的语法范畴进行表达。人们认为，对信息结构之间的差异编码的形式范畴，是有预设结构的。言者使用具有预设结构的表达，就相当于对听者发出指令，要求听者将有关命题识解为具有某种信息结构。预设结构可以在各种类型的表达中得到编码。这些表达类型涵盖从单语素表达到复杂的形态句法构式或韵律构式的不同层次。不同类型的信息结构通过不同的形式化手段进行表达，尽管在不同的表达类 337 型之间没有严格的分工。预设命题与断言命题之间的对比，和可识别所指对象与不可识别所指对象之间的对比，是通过语序、句法上的从属关系或定指限定词（definite determiners）等形态句法手段进行编码的。在语篇中活跃的指称对象和在语篇中的不活跃指称对象之间的对比，是通过代词码化和词汇码化之间的区别以及韵律手段来表达的。然而，韵律的功能不仅仅是标记激活状态。句子重音的首要功能，是用来表明与命题具有语用上不可溯关系的指称对象，无论是话题性指称对象还是焦点性指称对象。指称对象和命题之间的语用关系，也是通过话题标记、焦点标记、语序、复合语法构式等形态句法手段来表达的。

在许多情况下，信息结构范畴和形式范畴之间的关系，受标记性原则（the principle of markedness）的支配。根据该原则，在一对形式结构中，有标记的成员因具有某个语用特征而得到具体说明，无标记成员则会有多个解读。如果信息结构范畴和形式范畴之间的关系是有标记的，那么相关的语用特征会得到明确表达，而如果信息结构范畴和形式范畴之间的关系是无标记的，那么两者之间的关系会有多种理解。例如，虽然定指限定词（definite determiner）的出现标志着一个所指对象是可识别的，但它的缺位并不一定表明该所指对象是不可识别的；虽然音高突出的缺位标志着指称对象在语篇中是活跃的，但音高突出的出现使得指称对象在激活状态上是不明确的；虽然代词的使用必定表明该代词的所指对象是活跃的，但相应词汇短语的使用不一定表明所指对象是不活跃的。许多语言都存在有标记焦点结构和无标记焦点结构之间的对比，而谓语焦点型结构是无标记的。因此，它允许对相关句子形式的焦点进行多种识解。我们可以将谓语焦点型句子识解为对非主语论元上论元焦点的表达，也可将其用来表达这样一些命题，即论元为非指称性论元或论元在指称上非常模糊的命题。当需要消除无标记焦点结构中的内在模糊性时，言者通常可以采用有标记的替代方式，如分裂形式（clefting）、语序调整、焦点移位（focus movement）等。

各种无标记信息结构的存在，特别是无标记焦点结构的存在，导致生成语言学家普遍认为，在大多数情况下，句子结构和语篇功能之间没有关联。因此，人们常常认为，分析信息结构的目的就是对具有"特殊语篇功

338

能"的"特殊句型"进行描述。我们可以用一个众所周知、但现在基本上被抛弃的观点为例进行说明。该观点认为，音系重音规则（phonological stress rules）描述的是"正常语调"，而"我们对其知之甚少的特殊语法过程……所标记的是……这样一些词项，它们具有独特的能改变语调中心的表达特征或对比特征"（Chomsky 1970）。同样，在形式句法分析中，通常只有在对句法规则的明显例外进行解释时，才会提到语篇功能。[1]形式独立于功能的观念源于一种错误认识。语法的功能就是通过语用上结构化的形式来表达命题。因此，语篇功能是形式系统所固有的。没有信息结构的句子是不存在的，即使有些结构在功能上比其他结构更为专用。

一般而言，信息结构组件中解读和形式的匹配，涉及各种语言成分之间的多重对应。例如，是将一个特定的、语用上无标记的从属构式识解为预设命题，还是识解为断言命题，可能取决于其韵律表现形式。因为音高突出的缺位标志着一个所指对象处于活跃状态，也因为一个所指对象的活跃状态涉及对该所指对象的了解，所以当小句上的突出性出现缺位的时候，我们必然将突出性缺位解读为一个信号，表明该小句所表达的命题已经得到了预设。对一个语法构式的语用识解，也可能取决于该构式所在的更大的句法语境。例如，对于状语从句而言，我们可以根据其在句子中的位置，将其识解为预设命题表达或断言命题表达。如在 *When the POLICE arrived she was just leaving the HOUSE*（警察到达的时候，她正要离开房子）中，状语从语的命题是预设命题，而在 *She was just leaving the HOUSE when the POLICE arrived*（她正要离开房子，警察到了）中，状语从句命题为断言命题。

因此，在语法范畴和信息结构范畴之间通常不存在一一对应关系。对句子信息结构的识解，通常取决于不同语言成分特征的组合方式。这一观察结果并不意味着形式和语篇功能之间的关系不受语法原则的制约。要想保证这种结论的合理性，我们必须采用这样的语言观：该语言观认为，句法是语言的基础，信息结构位于语言的边缘，语言系统中的不同部分之间

339 几乎没有或完全没有联系，而不同的组成部分以严格的层级和模块化方式组织起来。透过信息结构的事实，我们可以明显地发现一种有关语法组织的观点。根据这种观点，形态、句法、韵律结构和词汇是承载意义的组件，它们相互关联，彼此交融，不同组件中的元素之间存在多重连接，从而产生独特的形式-功能映射。这种观点很容易被单层语言理论接纳。

　　我们在此提出的语法观认为，语篇功能是语法形式所固有的，但并没有宣称形式取决于功能并可以用功能进行解释。尽管我认为，我们有关句子形式良构性的许多判断都是基于语用直觉而非句法直觉，我们并不能通过信息结构来判断句子是否符合语法。一种观点认为，语法中的不同形式系统各自具有相对的自主性。我们的观点与这一观念是一致的。在我们的分析方法中有一个重要原则，即语法形式和语篇功能之间的关系不是因果关系，而是理据（motivation）关系。语法形式受功能的驱动，但语法形式并不取决于功能，至少两者不是同时产生的。

　　例如，有了主谓倒装构式，有了将新事物引入语篇的语用功能，我们就应该使用这种结构来表达这种功能，因为相应的非倒装结构通常具有另一个功能，即表达话题-评述关系，而这种关系与引入新事物的功能不兼容。因为在形式上存在明显的对比，VS 语序和呈介性功能之间的关联在认知上具有很高的理据性。语法形式受语篇功能的驱动，这种属性必须用自然语言进行充分描述。但是，即使呈介性语篇功能是句法形式的内在属性，却不能由呈介性语篇功能推导出句法形式。虽然语法必须为表达我们的交际需求提供形式手段，它却无法说明为什么选择这样的形式来实现这一目的。

　　特定构式是与特定的语篇功能相关联的。对这种关联进行解读的原则不是生成性的，因为我们不能依据特定形式各部分的功能来对其进行语用
340 解读。但这种关联也不是象似性的，因为一个构式的形式无法根据其功能进行预测。句子信息结构识解要遵循不同的原则，即表达相同命题意义的语法会生成可相互替代的结构，而这些可相互替代的结构存在形式上的

对比，对句子信息结构进行的识解取决于这种形式性对比。对句子语篇价值的衡量要参照可能的句式变体。

为什么语法可以提供这么多方式来表达同一个命题？这是一个非常重要的问题，但在生成语法中这一问题基本上一直被忽视。信息结构分析法是"从上面"对句子进行观察的，运用这种分析方法，我们就可以回答这一问题。有了信息结构分析法，我们就能够将语法理解为一个生态系统。

注　释

第一章　导论

1 对于信息结构研究的理论意义，摩根（Morgan 1982）、摩根和塞尔纳（Morgan & Sellner 1980）也做出了类似的毁誉参半的评价。有些学者尝试着从功能上对移位规则的实质做出解释，并取得了令人欣喜的成绩，如克雷德（Creider 1979）、俄特西克-希尔和拉宾（Erteshik-Shir & Lappin 1979）、范·瓦林（Van Valin 1986）等。

2 "信息结构"是与"句法结构""语义结构"等平行的结构。令人遗憾的是，在我们谈论句子或语篇的"信息结构"时，虽然听起来很自然，但如果将"信息结构"看作语法中和"句法学""语义学"等并驾齐驱的组成部分，就不那么自然了。但是，为避免出现过多的术语，我们将延续这种用法。

3 关于"语用学"的含义以及该术语在语言学和哲学中的历史问题，莱文森（Levinson 1983）在其第一章向我们提供了富有启发性的讨论。

4 在此及本书的其他地方，我们用"真值""真值条件的""真值条件"等术语，来表示句子意义中直觉上不需要语用判断的方面。但是，将这几个术语用于这些方面是为了图方便。我不相信我们总能将"语义意义"和"语用意义"区分开来，我甚至不相信这种区分会有用。

5 这并非否认会话含义本身可以得到规约化和语法化；自格莱斯开始的规约含义研究表明，会话含义可以得到规约化和语法化。具体参见霍恩（Horn 1984）。

6 达纳希（Daneš）的"语法"层面大致对应于美国结构主义语言学中语法关系的形态句法表达。这就解释了为什么在本书第 7 页的引文中，达纳希将语调、语序变化等称为语言组织的"超语法"（extra-grammatical）手段。

7 吉翁（T. Givón）和霍珀（P. Hopper）是对此做出明确陈述的语言学家。要想了解最近对"极端"功能主义观点的批判性评价，请参见科姆里（Comrie 1988）。

8 杜布瓦（DuBois 1985）对语法中"互竞理据"（competing motivations）概念的理论价值进行了重要讨论。德莱斯勒（Dressler 1980: 110）也表达了相似的观点："我们应该将语言视为一种域，该域由语言组成部分的普遍趋势构成，而这些普遍趋势之间存在相互竞争关系。"

9　有学者对现代语言学中的"主语"概念进行了批判分析，如要了解，请参见弗里德（Fried）即将出版的成果。

10　为了避免误解，我们应该从一开始就提醒大家，我们在此介绍的焦点概念与乔姆斯基（Chomsky 1970）或杰肯多夫（Jackendoff 1972）等提出的焦点概念不完全相同，也就是说在例 1.1 中，主语名词上的焦点标记并不意味着在语用上预设了用变元替换焦点成分后产生的开放命题所表达的信息。例 1.1 及其后例子中的焦点重音都不是"对比性"焦点重音，有时也不具备和对比性相关的音高强度。我们在第五章对焦点标记和焦点结构进行了充分讨论。

11　请大家注意，"主题"一词可用来表达语义角色，也可以用来标示语用关系；两者的用法是不同的。在本研究中，我们用"话题"来指称后者。

12　这并**不是**说在窄式焦点语境中，分裂句和非分裂句在语用上总是等值的。例如，对于"她喜欢谁"这一提问，只有典范版而非分裂版的回答才是恰当的。

13　例如在拉德（Ladd 1978: 85）的分析中，他将 My PARENTS called（我父母给我打电话了）的韵律称为"中性的"，而将 My parents CALLED（我父母给我**打电话了**）称为"去重音化"。我们将在第五章对此提出明确的反对意见。

14　在有些语言中，可以通过 VS 句法结构来表达例 1.1 中的信息结构。我们在对此进行说明时，采用了意大利语的例子。这种选择多少具有随机性。在相同的语篇环境中，许多语言也会出现意大利语中的"倒装"现象，如西班牙语（见 Bolinger 1954，Hatcher 1956）或俄语书面语（与潘拉·切尔托克 [Panla Chertok] 的私下交谈；约翰娜·尼科尔斯 [Johanna Nichols] 告诉我，在俄语口语中，像例 1.1 这样的语序会更为常见）。

15　该句也可以采用 Si è ROTTA, la mia macchina 这种右分离构式，其中非重读话题性名词短语位于谓语之后（参见下文 4.7 节）。

16　在本书的许多地方，我们使用"论元"这一术语来标示名词或代词成分，而这些名词或代词成分所指称的是与谓语存在某种语义关系的语篇参与者。我们并不是说意大利语代词 mi 被 rompersi 这一动词"次范畴化"了。

17　这种表述稍微有点简单化了。就像德语中经常出现的那样，在罗曼语中，位于动词后的主语有时是话题（参见 Wandruszka 1982）。然而，在句法和语调特性方面，它们与例 1.2 这一典型焦点类型存在差异。

18　在法语口语中，1.3' 可能会以 Ma voiture elle est en PANNE 这种左分离形式出现。

343

19　在现代法语中，VS 结构的使用是受到严格限制的（参见 Lambrecht 1986b: sect. 7.4.4）。

20　与德语的主语相比，英语的主语在语义上更具多样性；参见 Hawkins (1981)。

21　与西班牙语、德语及无数其他语言一样，在意大利语中，"论元"焦点确实可以置于小句句首的位置（参见 5.2.3 节）。像 *La* MACHINA *mi si è rotta*（我的**机器**坏了）这样的话语在"对比性"语境中是合适的，如在这句话说出来之前，言者曾说过他的自行车坏了，因此该语境中的两句话之间就出现了明显的矛盾。如果之前两个陈述在元语言方面存在关联，即使在法语中也可能会出现非短语末尾重音（non-phrase-final accent）。

22　像 *I had my car break down on me*（我的车抛锚了）这样的英语构式，在形式和语用上都与法语的 *avoir-* 构式（"拥有"构式）类似。尽管英语允许使用这类构式，但在特定的语篇语境中，与其完全对等的 *I have my car which broke down*（我有自己的车，它抛锚了）却是不可接受的。要了解 *have* 在英语双小句呈介性构式中的使用，请参见 Lambrecht 1988b，而布鲁格曼（Brugman 1988）对 *have* 的句法和语义进行了详细的分析。

23　我们认为，将话题-焦点关系描述为"语用"关系和将回指关系描述为"语义"关系，既没有理论依据也没有经验基础。一直以来，生成语言学对后者的研究要远多于对前者的研究。之所以会出现这种情况，是因为方法论上的偏见，而非因为两者在种类上存在本质差异。

24　语法模式可以通过语篇表现出来，在表现方式方面，霍珀（Hopper 1987）提出一些振奋人心的建议。我对例 1.3 中法语 *avoir-* 构式产生的语法化过程进行过解释（Lambrecht 1986b: sect. 7.2.1.2）。

25　戈德伯格（Goldberg 1992）在构式语法的理论框架内讨论了理据性问题。

26　有些得到前置的非主语成分充当的是话题，有些得到前置的非主语成分充当的是焦点。我们只是对两者进行了相当粗糙的基本区分。要想了解两者之间更细致的区别，请参见瓦尔德（Ward 1988）的研究，尤其是其第七章对"反讽前置"（ironic preposing）的讨论，其中涉及前置谓语短语。

27　瓦尔德（Ward 1988）就两个前置构式在句法上的相似性表达了不同的观点。瓦尔德认为，两者在句法结构上的相似性受语篇功能上的相似性驱动：句首位置是对"回视中心"（backward looking center）的编码。

28　科姆里（Comrie 1988）也明确提出了这一观点。

29　针对阿克马吉安（Akmajian）在疯狂杂志句类型方面的分析，兰布雷希特

（Lambrecht 1990）进行了详细的考辨。

30 对于"语法构式"概念的一般性讨论和构式语法理论框架的介绍，请参见菲尔莫尔
（Fillmore 1988; 1991）、菲尔莫尔等（Fillmore, Kay & O'Connor 1988）、戈德伯格
（Goldberg 1994）（尤其是第 1 章和第 2 章）等的介绍。还可以参见兹维基（Zwichy
1987; 1989）、马纳斯特-拉默（Manaster-Ramer 即将出版）、扎德罗兹尼和马纳斯
特-拉默（Zadrozny & Manaster-Ramer）的手稿。对于具体语法构式或构式种类的 344
句法、语义和语用分析，请参见菲尔莫尔（Fillmore 1985b, 1986）、菲尔莫尔等
（Fillmore, Kay & O'Connor 1988）和其即将出版的著作、凯（Kay 1990）、莱考夫
（Lakoff 1987: 462-585）、兰布雷希特（Lambrecht 1984b, 1986a, 1988b, 1990）、麦
考利（McCawley 1988）和米凯利斯（Michaelis）即将出版的著作。

31 在构式类型上，菲尔莫尔等（Fillmore, Kay & O'Connor1988）为我们提供了非常有
用的分类。

32 萨多克和兹维基（Sadock & Zwichy 1985）对不同言语行为的编码句型进行了分类
和跨语言分析。

第二章　信息

1 我并不是说我在此提出的理论是全面的。完整的信息结构分析还应包括对时态和
体的描述、霍珀对叙述中前景化和背景化之间的区别（Hopper 1979；Hopper (ed)
1982），或者久野暲（Susumo Kuno）在许多著作中对"移情"概念的讨论等。遗憾
的是，在本书的研究中，我们几乎没有涉及这些概念。最后，因为学界对语调已有
充分的研究，而且我认为语调研究与焦点韵律研究属于两个不同的领域，所以我将
不讨论语调问题（见 5.3.1 节）。

2 在菲尔莫尔（Fillmore 1976）对"外部语境化"和"内部语境化"的区分、杜克罗
（Ducrot）和其他法国学者对"能述行为"（énonciation）与"所述内容"（énoncé）
的区分、德国学者在叙事语篇方面对"叙述世界"（Erzählwelt）和"被述世界"
（erzählte Welt）所作的传统区分上，都可以找到论域二分观的影子。

3 此例是苏・施梅林（Sue Schmerling）向我指出的。

4 请参见布朗和莱文森（Brown & Levinson 1987）及其参考文献。有关指示语在礼貌
表达中的作用，请参见小池（Koike1989）。

5 莱考夫对指示型 *there-* 构式进行了非常详细的讨论，并在句法和语用上讨论了其与
"存在型" *there-* 构式的区别（Lakoff 1987）。

6 此列是苏・施梅林（Sue Schmerling）向我提供的，在此表示衷心感谢。

7 在表示"列举"的非指示型 *there*- 构式中，*There's* YOU 和 *There's* ME 也是符合语法规则的，比如当我问你 *Who's going to the party?*（参加聚会的都有谁？），你回答 *Well, there's* ME, *there's* YOU, *there's* JOHN（哦，你、我、约翰）等；参见兰多和纳波利的研究（Rando & Napoli 1978）。

8 当前的讨论之前有一个版本，马修·德莱尔（Matthew Dryer）对该版本进行过评论，让我受益匪浅。

9 我们也可以根据例 2.9 和 2.10 的相对新闻价值，来对两者进行区分，或者根据两者在特定语篇中应该产生的出其不意效果来对其进行区分。这种新闻价值或出乎意料性特征与我们在此所分析的类别无关。参见兰布雷希特对法语 *avoir*- 分裂构式所作的分析（Lambrecht 1988a）。

345　10 这并不是说我们完全不能用例 2.11 中的话来告知听者有人搬到楼下了。但是，在传递这一信息的时候，这种说法听起来很怪异，也不直接。参见下文 2.4 节对"语用顺应"的讨论。

11 正如保罗·凯（Paul Kay）向我指出的那样，对于限制性关系从句预设地位的一般观点，可能会有一些反例。例如，在 *The man who marries Lucy had better be very rich and very understanding*（与露西结婚的男子最好非常富有并且非常善解人意）中，修饰 *man* 的关系从句似乎表明，这样的男子可能不存在，露西可能永远找不到丈夫。因此，我们似乎不能以上述方式将其所表达的命题视为理所当然。然而，用谎言测试来对这句话进行检测，却可以得到正确的结果，即关系从句中的命题仍然不会受到质疑。正如我们在前面所强调的，被预设为"已知的"并不是"一名男子娶了露西"这一命题的真值，而是该命题的心理表征。

12 对于本书所定义的"语用预设"概念，有许多学者提出了类似或相关概念，并冠以各种不同的名称，如"共同背景信念"（Stalnaker 1978）、"前情"（antecedent）（Clark & Haviland 1977: 4）、"预设"（présupposé）（Ducrot 1972）等。

13 这种意识预设（consciousness presupposition）不同于由代词**选择**所引发的、和所指对象的性别、社会地位等相关的预设（参见格林 [Green 1989: 83] 和下面第 2.4 节引自斯塔尔纳克 [Stalnaker] 的例子）。

14 严格来说，预设（ii）不是由关系从句单独唤起的，而是由关系从句和主句结构组合所形成的语法构式唤起的。在不同的句法环境中，关系从句可以表达断言命题，如法语例子 1.3 所示。

15 参见普林斯的论述（Prince 1981a）。菲尔莫尔（Fillmore 1985a）的脚注 25 也暗示了这一点。

16 我们将在 5.6 节提出，*I went to the movies*（我去看电影了）在谓语预设状态方面是无标记的，因此，"言者去了某个地方"这一预设实际上并没有在形式上被答话唤起，而只是与其兼容。

17 我们可以将 *I read the strangest thing in the paper today*（我今天在报纸上读到了最让人感到奇怪的事儿）用作例 2.10 的导入语，从而为其提供必要的背景信息（与苏·施梅林的私下交流），也就是说，将这句话嵌入一种文本体裁中，该文本体裁按照惯例可以容忍缺少预设的句子。

18 坎普森（Kempson 1975）在其专著的第 3 章和第 4 章、莱文森（Levinson 1983）在其专著的第 4 章，对研究预设的各种方法进行了综述；格林（Green 1989）在其第 4.2 节，对借助预设进行描述的语言现象进行了总结，同时还对赞同从语用视角来解释其中一些现象的观点进行了总结；菲尔莫尔（Fillmore 1985a）在其框架语义学理论的基础上，提出将语用预设和语义预设统一起来进行研究的观点。另见凯的著作（Kay 1992），特别是其第 1.1 节的内容。 346

19 施梅林（Schmerling 1976: 76ff）在讨论重音指派和预设之间的关系时，已经强调过这一点。然而，施梅林没有注意到 2.15a 和 2.15 c 之间的差异，前者的命题是语用上得到预设的，或者可能得到预设，而后者的命题不仅在语用上得到预设，**而且**在语篇中已被提到过。

20 菲尔莫尔（Fillmore 1985a）借助语义**框架**（semantic FRAMES），对预设的这一事实及类似事实进行了解释。菲尔莫尔观察发现，在对 *Her husband has no teeth*（她丈夫没有牙齿）这样的句子进行解读时，所需的框架是由一般的人类经验提供的，而在对 *Her husband has no walnut shells*（她丈夫没有核桃壳）进行解读时，所需的框架必须根据上下文识解出来。

21 我们在此称为"顺应"的现象，格莱斯称为"利用"（exploitation），并进行了讨论（Levinson 1983: 26）。杜克罗（Ducrot 1966）也间接提到过该现象。在对 *even* 一词的分析中，凯（Kay 1990）使用过语用顺应概念。对于目击证人证词中语用顺应的心理效应，洛夫特斯和赞尼（Loftus & Zanni 1975）有过有趣的描述。accommodation 一词在拉丁语中为 *accommodatio*。古典修辞学家如西塞罗（Cicero）和昆体良（Quintilian）用 accommodation 一词来表示讲演者使其演讲适应预期听众的责任。

22 在这种情况下，该问题类似于历史老师为测试学生是否掌握目标知识而提问的 *"When did Hitler invade Poland?"*（希特勒是哪一年入侵波兰的？）。

23 有一种特殊构式被拉丁语法学家称为 *cum-* 后置构式（即"时间状语后置构式"）。

该构式存在于许多语言中。"*He was just sitting down to eat when he remembered that he had forgotten to wash his hands.*"（他刚要坐下来吃饭，突然想到忘记洗手了）就是这种构式。在这个英语句子中，"当他想到 P"不是预设命题，而是断言命题。

24 到第五章，我们就可以通过焦点概念，来对该特征下一个更为简洁的定义：since-从句不能用来表达语用命题的焦点。杜克罗等（Ducrot *et al.* 1980: 47ff）从预设的角度，对法语 *car*（因为）和 *puisque*（既然）之间的差异进行了分析。

26 在这种语境中，副词 *really* 本身是可以通过规约化顺应进行理解的。人们通常不会坚持认为某事物是"真实的"，除非该事物的真实性受到挑战。我最近注意到的另一个规约化语用顺应的例子，是 "*Thank you for not smoking.*"（谢谢你不吸烟）等公示牌上的 *thank you*（谢谢你）。我个人倾向于将这些公示语解读为一种侮辱，而其他人则认为它们的使用没有问题。这一事实似乎表明，对有些言者来说，这方面的规约化过程还没有完成。

第三章　语篇所指对象的心理表征

1 与前面第二章一样（参见例 2.12 及相关讨论），为了方便，我们用"命题"这一术语来标示命题所表示的情境、状态或事件。

2 我们在此不讨论时态语素的回指功能（参见 Partee 1984），尽管这种处理显得有点随意。我会将 *yesterday*（昨天）、*in 1936*（在 1936 年）或 *before she went home*（在她回家之前）这样的时间表达归在"指称表达"范畴（它们可以用 *then* 进行回指），但在此我不会讨论 *she laughed*（她笑了）中 -*ed* 之类的黏着词素。可以说，该黏着词素所回指的是发出笑声的时间；这种回指在很大程度上与代词 *she* 对其所指对象进行回指的方式相同。

3 在海姆（Heim 1982）提出的有定名词短语和不定名词短语的语义学理论中，大量使用了文件夹隐喻。

4 巴依（Bally 1965: 287ff）对法语冠词的功能进行了分析，而兰布雷希特（Lambrecht 1984b）对德语中有定性标记的一些特征进行了讨论。

5 福科尼耶（Fauconnier 1985）运用心理空间理论，对例 3.5 中陈述语气和虚拟语气之间的对比进行了讨论。

6 要想进一步了解此类关系从句，请参见兰布雷希特（Lambrecht 1988b）。有关动词位于关系从句中第二位置的句法（verb-second syntax）在德语口语中的使用，请参见舒尔茨-科伯恩（Schuetze-Coburn 1984）及其参考文献。

7 莱昂斯（Lyons 1977: 193ff）对类指难题进行了深入讨论。

8　*l'un(e)* 中的 *un(e)* 是不定冠词，而非表示数字的"一"，这一点可通过以下事实进行说明：要对所讨论的三个窗户中的两个进行指称，我们不能说 **les deux d'elles*，而只能说 *deux d'elles* 或 *deux d'entre elles*（与 Danielle Forget 的私下交流）。

9　感谢卡尔·齐默（Karl Zimmer）向我提供土耳其语的相关实例。

10　我们将在 3.4 节讨论普林斯（Prince）所说的 *brand-new*（全新）一词。普林斯没有使用可识别性这一概念，而是将得到锚定的语篇实体放在从"已有的"到"新的"这一渐变连续体上。

11　对于例 3.12 这样的方位句，认为动词前有定标记和动词后不定标记之间存在关联的观点，是没有事实根据的。赫茨伦（Hetzron 1975: 351）就阿拉伯语、俄语、阿姆哈拉语（Amharic）、土耳其语、日语、芬兰语和匈牙利语提出同样没有根据的主张。在有关汉语有定性和语序之间关系的大量讨论中，也存在相当大的混乱（参见拉波拉 [LaPolla 1990: ch.3] 所作的总结）。

12　我们将在下文详细讨论"框架"概念。请注意，通过观察不同语言，我们发现了一个有趣的事实，即在 *I broke my leg*（我摔断了腿）中，对断腿进行识别的并不只是 *my* 这一所有格代词。

13　兰布雷希特（Lambrecht 1984b）提出将语篇或文本视为认知框架的观点。该观点认为，有一类名词性表达，是可以通过窄语义框架进行解释的；事实证明，对这类名词性表达的形式性约束，也适用于这样的语境，即不同表达所在的不断发展的文本是这些表达的唯一共同框架。

14　该例是查尔斯·菲尔莫尔（Charles Fillmore）提供给本人的。

15　有时候，因为所使用的冠词不同，对同一个词项的解读，要参照不同的语义框架，如 *He is a father*（他是一位父亲）和 *He is the father*（他是父亲）之间的差异所示（与查尔斯·菲尔莫尔私下交流）。前者表明的是泛指性父亲身份，即他是一个或多个孩子的父亲，后者则表示与某个特定孩童之间存在父子关系，即他是该孩童的父亲。

16　我们可以用一个更为自然的例子来对 3.18d 中的构式进行说明，即摘自伏尔泰（Voltaire）一封信中的句子：*Il m'est tombé entre les mains l'annonce imprimée d'un marchand*（一位商人的印刷广告落到我手中了）（直译就是"落到了我手中一位商人的印刷广告"）。

17　参见 1.1 节中所引用的切夫（Chafe 1976）的论述。

18　切夫在此所谓的"活跃的"和"不活跃的"，与他所提出的"旧有的"和"新出的"相对应，而"可提取的（半活跃的）"概念在 Chafe 1976 中没有出现。这

348

一概念与我本人采用的术语"被唤起的"（Lambrecht 1981）和"前文可溯的"（Lambrecht 1987）密切相关；前者是我沿用普林斯（Prince 1979）的说法。为了避免误解，还应注意的是，与许多其他研究者一样，切夫不仅将"信息"一词应用于单个概念，还用于命题的单元。

19 丹·埃弗雷特（Dan Everett）在 1986 年 3 月加州大学伯克利分校发表的演讲中指出，在皮拉罕语（Pirahã）这一亚马逊语言中，活跃的所指对象在另外的句子中出现时从来不会用代词进行替代，从而导致要不断重复词汇名词短语。

20 俄特西克-希尔和拉宾（Erteshik-Shir & Lappin1983）也提出了类似观点。

21 将我和切夫的观点区分开来的正是这种韵律突出成分无标记状态的泛化。切夫认为，重音强调上的任何变化，都标记着激活状态上的不同。

22 普林斯认为，活跃的和可及的所指对象属于一类，称其称为"被唤起的"，而将非活跃的所指对象称为"新出的"。

23 这个例子要归功于伦尼·莫斯（Lenny Moss），是他让我意识到共享背景知识与本例所示的语篇活跃代词解读之间具有明确的相关性。

24 兰迪·拉波拉（Randy LaPolla）提醒我，例 3.23 所唤起的是一种与丈夫有关的刻板印象，即回到家的丈夫认为妻子在欺骗他。因此，丈夫的话是想告诉妻子他知道了。

25 为例证如何运用语用顺应来解读非重音突显代词，查尔斯·菲尔莫尔（Charles Fillmore）向我提供了一个业已证实的突出例子。有一次他到伦敦参加语言学会议。在会议结束时，一位语言学同仁邀请他到一家以鲽鱼闻名的鱼鲜餐厅吃饭。但因已有安排，他不得不拒绝邀请。在五年后的另一次会议上，他又碰到了这位语言学家。于是他向这位语言学家问道："怎么样？"该语言学家回答道："好极了。"该例也能很好地说明之前提到的事实，即在对一个所指对象进行识别的时候，"上下文或场景是至关重要的"（Chafe 1976: 40）。

26 对于相似类型的阐释，普林斯（Prince 1981a）提供了较为详细的文本分析。

27 我记得很清楚，当我听到这句话时，我不得不对 *his lover* 的预设结构进行顺应，也就是说，我并不知道有这么一个人。

28 有关此类句法过程的分析，请参见哈纳默和萨格（Hanamer & Sag 1984），以及下文的 5.4.2 节。

29 将例 3.27 中 *His LOVER just died of AIDS* 的韵律，和 *His LOVER just died* 的韵律区别开来，具有非常重要的意义。前者的焦点重音位于句末名词上，且 *lover* 上的读音也有一定程度的增强，而后者的焦点重音落在主语名词上，和例 1.1 中 *My CAR*

broke down 的情况一样（关于这种句型的进一步讨论，请参见 4.2.2 节、5.2.4 节
和 5.6.2 节）。

30 如想了解 *remember* 或 *run into* 等充当呈介性谓语的动词的用法，请参见奥克斯-基
南和席费林（Ochs-Keenan & Schieffelin 1976a）的研究。

第四章　语用关系：话题

1 切夫对主语的隐喻性定义，让人联想到韩礼德用"悬挂信息的挂钩"对"主题"进
行的描述（Halliday 1970: 161）。

2 我们很清楚，在 4.2a 的语境中，如果充当主语的是代词（即 They went to SCHOOL），
句 4.1 就会显得更为恰当；在 4.2b 的语境中，如果使用 *did* 这一"动词短语替代词"
（pro-VP）（即 The CHILDREN did），4.1 就会显得更为恰当。然而，我们有可能找到
这样情境，即在该情境中，句子 4.1 可以保持原样，并与包含替代形式（pro-forms）
的版本具有相同的功能。因此，这些语篇恰当性上的差异并不影响我的观点。

3 我们在此触及的是一个棘手的问题，即主谓关系能否最终简化为语用关系，或者
"主语"和"谓语"是否为相互独立的语义或逻辑概念。学界一般支持后一种立场，
也有学者持反对观点，如弗里德（Fried）即将出版的著作。最终将部分取决于我们
所说的"将一个属性归于"某个实体是什么意思。在第 5 章的 5.2.3 节，我们对"语
义主语"和"语用主语"、"语义谓词"和"语用谓词"进行了区分。

4 请大家注意，"识别性的"（identificational）和"可识别的"（identifiable）是两个不同
的概念，与前者相关的是对开放命题中的论元进行识别的句子，而与后者有关的是所
指对象在受话者心目中的假定状态（见 3.2 节）。请读者一定要注意这两个概念之间
的不同。

5 请参见保罗（Paul 1909: ch. 6）、浮士勒（Vossler 1923: 105ff）、甲柏连孜（Gabelentz
1901: 365ff）、马蒂（Marty 1918: 311ff），以及克劳斯（Kraus 1956: 289ff）对主谓倒
置进行的引人入胜的讨论。另外，在下文 5.2.3 节中，我们提出用"语用主语"和
"语用谓词"这两个术语来体现当前我们所讨论的差异。

6 "事件-报道型"指的是信息结构的类型，而 event（事件）是当前时体理论中所使用
的术语，两者之间可能会出现混淆。在此类理论中，该术语用来表示情境类型中的
一个子类，即"完成体情境"（perfective situations）。请读者记住两者之间的区别。

7 在例 4.2d 中，与语境有关的是"置于背景的"语篇部分和"置于前景的"语篇部分
之间在语用上的区别；参见第二章的注 1 和兰布雷希特（Lambrecht 1987a）。

8 安德鲁斯（Andrews 1985: 77ff）将 4.2a、4.2b 和 4.2c 所代表的类别分别称为"话

350

题－评述型音显"（topic-comment articulation）、"焦点－预设型音显"（focus-presupposition articulation）和"呈介型音显"（presentational articulation）。

9 这种分析将 *himself* 视为由单个词构成的表达。如果按照 *myself* 中的 *my* 和 *yourself* 中的 *your* 进行类推，并假定会出现 *hisself* 这种非标准形式，我们可以将 *him* 看作所有格代词 *his* 的一种特殊形式；假若如此，焦点表达将是名词 *self*，而非重音突显的词素 *him* 将是回指性话题表达（参见第 1.3 节中对 *my CAR* 的分析）。后一种解读可能是正确的，这一点可以通过以下对比进行说明（这一点是苏·施梅林向我指出的）：我们可以说 *FELIX praised HIMSELF and PAT praised HERself*（菲力克斯表扬了他自己而帕特表扬她自己），但我们不能说 **FELIX praised himSELF and PAT praised herSELF*（*菲力克斯表扬了他自己而帕特表扬她自己）。

10 松本（Matsumoto 1991）对久野的泛化提出了批评。松本还指出，我们对上述例 4.4 中呈介型关系从句构式所进行的描述不能用在日语上。由于日语的关系从句位于中心词之前，因此我们不能认为它所提供的信息是和中心名词所指对象有关的，因为在关系从句说出之时，中心名词尚未在语篇中得到确立。

11 例 4.8' 中的论证是查尔斯·菲尔莫尔向我建议的。

12 苏·施梅林向我指出，选择例 4.8 中的形式可能还有一个驱动因素，即存在一个与课程描述有关的隐性疑问："本讲座的话题是什么？"在这种情况下，读者会将例 4.8 作为识别型句子进行解读，这就意味着主语会得到韵律突出。

13 我们认为 4.9b 是零形回指的一个实例，而前面进行的讨论就是以这个假定为基础的。如果我们假定这句话是动词短语连接形式（VP-conjunction）的一个实例，那么 4.9'b 就为我们提供了一个有趣的证据，证明动词短语连接形式会受到这样的限制，也就是说其连接词不仅在句法层面上必须完全相同，而且在信息结构层面上也必须完全相同（参见 Lambrecht 1987c））。

14 读者将会注意到，我们在论证的时候，是假定主语这一语法范畴具有普遍性的，且不考虑在作格语言（Van Valin 1977, 1981）、菲律宾群岛诸语言（Schachter 1976 等）或汉语（LaPolla 1990）中是如何确定主语这一众所周知难题的。我们认为，在所有语言中都有一个论元，我们称之为**特异论元**（DISTINGUISHED ARGUMENT）；该论元最容易被解读为话题。我们称之为特异论元"主语"。

15 莱昂斯（Lyons）也认为，具有话题性（主题性）主语的话题-评述型句子（"主题-述题"型句子）是无标记的，或在主题上中性的，因为它们所需要的语用预设最少。根据这一标准，像 4.2c 这样的事件-报道型句子，应该是话题-评述型结构最为清晰的实例。然而，这些句子的主语**不是**话题。

16　本节内容是对兰布雷希特（Lambrecht 1987b）修订后的压缩版本。

17　根据施梅林的观点，我们在此所讨论的句子属于"新闻句"，像 4.2c 这类在形式上与话题-评述型句子没有区别的句子也属于"新闻句"。

18　在现代语言学家中，保罗（Paul 1909: ch.6）和巴依（Bally 1932: ch.2）是明确捍卫亚里士多德观点的学者。保罗认为，所有的句子都象征着"在言者的灵魂中，若干表征或若干表征组之间已经产生了联系"（由我本人翻译），而巴依认为，所有命题，包括那些他称之为"单形式"（monorèmes）的独词话语所表达的命题，都具有"主题"（thème）和"说明"（propos）的结构。

19　要想作进一步的了解，请参见兰布雷希特（Lambrecht 1987b）。霍恩（Horn 1989: 510ff）也赞同采取语用路向来处理整体判断句与范畴句二分的问题。

20　通过对德语和英语中主语重音凸显型句子的精彩讨论，福克斯（Fuchs 1980）也观察到了这一事实。对于这一泛化，有一个整体判断型例句明显属于例外，即在第 2.1 节中所讨论的例 2.5 *(Look) here's ME*（［看］这儿是*我*）。我们可以通过 *me* 的所指对象在所描述的话语情境中的特殊语用身份，来解释为什么这句话属于泛化的例外。另一个明显例外句子是苏·施梅林提供给我的：*When I drove by Dad's house, I could tell that SHE was there*（当我开车经过爸爸家时，我敢断定*她*在那里）；其中，从句的主语是得到重音突显的 *ME*，而非专有名词，这是一种委婉手段，用来婉指爸爸的丑闻情妇。

21　参见李和汤普森（Li & Thompson 1981）对"表示'出现'的动词"的研究。另请参见施梅林（Schmerling 1976: 41ff）、福克斯（Fuchs 1980）和法伯尔（Faber 1987）。我想向大家提示一点，即在呈介性谓词集合中还包括它们的语义对立面，也就是像 *die*（死亡）、*disappear*（消失）、*leave*（离开）这样的动词。

22　感谢米尔贾姆·弗里德（Mirjam Fried）提醒我注意捷克语中的事实，并向我提供了例 4.10' 中的句子。在其即将出版的研究成果中，弗里德对适用于此类句子的"主语"概念进行了讨论。

23　巴尔杜维（Vallduví 1990）做过类似的分析。

24　参见例 4.41 及相关讨论。

25　巴尔杜维（Vallduví 1990a）的描述在本质上与此相似，只不过所用术语不同。巴尔杜维将某些话题称为"纽带"（links），并指出，人们会想当然地认为，任何包含纽带性名词短语的句子都是"通过信息方式表示'（该纽带）是要被断言的事物'"（1990: 332）。

26　要想对话题和否定之间关系作进一步的了解，请参见霍恩（Horn 1989: 504ff）及其他各章节和巴尔杜维（Vallduví 1990）。两位学者都认为，将话题排除在否定范围之外是语用问题，而非语义问题。在这个问题上，我们在上文所作的描述持中立态度。

27 参见霍恩（Horn 1985）。菲尔莫尔（Fillmore 1985a）运用框架语义学，对"框架内否定"和"跨框架否定"（或"框架排斥型否定"）之间的差异进行了讨论；对

于我们在此称为预设撤销现象，他进行了富于启发性的分析。

28 参见兰布雷希特（Lambrecht 1987a）对法语量化话题表达的讨论。

29 莱昂斯强调指出，在进行辩论的时候，必须参照一些语用标准："在对预设进行的语言学分析中，有一点没有得到应有的强调，即除非我们真正知道所讨论的陈述是什么，以及其主题结构是什么，否则争论该陈述是否具有可以确定的真值是毫无意义的。"（Lyons 1977: 601ff）

30 在自发性英语口语中，如果将例 4.37 改为 *and then this* BOY *comes in*（然后这个**男孩**进来了）可能更为自然；参见 3.2 节对"不定指型 *this*"的讨论。

31 根据乌尔里克（Ulrich 1985）的研究，在罗马尼亚语（Rumanian）中没有发现这种限制。萨康（Saccón 1993）对意大利语 VS 结构在句法和语用上的限制进行了分析。

32 在有些整体判断型句子中，会出现主谓一致被暂停使用（be suspended）的现象。在美式英语口语中就有这样的例子。请将范畴句 *The three cockroaches are in the* BATHROOM（这三只蟑螂在**浴室**里）和整体判断句 *There's three* COCKROACHES *in the bathroom*（有三只蟑螂在浴室里）做一下比较。

33 我们粗略检查一下德语版格林童话的开场白就可发现，除了例 4.43 或例 4.43' 所示的常用套话外，还有一些开篇语，如 *Eine Katze hatte Bekanntschaft mit einer Maus gemacht*（从前有只猫认识了一只老鼠）。这类开篇语可能是出于修辞目的而对规约性表达的缩略；它们很难在自发性对话中出现。

34 对于这个一般规则，像例 2.5 *Look, here's* ME 就是一个可以找到理据的例外情况。参见 2.1 节的讨论。

35 人们经常发现，在自然语言中，存在和方位之间有内在联系；参见莱昂斯（Lyons 1967）、克拉克（Clark 1970）、范·欧斯汀（Van Oosten 1978）。

36 有些语言会在形式上对指示型呈介构式（deictic presentational construction）和存在型呈介构式（existential presentational construction）进行区分。例如，法语对指示型 *voilà*（这里）名词短语和存在型 *(il) y a*（有）名词短语进行了区分。在德语的一些方言中，包括我自己的方言，存在一种三方对比，即指示型 *da ist*（有）名词短语、非指示型（文本内）*es ist*（它是）名词短语和存在型 *es gibt*（有）名词短语。

这种三方对比在不同的方言中稍微有些差异。

37 兰布雷希特在其专著的第 7.3 节对法语动词 *avoir*（有）和 *voir*（看）的呈介型用法
进行了讨论，并讨论了其主语论元的位置格角色（Lambrecht 1986b）；在另一论
文中，兰布雷希特对英语动词 *have* 在呈介型构式中的使用进行了讨论（Lambrecht
1988b）。有关呈介型句子中谓语类型的一般描述，参见赫茨伦（Hetzron 1975:
353）和久野（Kuno 1972）。

38 如要了解语义格角色与命题的语用解读之间的关系，参见兰布雷希特（Lambrecht）
即将出版的著作。

39 我们将在 4.5 就这种构式类型的基本性进行论述，"分离"和"偏置"中所包含 353
的运动隐喻具有潜在的误导性。尽管如此，我们将遵循术语使用上的惯例，沿用这
两个术语。这样做的优点是能得到广泛接受。然而，对句法分析而言，我更倾向于
使用 TOP（话题）和 A-TOP（逆话题）这两个术语来分别表示左分离成分和右分离
成分的位置。同样具有误导性的是"复指代词"（resumptive pronoun）这一术语，
因为它隐含着名词短语的功能是首要的，而代词的功能是辅助性的。有趣的是，
"偏置"一词可以追溯到巴依（Bally 1932），他从功能的角度分析了分离构式和偏
置构式，认为这些是在语言演变过程中**出现在**典范结构**之前**的结构。

40 我们需要对"新话题"进行解释。由于话题表达的所指对象不能是全新的事物，因
此该术语所标示的并不是"具有新所指对象的话题表达"，而是"将活跃或可及的
所指对象新编码为话题表达"。

41 兰布雷希特（Lambrecht 1981: ch. 3）和巴恩斯（Barnes 1985）对法语分离型名词
短语所指对象的激活状态进行了广泛的讨论；后者尤其值得参考。

42 例如，奥克斯-基南和席费林（Ochs Keenan & Schieffelin 1976b: 338）将"语篇话
题"定义为"言者用来提供信息或请求提供信息的命题或命题集"。恩奇（Enç）
的"讨论话题"（discussion topic）概念与她的"话题中心"（center of topic）概念
形成对比，后者大致相当于我本人的"话题所指对象"。

43 参见斯特凡尼（Stefanini 1981）及其参考文献。"完整的思想"观认为，包含词汇
名词短语论元的句子是基本的句子类型，而生成语法中也有这种论点；参见基南
（Keenan 1976: 308）。

44 可以参考菲尔莫尔（Fillmore 1971a）对萨丕尔例句的讨论。

45 沃特堡（Wartburg 1943）明确表达了这一观点，认为动词屈折变化是一种语言优
势，语法必须对其加以保护，并谈到在法语史上"为保留屈折变化而斗争"。

46 也有与此相反的论据，如奥格（Auger）对加拿大法语进行的研究（即将出版）。

47 这个例子是埃米·达尔斯特罗姆（Amy Dahlstrom）提供的。

48 对英语中两种构式类型之间差异的分析，请参见普林斯（Prince 1983）和瓦尔德（Ward 1988）。

49 另请见韦尔（Wehr 1984）和苏涅尔（Suñer 1982: 6ff）。

50 参见上文 4.3 节末尾的评述。

51 保罗（Paul 1909: ch.6）对这场辩论做了重要总结。也可参见布林肯贝格（Blinkenberg 1928）的引言部分。

52 保罗（Paul 1909: 126）早就强调指出，对于"心理主语"位置的争论，焦点位于句首、话题位于句尾的句子具有理论意义。

53 然而，与动词的密切关联并不是一个必要特征：非重音突显代词也可以是位于句首的非重音附着语素（enclitic），其位置是不受动词位置影响的，如在斯拉夫诸语言（Slavic languages）中就是如此。

54 尽管"逆话题"构式在生成句法理论中几乎没有受到关注，以下学者却对该构式进行了讨论：久野（Kuno 1978）对日语的研究；厄尔古万勒（Erguvanli 1984）对土耳其语的研究；拉尔森（Larsson 1979）和兰布雷希特（Lambrecht 1981）对法语的研究。另见兰布雷希特（Lambrecht 1986b: ch.6 & 8）。

55 参见文内曼（Vennemann 1974）、海曼（Hyman 1975）、吉翁（Givón 1976）、哈里
354 斯（Harris 1976）、拜拉德（Bailard 1981）。这些学者都将逆话题构式解读为一种事后想法现象，认为其过度使用导致一种基本语序类型向另一种语序类型发生历时性变化。而兰布雷希特（Lambrecht 1981: 75ff）对逆话题成分的事后想法解读观提出了不同的论点。

56 我们曾在 4.5.1 节指出，话题关系**本身**是用代词而不是分离型名词短语表达的。

57 参见兰布雷希特（Lambrecht 1986b）第 6.1 节对法语逆话题所作的句法描述。逆话题名词短语在句中的位置所受的限制，是句法原则的具体体现；罗斯（Ross 1967）将该句法原则称为"右侧顶端约束"（Right-roof constraint）。

58 针对"VOS 语言"这一标签，杜布瓦（DuBois 1985）向我们提出了一些有用的注意事项。

第五章 语用关系：焦点

1 "新信息"概念是对焦点进行定义的基础。但杰肯多夫（Jackendoff）和塞尔柯克（Selkirk），以及研究焦点韵律的大多数其他语言学家，都没有想过要对"新信息"这一概念进行定义。

2 正如阿克马吉安所说，从严格意义上讲，它不是与命题建立关系的"成分"，而是该成分的指称对象。

3 在稍后的 5.6.1 节中，我们将会论证，例 5.1 中的焦点域是整个谓语短语，即 *went to the movies*（去看电影了），而非仅仅 *the movies* 这一名词短语。我们还将论证，将该名词短语的指称对象解读为唯一的焦点元素，仅仅是根据上下文推理的结果。

4 焦点出现于命题的非焦点部分是一个难题；万德鲁斯卡（Wandruszka 1982: 3）对此做了简要的讨论。根据他的说法，位于动词后的主语总是焦点性的，至少在现代意大利语中如此；他注意到在意大利语中，位于动词后的主语有时出现在具有"主题"功能（"thematic" function）的句首从句中。按照万德鲁斯卡的观点，在这类情况下，"可以说从属小句组成了交际的主题，而从属小句做主语时又构成了交际主题的焦点"（我对其进行的翻译）。为避免混淆，我们不会采用"主题的焦点"（focus of the theme）或"话题的焦点"（focus of the topic）这样的术语表达，而是用"二次焦点音显"（second-instance focus articulation）和"分层预设"（layered presuppositions）进行标示。

5 在许多情况下，但不是在所有的情况下，我们所使用的术语"论元焦点"相当于吉翁（Givón 1975a）、克拉克和哈维兰（Clark & Haviland 1977: 13）、拉德（Ladd 1978）、塞尔柯克（Selkirk 1984: 209ff）等学者所使用的"窄式焦点"。在这些学者中，只有吉翁对我们在此提出的不同焦点类型进行了讨论。在他所分析的班图语（Bantu languages）中，这些类型在形态和句法上都有标记。拉德将"窄式焦点"与"宽式焦点"进行了对比。但他认为，这种对比属于程度问题，而非不同类型问题。

6 对日语例子的韵律描述都是尝试性的。韵律突出点是我在启发情境（elicitation situations）中所觉察到的。根据一位合作者的说法，在例 5.11d 中，接受主重音的是格助词 *ga*，而非主语名词。

7 我们有确凿的句法证据可以证明法语的名词短语 *ma voiture*（我的车）和日语的 *kuruma wa*（车嘛）不是动词的论元，即不是主语（见 4.5.1 节），尽管我们在这里无法向大家展示。意大利语中的名词短语 *la mia macchina*（我的车）是否也存在同样的证据还有待观察。如果可以的话，充当话题的词汇型名词短语和主语角色的重合只会在英语中出现。 355

8 贝奈斯（Beneš 1968）将句子划分为"语境独立型"（contextually independent）、"语境半依赖型"（contextually semi-dependent）和"语境依赖型"（contextually dependent）三类。贝奈斯还对问题的回答（answers to questions）和对情境的回应（responses to situations）进行了区分：前者更可能以名词短语这样的单一成分形式

出现，而后者往往以更明确的命题形式出现，如 "(It was) NP (who) VP"（[是] NP
[他／她／它] 做了某事）。我在与米丽亚姆·弗里德（Mirjam Fried）的私下交流中
了解到，在捷克语中，对例5.11中背景问题的回答，可以说 *It was (my) car*（是[我
的]车），或者是 *Broke down to me car*（出故障了我车），但不能说 *Car*（车）；而对
"*What broke down?*"（什么出故障了）这一问题的回应，可以是 *Car* 或 *Broke down
to me car* 的形式，却不能是 *It was (my) car* 的形式。

9 我们所说的"语用谓词"在更早的传统中被称为"心理谓语"；参见保罗（Paul
   1909, ch.6）。如果读者们对语言学史感兴趣的话，我想提请大家注意的是，杰肯多
   夫、阿克马吉安、我本人以及其他一些学者所使用的涉及一个变量的焦点结构描述
   方法，卡尔·克劳斯在其对德语主语和谓语的经典论述中已经使用了（Kraus 1932；
   再版为 Kraus 1956: 289ff）。如果对当前术语和概念问题感到有些困惑的话，请参见
   达纳希（Daneš 1966）的有趣讨论。对于"主语"和"谓语"这两个术语的历史，
   桑德曼（Sandmann 1954）进行了极具启发性的研究。

10 参见第一章中对例1.1至例1.3的分析。

11 我们曾提出，应该将助词 *ga* 看作焦点标记，而不是语法传统所认为的"格"标记，
   这样它就可以在主语不是话题的时候使用，也就是可以在句子不是谓语焦点型结构
   时使用。这样我们就可以对例5.11和5.12中 *ga* 的用法做出合理解释了。（Lambrecht
   1987c）

12 对于表达预设命题的主句，苏·施梅林（Sue Schmerling）在我们私下交谈时向我
   提供了一个有趣的例子。这句话是一个刚刚在教堂呆了两个小时的人说的：

   （i） *OH my knees are hurting.*

        啊，我两个膝盖疼。

   在（i）中，*my knees are hurting* 这一小句在句法上是一个独立的句子，通过整体
   去重音化被标记为在语用上得到了预设。尽管在（i）中没有显性的语法从属关系
   （grammatical subordination）标记，但很明显的是，*my knees are hurting* 这一命题充
   当了 *oh* 所表达的抱怨的前提，而且该句子必然会在其他成分上指派焦点重音。句
   （i）给语义句法理论出了个有趣的难题。

13 菲尔莫尔等（Fillmore, Kay & O'Connor 1993）、戈德伯格（Goldberg 1994: ch.3）、
   柯尼格（Koenig 1993）和米凯利斯（Michaelis 1994）在构式语法的理论框架中，
   对语法构式之间的"继承"（inheritance）关系有过陈述。

14 德语中有一种特殊的连词，即 *und zwar*（也就是说）。当一个小句的命题不能作为
   一个句法单位进行断言的时候，该词被用来将小句断开。如下面这句话就是一个典

型的例子：

（i）　Verschwinde, und zwar schnell!

　　　　滚开，快点！

　　如果将 *und zwar* 去掉，"*Verschwinde schnell!*"（快离开这里！）就表明，其两个成分的指称对象中有一个是得到预设的。

15　利伯曼（Liberman 1978）和皮埃安贝尔（Pierrehumbert 1980）对英语声调升降变化进行了广泛的讨论。对于熟悉这些著作的读者而言，我们对焦点重音的描述将显得相当原始。

16　在词内焦点对比（word-internal focus contrast）方面，劳拉·米凯利斯（Laura Michaelis）让我注意到一个突出的例子。这个例子就是脱口秀主持人约翰尼·卡森（Johnny Carson）就 25 年前比尔·克林顿（Bill Clinton）尝试吸食大麻的报道所做的评论。根据报道，当时还是总统候选人的克林顿说他 "didn't inhale"（没有吸进去）。针对这一说辞，约翰尼·卡森说："杰里·布朗（Jerry Brown）25 年前也抽过大麻，但他忘记 EXHALE（呼出去）了。"

17　在英语中，有些词语的派生路径是不透明的。即使是这类词语中的韵律对比，英语有时也能容忍。例如，一位民主党人和一位共和党记者要展开电视辩论，主持人在开启这场辩论时说：*First, from the* DEMOcratic *point of view...*（首先，从**民主党**的角度来看……）

18　参见博林格（Bolinger 1972）、施梅林（Schmerling 1976）、拉德（Ladd 1978）、塞尔柯克（Selkirk 1984）等。库里卡弗和罗什蒙（Culicover & Rochemont 1983）为相反观点进行了辩护，他们将焦点重读归于自主性句法，而将焦点解读归于"语篇语法"（见下文 5.6.2.2 节）。

19　5.15b' 中的降调轮廓（falling intonation contour）给人的印象可能是得到重音突显的是疑问代词 *qui*（谁）。然而，携带主音高重音的是 *est*（是）。

20　在 c 中，*tu*（你）受到重音突显，这与我们对法语中作为粘着词素的无重音代词的分析是一致的（参见 Lambrecht 1981: ch.2）。在 c 中，接收重音的单词或类词成分不是 *tu*，而是 *vas-tu*（你去哪儿）。在这个词中，根据现代法语的最后音节重读规则（the oxytonic stress rule），重音被指派给最后一个音节。然而，请注意，如果代词上的焦点是论元焦点，即如果重音落在代词上是因为语用上的因素而非语音上的原因，则必须将黏着代词替换为自由代词（参见 Lambrecht 1981: 101）。请将 *Donne-le-*LUI*!*（把它给他！）和 *Donne-le à* LUI (*pas à elle*)（把它给他［不是给她］）进行比较。在前者中，*lui*（他）是一个黏着形式，而在后者中，*à lui*（给他）是一个包含自由代词的介词短语。在后一种情况下，如果使用 *Donne-le-LUI* 这样的表达，在语用上是存在问题的。

21 对于这一观点，拉德（Ladd 1990）的讨论非常具有启发性，并提供了来自不同语言的例子。

22 拉德（Ladd 1978: 92ff）试图用雅柯布森（Jakobson）的"转换词"（shifter）概念来解释"去重音化"（deaccenting）。我们认为这一尝试是没有说服力的。

23 还有一种可能性，那就是再往左移动，如在 *I'm LEAVING for Crete tomorrow*（我明天要**去**克里特岛）中，表示事件发生时间的名词短语和副词都是带有活跃所指对象的话题表达。

24 塞尔柯克（Selkirk 1984: 211ff）得出了同样的结论。她指出："一个动词短语可能成为焦点，而其名词短语成分中的一个可能不会成为焦点。"

25 我认为，例 5.21a 和例 5.22a 中的黏着主语代词 *il*（他）和 *je*（我）是黏着在动词上的，因此是动词短语的一部分。在这些句子中，我认为它们与主语是完全相同的。在例 5.21a 中，*Jean* 位于小句前的话题位置。

26 让我注意到 5.25 这个例子的是查尔斯·菲尔莫尔，而他将其归功于卡尔·齐默。沃特斯（Watters 1979）、迪克等（Dik *et al*. 1980）和古森霍芬（Gussenhoven 1983: 409ff）对类似例子进行了讨论。

27 鉴于其语用功能，例 5.26b 中的"拥有者–提升"构式也可以称为"话题–提升"构式。参见范·欧斯汀（Van Oosten 1985）。

28 另见奥康纳（O'Connor 1987）对北波莫语（Northern Pomo）分离指称的分析。

29 在法语中，例 3.31b 中位于动词后的代词 *MOI*（我）不能省略，否则也会导致句子在句法上出现劣构性。我想在此顺便提一个有趣的问题，就是意大利语动词后代词 *IO*（我）在句法上是否同样不可或缺。动词性后缀 *-o* 不是话题表达，而是一个默认的表示一致的标识符号（4.4.3 节）；如果我们假定 *IO* 这个代词是句子的主语（我认为这种假定是合理的），但如果将这个主语论元去掉，就会导致句子在句法上具有劣构性，尽管在 3.31a 这样的环境中，*pago*（付钱）这个动词形式本身就可以构成一个结构良好的句子。当然，这条推理路线只有在本研究这样的理论框架中才是切实可行的；在这种框架中，句法不能脱离语法的其他组成部分而单独存在。

30 *himself* 是被解读为简单的反身代词（因此是回指代词），还是被解读为由回指型所有格限定词后接名词 *self* 构成的名词短语，对目前的观点而言并不重要（见第四章的第 9 条注释）。

31 普林斯（Prince 1981a）和切夫（Chafe 1987）的研究证实了这种趋势的存在。在他们的研究中，两位学者分析了英语文本中具有活跃所指对象和非活跃所指对象的成分在句子中的分布情况。

32 后一种观点是在私下交流时华莱士·切夫（Wallace Chafe）向我提出的。

33 在德语中，非重读动词可以跟在重读名词之后，这一观察结果被施梅林（Schmerling 1976: 84）用作论据，来批驳乔姆斯基和哈勒（Chomsky & Halle 1968）提出的重音指派线性规则。

34 我们正在处理的是例 5.39 中谓语 *strange* 上的重音问题（我们假定它是强调重音，见 5.3.1 节）。除了"外置"（extraposition）这个标签相当模糊外，我们也无法准确识别本例所示的语法构式。 358

35 为了对信息结构进行分析，我们将包含黏着变元的命题（如关系从句 *who moved in downstairs* 所表示的黏着变元）看作完整命题或饱和命题。和之前讨论的情况一样，此类命题的真值条件问题与我们当前的目的无关。

36 弗里和范·瓦林（Foley & Van Valin 1984: 48）将动词 *have*（*have got*）的主语论元解读为位置格（locative）。

37 上述解释是查尔斯·菲尔莫尔向我提出的。泰勒（Taylor 1989: 47ff）简要讨论了如何将基本层次范畴和上位层次范畴的区分应用于动词范畴的分层问题。

38 至少从 H. 保罗的研究（如 H. Paul 1909）开始，特殊疑问句的信息结构一直是争论的话题。克劳斯（Kraus 1932；=1956；见本章注 9）对这一话题进行了颇具"现代性"的有趣讨论。克劳斯（p. 298）将 *"Wer hat den Krug zerbrochen?"*（谁打破了罐子？）这一德语句子的"主谓"结构即信息结构分析为 "Der den Krug zerbrochen hat, ist X"（打破罐子的人是 X）。按照当时通行的术语，克劳斯将主格疑问代词 *wer*（谁）叫作"谓语"，将动词短语 *hat den Krug zerbrochen*（打破了罐子）叫作疑问句的"主语"。参见我们在上文 5.2.3 节中对术语的讨论。

39 对于 *WH-* 成分中未必携带主句重音的事实，库里卡弗和罗什蒙（Culicover & Rochemont 1983: 140f）也进行了讨论。两位学者声称，在 *WH-* 疑问句中，非 *WH-* 部分可能包含焦点，也可能不包含焦点，视语篇语境而定。他们以下面的简短对话为例展开论证：

（16）　A: I finally went out and bought something today.
　　　　我今天终于出去买了东西。

（17）　A: Bill took me downtown to all the big department stores today.
　　　　比尔今天带我去了市中心所有的大百货公司。

（18） B: Oh yeah? What did you BUY?

哦，是吗？你买了什么？

库里卡弗和罗什蒙声称，可以将（18）中的 *buy* 看作（17）语境中被关注的焦点，但在（16）中不是被关注的焦点。我们很难对这一说法进行评价，因为两位学者没有对作为其讨论基础的"焦点"概念进行定义。然而，如果脱离特定的定义，在两种情况下我们都难看出在 B 的询问性应答中 A 买东西这一事实是如何构成新**信息**的，因为 A 必然知道她自己做了什么。

40 让我注意到这个例子的人是保罗·凯（Paul Kay）。

41 在此及其他地方，我们都没有考虑音高重音在强度上可能存在的差异，因为我认为这种差异所表达的不是信息结构的对比，而是言者对命题的主观评价，即拉德（Ladd 1978: 213）所说的"强调"。我认为，我们对句子的对比性解读和非对比性解读不能始终如一地根据语音进行区分。

42 在对英语 *it-* 分裂句的语篇功能进行讨论时，博尔金（Borkin 1984: 126ff）也提出了类似的观点。拉德（Ladd 1978: 78ff）和库里卡弗和罗什蒙（Culicover & Rochemont 1983: 152）也提出了反对将对比性（contrastiveness）作为语法（韵律）范畴的论点。

43 参见兰布雷希特（Lambrecht 1981: ch.3）所进行的讨论。兰布雷希特认为，这两类对比结构在法语中是有区别的，但他用"对比性"（contrastiveness）表示对比性话题（contrastive topics）、用"强调"表示对比性焦点（contrastive foci）是不恰当的。

44 感谢西田千代（Chiyo Nishida）向我提供了这些日语例子。

45 例 5.54" 中的模式与上文所讨论的例 5.41a 中的模式相同。在与马修·德莱尔（Mathew Dryer）私下交流时，他告诉我他观察发现，在英语中，例 5.53 中玛丽的回答也可以采用下面（i）中的形式，即两个小句各有两个对比重音，而每对重音中的第一个都比第二个的强度大：

（i） M: No, I'll do the COOKING, YOU do the CLEANING.

不，我来做饭，你做清洁。

和我们对例 5.41c 的分析一样，（i）中的 SVO 结构有两种可能的焦点识解。我们既可以将这个句子识解为与例 5.53 和 5.52' 中 H 的话语类似，即两个小句主语为对比性话题，两个小句宾语为对比性焦点，也可以识解为与例 5.54" 中的法语句类似，即主语为论元焦点，谓语已经得到预设，但不活跃。在后一种识解中，有可能出现主语代词受到额外突显的情况，而且在音高轮廓上不是上升，而是下降（见本章注

57）。我们将在下一节进一步讨论对比性双重音句这一难题。

46　就是因为我们在讨论例 5.21 和 5.22 时提到的那些原因，对于例 5.55 中的诙谐表达，我们很难在法语中复制。如果用法语来模仿该英语句子，如 *Notre professeur de français ne laissait aucun doute que* PALER *français était un luxe superflu*（我们的法语教授毫不怀疑**说**法语是一种不必要的奢侈），听起来很不自然。在句法上与例 5.55' 相似的版本则较为自然，其中 *français*（法语）的话题地位在句法上非常明确，如 *Notre professeur de français ne laissait aucun doute que dans l'enseignement du français, parler la langue était un luxe superflu.*（我们的法语老师毫不怀疑，在法语教学中，说法语是一种不必要的奢侈。）

47　参见乔姆斯基（Chomsky 1970）对该现象的经典分析。请注意，有一个重音位置即主语的重音位置是乔姆斯基没有考虑到的。

48　为了对无标记焦点结构的宽式解读和窄式解读之间的差异进行解释，范·瓦林（Van Valin 1993）提出"潜在焦点域"和"实际焦点域"的概念。在谓语焦点句的论元焦点识解中，焦点论元所代表的是"实际焦点域"。

49　请注意，在我们的分析中，例 5.73a 和 5.73b 之间的差异不必用规则进行解释（见 5.6.1 节）。

50　值得一提的是，如果有人假定此类句子没有动词短语节点，那么塞尔柯克 360（Selkirk）的短语焦点规则可以正确预测整句焦点型结构。根据 5.72 中的条件（ii），假定 V 是此类结构中 S 的中心词，且主语 NP 是 V 的一个论元，在这种情况下，例 5.74 中的谓语 *died* 可能成为焦点。我曾在自己的专著（Lambrecht 1987b）中向读者暗示，事实上，这可能是正确的句法分析，但是在英语方面，我能援引的经验证据主要基于对动词短语并联的限制，因此相对比较薄弱。

51　请注意，我对"焦点域"的定义与古森霍芬的定义并不完全相同（见 5.1.1 节）。

52　如果我们对"非法进入者将受到起诉"这一命题进行事件性解读（eventive reading），而非一般性解读（generic reading），那么该命题可能适合整句焦点型识解：TRESPASSERS *will be prosecuted!*（**非法进入者**将受到起诉！）

53　根据莱昂斯（Lyons 1977: sect. 9.7）的标记类型分类法，这些句对中的整句焦点型成员是在语义和分布上得到标记的，而不是在形式上得到标记的。并不是某一形式特征的在场与缺位（如 *unhappy* 与 *happy* 所示），才导致对比的出现；对比的产生，源于句对中每个成员可以出现的语境集是不同的。

54　对于跨语言的整句焦点构式，兰布雷希特（Lambrecht 1987b）将其语法形式的理据概括为以下原则：

整句焦点型构式中主语-宾语中和原则：从跨语言角度来看，整句焦点型构式是这样的一种构式，在这种构式中，与底层命题的主语论元相对应的词汇名词短语，标记有与谓语焦点构式中宾语名词短语相关的部分或全部韵律和／或形态句法特征。

在整句焦点型构式中，主语在某种重要意义上"被吸收到谓语中了"（见 Chafe 1974）。

55 该分析还以直接的方式，对例 3.23（*Where ɪs he?*）在第 3.3.2 节所描述的语境中使用时出现的怪异之处做出解释。

56 具有活跃所指对象的既定话题和待定话题之间的差异，也可以通过形态句法手段进行标记，正如 4.6 节所讨论的德语第三人称代词 *er* 和 *der* 之间的对比（例 4.60 和 4.61）那样。

57 例 5.82 有两种语用识解，可能和语调差异存在关联。在话题-评述型识解中，主语名词短语可能具有包含音高提高的重音，而在事件-报道型识解中，名词短语可能携带包含音高下降的重音；杰肯多夫（Jackendoff 1972: 258）沿用鲍林格（Bolinger）的叫法，将前者称为 B 型重音（B-Accent），将后者称为 A 型重音（A-Accent）（另见 Gundel 1978）。我们无法确定这种关联是否具有系统性。

58 我们还可以与例 4.48 进行比较。在该例中，具有活跃所指对象的分离词汇成分所表明的，是从一个命题性"语篇话题"（Enç 1986）到另一个命题性"语篇话题"的转移。

59 毫无疑问，我们还可以从句法的角度，来对例 5.87 的不可接受性进行解释。例如，第二个补语化成分 *that* 实质上是一种障碍，阻止介词 *on* 的零形补语与其位于第一个补语化成分位置上的零形先行词之间出现回指关系。

60 据俄特西克-希尔（Erteschik-Shir 1986: 141）所述，该观察结果是由希尔施布勒（Hirschbühler 1978）提供的。

第六章　总结和结论

1 对于"特殊语用学"概念不合理的使用，一个广为人知的例子是在代词回指文献中反复出现的说法，即句子中的回指关系受句法规则支配，但具有"强调型重音"的句子除外，因为在这类句子中句法规则不起作用。在将语音和句法视为独立模块的理论中，明确提出这种观点特别令人惊讶。

参考文献

Akmajian, Adrian. 1973. "The role of focus in the interpretation of anaphoric expressions." In S. R. Anderson, & P. Kiparsky (eds.), *A Festschrift for Morris Halle*. New York: Holt, Rinehart and Winston. 215–226.

—— 1984. "Sentence types and the form–function fit." *Natural Language and Linguistic Theory* 2,1. 1–23.

Allerton, D. J. 1978. "The notion of 'givenness' and its relation to presupposition and theme." *Lingua* 44. 133–168.

Allerton, D. J. & A. Cruttenden. 1979. "Three reasons for accenting a definite subject." *Journal of Linguistics* 15. 49–53.

Andrews, Avery. 1985. "The major functions of the noun phrase." In Shopen (ed.). 62–154.

Auger, Julie. 1993. "More evidence for verbal agreement-marking in colloquial French." In W. J. Ashby, M. Mithun, G. Perissinotto, & E. Raposo (eds.), *Santa Barbara Romance papers: selections from the XXI Linguistic Symposium on Romance Languages*. Amsterdam: John Benjamins. 177–198.

Bailard, Jöelle. 1981. "Le français de demain: VSO ou VOS?" Paper presented at the Fifth International Congress on Historical Linguistics, Galway, Ireland.

Bally, Charles. 1932 (1965). *Linguistique générale et linguistique française*. Bern: Francke.

Barnes, Betsy. 1985. *The pragmatics of Left Detachment in standard spoken French*. Pragmatics and Beyond vol. VI:3. Amsterdam: John Benjamins.

Beneš, Eduard. 1968. "On two aspects of functional sentence perspective." In F. Daneš et al. (eds.), *Travaux Linguistiques de Prague*, vol. III. University of Alabama Press. 267–274.

Bierwisch, Manfred & Karl E. Heidolph (eds.). 1970. *Progress in linguistics*. The Hague: Mouton.

Blinkenberg, Andreas. 1928. *L'ordre des mots en français moderne*. Copenhagen: Bianco Lunos Bogtrykkeri.

Bolinger, Dwight. 1954. "English prosodic stress and Spanish sentence order." *Hispania* 37. 152–156.

—— 1961. "Contrastive accent and contrastive stress." *Language* 37. 83–96.

—— 1965. *Forms of English: accent, morpheme, order*. Cambridge, Mass.: Harvard University Press.

—— 1972. "Accent is predictable (if you're a mind-reader)." *Language* 48. 633–644.

—— 1977. "Another glance at main clause phenomena." *Language* 53. 511–519.

1979. "Pronouns in discourse." In Givón (ed.). 289–310.

1984. "Intonational signs of subordination." In Proceedings of the Tenth Annual Meeting of the Berkeley Linguistics Society. Berkeley, California. 401–413.

1985. "The inherent iconism of intonation." In Haiman (ed.). 97–108.

1987. "Power to the utterance!" In Proceedings of the Thirteenth Annual Meeting of the Berkeley Linguistics Society. Berkeley, California. 15–25.

Borkin, Ann. 1984. *Problems in form and function*. New Jersey: Ablex Publishing Corporation.

Bresnan, Joan & Sam A. Mchombo. 1987. "Topic, pronoun, and agreement in Chichêwa." *Language* 63,4. 741–782.

Brettschneider, G. & Chr. Lehmann (eds.). 1980. *Wege zur Universalienforschung: Sprachwissenschaftliche Beiträge zum 60. Geburtstag von Hansjakob Seiler.* Tübingen: Max Niemeyer Verlag.

Brown, P. & S. Levinson. 1987. *Politeness*. Cambridge University Press.

Brugman, Claudia. 1988. "The syntax and semantics of HAVE and its complements." Ph.D. dissertation: University of California, Berkeley.

Burzio, Luigi. 1981. "Intransitive verbs and Italian auxiliaries." Ph.D. dissertation: MIT.

Chafe, Wallace. 1974. "Language and consciousness." *Language* 50. 111–133.

1976. "Givenness, contrastiveness, definiteness, subjects, topics and point of view." In Li (ed.) 1976. 25–56.

1987. "Cognitive constraints on information flow." In Tomlin (ed.). 21–52.

Chaofen, Sun. 1988. "The discourse function of numeral classifiers in Mandarin Chinese." *Journal of Chinese Linguistics* 16. 2.

Chomsky, Noam. 1957. *Syntactic structures*. The Hague: Mouton.

1965. *Aspects of the theory of syntax*. Cambridge, Mass.: MIT Press.

1970. "Deep structure, surface structure, and semantic interpretation." In Roman Jakobson & Shigeo Kawamoto (eds.). *Studies in general and Oriental linguistics presented to Shiro Hattori on the occasion of his sixtieth birthday.* Tokyo: TEC Co. Ltd. 52–91. Reprinted in N. Chomsky (1972). *Studies on semantics in generative grammar*. The Hague: Mouton. 62–119.

1975. *Reflections on language*. New York: Pantheon.

1980. *Rules and representations*. New York: Columbia University Press.

Chomsky, Noam & Morris Halle. 1968. *The sound pattern of English*. New York: Harper & Row.

Clark, Eve. 1970. "Locationals: A study of the relations between 'existential,' 'locative' and 'possessive' constructions." Working Papers in Language Universals vol. III. Stanford University.

Clark, Herb H. 1977. "Bridging." In P. N. Johnson-Laird & P. C. Wason (eds.), *Thinking: readings in cognitive science*. Cambridge University Press. 411–420.

Clark, Herb H. & Susan E. Haviland. 1977. "Comprehension and the given–new contract." In R. Freedle (ed.), *Discourse production and comprehension*. New Jersey: Ablex. 1–40.

Cole, Peter (ed.). 1981. *Radical pragmatics*. New York: Academic Press.

Cole, Peter & Jerry L. Morgan (eds.). 1975. *Syntax and semantics* vol. III: *Speech acts*. New York: Academic Press.

Comrie, Bernard. 1981. *Language universals and linguistic typology.* The University of Chicago Press.

    1988. "Topics, grammaticalized topics, and subjects." In Proceedings of the Fourteenth Annual Meeting of the Berkeley Linguistics Society. Berkeley, California. 265–279.

Contreras, Heles. 1976. *A theory of word order with special reference to Spanish.* Linguistic Series No. 29. Amsterdam: North Holland.

Creider, Chet. 1979. "On the explanation of transformations." In Givón (ed.). 3–21.

Culicover, Peter W. & Michael Rochemont. 1983. "Stress and focus in English." *Language* 59,1. 123–165.

Dahl, Östen. 1976. "What is new information?" In Nils Erk Enkvist & Viljo Kohonen (eds.), *Approaches to word order.* Reports in Text Linguistics No. 72. Meddelanden fran Stiftelsens för Abo Akademi Forskningsinstitut, 8. Abo/Turku.

Daneš, Frantisek. 1966. "A three-level approach to syntax." In F. Daneš et al. (eds.) *Travaux linguistiques de Prague* vol. I: University of Alabama Press. 225–240.

    1968. "Some thoughts on the semantic structure of the sentence." *Lingua* 21. 55–69.

van Dijk, Teun. 1977. *Text and context: explorations in the semantics and pragmatics of discourse.* London: Longman.

Dik, Simon C. 1978. *Functional grammar.* Amsterdam: North-Holland.

    1980. *Studies in functional grammar.* London: Academic Press.

Dik, Simon C. et al. 1980. "On the typology of focus phenomena." *Leids Taalkundig Bulletin GLOT* 3. 41–74.

Dixon, R. M. W. 1972. *The Dyirbal language of North Queensland.* Cambridge University Press.

Downing, Pamela. 1984. "Japanese numeral classifiers: a syntactic, semantic, and functional profile." Ph.D. dissertation: University of California, Berkeley.

Dressler, Wolfgang. 1980. "Universalien zur Agens-Wortbildung." In Brettschneider & Lehmann (eds.).

DuBois, John. 1981. "Ergativity and preferred argument structure." Ms. University of California, Santa Barbara.

    1985. "Competing motivations." In Haiman (ed.) 343–365.

    1987. "The discourse basis of ergativity." *Language* 63,4. 805–855.

Ducrot, Oswald. 1966. "'Le roi de France est sage.' Implication logique et présupposition linguistique." *Études de Linguistique Appliqueé.* 39–47.

    1972. *Dire et ne pas dire.* Paris: Hermann.

Ducrot, Oswald et al. 1980. *Les mots du discours.* Paris: Les Editions de Minuit.

Enç, Mürvet. 1986. "Subject pronouns as topic shifting devices in Turkish." In Dan I. Slobin, & Karl Zimmer (eds.), *Studies in Turkish linguistics.* Amsterdam: John Benjamins. 195–208.

Erguvanli, Eser. 1984. *The function of word order in Turkish grammar.* University of California Publications in Linguistics vol. CVI. Berkeley, Los Angeles: University of California Press.

Erteshik-Shir, Nomi. 1986. "WH-questions and focus." *Linguistics and Philosophy* 9,2. 117–150.

Erteshik-Shir, N. & S. Lappin. 1979. "Dominance and the functional explanation of island phenomena." *Theoretical Linguistics* 6. 41–85.

1983. "Under stress: a functional explanation of English sentence stress." *Journal of Linguistics* 19. 419–453.

Faber, David. 1987. "The accentuation of intransitive sentences in English." *Journal of Linguistics* 23. 341–358.

Fauconnier, Gilles. 1985. *Mental spaces.* Cambridge, Mass.: MIT Press.

Fillmore, Charles J. 1971a. "Santa Cruz lectures on deixis." Reproduced by Indiana University Linguistics Club, Bloomington, Indiana. 1975.

1971b. "Verbs of judging: an exercise in semantic description." In C. J. Fillmore & D. T. Langendoen (eds.), *Studies in linguistic semantics.* New York: Holt, Rinehart & Winston. 273–290.

1976. "Pragmatics and the description of discourse." In S. Schmidt (ed.), *Pragmatik II.* Munich: Wilhelm Fink Verlag. Reprinted in Cole (ed.), 1981.

1982. "Frame semantics." In Linguistics Society of Korea (ed.), *Linguistics in the morning calm.* Hanshin Pub. Co. 111–138.

1985a. "Frames and the semantics of understanding." *Quaderni di Semantica* 6,2. 222–254.

1985b. "Syntactic intrusions and the notion of grammatical construction." In Proceedings of the Eleventh Annual Meeting of the Berkeley Linguistics Society. Berkeley, California. 73–86.

1986. "Varieties of conditional sentences." Proceedings of the Eastern States Conference on Linguistics 3. 163–182.

1988. "The mechanisms of 'Construction Grammar'." In Proceedings of the Fourteenth Annual Meeting of the Berkeley Linguistics Society. Berkeley, California. 35–55.

1991. *On grammatical constructions.* Ms. University of California, Berkeley.

Fillmore, Charles J., Paul Kay, & Mary Catherine O'Connor. 1988. "Regularity and idiomaticity in grammatical constructions: the case of 'Let alone.'" *Language* 64,3. 501–538.

1993. "Grammatical constructions and linguistic generalizations: the 'What's X doing Y' construction." In Proceedings of the 15th International Congress of Linguists.

Firbas, Jan. 1966a. "On defining the theme in functional sentence analysis." In F. Daneš et al. (eds.) *Travaux Linguistiques de Prague*, vol. I. University of Alabama Press. 267–280.

1966b. "Non-thematic subjects in contemporary English." In F. Daneš et al. (eds.), *Travaux Linguistiques de Prague*, vol. II. University of Alabama Press. 239–256.

Foley, William A. & Robert D. Van Valin Jr. 1984. *Functional syntax and universal grammar.* Cambridge University Press.

1985. "Information packaging in the clause." In Shopen (ed.). 282–364.

Fried, Mirjam. Forthcoming. "The notion of 'subject' as a universally necessary grammatical category." Ph.D. dissertation: University of California, Berkeley.

Fries, Peter H. 1983. "On the status of theme in English: arguments from discourse." In J. S. Petöfi & E. Sozer (eds.), *Micro and macro connexity in texts.* Hamburg: Helmut Buske Verlag.

Fuchs, Anna. 1980. "Accented subjects in 'all-new' utterances." In Brettschneider & Lehmann (eds.). 449–461.

Gabelentz, Georg von der. 1901. *Die Sprachwissenschaft: Ihre Aufgaben, Methoden, und bisherigen Ergebnisse.* Reprinted 1969, Tübingen: Gunter Narr Verlag.

Gazdar, Gerald. 1979. *Pragmatics: implicature, presupposition and logical form.* New York: Academic Press.

Gilligan, Gary. 1987. "A cross-linguistic approach to the Pro-Drop Parameter." Ph.D. dissertation: University of Southern California.

Givón, Talmy. 1975a. "Focus and the scope of assertion: some Bantu evidence." *Studies in African Linguistics* 6. 185–205.

1975b. "Negation in language: pragmatics, function, ontology." In Working Papers in Language Universals vol. XVIII. Stanford University.

1976. "Topic, pronoun and grammatical agreement." In Li (ed.) 1976. 149–188.

1979. *On understanding grammar.* New York: Academic Press.

(ed.) 1979. *Discourse and Syntax.* Syntax and Semantics vol. XII. New York: Academic Press.

1983. "Topic continuity in discourse: An Introduction." In Givón (ed.) 3–41.

(ed.). 1983. *Topic continuity in discourse.* Amsterdam: John Benjamins.

1984. *Syntax. A functional-typological introduction* vol. I. Amsterdam: John Benjamins.

Goldberg, Adele. 1994. *A construction Grammar approach to argument structure.* University of Chicago Press.

Gould, Stephen Jay. 1977. *Ever since Darwin: reflections in natural history.* New York: Norton & Company.

Green, Georgia M. 1980. "Some wherefores of English inversion" *Language* 56. 582–601.

1989. *Pragmatics and natural language understanding.* New Jersey: Lawrence Erlbaum Associates.

Greenberg, Joseph H. 1963. "Some universals of grammar with particular reference to the order of meaningful elements." In J. Greenberg (ed.), *Universals of language.* Cambridge, Mass.: MIT Press. 73–113.

Grevisse, Maurice. 1959. *Le bon usage.* 7th edition. Gembloux: Duculot.

Grice, H. Paul. 1975. "Logic and conversation." In Cole & Morgan (eds.). 41–58.

Guéron, Jacqueline. 1978. "The grammar of PP extraposition." Université de Paris VIII, ms.

Gundel, Jeanette. 1976. *The role of topic and comment in linguistic theory.* Distributed by Indiana Univeristy Linguistics Club, Bloomington, Indiana.

1978. "Stress, pronominalization, and the given–new distinction." Working Papers in Linguistics, University of Hawaii vol. X,2. 1–13.

1980. "Zero NP-anaphora in Russian: a case of topic-prominence." In Proceedings of the Sixteenth Annual Meeting of the Chicago Linguistic Society. Papers from the Parasession on Pronouns and Anaphora. 139–146.

Gussenhoven, Carlos. 1983. "Focus, mode and the nucleus." *Journal of Linguistics* 19. 377–417.

Haiman, John (ed.). 1985. *Iconicity in syntax.* Amsterdam: John Benjamins.

Haiman, John & Sandra A. Thompson. 1984. "'Subordination' in universal grammar." In Proceedings of the Tenth Annual Meeting of the Berkeley Linguistics Society. Berkeley, California. 510–523.

Halliday, Michael A. K. 1967. "Notes on transitivity and theme in English" part II. *Journal of Linguistics* 3. 199–244.

1970. "Language structure and language function." In J. Lyons (ed.), *New horizons in linguistics.* Harmondsworth: Penguin Books. 140–165.

Halliday, Michael A. K. & R. Hasan. 1976. *Cohesion in English.* London: Longman.

Hankamer, Jorge & Ivan A. Sag. 1984. "Toward a theory of anaphoric processing." *Linguistics and Philosophy* 7. 325–345.

Harris, Martin. 1976. "A typological approach to word-order change in French." In Harris (ed.) 33–53.

(ed). 1976. *Romance syntax: synchronic and diachronic perspectives.* University of Salford, Department of Modern Languages.

1983. Review of Lambrecht (1981). *Romance Philology* 37,1. 85–91.

Hatcher, Anna G. 1956."Theme and underlying question: two studies of Spanish word order." Supplement to *Word.* Monograph No. 3.

Hawkins, John A. 1978. *Definiteness and indefiniteness.* Atlantic Highlands, N.J.: Humanities Press.

1981. "The semantic diversity of basic grammatical relations in English and German." *Linguistische Berichte* 75. 1–25.

Hawkinson, Annie & Larry Hyman, 1975. "Hierarchies of natural topic in Shona." *Studies in African Linguistics* 5. 147–170.

Heim, Irene. 1982. "The semantics of definite and indefinite noun phrases." Ph.D. dissertation: University of Massachusetts, Amherst.

Hetzron, Robert. 1975. "The presentative movement, or why the ideal word order is V.S.O.P." In Li (ed.) 1975. 345–388.

Hirschbühler, Paul. 1978. "The syntax and semantics of WH-constructions." Ph.D. dissertation: University of Massachusetts, Amherst.

Höhle, Tilman. 1982. "Explikationen für 'normale Betonung' und 'normale Wortstellung.'" In W. Abraham (ed.), *Satzglieder in Deutschen.* Tübingen: Gunter Narr Verlag. 75–154.

Hopper, Paul. 1979. "Aspect and foregrounding in discourse." In Givon (ed.). 213–242.

(ed.). 1982. *Tense and aspect: between semantics and pragmatics.* Typological Studies in Language vol. I. Amsterdam: John Benjamins.

1986. "Some discourse functions of classifiers in Malay." In C. Craig (ed.), *Noun classes and categorization.* Typological Studies in Language vol. VII. Amsterdam: John Benjamins. 309–325.

1987. "Emergent grammar." In Proceedings of the Thirteenth Annual Meeting of the Berkeley Linguistics Society. Berkeley, California. 139–157.

Hopper, Paul & Sandra A. Thompson. 1980. "Transitivity in grammar and discourse." *Language* 56, 2. 251–299.

(eds.). 1982. Studies in transitivity: syntax and semantics vol. XV. New York: Academic Press.

Horn, Laurence R. 1981. "Exhaustiveness and the semantics of clefts." In Proceedings of the Northeastern Linguistic Society, vol. 11. 125–142.

1984. "Toward a new taxonomy for pragmatic inference: Q-based and R-based implicature." In D. Schiffrin (ed.), *GURT '84: meaning, form, and use in context*. Washington: Georgetown University Press. 11–42.

1985. "Metalinguistic negation and pragmatic ambiguity." *Language* 61. 121–174.

1989. *A natural history of negation*. The University of Chicago Press.

Horvath, Julia. 1986. *FOCUS in the theory of grammar and the syntax of Hungarian*. Studies in Generative Grammar vol. XXIV. Dordrecht: Foris Publications.

Hyman, Larry. 1975. "On the change from SOV to SVO: evidence from Niger-Congo." In Li (ed.) 1975. 113–147.

Jackendoff, Ray. 1972. *Semantic interpretation in generative grammar*. Cambridge, Mass.: MIT Press.

Jelinek, Eloise. 1984. "Empty categories, case, and configurationality." *Natural Language and Linguistic Theory* 2. 39–76.

Jespersen, Otto. 1924. *The philosophy of grammar*. London: Allen & Unwin.

[1933] 1964. *Essentials of English Grammar*. Reprint. University of Alabama Press.

Karttunen, Laurie. 1969. "Discourse referents." In J. McCawley (ed.), *Notes from the linguistic underground*. Syntax and Semantics vol. VII. New York: Academic Press.

Kay, Paul. 1990. "Even." *Linguistics and Philosophy* 13. 59–111.

1992. "The inheritance of presuppositions." *Linguistics and Philosophy* 15. 333–379.

Kayne, Richard. 1975. *French syntax the transformational cycle*. Cambridge, Mass.: MIT Press.

Kayne, Richard & J.-Y. Pollock. 1978. "Stylistic inversion, successive cyclicity, and Move NP in French." *Linguistic Inquiry* 9. 595–621.

Keenan, Edward. 1971. "Two kinds of presupposition in natural language." In C. Fillmore & T. Langendoen (eds.), *Studies in linguistic semantics*. New York: Holt, Rinehart and Winston. 45–54.

1972. "On semantically based grammar." *Linguistic Inquiry* 3,4. 413–462.

1974. "The functional principle: generalizing the notion 'subject of.'" Papers from the Tenth Regional Meeting of the Chicago Linguistic Society. 298–309.

1976. "Towards a universal definition of 'subject.'" In Li (ed.) 1976. 303–334.

1978. "The syntax of subject-final languages." In Lehmann (ed.) 267–327.

Kempson, Ruth M. 1975. *Presupposition and the delimitation of semantics.* Cambridge University Press.

Kiparsky, P. & C. Kiparsky. 1970. "Fact." In M. Bierwisch & K. Heidolph (eds.), 143–173.

Kirsner, Robert S. 1973. "Natural focus and agentive interpretation: on the semantics of Dutch expletive *er.*" Stanford Occasional Papers in Linguistics vol. III. 101–113.

1976. "On the subjectless 'pseudo-passive' in standard Dutch and the semantics of background agents." In Li (ed.) 1976. 385–416.

Koenig, Jean–Pierre. 1993. "Shared structure vs. constructional autonomy in Construction Grammar." In Proceedings of the 15th International Congress of Linguists.

Koike, Dale. 1989. "Requests, and the role of deixis in politeness." *Journal of Pragmatics* 13. 187–202.

Krámský, Jiří 1968. "Some ways of expressing the category of determinedness." In F. Daneš et al. (eds.), *Travaux Linguistiques de Prague*, vol. III. University of Alabama Press. 241–254.

Kraus, Karl. 1956. *Die Sprache.* Munich: Kösel Verlag.

Kuno, Susumo. 1972. "Functional sentence perspective: a case study from Japanese and English." *Linguistic Inquiry* 3. 269–320.

1976. "Subject, theme and the speaker's empathy: a reexamination of relativization phenomena." In Li (ed.) 1976. 417–444.

1978. "Japanese: a characteristic OV language." In W. Lehmann (ed). 58–138.

Kuroda, S.-Y. 1972. "The categorical and the thetic judgment: evidence from Japanese syntax." *Foundations of Language* 9. 153–185.

1984. "The categorical and the thetic judgment reconsidered." Paper presented at the Colloquium on Anton Marty's philosophy and linguistic theory, Fribourg, Switzerland.

1985. "Japanese grammar and judgment forms." Ms. University of California, San Diego.

Ladd, D. Robert, Jr. 1978. *The structure of intonational meaning: evidence from English.* Bloomington: Indiana University Press.

1990. "Intonation: emotion vs. grammar." *Language* 66,4. 806–816.

Lakoff, George. 1984. "Performative subordinate clauses." In Proceedings of the Tenth Annual Meeting of the Berkeley Linguistics Society. Berkeley, California. 472–480.

1987. *Women, fire, and dangerous things: what categories reveal about the mind.* University of Chicago Press.

Lambrecht, Knud. 1980. "Topic, French style." In Proceedings of the Sixth Annual Meeting of the Berkeley Linguistics Society. Berkeley, California. 337–360.

1981. *Topic, antitopic and verb-agreement in non-standard French.* Pragmatics and Beyond vol. II:6. Amsterdam: John Benjamins.

1984a. "A pragmatic constraint on lexical subjects in spoken French." In Papers from the Twentieth Annual Meeting of the Chicago Linguistic Society. 239–256.

1984b. "Formulaicity, frame semantics and pragmatics in German binomial expressions." *Language* 60,4. 753–796.

1986a. "Pragmatically motivated syntax: presentational cleft constructions in spoken French." In Proceedings of the Twenty-Second Meeting of the Chicago Linguistic Society. Papers from the Parasession on Pragmatics and Grammatical Theory. 115–126.

1986b. "Topic, focus, and the grammar of spoken French." Ph.D. dissertation: University of California, Berkeley.

1987a. "On the status of SVO sentences in French discourse." In Tomlin (ed.). 217–262.

1987b. "Sentence focus, information structure, and the thetic–categorical distinction." In Proceedings of the Thirteenth Annual Meeting of the Berkeley Linguistics Society. Berkeley, California. 366–382.

1987c. "When subjects behave like objects." Paper read at the 1987 LSA Meeting in San Francisco.

1988a. "Presentational cleft constructions in spoken French." In John Haiman & Sandra A. Thompson (eds.), *Clause combining in grammar and discourse*. Amsterdam: John Benjamins. 135–180.

1988b. "There was a farmer had a dog: Syntactic amalgams revisited." In Proceedings of the Fourteenth Annual Meeting of the Berkeley Linguistics Society. Berkeley, California. 319–339.

1990. " 'What, me worry?' Mad Magazine sentences revisited." In Proceedings of the Sixteenth Annual Meeting of the Berkeley Linguistics Society. Berkeley, California. 215–228.

1992. "Sentential-focus structures as grammatical constructions." Paper presented at the 1992 LSA Meeting in Philadelphia.

forthcoming. "The pragmatics of case." To appear in Masayoshi Shibatani & Sandra A. Thompson (eds.), *Essays in Semantics*.

in preparation. *The pragmatics of syntax in spoken French*.

LaPolla, Randy J. 1990. "Grammatical relations in Chinese: synchronic and diachronic considerations." Ph.D. dissertation: University of California, Berkeley.

forthcoming. "Pragmatic relations and word order in Chinese." In P. Downing & M. Noonan (eds.), *Word order in discourse*. Amsterdam: John Benjamins.

Larsson, Eva. 1979. *La dislocation en français: étude de syntaxe générative*. Études romanes de Lund vol. XXVIII. Lund: CWK Gleerup.

Lashley, K.S. 1951. "The problem of serial order in behavior." In L.A. Jefress (ed.), *Cerebral mechanisms in behavior*. New York: Wiley.

Lehmann, Winfred P. (ed.). 1978. *Syntactic typology: studies in the phenomenology of language*. Austin: University of Texas Press.

Levinson, Stephen C. 1983. *Pragmatics*. Cambridge University Press.

Lewis, David. 1979. "Scorekeeping in a language game." In R. Bäuerle, U. Egli & A. von Stechow (eds.), *Semantics from different points of view*. Berlin, Heidelberg, New York: Springer Verlag. 172–187.

Li, Charles (ed.). 1975. *Word order and word order change*. Austin: University of Texas Press.

(ed). 1976. *Subject and topic*. New York: Academic Press.

Li, Charles & Sandra A. Thompson. 1976. "Subject and topic: a new typology of language." In Li (ed.) 1976. 457–490.

1981. *Mandarin Chinese: a functional reference grammar*. Berkeley: University of California Press.

Liberman, Mark. 1978. "The intonational system of English." Ph.D. dissertation: MIT. Distributed by Indiana University Linguistics Club, Bloomington, Indiana.

Loftus, E. & G. Zanni. 1975. "Eyewitness testimony: influence of the wording of a question." *Bulletin of the Psychonomic Society* 5. 86–88.

Lyons, John. 1967. "A note on possessive, existential, and locative sentences." *Foundations of Language* 3. 390–396.

1977. *Semantics*. 2 vols. Cambridge University Press.

Manaster Ramer, Alexis. Forthcoming. "Ever since Bloomfield." In Proceedings of the 15th International Congress of Linguists.

Marty, Anton. 1918. *Gesammelte Schriften*. vol. II, part 1. Abteilung. Halle: Max Niemeyer Verlag.

Mathesius, Vilém. 1928 (1964). "On linguistic characterology with illustrations from modern English." Actes du Premier Congrès international de linguistes à la Haye. 56–63. Reprinted in J. Vachek (ed.). 1964. *A Prague School Reader in Linguistics*. Bloomington/London: Indiana University Press. 59–67.

1929 (1983). "Functional linguistics." In Vachek, J. (ed.), *Praguiana*. Amsterdam: John Benjamins.

Matsumoto, Yoshiko. 1991. "Is it really a topic that is relativized? Arguments from Japanese." In Proceedings of the Twenty–Seventh Meeting of the Chicago Linguistic Society. 388–402.

McCawley, James D. 1975. "Verbs of bitching." In D. Hockney (ed.), *Contemporary research in philosophical logic and linguistic semantics*. Dordrecht: Reidel. 313–332.

1988. "The comparative conditional construction in English, German, and Chinese." In Proceedings of the Fourteenth Annual Meeting of the Berkeley Linguistics Society. Berkeley, California. 176–187.

Mervis, Carolyn & Eleanor Rosch. 1981. "Categorization of natural objects." *Annual Review of Psychology* 32. 89–115.

Michaelis, Laura A. 1994. "A case of constructional polysemy in Latin." Studies in Language.

Mithun, Marianne. 1986. "Disagreement: the case of pronominal affixes and nouns." In D. Tannen & James E. Alatis (eds.), *Languages and linguistics: the interdependence of theory, data, and application*. Washington, D.C.: Georgetown University Press.

1987. "Is 'basic word order' universal?" In Tomlin (ed.). 281–328.

Morgan, Jerry L. 1982. "Discourse theory and the independence of sentence grammar." In D. Tannen (ed.), *Analyzing discourse: text and talk*. 196–204.

Morgan, Jerry L. and Manfred Sellner. 1980. "Discourse theory and linguistic theory." In R. Spiro, B. Bruce, & W. Brewer (eds.). *Theoretical issues in reading comprehension*. Hillsdale, N.J.: Lawrence Erlbaum. 165–200.

Ochs, Elinor. 1979. "Planned and unplanned discourse." In Givón (ed.). 51–80.

1987. *Culture and language acquisition: acquiring communicative competence in a Samoan village.* Cambridge University Press.

Ochs Keenan, Elinor & Bambi B. Schieffelin. 1976a. "Foregrounding referents: a reconsideration of Left–dislocation in discourse." In Proceedings of the Second Annual Meeting of the Berkeley Linguistics Society. Berkeley, California. 240–257.

1976b. "Topic as a discourse notion: a study of topic in the conversations of children and adults." In Li (ed.) 1976. 335–384.

O'Connor, Catherine. 1987. "Disjoint reference and pragmatic inference: Anaphora and switch reference in Northern Pomo." Paper presented at the International Wenner-Gren Conference on "The role of Theory in Linguistic Description." Ochos Rios, Jamaica.

Partee, Barbara. 1984. "Nominal and temporal anaphora." *Linguistics and Philosophy* 7. 243–286.

Paul, Hermann. 1909 (1975). *Prinzipien der Sprachgeschichte.* Tübingen: Max Niemeyer Verlag.

Payne, John R. 1985. "Negation." In Shopen (ed.). 197–242.

Perlmutter, David M. 1970. "On the article in English." In Bierwisch & Heidolph (eds.). 233–248.

1978. "Impersonal passives and the unaccusative hypothesis." In Proceedings of the Fourth Annual Meeting of the Berkeley Linguistics Society. Berkeley, California. 157–189.

Pierrehumbert, Janet. 1980. "The phonology and phonetics of English intonation." Ph.D. dissertation: MIT.

Prince, Ellen. 1978. "A comparison of WH-clefts and It-clefts in discourse." *Language* 54. 883–906.

1979. "On the given/new distinction." In Proceedings of the Fifteenth Annual Meeting of the Chicago Linguistic Society. 267–278.

1981a. "Toward a taxonomy of given–new information." In Cole (ed.). 223–255.

1981b. "Topicalization, focus movement and Yiddish movement: a pragmatic differentiation." In Proceedings of the Seventh Annual Meeting of the Berkeley Linguistics Society. Berkeley, California. 249–264.

1981c. "On the inferencing of indefinite-THIS NPs." In A. K. Joshi, B. L. Webber, & I. A. Sag (eds.), *Elements of discourse understanding.* Cambridge University Press. 231–250.

1983. "A comparison of topicalization and Left-dislocation in discourse." Paper presented at the Annual Meeting of the LSA.

Rando, Emily & Donna Jo Napoli. 1978. "Definites in *There*-sentences." *Language* 54. 300–313.

Reinhart, Tanya. 1982. "Pragmatics and linguistics: an analysis of sentence topics." Distributed by Indiana University Linguistics Club, Bloomington, Indiana.

1983. *Anaphora and semantic interpretation.* The University of Chicago Press.

Rohrer, Christian (ed.). 1981. *Studia linguistica in honorem Eugenio Coseriu.* vol. VI: *Grammatik.* Berlin: De Gruyter.

Rosch, Eleanor. 1977. "Human categorization." In N. Warren (ed.), *Studies in cross-cultural psychology.* London: Academic.

Ross, John R. 1967. "Constraints on variables in syntax." Ph.D. dissertation: MIT.

Russell, Bertrand. 1905. "On denoting." *Mind* 14. 479–93.

Saccón, Graziella. 1993. "Post-verbal subjects: a study based on Italian and its dialects." Ph.D. dissertation: Harvard University.

Sadock, Jerrold M. & Arnold M. Zwicky. 1985. "Speech act distinctions in syntax." In Shopen (ed.). 155–196.

Sandmann, Manfred. 1954. *Subject and predicate.* Edinburgh University Press.

Sapir, Edward. 1921. *Language.* New York: Harcourt, Brace and World, Inc.

Sasse, Hans-Jürgen. 1984. "The pragmatics of noun incorporation in Eastern Cushitic languages." In F. Plank (ed.), *Objects: toward a theory of grammatical relations.* New York: Academic Press.

1987. "The thetic/categorical distinction revisited." *Linguistics* 25. 511–580.

Schachter, Paul. 1973. "Focus and relativization." *Language* 49. 19–46.

1976. "The subject in Philippine languages: topic, actor, actor-topic, or none of the above?" In Li (ed.) 1976. 491–518.

Schmerling, Susan F. 1976. *Aspects of English sentence stress.* Austin: University of Texas Press.

Schuetze-Coburn, Stephan. 1984. "On the borders of subordination: signaling relative clauses in spoken German." In Proceedings of the Tenth Annual Meeting of the Berkeley Linguistics Society. Berkeley, California. 650–659.

Selkirk, Elisabeth O. 1984. *Phonology and syntax: the relation between sound and structure.* Cambridge, Mass.: MIT Press.

Shopen, Timothy (ed.). 1985. *Syntactic typology and linguistic description* vol. I. Cambridge University Press.

Silva-Corvalán, Carmen. 1982. "Subject expression and placement in Mexican-American Spanish." In J. Amastae & L. Elías-Olivares (eds.), *Spanish in the United States: sociolinguistic aspects.* Cambridge University Press.

Stalnaker, Robert. 1973. "Presuppositions." *Journal of Philosophical Logic* 2. 447–457.

1974. "Pragmatic presuppositions." In Milton K. Munitz & Peter Unger (eds.), *Semantics and Philosophy.* New York University Press. 197–213.

1978. "Assertion". In Peter Cole (ed.), *Pragmatics.* Syntax and Semantics, vol. IX. New York: Academic Press. 315–332.

Stefanini, Jean. 1981. "Sur la notion de phrase et son histoire." *Recherches sur le Français Parlé* 3. 7–18.

Stempel, W. D. 1981. "L'amour elle appelle ça – L'amour tu ne connais pas." In Rohrer (ed.). 351–367.

Strawson, P. 1964. "Identifying reference and truth values." *Theoria* 30. 96–118. Reprinted in D. Steinberg & L. Jakobovits (eds.). 1971. *Semantics.* Cambridge University Press.

Suñer, Margarita. 1982. *Syntax and semantics of Spanish presentational sentence-types*. Washington D.C.: Georgetown University Press.

Taylor, John R. 1989. *Linguistic categorization: prototypes in linguistic theory*. Oxford: Clarendon Press.

Terkel, Studs. 1974. *Working*. New York: Avon Books.

Thompson, Sandra A. 1978. "Modern English from a typological point of view: some implications of the function of word order." *Linguistische Berichte* 54. 19–35.

Tomlin, Russell (ed.). 1987. *Coherence and grounding in discourse*. Typological Studies in Language vol XI. Amsterdam: John Benjamins.

Ulrich, Miorita. 1985. *Thetisch und kategorisch*. Tübingen: Gunter Narr Verlag.

Vallduví, Enric. 1990a. "Information structure and the scope of sentential negation." In Proceedings of the Sixteenth Annual Meeting of the Berkeley Linguistics Society. Berkeley, California. 325–337.

1990b. "The informational component." Ph.D. dissertation: University of Pennsylvania.

Van Oosten, Jeanne. 1978. "Expletive-*there* sentences." Ms. University of California, Berkeley.

1985. *On the nature of topics, agents, and subjects: a cognitive explanation*. Distributed by Indiana University Linguistics Club, Bloomington, Indiana.

Van Valin, Robert D. 1977. "Ergativity and the universality of subjects." Proceedings of the 13th Regional Meeting of the Chicago Linguistic Society. 689–705.

1981. "Grammatical relations in ergative languages." *Studies in Language* 5,3. 361–394.

1985. "Case marking and the structure of the Lakhota clause." In J. Nichols & A. Woodbury (eds.), *Grammar inside and outside the clause*. Cambridge University Press, 363–413.

1986. "Pragmatics, island phenomena, and linguistic competence." In Proceedings of the Twenty-Second Annual Meeting of the Chicago Linguistic Society. Papers from the Parasession on Pragmatics and Grammatical Theory. 223–233.

1990a. "Semantic parameters of split intransitivity." *Language* 66. 221–260.

1990b. "Functionalism, anaphora, and syntax." In Studies in Language, 14,1. 169–219.

1993. "A synopsis of Role and Reference Grammar." In Van Valin (ed.), *Advances in Role and Reference Grammar*. Amsterdam: John Benjamins, 1–164.

Vattuone, Bart. 1975. "Notes on Genoese syntax: kernel 'VOS' strings and theme–rheme structures." Studi Italiani di Linguistica Teorica ed Applicata vol. iv. 335–378.

Vennemann, Theo. 1974. "Topics, subjects, and word order: from SXV to SVX via TVX." In Anderson, John M. & Charles Jones (eds.), *Historical linguistics*, 2 vols. Amsterdam: North Holland. 339–376.

Vossler, Karl. 1923. *Gesammelte Aufsätze zur Sprachphilosophie*. Munich: Max Hueber Verlag.

Wald, Benji. 1983. "Referents and topics within and across discourse units: observations from current vernacular English." In F. Klein Andreu (ed.), *Discourse perspectives on syntax*. New York: Academic Press.

Wandruszka, Ulrich. 1981. "Typen romanischer Subjektinversion." In Rohrer (ed.). 369–380.

1982. *Studien zur Italienischen Wortstellung*. Tübingen: Gunter Narr Verlag.

Ward, Gregory L. 1988. *The semantics and pragmatics of preposing*. New York: Garland Publishing, Inc.

Wartburg, Walther von. 1943 (1970). *Einführung in Problematik und Methodik der Sprachwissenschaft*. Tübingen: Max Niemeyer Verlag.

Watters, John R. 1979. "Focus in Aghem: a study of its formal correlates and typology." In Larry Hyman (ed.), *Aghem grammatical structure*. Southern California Occasional Papers in Linguistics, vol. VII. Los Angeles: University of Southern California. 137–197.

Waugh, Linda R. 1982. "Marked and unmarked: a choice between unequals in semiotic structure." *Semiotika* 38,3/4. 299–318.

Wehr, Barbara. 1984. *Diskursstrategien im Romanischen*. Tübingen: Gunter Narr Verlag.

Woodbury, Anthony C. 1987. "Meaningful phonological processes: a consideration of Central Alaskan Yupik Eskimo prosody." *Language* 63,4. 685–740.

Zadrozny, Wlodek & Alexis Manaster Ramer. "The significance of constructions." Ms. IBM Research, T. J. Watson Research Center. Yorkstown Heights, N.Y.

Zimmer, Karl. 1986. "On the function of post-predicate subject pronouns in Turkish." In Ayhan A. Koç & Eser Erguvanli (eds.), *Proceedings of the Turkish Linguistics Conference, August 1984*. Istanbul: Bogazici University Publications. 195–206.

Zwicky, Arnold. 1987. "Constructions in monostratal syntax." In Proceedings of the Twenty–Third Annual Meeting of the Chicago Linguistic Society. 389–401.

1989. "Idioms and constructions." In Proceedings of the Fifth Eastern States Conference of Linguistics. 547–558.

索　引

索引所标页码为英文版页码，即本汉译版的边码。

about-construction *about* 构式 149, 151, 152

aboutness 关涉性 118–19, 157; 另见 topic

accent 重音 见 sentence accent

accentable syllable 可重音突显的音节 247, 251

accented constituent 重音突显成分 214

  with active referent 活跃的所指对象 97, 286ff., 323–325

  coding presupposed proposition 编码预设命题 61–62, 218–219, 269–280

  discourse condition on 语篇条件 325

  unmarked for activation 激活状态无标记 96, 97, 98, 106, 251, 263, 266–269; 另见 sentence accent

accessibility 可及性 见 activation state, semi-activeness

accessible referents 可及的所指 见 activation state accommodation of presuppositional structure 预设性结构顺应 65–73, 103–104, 278

  conventionalized or grammaticalized 规约化或语法化 70–73, 285, 353 n.33

  rule of 规则 67; 另见 exploitation

activation 激活 6, 38, 54, 57, 93–105, 109, 177

  accent vs. focus accent 重音 vs. 焦点重音 112–113, 218, 219, 259, 283, 309

  coactivation of types with tokens 类符与型符共同激活 107, 249

  definition 定义 324

  and focus 与焦点 269–286

  and identifiability 与可识别性 105

  of presupposed propositions 预设命题的 62, 269–285

state of referents/denotata 所指 / 指称对象的状态 93–101, 323

  activeness 活跃状态 41, 93–97, 204

  arguments 论元 264–269

  deictic adverbs 指示副词 110, 303

  detached constituents 分离成分 186, 203ff.

  inactiveness 不活跃状态 94–97, 166; correlation with object and focus 与宾语、焦点的关系 114

  accessibility/semi-activeness, 88, 93–94, 99–100, 110, 160, 166, 183, 186, 193, 203; correlation with subject and topic 与主语、话题的关系 114; factors causing it 因素 100; inferential 推理的 100, 109; as potential for activation 激活潜势 104, 114; situational 情境的 100, 109; textual 语篇的 100, 109; types of 类型 99–100, 109, 186

  vs. pragmatic relation vs. 语用关系 49, 76, 112–116, 151, 257–258, 323

  of predicates 谓语的 264–269, 278, 280–

415

281, 315

prosodic marking 韵律标记 95-99, 106-109; 另见 sentence accent

and word order 与词序 101

and presupposition 与预设 62, 229, 269-285

and topic 与话题 160-168

active referents 活跃的所指对象 见 activation state, activeness

addition (Clark & Haviland) 添加（克拉克和哈维兰）197

adverb 状语 见 topic, scene-setting

adverbial clauses 状语从句 见 presuppositional structure, background-establishing

afterthought 事后想法 203, 254 n.55

agreement 一致 42, 205

emergence, diachronic 出现，历时的 192

marker vs. pronominal argument 标记 vs. 代词型论元 175-176

object agreement in French 法语中的宾语一致 175

suspended, in thetic sentences 整体判断型句子中的暂停使用 352 n.32

Akmajian, A. 阿克马吉安 9, 30, 32-33, 212

Allerton, D. J. 阿勒顿 103

allosentence 句式变体 6, 9, 17, 35, 120, 145, 202, 223, 235, 242

prosodic 韵律的 242, 255, 256, 257, 310, 322

ambiguity 歧义 见 vagueness

anaphora, deep (or model-interpretive) 深层回指（模型性解释回指）269; 另见 surface, 269

anaphoric expressions 回指性表达 343 n.23, 38, 187; 另见 pronouns, pronominal

anchoring of referents 所指对象的锚定 85-

86, 88, 92, 105, 167, 197

Andrews, A. 安德鲁斯 350 n.8

animacy hierarchy for topics 话题的生命度层级 168

antecedent (Clark and Haviland) 先发事件（克拉克和哈维兰）345 n.12

antitopic construction 逆话题构式 118, 123, 128, 175, 182, 202-205

activation state of antitopic referents 逆话题所指对象的激活状态 203-204

case marking 格标记 205

non-contrastive nature 非对比性 183

in spoken French 在法语口语中 158, 244, 251-252, 284

in German 在德语中 192, 204

in SOV languages 在 SOV 语言中 182, 192, 202

processing implications 加工含义 203

prosody 韵律 203

syntax 句法 205

另见 right-detachment, right-dislocation, A-TOP constituent

Arabic 阿拉伯语 138

arbitrariness 任意性 see motivation

argument 论元 75, 224, 342 n.16; 另见 activation state

argument focus 论元焦点 另见 structure

Aristotelian view of judgement 亚里士多德对判断的看法 351 n.18

as for-construction, 149, 151-152, 182

accessibility condition on referent 所指对象的可及性条件 152

aspect 体 344 n.1, 349 n.6

assertion, pragmatic 语用断言 6, 48, 54, 57, 283

definition 定义 52

as relation between propositions 作为命题之间的关系 57-58, 68, 226-228, 234

without presupposition 无预设 60

and truth value 与真值 63

associative relations (Saussure) 联想关系（索绪尔）xiii

A-TOP constituents 逆话题成分 128, 188, 203, 284; 另见 antitopic

Auger, J. 奥格 353 n.46

Austin, J. L. 奥斯汀 4

autonomy of syntax 句法自主性 8, 9, 10, 11

avoir, French, as a presentational predicate 作为呈介型谓语的法语词 *avoir* 22, 25, 352 n.37

avoir-cleft construction in spoken French 法语口语中的 *avoir*-分裂构式 14, 22-23, 123, 145, 158, 169, 234

background-establishing clauses 确立背景型从句 125-126

backgrounding 背景化 125, 344 n.1, 350 n.7

Bailard, J. 拜拉德 354 n.55

Bally, C. 巴依 12, 20, 351 n.18, 352 n.39

Bantu languages 班图语 138

Barnes, B. 巴恩斯 353 n.41

Basic Focus Rule (Selkirk) 基本焦点规则（塞尔柯克）315, 321

basic-level vs. subordinate categories 基本层级 vs. 下位范畴 282

because, presuppositional structure *because* 预设结构 69, 346 n.24,

Beneš 贝奈斯 355 n.8

bi-clausal presuppositional construction 双小句呈介型构式 129, 180, 184

bir, Turkish 土耳其语 *bir* 83, 85

Bolinger 博林格 D., 97, 138, 207, 241, 242,

266, 290, 307, 311, 356 n.18, 360 n.57

Boni, Cushitic 博尼语（库希特语族）138

bootstrapping, pragmatic 语用自助锚定 92, 105

Borkin, A. 博尔金 70, 71, 358 n.42

brand-new referents 全新所指对象 105, 109, 166, 178; 另见 identifiability

anchored vs. unanchored 锚定的 vs. 未锚定的 105, 167, 197

as subjects 作为主语 168-169, 178, 352 n.33

Brentano, F. 布伦塔诺 139

Bresnan, J & S. Mchombo 布雷斯南和穆琼博 13, 175

bridging (Clark & Haviland) 桥接（克拉克和哈维兰）70

Brown, P. and S. Levinson 布朗和莱文森 344 n.4

canonical 典范的

ambiguity of term 术语的歧义 190

sentence model 句子模式 189-191

word order 语序 16, 311 另见 markedness

case hierarchy for topics (Givon) 话题的格层级（吉翁）168

case marking 格标记 42, 187

dual 第二个 194

in antitopic construction 在逆话题构式中 205

categorical judgment 范畴判断 138-140

c'est-cleft, French 法语中的 *c'est*-分裂构式 115, 123, 135, 223, 233, 279, 293, 330

Chafe, W. 切夫 2, 77, 93ff., 118, 138, 165, 238, 258, 263, 266, 287, 289, 295, 318, 360 n.54

Chinese 汉语 83, 118, 138, 178, 180, 347 n.11

Chomsky, N. 乔姆斯基 8, 9, 118, 189, 207,

232, 240, 270, 280, 338, 359 n.47

Chomsky N.& M. Halle 乔姆斯基和哈勒 267, 312

Clark, H. 克拉克 99

Clark, H. & S. Haviland 克拉克和哈维兰 70, 75, 102, 345 n.12

cleft constructions 分裂构式 17, 22, 26, 123, 138, 230, 233, 279, 330

 and pragmatic accommodation 与语用顺应 70–71

 event-reporting, in spoken French 法语口语中的事件报道型 14, 22, 23, 138, 158

 另见 c'est-cleft, pseudocleft, relative clauses, WH-cleft

comment 评述 121, 232; 另见 topic-comment

common background belief (Stalnaker) 共同背景信念（斯塔尔纳克）345 n.12

common ground (Stalnaker) 共同基础（斯塔尔纳克）59, 271, 345 n.12

 between speaker and hearer 言者和听者之间的 71

 between speaker and third party 言者和第三方之间 71

competence, pragmatic vs. grammatical 语用能力 vs. 语法能力 9

competition in grammar 语法中的竞争 9, 12, 25, 26, 341 n.8

complete thought 完整思想 189

Comrie, B. 科姆里 13, 163, 297, 341 n.7, 343 n.28

consciousness 意识 76

consciousness presupposition 意识预设 见 presupposition 另见 activation

Construction Grammar 构式语法 13, 34, 343 n.30

constructional focus marking 构式焦点标记

224

context-construable (Culicover & Rochemont) 语境中可识解的（库里卡弗和罗什蒙）314

contextual articulation 语境音显 153

contexually free vs. bound vs. neutral 语境上自由的 vs. 黏着的 vs. 中立的 124, 126, 153, 355 n.8

contrast between allosentences as principle of interpretation 作为解释原则的句式变体之间的差异 120, 145, 255, 319, 339; 另见 allosentence

contrastive 对比性

 accent 重音 245, 287

 within topic NP 在话题名词短语中 294

 focus 焦点 286–291

  in spoken French 在法语口语中 292–293

  in Japanese 在日语中 292–293

 topic 话题 124, 183, 291–295, 298

  in spoken French 在法语口语中 292–293

  in Japanese 在日语中 292–293

contrastiveness 对比性 17, 212, 253, 286–295, 303

 and conversational implicature, 291, 303, 328

 definitions 定义 287, 289

 as a gradient notion 作为梯度概念 290

 and the two discourse words 与两个语篇词 287

Contreras, H. 康特雷拉斯 138, 169

counterassertiveness/counterpresuppositional 反断言／反预设 236

Creider, C. 克雷德 341 n.1

Culicover, P. & M. Rochemont, 库里卡弗和罗什蒙 27, 313–315, 356 n.18, 358 n.39, 358 n.42

cum-inversum construction, Latin 拉丁语中 *cum*-引导的后置构式 346 n.23

Czech 捷克语 86, 145, 200, 355 n.8

da, German, in presentational sentences 德语 呈介型句子中的 *da* 179

Dahl, O. 达尔 44, 45, 101, 139

Daneš, F. 达纳希 6–7, 355 n.9

das vs. *dass,* German 德语中的 *das* vs. *dass* 78

deaccentuation (Ladd) 去重音化（拉德）248– 249, 255, 313, 342 n.13

default accent 默认重音 见 sentence accent

definite and indefinite article 定冠词和不定冠 词 见 determiner definite descriptions 78

definiteness, grammatical 语法指定性 79–87, 268

 non-universal character 非普遍性特征 84– 87, 92, 107–109

 另见 identifiability

de-focused NP, 303; 另见 antitopic

deictic adverbials 指示状语 activation state of referent 所指对象的激活状态 110, 303

deixis 指示语 4, 38, 110, 179, 187, 303

and politeness 与礼貌 38

denotatum 指称对象 37

der, die, das vs. *er, sie, es* German 德语中的 *der, die, das* vs. *er, sie, es* 204, 360 n.56

der eine... der andere, German 德语中的 *der eine... der andere* 85

designatum 见 denotatum

detached constituent 分离成分

 accessible status of referent 职称对象的可 及性状态 183, 186, 193, 203–205

 vs. adjunct 修饰成分，附加语 194

 extra-clausal position 小句外位置 192–194

 pronouns 代词 183

relation to clause 与小句的关系 193

detachment constructions 分离构式 181–184

 basic discourse function 基本语篇功能 183

 and case agreement 与格一致 205

 diachronic reanalysis 历时分析 192, 195, 354 n.55

 in spoken French 在法语口语中 126, 138, 158, 251–252, 284

 in German 在德语中 192, 194, 204

 dual case marking 双重格标记 194

 processing implications 加工含义 185ff.

 syntax 句法 192–195, 205

 substandard/unplanned character across languages 语言中不标准 / 不恰当的特征 182, 185

 terminology 术语 352 n.39

 universality 普遍性 191

 and verb agreement 与动词一致 192

 另见 left/right-detachment, antitopic, A-TOP, topic, TOP

determiner 限定词

 accented 重音突显的 35

 definite, indefinite 定指的，不定指的 53, 78

  three-way distinction 三种形式之间的区 分 80

 demonstrative 指示的 78, 172

 possessive 物主的 19, 78–79, 91–92, 172, 249, 251

 relation with subordinating and nominalizing morphemes 与从属语素和 名词化语素的关系 78

 as topic 作为话题 19

devik cümle, Turkish 土耳其语中的 *devik cümle* 202

Dik, S. 迪克 7, 10, 118, 193, 236

Discourse Condition on Unaccented Constituents

非重音突显成分的语篇条件 324

discourse referents 语篇指代对象 74-77, 112, 155

   entities 实体 74

   establishment in discourse 在语篇中确立 42

   expressed in argument/adjunct categories 在论元／修饰成分范畴中表达 75

   introduction into discourse 引入语篇 23, 39

   pragmatic construal 语用识解 101-105, 267

   processing in discourse 在语篇中加工 267-268

   propositional 命题的 74, 270

      expressed in argument categories 在论元范畴中表达 75, 280

      expressed anaphorically 回指表达 75-76

discourse register 语篇语域 74, 280

dislocation 见 detachment

distinguished argument 特异论元 350 n.14

Dixon, R. M. W. 迪克森 12

do-construction, emphatic 强调 *do*-构式 71-72

doch, German 德语中的 *doch* 72

Dressler, W. 德莱斯勒 341 n.8

DuBois, J. 杜布瓦 238, 341 n.8

Ducrot, O. 杜克罗 344 n.2, 345 n.12, 346 n.21, 346 n.24

dummy subjects 虚指主语 见 unaccented pronominal, *il/es* impersonal

ecology of grammar 语法生态 9, 175, 339

economy of form in grammar 语法形式的经济性 31, 175

ellipsis or surface anaphora 省略或表层回指 112, 135-136, 268, 269; 见 anaphora, deep or model-interpretive

emergence, verbs denoting 表示"出现"的动词 351 n.21

empathy 移情 344 n.1

emphasis 强调 201, 239, 358 n.41

Enç, M. 恩奇 183, 184, 353 n.42

epexegesis 附加说明 202

equational relation vs. topic-comment relation 等式关系 vs. 话题-评述型音显 232

ergative languages 作格语言 350 n.14

Erguvanli, E. 厄尔古万勒 182, 203

Erteshik-Shir, N.& S. Lappin 俄特克-希尔和拉宾 52, 59, 63, 341 n.1

es impersonal, German 德语中非人称的 *es* 170, 178, 352 n.36

event (term) 事件（术语）349 n.6

event-reporting sentence 事件报道型句子 14, 124, 126, 133, 137-146, 169, 222

   in German 在德语中 255-256

   and presentational sentence 与呈介型句子 143-144

eventive construal of propositions 304, 310; 另见 event-reporting sentence

evidential particles 信息来源小品词 240

evoked referents 所指对象 348 n.18

exad, Hebrew 希伯来语中的 *exad* 84

exhaustive interpretation of identification sentences 识别型句子中的穷尽解读 123

exhaustive listing (Kuno) 穷举（九野）292

exhaustiveness condition 穷尽性条件 291

existence vs. location 存在 vs. 场所 179, 352 n.35

existential sentences 存在句 30, 39, 140, 179, 180

   vs. locative sentences vs. 方位句 179, 352 n.35 另见 thetic sentences, presentational sentences

explanation in linguistics, 11-12, 26

exploitation of presuppositional structure 预设性结构的利用 70, 346 n.21; 另见 accommodation

expressive use of intonation 语调的表达性用法 239

extraposition 外置结构 203, 275-276

Faber, D. 法伯尔 138, 310, 317

factive verbs 叙实性动词 61

fairy-tale openings, syntax, 童话开场白，句法 177-178, 180, 352 n.33

familiarity 熟悉 见 identifiability

Fauconnier, G. 福柯尼耶 347 n.5

Fillmore, C. 菲尔莫尔 7, 11, 34, 90, 344 n.2, 345 n.18, 346 n.20, 351 n.27

Fillmore, Kay & O'Connor 菲尔莫尔、凯和奥康纳 13, 33, 343 n.30

finite, non-finite 限定，非限定 见 tensed, non-tensed

Firbas, J. 费尔巴斯 7, 117, 199

focal 焦点的 214, 另见 in focus

focus 焦点

　accent 重音

　　vs. activation accent vs. 激活重音 208, 219, 259, 263, 269-285, 309

　　on atonic pronouns in French 法语中的无重音代词 356 n.20

　　in compounds 复合词中的 240

　　on constituents with "non-new" referents 非新所指对象的成分 260

　　on constituents expressing presupposed propositions 表达预设命题的成分 269-280

　　in derivational formations 派生形式 240

　　on predicates/verbs vs. arguments/nouns 谓语/动词 vs. 论元/名词 264-269,

315

　　position 位置 22, 265

　　vs. topic accent vs. 话题重音 275, 325 另见 sentence accent

　and activation states 与激活状态 257-262, 269-286

　and anaphora 与回指 136

　and assertion 与断言 213

　broad interpretation of unmarked focus 无标记焦点的宽式解读 17, 296, 300

　contrast within words 词内对比 240, 252, 356 n.16, 356 n.17

　constituent 成分

　　with active referent 活跃的所指对象 257ff.

　　denoting presupposed proposition 表示预设的命题 217, 219, 269ff.

　　sentence-initial 句首 31, 200, 201, 343 n.21, 353 n.52;

　　另见 focus movement

　　definition, 213

　domain, syntactic 句法域 214-217, 221, 243

　　containing non-focal elements 包含非焦点元素 216, 217, 218, 228, 250, 253, 275, 357 n.24

　　potential vs. actual (Van Valin) 潜在的 vs. 实际的 359 n.48

　and ellipsis 与省略 136

　marking 标记 14, 58, 214, 218, 221-225, 226, 229-230, 234

　　vs. activation marking vs. 激活标记；见 focus accent, activation accent

　　constructional 构式的 223-225

　　morphosyntactic 形态句法的 223-225, 292

　　prosodic 韵律的 223-225; 另见 focus

accent

multiple-focus analysis 多焦点分析 329

narrow construal of unmarked focus 无标记焦点的窄式识解 17, 64, 296, 300, 303, 354 n.5; 另见 argument focus

and "new information" 与 "新信息" 257–263

and predicate 与谓语 213

projection 投影 214, 243, 296–322

and questions 与问句, 见 WH-questions

relation 关系 210, 213, 261, 275

 vs. activation state vs. 激活状态 257–263, 269ff.

 unpredictable/non-recoverable nature 不可预测／不可追溯的性质 6, 98, 151, 162, 207, 211, 218, 273

relational nature 关系性质 39, 115, 209, 212, 217, 240

second-instance focus 二次焦点音显 220, 299, 354 n.4

structure 结构 221–238

 argument-focus structure 论元–焦点结构 222, 228–233; marked nature 标记性 296ff.; prosodic marking 韵律标记 296–304; as reversal of predicate-focus structure 作为谓语焦点型结构的反转 230

 combinations 结合体 40, 186, 236–237, 293

 and types of communicative function 交际功能类别 222

 vs. constituent structure vs. 成分结构 251

 homophony 同音异义现象 225, 321, 235

 marked vs. unmarked 有标记的 vs. 无标记的 296–322

 predicate-focus structure 谓语焦点结构 20,

222, 226–228, 259; prosodic marking 韵律标记 296–304; unmarked nature 无标记性 228, 279–280, 296ff.; 另见 Principle of Predicate-Focus Interpretation

 sentence-focus structure 句子焦点结构 14, 222, 223–235; absence of presupposition 预设的缺失 233; absence of topic-comment relation 话题–评述关系的缺失 234; marked nature, 296ff.; prosodic marking 韵律标记 245, 307–322; formal similarity with argument focus structure 与论元焦点结构的形式相似性 321

 of WH-questions WH–疑问句 283

vagueness 模糊性 305–306

and word order 与语序 31, 200

Focus Interpretation Principle (Selkirk) 焦点解读原则（塞尔柯克）267

focus-movement construction 焦点–移位构式 31, 201, 225, 295; 另见 topicalization

focus-newness correlation 焦点–新出性互联 258ff.

focus-presupposition articulation 焦点–预设型音显 350 n.8

focus-presupposition sentences 焦点–预设型句子 207–208

frames, semantic, 框架语义学 345 n.18, 346 n.20

 definition (Fillmore) 定义（菲尔莫尔）90

 and presupposition 与预设 346 n.20, 345 n.18

 and referent activation 与所指对象激活 99–100, 104, 160

 and referent identification 与所指对象识别 88, 90–92

French 法语 14, 22–23, 25, 30, 72, 76, 80, 82,

84–85, 92, 115–116, 124, 126, 135, 137, 138, 143, 149, 156, 158, 170, 178, 182, 186, 200, 223, 225, 234, 243, 244, 245, 251–252, 277, 284–286, 292–293, 342 n.19, 352 n.36, 352 n.37, 356 n.20, 359 n.46

Fried, M. 弗里德 341 n.9, 349 n.3

Fuchs, A. 福克斯 138, 351 n.20

function and form in language 语言中的功能和形式 28–29, 31, 32

functional 功能的

　linguistics 语言学 9, 10

　vs. formal approaches to grammar vs. 语法的形式路向 9–11

　underspecification of prosodic structure 韵律结构不明晰 306, 326

　underspecification of syntactic structures 句法结构不明晰 29–32

Functional Grammar 功能语法 7, 10, 13

Functional Language Perspective 功能语法视角 2

Functional Principle (Keenan) 功能原则（基南）156–157

functionalist views of syntax, extreme 激进的功能主义句法观 10, 26, 341 n.7

ga, Japanese 日语中的が 137–138, 140, 229, 234, 292–293, 319, 355 n.11

Gabelentz, G. 甲柏连孜 349 n.5

gapping 省略重复动词 111, 268

General Phrasal Accent Principle 短语重音的一般原则 247, 273, 274, 276, 295, 300

generative 生成的 xiii, 257, 339

generic referents 泛指对象 82–83, 167

German 德语 72, 76, 78, 80, 82, 85, 95, 133, 138, 154, 170, 173, 179, 182, 192, 194, 204, 255–256, 264, 279, 342 n.17, 343

n.20, 343 n.21, 347 n.4, 347 n.6, 3 52 n.36, 356 n.14, 360 n.56

Gilligan, G. 吉利根 191

given referents 旧有的所指对象 109, 348 n.18; 另见 activeness

given-new contract (Clark & Haviland) 新–旧信息默契（克拉克和哈维兰）102

Givón, T. 吉翁 13, 117, 177, 225, 238, 354 n.5

Goldberg, A. 戈德伯格 343 n.25, 343 n.30, 346 n.13

Gould, S. J. 古尔德 9

Government and Binding theory 管约论 190

grammar, organization 语法组织 6, 7, 11, 12, 31

grammatical constructions 语法构式 34, 227, 318, 343 n.30

　definition (Fillmore) 定义（菲尔莫尔）34

　expressing information-structure distinctions 表达信息结构的差异 35, 227; 另见 antitopic, cleft, *cum*-inversum, *do*-construction, left-detachment, subject-predicate, presentational, topic, thetic, etc.

　expressing speakers' attitudes 表达言者态度 35, 239

　expressing speech-act varieties 表达言语行文差异 35

　pragmatically marked/unmarked 语用标记/无标记 29, 35

　prosodic 韵律的 318

　types 类型 34–35

grammatic(al)ization 语法化 10, 29, 343 n.24

Green, G. 格林 345 n.18

Grice, H. P. 格莱斯 4, 5, 314, 346 n.21

Gundel, J. 贡德尔 118, 151, 193

Gussenhoven, C. 古森霍夫 316–318, 329, 357 n.26

Halliday 韩礼德 2, 7, 12, 117, 207, 246, 287, 303, 312

Hankamer, J. & I. Sag 汉卡默和萨格 269, 280

Harris, M. 哈里斯 354 n.55

Hatcher, E. 海切尔 169

have, presentational 呈介性的 have 343 n.22, 352 n.37

Hebrew 希伯来语 84

here-construction *here*-构式 39–43, 169–170, 179

Hetzron, R. 赫茨伦 177

himself, presuppositional structure 预设性结构 *himself* 350 n.9, 375 n.30

Höhle, T. 霍勒 214

Hopper, P. 霍珀 343 n.24, 344 n.1

Horn, L. 霍恩 123, 291, 329, 351 n.19, 351 n.26, 351 n.27

Horvath, J. 霍瓦思 27

Hyman, L. 海曼 354 n.55

iconicity of pitch prominence 音高突出的象似性 96–97, 225, 241–245, 254, 266, 312; 另见 onomatopoeia

identifiable referents 可识别的所指对象 见 identifiability

identifiability 可识别性 6, 57, 77–92, 109

number of unidentifiable referents per clause 单个小句中不可识别所指对象的数量 170

degrees 程度 84–85

and (in)definiteness 与（不）指定性 79–87, 105

vs. familiarity vs. 熟悉 77, 89

grammatical marking 语法标记 78–87, 105, 107–109, 277

via case marking 通过格标记 79

via determiner 通过限定词 79

via numerals 通过数量词 79, 83–85

via word order 通过语序 79, 86, 347 n.11

in Turkish 在土耳其语中 85

and presupposition 与预设 77–79

of referents in discourse 语篇中所指对象的 87–92

and topic 与话题 165ff.

as a universal cognitive category 与普遍认知范畴 87

identification relation 识别关系 232

identificational sentences 识别型句子 122, 126, 142, 222, 261, 349 n.4; 另见 argument focus

vs. copular topic-comment sentences vs. 系表话题评述型句子 123

and uniqueness/exhaustiveness 与唯一性/穷尽性 122–123

idiomaticity vs. regularity in grammar 习语性 vs. 语法的规则现象 33–34

il-construction, impersonal, in French, 法语中非人的 il-构式 30, 92, 170, 171, 178

(il) y a-construction in French 法语中的 (il) y a-构式 123, 158, 352 n.36

implicature 含义

conventional 规约的 341 n.5

conversational 会话的 4, 160, 257, 291, 296, 328, 329, 341 n.5

generalized 一般的 291, 303

in focus (term) 在焦点之中（术语）214

inactive referents 不活跃的所指对象 见 activation states, unused referents

inferentially accessible referents 推理可及型所指对象 100, 109

inflectional morphemes 屈折语素 见 unaccented pronominals

informatics (Vallduví) 信息学（巴尔杜维）2

information 信息 43–50

lexical or referential 词汇的或指称的 47

vs. meaning vs. 意义 43, 46, 61

non-segmentable nature 不可分割性 47–49, 58, 208, 209, 221, 251

propositional 命题的 44–50, 224

constraint on amount of, per clause 单个小句中信息量的限制 237

relational nature 关系性质 46, 48–49, 209, 212

information packaging 信息包装 2

information questions 特殊疑问句 见 WH-questions

information structure 信息结构

definition 定义 5

and diachronic linguistics 与历时语言学 28, 29

examples of formal manifestation 形式突显的例子 13–25

in English 在英语中 19–20, 24

in spoken French 在法语口语中 22–23

in Italian 在意大利语中 20–22, 24

general characterization 一般表征 1–6

interpretive views 解读观 27–28

negative views 负面评价 1, 341 n.1

place in grammatical system 在语法系统中的位置 3, 6–13

vs. pragmatics vs. 语用学 4–5

prosodic coding 韵律编码 见 sentence accent, activation, focus

and syntax 与句法 25–31

term 术语 2, 341 n.2

violation of, conventional 偏离规约的 135

inheritance relations 继承关系

between focus-structure types 焦点结构类型间的 236–237

between grammatical constructions 语法构式间的 40, 356 n.13

interaction among grammatical components 语法成分间的互动 12, 24, 25, 27, 338; 另见 modularity

intonation 语调 344 n.1, 109–111, 239

inversion 倒装

locative 方位格 170

perceptual nature 感性本质 320

prosodic 韵律的 18, 234, 320–322

subject-auxiliary 主语 30, 305

subject-verb 主谓 18, 22, 40, 143, 169, 170, 225, 230, 233, 288, 301, 319, 338, 342 n.14

constraint on cooccurring object 对共现宾语的限制 170

of topical subjects in Romance and German 罗曼语和德语中的话题主语 342 n.17

inverted word order 倒装语序

in Chinese 在汉语中 178

in Turkish 在土耳其语中 见 devrik cümle

it-cleft construction it-分裂构式 70–71

Italian 意大利语 20–22, 24, 115, 116, 138, 143, 223, 225, 342 n.14, 343 n.21

Jackendoff, R. 杰肯多夫 9, 207, 208, 210, 246, 263, 270, 280, 299, 312, 318, 360 n.57

Japanese 日语 83, 124, 126, 130, 137–138, 140–141, 143, 182, 192, 223, 229, 234, 292–293, 319, 355 n.11

Jelinek, E. 杰里内克 175, 191, 194

Jespersen, O. 叶斯柏森 50, 200, 203, 231

Karttunen, L. 卡图南 155

Kay, P. 凯 346 n.21

Keenan, E. 基南 156, 205, 353 n.43

kein, German, and topicalization 德语中的 *kein* 与话题化 154

Kempson 坎普森 56, 345 n.12

Knowledge 知识 44, 52

    vs. consciousness vs. 意识 93, 261, 270, 334

knowledge presupposition 知识预设 见 presupposition

Koenig, J. P. 柯尼格 356 n.13

Koike, D. 小池 344 n.4

Krámský, J. 克拉姆斯基 86

Kraus, K. 克劳斯 349 n.5, 355 n.9, 358 n.38

Kuno, S. 九野暲 118, 130, 136, 138, 143, 167, 292, 344 n.1, 353 n.56

Kuroda, S.-Y. 黑田 139−140, 141, 143

Ladd, R. 拉德 239, 247, 248, 302, 313, 326, 356 n.18, 358 n.42

Lakoff, G. 莱考夫 282, 344 n.5

language psychology (Sprachpsychologie)（语言−心理学）2, 122

LaPolla, R. 拉波拉 237

Larsson, E. 拉尔森 353 n.54

Lashley, K. S. 拉什利 101

Latin 拉丁语 84, 346 n.23

left-detachment, left-dislocation 左分离 152, 177, 181−184

    in French 在法语中 126, 138, 158, 292, 293

    and topic establishment 与话题确立 181ff., 204

    and topic shift 与话题移指 183, 184

    vs. topicalization vs. 话题化 194−195, 353 n.48 另见 TOP constituent

Lewis, D. 刘易斯 67

lexical vs. pronominal coding of referents 所指对象的词汇编码 vs. 代词编码 见 pronominal

Lexical Functional Grammar 词汇功能语法 13

Li, C. & S. A. Thompson 李和汤普森 12, 24, 118, 351 n.21

Liberman, M. 利伯曼 356 n.15

lie-test (Erteshik-Shir & Lappin) 谎言测试（俄特西克-希尔和拉宾）52, 59, 63, 216

listing interpretation of identificational sentences 识别型句子的列举解读 123

    of *there*-sentences *there*-句子的 344 n.7

    l'un(e), French 法语中的 *l'un(e)* 84−85

Lyons, J. 莱昂斯 350 n.15, 352 n.29, 360 n.53

"Mad Magazine" sentences "疯狂杂志"句 32, 35

Malagasy 马尔加什语 205

Malay 马来语 83

man, German 德语中的 *man* 95

marked/unmarked 有标记的 / 无标记的

    activation state of referents 所指对象的激活状态 见 accented/unaccented constituents

    focus structure 焦点结构 296−322

    information-structure sequence 信息结构序列 15

    members of pairs of allosentences 句式变体对中的成员 17

    presuppositional structure 预设性结构 64, 67−68

    sentence-accent position 句子重音位置 15, 17, 20

    word order 语序 15, 17

markedness 标记性 15−18, 98

    distributional 分布的 17, 18, 360 n.53

    formal 形式的 360 n.53

    lexical 词汇的 306

    in prosody 在韵律中 见 accented/unaccented

constituent

cognitive value of marked patterns 有标记模式的认知价值 18

semantic 语义的 360 n.53

syntactic 句法的 15–16, 29, 126, 280, 305

Marty, A. 马蒂 139, 154, 349 n.5

Mathesius, V. 马泰修斯 12, 138

Matsumoto, Y. 松本 350 n.10

Maxim of Quantity 量的准则 159

meaning 意义

vs. denotation vs. 指称 37

lexical vs. relational 词汇的 vs. 关系的 37

propositional 命题的 15

conversational 会话的 15

memory 记忆 76

and identifiability 与可识别性 88

short-term, long-term 长期，短期 93–94, 268, 280

Michaelis, L. 米凯利斯 343 n.30

Mithun, M. 米森 191, 199, 200, 201

modularity in grammar 语法中的模块性 27

Morgan, J. (& M. Sellner) 摩根（和塞尔纳）341 n.1

motivation in grammar 语法中的理据

vs. arbitrariness vs. 任意性 255, 320

vs. autonomy vs. 自主性 26–29

pragmatic 语用的 24, 25, 29, 41, 43, 116, 338

vs. prediction 预测 29, 320, 343 n.25

semantic 语义的 116

movement rules 移位规则 1, 341 n.1

naming function of lexical noun phrases 词汇名词短语的命名功能 186–187

natural topic hierarchy 中立话题层级 168

negation 否定

and markedness 与标记性 64

in argument-focus sentences 在论元焦点句中 64

and presupposition 与预设 62–64

and topic 与话题 153–155, 291

and topicalization 与话题化 154

within-frame vs. cross-frame negation (Fillmore) 框架内否定 vs. 跨框架否定 351 n.27

neutral descriptions (Kuno) 中立描述（九野）138, 143

"new/old information" "新 / 旧信息" 45–50, 51–52, 210

vs. new/old referent or denotatum vs. 新 / 旧所指对象或指称对象 48, 50, 258, 348 n.18

见 assertion, focus, presupposition news sentences (Schmerling) 句子（施梅林）138, 267

news value 新闻价值 344 n.9

nominalization 名词化 75

correlation with presupposition 和预设的关联 76

non-compositionality of cleft constructions 分裂构式的非语义组合性 230

non-recoverable pragmatic relation 不可溯源的语用关系 325; 另见 focus relation

non-subjects as topics 非主语话题 146–147, 200

normal intonation 一般语调 338

normal stress 一般重音 255

noun phrase, lexical 词汇名词短语

accented, with active referent 重音突显的所指对象 97

case marking 格标记 187

correlation with focus function 与焦点功能

的关联 262

correlation with object function 与宾语功能
的关联 262

naming function 命名功能 186–187

referring vs. relational function 指称功能 vs.
关系功能 184–188

role in the canonical sentence model 在典范
句模式中的角色 189

role in presentational clauses 在呈阶型小句
中的角色 178

unaccented 非重音突显的 95, 324

unmarked for activation 激活状态无标记的
98, 106

另见 pronominal vs. lexical coding

Nuclear Stress Rule 核心重音规则 267, 312,
331

null anaphora, pragmatic constraints on 零形回
指的语用限制 135–136

null instantiation of arguments 论元的零形实
例化 136

null subjects 零主语 191

numerals as indentifiability markers 作为可识
别性标记的数量词 见 identifiability

object 宾语

correlation with focus relation 与焦点关系
的关联 42, 169, 262

correlation with inactiveness 与不活跃状态
的关系 262

correlation with lexical coding 与词汇编码
的关系 262

topical 话题的 146ff., 161

accented 重音突显的 332

pronominal 代词型 175

Ochs, E. 奥克斯 136

Ochs Keenan E., & B. Schieffelin 奥克斯和席

费林 353 n.42

O'Connor, M. C. 奥康纳 357 n.28

"old information" "旧信息" 见 new/old infor-
mation one 一个 80, 106, 249

onomatopoeia 拟声 243

oratio perfecta 完美口述 189

Partee, B. 帕蒂 347 n.2

Paul, H. 保罗 2, 12, 349 n.5, 351 n.18, 353 n.51,
353 n.52, 355 n.9, 358 n.38

Payne, J. R. 佩恩 153

Perlmutter, D. 帕尔马特 167

phrasal accent 短语重音 见 accent, General
Phrasal Accent Principle

Phrasal Focus Rule (Selkirk) 短语焦点规则
（塞尔柯克）315, 321

Pierrehumbert, J. 皮埃安贝尔 356 n.15

pitch prominence 音高突出 见 sentence ac-
cents placeholders in generative grammar
生成语法中的占位符 27, 313

polarity 极性 236

possessive 物主的 见 determiner

possessor advancement in German 德语中的拥
有者-提升构式 256, 357 n.27

pour ce qui est de NP, French, 182

pragmatic construal of discourse referents 语篇
所指对象的语用识解 101–105, 267

via contextual clues 通过语境线索 101–102

delayed construal 延迟识解 102

in antitopic construction 在反话题构式中
102

via frame inferences 通过框架所指意义
103–104

pragmatic relation 语用关系 127

establishment 确立 323, 326, 328

另见 properties vs. relations in information

structure

Pragmatic Universe of Discourse (Kempson)
（语篇的论域）56

pragmatics 语用学 2, 4, 7

conversational pragmatics 会话语用学 4, 5, 56

discourse pragmatics 语篇语用学 2, 4, 5

vs. information structure vs. 信息结构 4

lexical pragmatics 词汇语用学 4

Prague School of Linguistics 布拉格学派 2, 6, 12, 117, 138

predicate 谓语

and activation state 与激活状态 264-269, 280-282, 298

concept 概念 222, 230-233

vs. comment vs. 评述 121

existential 存在的 180

and "new information" 与 "新信息" 47-50, 111, 231-232

pragmatic 语用的 231, 304, 358 n.38; 另见 subject, pragmatic

presentational 呈介的 143, 180, 314, 349 n.30, 351 n.21, 352 n.37

pronominal 代词的 76

psychological 心理学的 122, 355 n.9

and reference 与所指意义 75, 267-268

semantic 语义的 230, 231, 279, 304

traditional definition 传统定义 121

as topic 作为话题 76

unmarked for activation 激活状态无标记的 264-269, 278, 280-281, 315, 321

weather 天气 140, 141, 174

另见 subject-predicate sentences, comment

predicate-accented sentences 谓语重音突显型句子 304, 322, 331

predicate focus 谓语焦点 见 focus structure

predicating vs. presentational sentences 论断性表达 vs. 非论断性表达 177, 180-181

predictable/recoverable relation 可预测 / 可追溯关系 见 topic relation

predictability in grammar 语法中的可预测性 见 motivation preempt 理据取代 256, 310

preferred-clause construction, French 法语中的优先小句构式 25, 30, 165

preferred topic expression 优先话题表达 172ff., 186, 201; 另见 unaccented pronominal

presentational articulation 呈介型音显 350 n.8

presentational sentences 呈介型句子 39-43, 115, 129, 138, 143, 177-181

deictic vs. existential 指示的 vs. 存在的 179

in Chinese 在汉语中 180

and event-reporting sentences 与事件报道型句子 143-144

and indefinite subjects 与不定指主语 143, 168

processing implications 加工含义 185ff.

semantic role of subject 主语的语义角色 180-181

pseudo-agentive 拟施事 181

另见 here-construction, there- construction

présupposé (Ducrot) 预设（杜克罗）345 n.12

presupposed, misuse of term, 预设的术语误用 53, 151; 另见 proposition

presupposition, existential 存在预设 53, 78, 154-155

of topic referents 话题所指对象的 154-155

presupposition, pragmatic 语用预设 6, 14, 48, 61-78

and activation 与激活 229, 269-286

cancelling of 取消 155

in Chomsky-Jackendoff tradition 在乔姆斯

基-杰肯多夫传统中 280

consciousness presupposition 意识预设 53–54, 56, 104

contextually evoked 语境唤起的 57

creating or making of 创造 66–70

definition (Stalnaker) 定义（斯塔尔纳克）52, 60

and focus relation 焦点关系 279–280

in the presupposition (term) 在预设中（术语）151, 214

knowledge presupposition 知识预设 52–53, 56

grammatical marking 语法标记 277

layered 分层的 220, 354 n.4

lexicogrammatical expression 词汇语法表达 55–57, 60, 65, 227

and negation 与否定 62–64, 152–153

relevance presupposition 相关性预设 54, 56, 150–151, 167 262

speaker presupposition (Stalnaker, Kempson) 言者预设（斯塔尔纳克和坎普森）345 n.12

within focus domain 在焦点域中 218, 253, 269–280

presupposition, semantic or logical 语义预设或逻辑预设 61–64 另见 proposition

presuppositional situations 预设情境 65

presuppositional structure 预设结构 65–73

accommodation of 预设顺应 65–71, 103–104

of adverbial clause 状语从句的 67–69, 125, 346 n.23

of definite NP 定指名词短语的 53, 227

of possessive NP 物主名词短语的 91–92, 227

of pronouns 代词的 98, 106; 另见 pronouns

of relative clauses 关系从句的 23, 51–56, 70–71, 129, 130, 274, 345 n.14, 350 n.11

of topicalization construction 话题化构式的 161–163

of verbs of judging 桥接动词的 70, 346 n.25

unmarked 无标记的 见 markedness

of WH-questions WH-疑问句的 282–286

preverbal vs. postverbal position of constituents 成分的动词前位置 vs. 动词后位置 40–43, 86–87, 128, 138, 146, 227; 另见 inversion

Prince, E. 普林斯 2, 3, 31, 71, 85–86, 99, 105, 160, 225, 278, 295

Principle of Predicate-Focus Interpretation 谓语-焦点解读的原则 304, 309

Principle of the Presumption of Ignorance/Knowledge (Strawson) 未知晓推定/已知晓推定（斯特劳森）46, 51, 60, 119

Principle of Relevance (Strawson) 相关性原则（斯特劳森）119

Principle of the Separation of Reference and Role 指称与角色分离原则 184–191, 203, 238, 252, 268

analogy with thetic-categorical distinction 与判断型-范畴型差异的类比 188

and canonical sentence model 与典范句子模式 189ff.

Principle of Subject-Object Neutralization in sentence-focus constructions 整句焦点型构式中的主语-宾语中和原则 321 n.54

Principle II (Schmerling) 原则 2（施梅林）266

Pro-Drop parameter 主语脱落参数 190–191

pronominal vs. lexical coding of referents 代词编码 vs. 词汇编码 95, 96–98, 107–109, 173, 262, 280

syntactic differences 句法差异 172-173

pronominal-argument languages 代词论元语言 191

pronouns 代词

accented vs. unaccented 重音突显的 vs. 非重音突显的 115-116, 172-173, 260, 323

cooccurrence in single clause in French 法语一个小句中共现 175

bound or atonic, in French 法语中黏着的或无重音的 356 n.20

case marking 格标记 187

indefinite 不定指的 156

marked for activeness 标记为活跃的 98, 106

role-oriented function 以角色为导向的功能 187

topic pronouns vs. focus pronouns 话题代词 vs. 焦点代词 115-116, 175, 260

另见 pronominal coding of referents, unaccented pronominals

properties vs. relations in information structure 信息结构的属性 vs. 关系 49, 76, 112-116, 127, 160-161, 163-164, 258, 273, 274, 323; 另见 activation state vs. pragmatic relation

propos vs. thème 说明 vs. 主题 351 n.18

proposition 命题 43, 53

vs. denotatum of proposition, terminology vs. 命题指称对象，术语 53

knowledge of 知识 44

pragmatically structured 通过语用构建的 6, 52

presupposed 预设的

activation status 激活状态 271, 277-280, 281

complete or saturated 完整的或饱和的 270-277

functioning as argument 作为论元 218, 277

focal 焦点的 273

open or incomplete 开放或不完整的 122, 229, 277-282

prosody, prosodic 韵律，韵律的 见 sentence accent

pseudocleft construction 见 WH-cleft construction

quant à, French 法语中的 quant à 182

question-answer test 问答测试 121, 134, 150, 297

really, presuppositional structure 预设性结构 really 346 n.26

reciprocal accent pattern (Ladd) 往复型重音模式 326-327

recoverable referents 可溯的所指对象 348 n.18

reference-oriented vs. role-oriented expressions 以指称为导向 vs. 以角色为导向的表达 187, 190, 199, 201

differences in grammatical behavior 语法行为中的差异 187

referent 所指对象 37

vs. mental representation of referent vs. 所指对象的心理表征 37-38, 74

另见 discourse referent 语篇所指对象

referential files 指称文件夹 77

referring expression 指称表达 75, 156; 另见 noun phrase, definite description

regular stress rules 一般重音规则 247, 312; 另见 normal stress

Reinhart, T. 莱因哈特 118, 127, 129, 149, 150, 151, 156, 196, 257

relations vs. properties in information structure 信息结构中的关系 vs. 属性 见 properties vs. relations

relative clause 关系从句

asserting 主张 23, 234, 345 n.14

appositive 同位语 23

in bi-clausal presentational construction 在双小句呈介型构式中 180

restrictive 限制性 23, 51–56, 274

and topic 与话题 130, 350 n.10

另见 presuppositional structure relative pronouns as topic expressions 作为话题表达的代词 129, 130, 186, 234, 350 n.11

relevance 相关性 44, 119

relevance presupposition 相关性预设 见 presupposition

representations, mental 心理表征 37, 43

of referents 所指对象的 37, 38, 49, 74–116

of the world 世界的 44–45

resumptive pronouns 复指代词 182, 352 n.39

diachronic reanalysis as agreement markers 一致性标记的历时分析 192

Revised Focus Rule (Ladd) 修订的焦点规则（拉德）247

rhetorical question 反问句 283

right-detachment or right-dislocation 右分离 见 antitopic

Right-Roof constraint 右侧顶端约束 354 n.57

Rivarol 里瓦罗尔 199

Role and Reference Grammar 角色-参照语法 13

Romance 罗曼语 138, 169, 342 n.17

Rosch, E. 罗施 282

Rumanian 罗马尼亚语 352 n.31

Russell, B. 罗素 157, 189

Russian 俄语 141, 200, 342 n.14

salience, pragmatic 语用显著性 41, 150, 173; 另见 topicality

Sandmann, M. 桑德曼 355 n.9

Sapir, E. 萨丕尔 189

Sasse, H. J. 萨瑟 138, 139, 144

Saussure, F. 索绪尔 xiii

scene-setting expressions 设置场景的 见 topic

Schachter, P. 沙赫特 130

Schema 图式 99; 另见 frame

Schmerling, S. 施梅林 138, 266, 267, 287, 318, 346 n.19, 351 n.21, 356 n.18, 357 n.33

Selkirk, E. 塞尔柯克 208, 239, 243, 263, 267, 315–316, 318, 329, 331–333, 356 n.18

semi-active referents 半活跃所指对象 见 activation state, accessibility

sentence (term) 句子（术语）222

sentence accent (prosodic accent) 句子重音（韵律重音）94–98, 238–257

A-accent vs. B-accent A 型重音 vs. B 型重音 360 n.57

on constituents expressing presupposed propositions 表达预设命题的成分 269–280

default 默认 21, 25, 248–257, 266, 271, 279, 294, 312, 324

on function words 功能词 253–254

general function 一般功能 208, 263, 323–325

oxytonic, in French 法语中的最后音节突显重读 25, 356 n.20

and activation state 与激活状态 95–99

phrasal 短语的 246ff.; 另见 General Phrasal Accent Principle

position 位置

fixed vs. flexible 固定的 vs. 灵活的 25, 240, 320

determined within system of contrasts 在对比系统中决定 255–257, 319, 339

determined grammatically 由语法决定

243-248

determined iconically 由象似性决定 241-242

on verb phrase 关于动词短语 296, 304

on predicates (verbs) vs. arguments (nouns) 关于谓语（动词）vs. 论元（名词）264-269, 278

relational nature 关系性质 240, 325

secondary 次要的 234

and semantic weight 与语义权重 266

two-accent sentences 双重音句子 124, 291-294, 309, 326-333; 另见 accented/unaccented constituent, activation, focus, iconicity, intonation, stress, topic

Sentence-Accent-Assignment Rule (Gussenhoven) 句子-重音指派规则（古森霍芬）316

sentence focus 句子焦点 见 focus structure

sentence-initial position 句首位置 31, 117, 199, 200, 201

sentence types 句子类型 32-35

si, French 法语中的 *si* 72

Silva-Corvalán, C. 希尔瓦·克瓦兰 288

since 见 *because*

situationally accessible referents 情境可及的所指对象 100, 109

Slavic languages 斯拉夫语 138, 201

clitic position 附着位置 353 n.53

non-thematic constituents in initial position 非主题成分位于句首位置 201

Spanish 西班牙语 133, 138, 288, 342 n.14

specific vs. non-specific referents 具体指称对象 vs. 非具体所指对象 80-82

grammatical coding 语法编码

via indicative vs. subjunctive in French relative clauses 在法语关系从句中通过陈述语气 vs. 虚拟语气 82

via word order in German relative clauses 在德语关系从句中通过语序 82

via anaphoric pronouns 通过回指代词 80

and modality 与情态 81

specific unidentifiable referents as future topics 不可识别具体所指对象成为语篇话题 83

speech acts 言语行为 4, 5, 55, 239

spoken language, primacy 口语至上 36, 196

Stalnaker, R. 斯塔尔纳克 60, 64, 66, 345 n.12

Stempel, W. D. 斯坦博尔 31

Strawson, P. 斯特劳森 46, 119, 125, 157

stress 重音

lexical 词汇的 240, 247

regular 一般的 247

normal 正常的 255

structuralist approach to focus structure interpretation 焦点结构解读的结构主义路向 257, 322

subject 主语

constraint against co-mapping of subject and focus in spoken French 法语口语中对主语和焦点相互映射的限制 22

as contrastive focus 作为对比焦点 343 n.21

correlation with activeness 与活跃状态的关联 262

correlation with topic function 与话题功能的关联 131-136, 198; 另见 topic

vs. distinguished argument vs. 特异论元 350 n.14

grammatical vs. psychological 语法的 vs. 心理的 2, 122, 199

incorporated 编插的 138

indefinite in initial position 句首位置的不定指的 168-169, 178

lexical 词汇的

relative functional anomaly 关系功能异常

192

  role in linguistic theory 在语言学理论中的角色 189–191

  and formal marking of theticity 与整理判断的形式标记 141–142, 144

  non-referential 非指称的 173–174

  non-topical 非话题的 122–127, 133, 137–146, 168–169

  and "old information" 与 "旧信息" 47

  pragmatic 语用的 231–232, 358 n.38; 另见 predicate, pragmatic

  semantic 语义的 231–232

  term 术语 12, 50, 128

  as unmarked topic 作为非标记话题 131–136, 198

  另见 topic

subject-accented sentences 主语重音突显型句子 138, 297, 298, 304, 322

subject-final languages 主语居尾型语言 205, 354 n.58

subject-predicate relation 主谓关系 121, 232, 349 n.3

subject-predicate sentences 主谓句 30, 121

  expressing thetic proposition 表达整体判断命题 141

subject-prominent languages 主语突出语言 12, 24

surface anaphora 表层回指 见 ellipsis

SVO order SVO 语序 190

  as the "ideal" order in universal grammar 作为普遍语法中的 "理想" 语序 199

  pragmatically unmarked in English 在英语中语用上无标记 17, 19–20, 132

switch reference 切换参照 325

syntagmatic relations 组合关系 xiii

tail 尾位 118, 203

tense morphemes, anaphoric function, 时态语素的回指功能 347 n.2

tensed vs. non-tensed clauses, 75–76

text-internal and text-external discourse world, 36–43, 178, 179

  text-internal world as frame, 347 n.13

  overlapping of the two worlds, 39, 176

textually accessible referents, 100, 109

thank you, presuppositional structure 预设结构 346 n.26

Thematic Constraint on Relative Clauses (Kuno) 主题对关系从句的约束（九野）130

theme 主位；主题

  pragmatic 语用的 2, 118, 342 n.11

  semantic 语义的 15, 231

  另见 topic 话题

there, deictic vs. existential 指示的 *there* vs. 存在的 *there* 174, 179

there-construction *there*–构式 39, 143, 156, 169–170, 174, 178, 179

  listing interpretation 列举解读 344 n.7

  另见 here-construction

thetic 整体判断的 30, 60, 137–146

  judgment, or simple judgment 判断或简单判断 139, 154, 234

  sentence 句子

    constraint on cooccurring object 对共现宾语的限制 170, 181

    event-central vs. entity-central 事件中心 vs. 实体中心 144

    in Czech 在捷克语中 145

    in German 在德语中 256

    and indefinite subject 与不定指主语 168

    in Japanese 在日语中 140

types of predicates 谓语类型 140, 141, 143, 314, 351 n.21; 另见 predicate, presentational

presentational nature 呈介性 143-144, 177

prosodic marking 韵律标记 245, 256, 307-322

role of lexical subjects for formal marking 形式标记的词汇主语角色 141-142, 144

另见 categorical, presentational sentences, sentence-focus structure

this, "indefinite" "非定指的" *this* 83, 352 n.30

TOP constituents TOP 成分 128, 188

Topic 话题 6, 15, 117-205, 342 n.11

and aboutness 关涉性 117-127

accent 重音 275, 325, 331; 另见 focus accent

and accommodation 与顺应 195-199 advancement construction 提升构式 357 n.27

and agent 与施事 132, 133

and anaphora 与回指 135-136

announcing 宣告 188, 201, 202

in Chinese 在汉语中 118

continuity across sentences 跨距连贯 132, 328

contrastive topic 对比话题 见 contrastive

dative pronoun as topic 话题代词 21

definition 定义 131

determiners as topics 限定词话题 19, 217, 228, 249, 251

discontinuity 不连贯性; 中断 208, 325

discourse topic 语篇话题 117, 184, 186, 353 n.42

and ellipsis 与省略 112, 135-136

embedded topics 嵌入式话题 125-126, 130

established 既定的 19, 40, 158-159, 201, 204, 324

and existential presupposition 存在型预设 157-158

expectedness 可预期性 103, 151

expression 表达 128

accented 重音突显的 202, 227, 259, 275, 284

definition 定义 131

lexical vs. pronominal 词汇的 vs. 代词的 128, 184ff., 201

locative, in thetic sentences, 整体判断句中的方位格 146, 174

position in the sentence 在句中的位置 199-205

preferred, 优先的 165, 172-176, 186, 226, 324

pronominal, in thetic sentences 整体判断句中的代词性的 145

unaccented, preceding or following focus accent 焦点重音前后非重音突显的 250ff., 300, 301

within focus constituent 焦点成分中的 130, 217, 249, 250, 251, 272, 275, 331

future topics 将来话题 83

general characterization 一般表征 117-131

and identifiability 可识别性 165ff.

and indefiniteness 与不可识别性 166-167

in Japanese 在日语中 126, 130, 292-293

and mental representations of referents 所指对象的心理表征 160-191

multiple-topic sentences 多话题句子 147-150

and negation scope 与否定范围 153-155, 291

new 新的 183, 353 n.40

and "old information" 与 "旧信息" 165

and omissibility 与可省略性 223, 260, 223

vs. participant vs. 参与者 117

as point of departure 作为一种区分点 162

and presupposition 与预设 122, 150–160

primary vs. secondary 主要的 vs. 次要的 147

promotion 提升 见 Topic Acceptability Scale

and quantifiers 与量词 156

referents 所指对象

    activation state 激活状态 151, 160–168, 196

    vs. expressions vs. 表达 127

    promotion on Acceptability Scale 可接受性度标上的提升 176–184

relation 关系 115, 160, 258, 276–277, 354 n.56 vs. activation state vs. 激活状态 151, 160–165

    predictable/recoverable nature 可预测性 / 可追溯性 6, 218, 223

relational nature 关系性质 160

and relative clauses 与关系从句 56, 130

scene-setting 设置场景的 118, 125, 126, 219, 294

and semantic interpretation 与语义解读 152–160

sentence topic 句子话题 117, 130

shift 转换 184, 202, 325, 328

and subject 与主语 118, 131–150

syntactic domain 句法域 130

vs. theme vs. 主位；主题 118

unlinked 无连接 131, 193

vagueness of concept 概念模糊 119–120

within presupposed proposition 在预设命题内 125, 218–219

and word order 与语序 86–87, 177, 199–205

    另见 detachment, relative clauses

Topic Acceptability Scale 可接受性度标 165–171, 178, 262

    violations 违反 196–197

topic-comment 话题-评述

    articulation 音显 20, 222, 350 n.8

    unmarked character 无标记特点 122, 126, 132, 136, 141, 228, 279–280, 350 n.15

    relation vs. equational relation 话题-评述关系 vs. 等式关系 232

    sentence 句子 121, 126, 137, 222, 267

topic-establishment 话题确立 183, 284, 353 n.40; 另见 left-detachment

topic-first principle 话题优先原则 21, 200, 201, 202, 203

    non-universality 非普遍性 200 另见 topic and word order, sentenceinitial position

topic-focus indeterminacy in English 英语中的话题-焦点不确定性 135, 279–280

topicality of referents 所指对象的话题性 54, 204

    degrees 程度 119

    expressed via indefinite *this* 通过非定指的 *this* 表达 83

    expressed via numerals or classifiers 通过数量词表达 83

topicalization 话题化 31, 147, 200, 201, 295, 332

    activation state of referent of topicalized NP. 话题化名词短语所指对象的激活状态 160–162, 163

    and contrastiveness 与对比性 295

    vs. focus movement vs. 焦点移位 31, 295

    vs. left-detachment vs. 左分离 194–195,

353 n.48

in German 在德语中 154, 194-195, 279, 281

presuppositional structure 预设命题 162

topichood, tests for 话题身份测试 149, 151-152

topicless sentence 无话题句 141

tonic vs. atonic 声调的 vs. 无重音的 见 accented vs. unaccented

truth conditions 非重音突显的真实性条件 45, 159, 341 n.4

truth-gap debate 真值空缺之争 157

Turkish 土耳其语 83, 85, 182, 192, 202

Ulrich, M. 乌尔里克 139, 352 n.31

unaccented argument constituents 非重音突显的论元成分

　　marked for activation 激活状态有标记 96, 97, 98, 106, 227, 251, 263, 266-269

　　marked for feature "established topic" "既定话题" 特征有标记的 324

　　discourse condition on 语篇条件 324

unaccented predicate constituents, unmarked for activation 非重音突显的 266

unaccented pronominals 非重音突显代词 172-176, 182, 228, 273

　　dual function 双重功能 174ff.

　　as agreement markers 作为一致性标记 175-176, 192

　　as default morphemes 作为默认语素 174

　　as a natural class 作为自然类 172

　　non-referential uses 非存在使用 173, 174, 176

　　position 位置 201, 202, 353 n.53

　　as preferred subjects 作为优先主语 132

　　as preferred topic expressions 作为优先话题表达 165, 172-176, 299, 324

　　as unmarked topic-expressions 作为无标记

的话题表达 176

　　and the two discourse worlds 与两个语篇世界 176

unaccusative hypothesis 非宾格假说 320

　　predicates 谓语 17, 21, 310

unanchored referents 无锚定的所指对象 见 anchoring, brand-new referents, identifiability

und zwar, German 德语中的 und zwar 356 n.14

underspecification, functional 功能的明晰性不足

　　of prosodic structure 韵律结构 306, 326

　　of syntactic structure 句法结构 29-32

　　另见 vagueness focus

unidentifiable referents 不可识别的所指对象 见 identifiability, brand-new

universe of discourse 论域 36-43

　　bipartite model 二分模式 38

　　另见 text-internal vs. text-external world

unmarked 无标记的 见 canonical, markedness

unpredictable/non-recoverable relation 不可预测 / 不可追溯关系 见 focus relation

unus, Latin 拉丁语中的 unus 84

unused referents 未使用的所指对象 107, 109

　　as topics 作为话题 166

　　另见 activation state, inactive referents

vagueness vs. ambiguity in focus structure 焦点结构中的模糊性 vs. 歧义性 305-306, 321

Vallduví 巴尔杜维 2, 351 n.26

Van Valin 范·瓦林 13, 175, 191, 341 n.1, 359 n.48

Vattuone 瓦托内 B., 138

Vennemann, T. 文内曼 354 n.55

voilà, French 法语中的 voilà 352 n.36

voir, French as presentational predicate 语法中作为呈介型谓语的 *voir* 352 n.37

VOS/VSO languages VOS/VSO 语言 200, 205

Vossler, K. 浮士勒 349 n.5

VP-accented sentences 名词短语重音突显的句子 296, 298, 304–305

VP-conjunction, pragmatic constraints on 动词短语连接形式的语用限制 350 n.13

wa, topic-marker in Japanese 日语中的话题标记 わ 126, 137–138, 140, 226, 292–293, 319

Wandruszka, U. 万德鲁斯卡 138, 169, 342 n.17, 3 54 n.4

Ward, G. 瓦尔德 295, 343 n.26, n.27

Warlpiri 瓦尔皮里语 194

Wartburg, W. 沃特堡 353 n.45

was NP anbetrifft, German 德语中的关于–NP 182

Watters, J. R. 沃特斯 225

Waugh, L. 沃 18

Wehr, B. 韦尔 138, 169

Welsh 威尔士语 138

WH-cleft construction WH–分离构式 123

WH-questions

 in French 法语中的 WH–疑问句 244, 284–286

 multiple and clefts 多项与分离 329–330

 presuppositional structure 预设结构 244–245, 282–286, 299

Woodbury, A. 伍德伯里 28

word order

 basic 基本语序 200

 change 变化 192, 203

 free-word-order languages 自由语序语言 199, 200, 240

 grammatically controlled 语法限制 24–25

 and logic 与逻辑 199

 pragmatically controlled 语用限制 25

 另见 inversion, preverbal/postverbal position, canonical, focus, topic

y, French, in presentational sentences 法语呈介型句子中的 *y* 179

you, Chinese presentational predicate 汉语呈介型谓语 "有" 180

Zimmer, K. 齐默 182

语言学及应用语言学名著译丛书目

句法结构（第2版）	〔美〕诺姆·乔姆斯基	著
语言知识：本质、来源及使用	〔美〕诺姆·乔姆斯基	著
语言与心智研究的新视野	〔美〕诺姆·乔姆斯基	著
语言研究（第7版）	〔英〕乔治·尤尔	著
英语的成长和结构	〔丹〕奥托·叶斯柏森	著
言辞之道研究	〔英〕保罗·格莱斯	著
言语行为：语言哲学论	〔美〕约翰·R.塞尔	著
理解最简主义	〔美〕诺伯特·霍恩斯坦 〔巴西〕杰罗·努内斯 〔德〕克莱安西斯·K.格罗曼	著
认知语言学	〔美〕威廉·克罗夫特 〔英〕D.艾伦·克鲁斯	著
历史认知语言学	〔美〕玛格丽特·E.温特斯 等	编
语言、使用与认知	〔美〕琼·拜比	著
我们的思维方式：概念整合与心智的 　隐匿复杂性	〔法〕吉勒·福柯尼耶 〔美〕马克·特纳	著
为何只有我们：语言与演化	〔美〕罗伯特·C.贝里克 诺姆·乔姆斯基	著
语言的进化生物学探索	〔美〕菲利普·利伯曼	著
叶斯柏森论语音	〔丹〕奥托·叶斯柏森	著
语音类型	〔美〕伊恩·麦迪森	著
语调音系学（第2版）	〔英〕D.罗伯特·拉德	著

韵律音系学	〔意〕玛丽娜·内斯波 〔美〕艾琳·沃格尔	著
词库音系学中的声调	〔加〕道格拉斯·蒲立本	著
音系与句法：语音与结构的关系	〔美〕伊丽莎白·O.塞尔柯克	著
节律重音理论——原则与案例研究	〔美〕布鲁斯·海耶斯	著
语素导论	〔美〕戴维·恩比克	著
语义学（上卷）	〔英〕约翰·莱昂斯	著
语义学（下卷）	〔英〕约翰·莱昂斯	著
做语用（第3版）	〔英〕彼得·格伦迪	著
语用学原则	〔英〕杰弗里·利奇	著
语用学与英语	〔英〕乔纳森·卡尔佩珀 〔澳〕迈克尔·霍	著
交互文化语用学	〔美〕伊斯特万·凯奇凯什	著
应用语言学研究方法	〔英〕佐尔坦·德尔涅伊	著
复杂系统与应用语言学	〔美〕戴安·拉森–弗里曼 〔英〕琳恩·卡梅伦	著
信息结构与句子形式	〔美〕克努德·兰布雷希特	著
沉默的句法：截省、孤岛条件和省略理论	〔美〕贾森·麦钱特	著
语言教学的流派（第3版）	〔新西兰〕杰克·C.理查兹 〔美〕西奥多·S.罗杰斯	著
语言学习与语言教学的原则（第6版）	〔英〕H.道格拉斯·布朗	著
社会文化理论与二语教学语用学	〔美〕雷米·A.范康珀诺勒	著
法语英语文体比较	〔加〕 J.-P.维奈 J.达贝尔内	著
法语在英格兰的六百年史（1000—1600）	〔美〕道格拉斯·A.奇比	著
语言与全球化	〔英〕诺曼·费尔克劳	著
语言与性别	〔美〕佩内洛普·埃克特 萨利·麦康奈尔-吉内特	著
全球化的社会语言学	〔比〕扬·布鲁马特	著
话语分析：社会科学研究的文本分析方法	〔英〕诺曼·费尔克劳	著
社会与话语：社会语境如何影响文本与言谈	〔荷〕特恩·A.范戴克	著

图书在版编目(CIP)数据

信息结构与句子形式:话题、焦点和语篇所指对象的心理表征/(美)克努德·兰布雷希特著;邵军航译. —北京:商务印书馆,2024
(语言学及应用语言学名著译丛)
ISBN 978 - 7 - 100 - 23895 - 3

Ⅰ.①信⋯ Ⅱ.①克⋯ ②邵⋯ Ⅲ.①句法结构—研究 Ⅳ.①H043

中国国家版本馆 CIP 数据核字(2024)第 082707 号

语言学及应用语言学名著译丛
信息结构与句子形式
话题、焦点和语篇所指对象的心理表征
〔美〕克努德·兰布雷希特　著
邵军航　译

商 务 印 书 馆 出 版
(北京王府井大街36号　邮政编码100710)
商 务 印 书 馆 发 行
北京市白帆印务有限公司印刷
ISBN 978 - 7 - 100 - 23895 - 3

2024 年 7 月第 1 版　　　　开本 880×1230　1/32
2024 年 7 月北京第 1 次印刷　　印张 14¾
定价:98.00 元